시원스쿨 新HSK

기본서 + 실전 모의고사

4급

추천의 글

저는 고등학교 1학년 때 처음 중국어 공부를 시작하였습니다. 하지만 잘하고 싶은 마음만 가득할 뿐 지금까지 실력은 여전히 제자리 걸음입니다. 이런 제 중국어 실력을 향상시켜 보고자 이런저런 교재를 고르던 찰나, 회사 내부에서 HSK 책을 기획하게 되었고, 시원스쿨의 총괄책임자로서 책이 출간되기 전 스스로가 먼저 이 책으로 실력 향상을 검증해 보아야겠다고 생각했습니다.

저는 예전부터 HSK는 수험서라 고득점도 중요하지만, 'HSK 책 한 권을 처음부터 끝까지 배우면 중국어 실력 향상에 과연 도움이 될까?'라는 의문을 항상 가져왔습니다. 하지만 제가 직접 경험해보니 가장 잘 알 수 있었습니다.

'HSK 책으로도 중국어 공부가 가능하구나!'

또한 '강사들의 강사' 최은정 선생님의 실제 성격만큼이나 깔끔하고 군더더기 없는 심플함과 꼼꼼함이 실제로 책 안에 많이 녹아 있음을 느꼈습니다. 이것저것 넣기보다는 학습자를 한 번 더 생각하여 고심하며 꼭 공부해야 할 것들만 선별한 선생님의 모습도 발견할 수 있었습니다.

끝으로, HSK 시험 성적뿐만 아니라 진정한 중국어 실력을 향상시키고 싶으신 분들에게 이 책을 꼭 추천해 드리고 싶습니다.

시원스쿨 대표이사
양홍걸

머리말

- **新HSK는 변했다!**

총 11급으로 이루어져 있던 舊HSK가 총 6급으로 이루어진 새로운 형식의 新HSK로 교체된 지도 벌써 10년이 되어갑니다. 10년이면 강산도 변한다는데, 新HSK는 여러 가지 시행착오를 겪으면서 출제 경향, 급수별 난이도에 있어 수많은 변화가 생겼습니다. 新HSK가 급수별로 비교적 안정적인 난이도를 유지하고 통일된 출제 경향을 보이게 된 것은 최근 몇 년 사이의 일입니다. 매달 직접 HSK 시험을 보고 있고 시원스쿨의 총평특강을 준비하는 강사로서, 필자는 누구보다 HSK의 변화를 잘 파악하고 있는 사람이라고 자부합니다. 따라서 이 책 또한 가장 최신 유형별 HSK 4급 시험의 모든 변화와 특징을 하나도 빠짐없이 담고 있는 유일한 책이라고 감히 말할 수 있습니다.

- **시원스쿨도 변했다!**

'시원스쿨'하면 영어를 떠올리시는 모든 분들, 이제 영어에서 쌓은 시원스쿨만의 외국어 학습 노하우를 다른 언어에도 적용하려 합니다. 『시원스쿨 新HSK 시리즈』는 지금까지의 HSK 학습서에 대한 선입견을 깨고 새로운 방식으로 재미있고 효과적인 학습에 대한 새로운 패러다임을 보여줄 것입니다.

1. 각 급수에 필요한 만큼만 부담 없이 배워나가는 점진적 학습 체계
2. 실제 HSK 시험 성우가 베이징 현지에서 직접 녹음한 듣기로 훈련
3. 온라인 수업을 통해 책만으로는 알 수 없는 숨어 있는 비법까지 습득

- **나도 변했다!**

HSK 강의를 한 지도 어느덧 10년이 훌쩍 흘렀습니다. 필자가 처음 강의를 시작했을 때는 학습자가 어느 부분을 가장 어려워하고, 알고 싶어 하는지 알 수 없었습니다. 하지만 오랜 시간 동안 터득한 노하우와 현장에서의 경험을 바탕으로 학습자의 궁금증을 속 시원하게 긁어줄 책을 집필하게 되었습니다. HSK 고득점의 길 『시원스쿨 新HSK 4급』으로 '기적'을 경험해보세요!!

저자

최은정

이 책의 구성과 특징

기본서

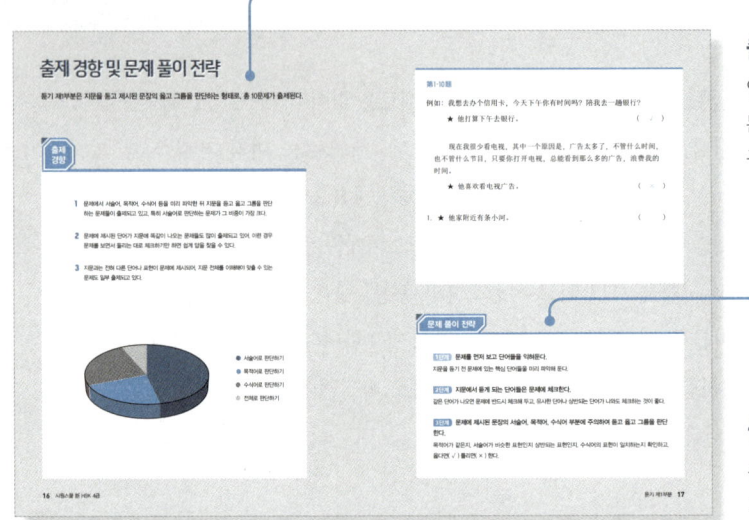

출제 경향
영역별 출제 경향을 제시하고, 학습자 스스로 문제 유형을 분석하는 힘을 기를 수 있도록 구성했습니다.

문제 풀이 전략
문제를 풀 때 도움되는 팁을 제시해 학습자가 내공을 쌓을 수 있도록 구성했습니다.

Chapter
챕터마다 그림을 등장시켜 학습자의 이해를 도울 수 있도록 구성했습니다.

비밀 노트
시험에 반드시 출제되는 단어와 문장을 품사별로 정리하여, 시험 전날 비밀 노트만 보아도 책 전체의 복습이 가능하도록 구성했습니다.

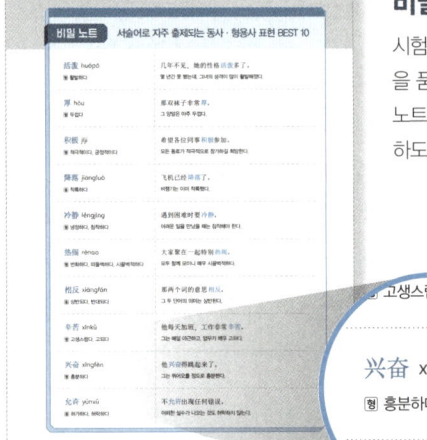

해설서

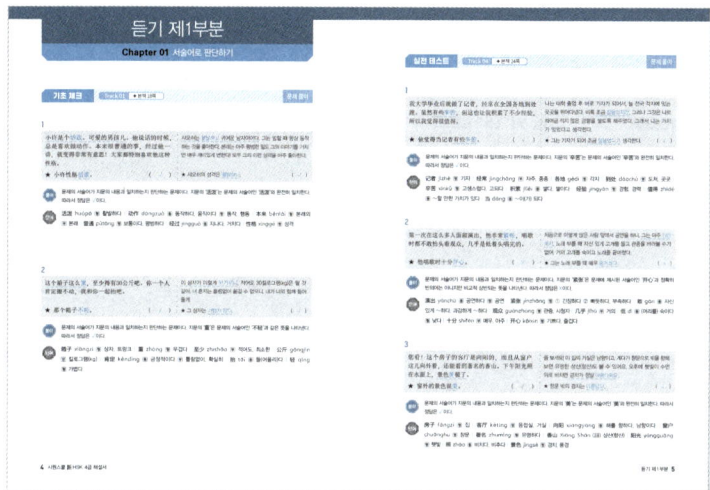

해설서

기초 체크와 실전 테스트 풀이를 친절하게 정리했고, '본책' 페이지와 '트랙 번호'를 넣어 학습자가 찾기 편하게 구성했습니다.

실전 모의고사

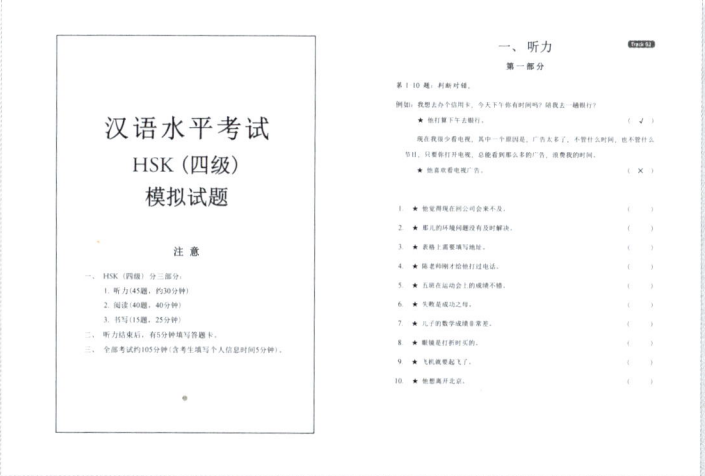

실전 모의고사

국내 최초! 실제 HSK 시험 성우가 베이징 현지에서 직접 녹음한 음원을 들으며 '실전 모의고사' 한 세트를 풀 수 있도록 구성했습니다. 또한, 저자의 인강을 무료 제공하여 취약한 부분을 보충할 수 있도록 구성했습니다.

- **부록** 무료 인터넷 강의(실전 모의고사)
- **다운로드** MP3 음원 | 비밀 노트 PDF | 新 HSK 4급 필수 단어장 PDF | OMR 답안지 작성 예시 PDF

* 시원스쿨 중국어(china.siwonschool.com) 홈페이지 접속 → 학습지원센터 → 공부 자료실에서 도서명을 검색하여 무료 부록 파일을 다운로드 받으실 수 있습니다.

학습 플랜

8주

8주	월	화	수	목	금
1주	듣기 제1부분 Chapter 01 완료 ☑	듣기 제1부분 Chapter 02 완료 ☐	듣기 제1부분 Chapter 03 완료 ☐	듣기 제1부분 Chapter 04 완료 ☐	듣기 제2, 3부분 Chapter 01 완료 ☐
2주	듣기 제2, 3부분 Chapter 02 완료 ☐	듣기 제2, 3부분 Chapter 03 완료 ☐	듣기 제2, 3부분 Chapter 04 완료 ☐	듣기 제2, 3부분 Chapter 05 완료 ☐	듣기 제2, 3부분 Chapter 06 완료 ☐
3주	듣기 제2, 3부분 Chapter 07 완료 ☐	듣기 제2, 3부분 Chapter 08 완료 ☐	듣기 제2, 3부분 Chapter 09 완료 ☐	듣기 제2, 3부분 Chapter 10 완료 ☐	듣기 제3부분 Chapter 01 완료 ☐
4주	듣기 제3부분 Chapter 02 완료 ☐	듣기 제3부분 Chapter 03 완료 ☐	듣기 제3부분 Chapter 04 완료 ☐	독해 제1부분 Chapter 01 완료 ☐	독해 제1부분 Chapter 02 완료 ☐
5주	독해 제1부분 Chapter 03 완료 ☐	독해 제1부분 Chapter 04 완료 ☐	독해 제1부분 Chapter 05 완료 ☐	독해 제2부분 Chapter 01 완료 ☐	독해 제2부분 Chapter 02 완료 ☐
6주	독해 제2부분 Chapter 03 완료 ☐	독해 제2부분 Chapter 04 완료 ☐	독해 제3부분 Chapter 01 완료 ☐	독해 제3부분 Chapter 02 완료 ☐	독해 제3부분 Chapter 03 완료 ☐
7주	쓰기 제1부분 Chapter 01 완료 ☐	쓰기 제1부분 Chapter 02 완료 ☐	쓰기 제1부분 Chapter 03 완료 ☐	쓰기 제1부분 Chapter 04 완료 ☐	쓰기 제1부분 Chapter 05 완료 ☐
8주	쓰기 제1부분 Chapter 06 완료 ☐	쓰기 제2부분 Chapter 01–02 완료 ☐	쓰기 제2부분 Chapter 03–04 완료 ☐	비밀 노트 완료 ☐	실전 모의고사 완료 ☐

4주

新HSK 4급 어렵지 않아요!

4주	월	화	수	목	금
1주	듣기 제1부분 Chapter 01–02 완료 ☐	듣기 제1부분 Chapter 03–04 완료 ☐	듣기 제2, 3부분 Chapter 01–03 완료 ☐	듣기 제2, 3부분 Chapter 04–06 완료 ☐	듣기 제2, 3부분 Chapter 07–08 완료 ☐
2주	듣기 제2, 3부분 Chapter 09–10 완료 ☐	듣기 제3부분 Chapter 01–02 완료 ☐	듣기 제3부분 Chapter 03–04 완료 ☐	독해 제1부분 Chapter 01–02 완료 ☐	독해 제1부분 Chapter 03–05 완료 ☐
3주	독해 제2부분 Chapter 01–02 완료 ☐	독해 제2부분 Chapter 03–04 완료 ☐	독해 제3부분 Chapter 01–02 완료 ☐	독해 제3부분 Chapter 03 완료 ☐	쓰기 제1부분 Chapter 01–03 완료 ☐
4주	쓰기 제1부분 Chapter 04–06 완료 ☐	쓰기 제2부분 Chapter 01–02 완료 ☐	쓰기 제2부분 Chapter 03–04 완료 ☐	비밀 노트 완료 ☐	실전 모의고사 완료 ☐

2주

2주	월	화	수	목	금
1주	듣기 제1부분 Chapter 01–04 완료 ☐	듣기 제2, 3부분 Chapter 01–05 완료 ☐	듣기 제2, 3부분 Chapter 06–10 완료 ☐	듣기 제3부분 Chapter 01–04 완료 ☐	독해 제1부분 Chapter 01–05 완료 ☐
2주	독해 제2부분 Chapter 01–04 완료 ☐	독해 제3부분 Chapter 01–03 완료 ☐	쓰기 제1부분 Chapter 01–06 완료 ☐	쓰기 제2부분 Chapter 01–04 완료 ☐	실전 모의고사 완료 ☐

목차

- 이 책의 구성과 특징 4
- 학습 플랜 6
- 목차 8
- 新HSK란? 10

듣기 제1부분

옳고 그름 판단하기
Chapter 01 서술어로 판단하기 18
Chapter 02 목적어로 판단하기 25
Chapter 03 수식어로 판단하기 32
Chapter 04 전체로 판단하기 40

듣기 제2, 3부분

대화 듣고 답하기
Chapter 01 숫자·시간 50
Chapter 02 장소 57
Chapter 03 신분·관계 62
Chapter 04 평가 69
Chapter 05 동작 74
Chapter 06 열거 79
Chapter 07 화제·사건 83
Chapter 08 원인 89
Chapter 09 판단 93
Chapter 10 함의 97

듣기 제3부분

단문 듣고 답하기
Chapter 01 이야기 106
Chapter 02 논설문 111
Chapter 03 설명문 117
Chapter 04 실용문 123

독해 제1부분

어휘 고르기
Chapter 01 명사 채우기 134

	Chapter 02	형용사 채우기	146
	Chapter 03	동사 채우기	156
	Chapter 04	부사 · 접속사 채우기	166
	Chapter 05	양사 · 전치사 채우기	174

독해 제2부분

순서 나열하기
Chapter 01	관련사 · 중요구문으로 나열하기	186
Chapter 02	대사로 나열하기	193
Chapter 03	순서로 나열하기	199
Chapter 04	의미로 나열하기	203

독해 제3부분

단문 읽고 답하기
Chapter 01	동일한 표현 찾기	212
Chapter 02	유사한 표현 찾기	223
Chapter 03	유추를 통해 찾기	229

쓰기 제1부분

문장 완성하기
Chapter 01	기본 어순	240
Chapter 02	결과보어 · 정도보어	249
Chapter 03	시량보어 · 동량보어 · 전치사구보어	255
Chapter 04	是자문 · 有자문	261
Chapter 05	把자문 · 被자문 · 比자문	267
Chapter 06	연동문 · 겸어문 · 강조문	275

쓰기 제2부분

문장 작문하기
Chapter 01	명사로 작문하기	288
Chapter 02	동사로 작문하기	295
Chapter 03	형용사로 작문하기	304
Chapter 04	양사로 작문하기	311

실전 모의고사

실전 모의고사 1세트 319

新HSK란?

HSK는 '汉语水平考试(Hànyǔ Shuǐpíng Kǎoshì)'의 한어병음 앞글자를 딴 것으로 한국어로는 '중국어 능력 시험'이라고 한다. HSK는 제 1언어가 중국어가 아닌 사람의 중국어 능력을 평가하기 위해 만들어진 중국 정부 유일의 국제 중국어 능력 표준화 고시이다.

新HSK 시험 방식

❖ 지필 시험(PBT시험, Paper-Based Test) – 시험지와 OMR 답안지로 진행하는 시험
❖ IBT 시험(Internet-Based Test) – 컴퓨터로 진행하는 시험

新HSK 등급별 수준

新HSK 등급	어휘량
新HSK 6급	5,000단어 이상(6급 2,500단어 + 1~5급 2,500단어)
新HSK 5급	2,500단어(5급 1,300단어 + 1~4급 1,200단어)
新HSK 4급	1,200단어(4급 600단어 + 1~3급 600단어)
新HSK 3급	600단어(3급 300단어 + 1~2급 300단어)
新HSK 2급	300단어(2급 150단어 + 1급 150단어)
新HSK 1급	150단어

新HSK 용도

- 국내외 대학(원) 입학 · 졸업 시 평가 기준
- 중국 정부 장학생 선발 기준
- 한국 특목고 입학 시 평가 기준
- 교양 중국어 학력 평가 기준
- 각급 업체 및 기관의 채용 · 승진을 위한 평가 기준

新HSK 시험 접수

- **인터넷 접수** : HSK 한국사무국 홈페이지(www.hsk.or.kr)에서 접수
  ※ 응시원서는 홈페이지에서 다운로드 가능
- **우편 접수** : 구비서류(응시원서, 사진 2장(1장은 응시원서에 부착), 응시비 입금 영수증)를 동봉하여 HSK 한국사무국으로 등기 우편 발송
- **방문 접수** : 서울공자아카데미에서 접수
  구비서류 – 응시원서, 사진 3장(사진규격 3X4cm), 응시비
  접수시간 – 평일 : 오전 9시 30분~12시, 오후 1시~5시 30분
  　　　　　　토요일 : 오전 9시 30분~12시

新HSK 시험 당일 준비물

❶ 수험표　　❷ 유효신분증　　❸ 2B 연필, 지우개(PBT 시험에만 해당)

新HSK 4급이란?

新HSK 4급은 《국제중국어 능력 기준》 4급과, 《유럽공통언어참조프레임(CEF)》 B2급에 해당한다. 新HSK 4급에 합격한 응시자는 중국어로 다양한 분야의 화제에 대해 회화가 가능하며, 중국인과 비교적 유창하게 대화할 수 있다.

新HSK 4급 응시 대상

新HSK 4급은 1,200개의 상용 어휘와 관련 어법 지식을 마스터한 학습자를 대상으로 한다.

新HSK 4급 시험 내용

❖ 총 시험 시간은 약 105분이다. (개인 정보 작성 시간 5분 포함)

시험 내용		문항수		시험 시간	점수
듣기	제1부분	10	45문항	약 30분	100점
	제2부분	15			
	제3부분	20			
듣기 영역에 대한 답안 작성 시간				5분	
독해	제1부분	10	40문항	40분	100점
	제2부분	10			
	제3부분	20			
쓰기	제1부분	10	15문항	25분	100점
	제2부분	5			
총계			100문항	약 100분	300점 만점

新HSK OMR 답안지 작성 방법

新HSK 1~6급 OMR 답안지 응시자 정보 작성 방법

- ❖ 답안지 상의 모든 기재는 2B연필을 사용해야 한다.
- ❖ 답안을 마킹 하실 때는 진하고 꽉 차게 칠해야 한다.
- ❖ 시험 중간에 답안지 교환이 되지 않는다.
- ❖ 답안을 정정할 경우에는 지우개로 깨끗이 지운 후 새 답을 기재해야 한다.

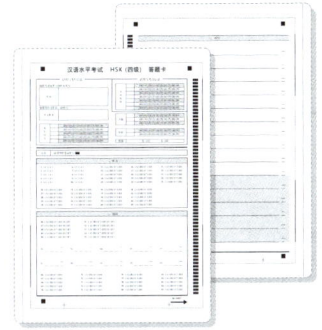

시험 내용	내용
❖ 姓名	수험표 상의 이름을 기재합니다.
❖ 中文姓名	수험표 상의 중문 이름을 기재합니다.
❖ 考生序号	수험 번호를 아라비아 숫자로 기재 후 마킹합니다.
❖ 考点代码	고사장(한국) 고유 번호를 아라비아 숫자로 기재 후 마킹합니다.
❖ 国籍	국적 번호를 아라비아 숫자로 기재 후 마킹합니다. 예) 한국인 523, 중국인 501, 일본인 525
❖ 年龄	나이를 마킹합니다. (*만 나이 기재)
❖ 性别	성별에 마킹합니다.

新HSK 시험 성적 확인

- ❖ 지필 시험 성적 조회는 시험일로부터 1개월 후, IBT시험 성적은 시험일로부터 2주 후 중국 고시 센터 홈페이지에서 조회가 가능하다.
- ❖ HSK 성적표는 '시험일로부터 45일 후' 접수 시 선택한 방법(우편 또는 방문)으로 수령 가능하다.
- ❖ HSK 성적은 시험일로부터 2년간 유효하다.

시원스쿨 新**HSK**

听力

듣기

제 1 부분

옳고 그름 판단하기

Chapter 01 서술어로 판단하기

Chapter 02 목적어로 판단하기

Chapter 03 수식어로 판단하기

Chapter 04 전체로 판단하기

출제 경향 및 문제 풀이 전략

듣기 제1부분은 지문을 듣고 제시된 문장의 옳고 그름을 판단하는 형태로, 총 10문제가 출제된다.

1. 문제에서 서술어, 목적어, 수식어 등을 미리 파악한 뒤 지문을 듣고 옳고 그름을 판단하는 문제들이 출제되고 있고, 특히 서술어로 판단하는 문제가 그 비중이 가장 크다.

2. 문제에 제시된 단어가 지문에 똑같이 나오는 문제들도 많이 출제되고 있어, 이런 경우 문제를 보면서 들리는 대로 체크하기만 하면 쉽게 답을 찾을 수 있다.

3. 지문과는 전혀 다른 단어나 표현이 문제에 제시되어, 지문 전체를 이해해야 맞출 수 있는 문제도 일부 출제되고 있다.

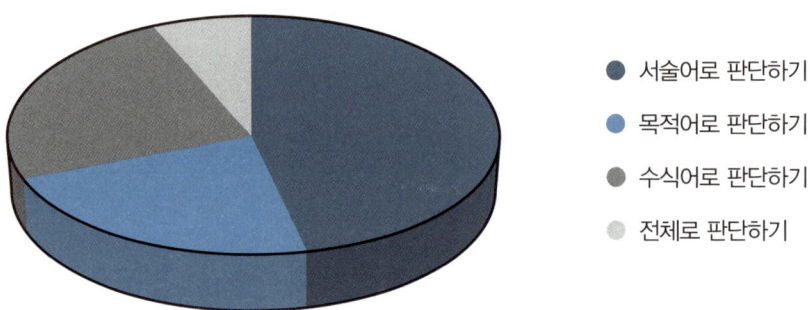

第1-10题

例如：我想去办个信用卡，今天下午你有时间吗？陪我去一趟银行？

　　　★ 他打算下午去银行。　　　　　　　　　　　（ √ ）

　　　现在我很少看电视，其中一个原因是，广告太多了，不管什么时间，也不管什么节目，只要你打开电视，总能看到那么多的广告，浪费我的时间。

　　　★ 他喜欢看电视广告。　　　　　　　　　　　（ × ）

1. ★ 他家附近有条小河。　　　　　　　　　　　　（ 　 ）

문제 풀이 전략

1단계 문제를 먼저 보고 단어들을 익혀둔다.
지문을 듣기 전 문제에 있는 핵심 단어들을 미리 파악해 둔다.

2단계 지문에서 듣게 되는 단어들은 문제에 체크한다.
같은 단어가 나오면 문제에 반드시 체크해 두고, 유사한 단어나 상반되는 단어가 나와도 체크하는 것이 좋다.

3단계 문제에 제시된 문장의 서술어, 목적어, 수식어 부분에 주의하여 듣고 옳고 그름을 판단한다.
목적어가 같은지, 서술어가 비슷한 표현인지 상반되는 표현인지, 수식어의 표현이 일치하는지 확인하고, 옳다면(√) 틀리면(×) 한다.

Chapter 01 서술어로 판단하기

他的脾气很差。
그의 성격은 나쁘다.

기초 체크

Track 01 + 정답 및 해설_해설서 4쪽

☑ 第1-10题

1. ★ 小许性格活泼。　　　　　　　　　　　　　　　（　　　）

2. ★ 那个箱子不轻。　　　　　　　　　　　　　　　（　　　）

시원한 01 공략법
서술어의 동의어나 유의어 주의하여 듣기!

문제에서 서술어를 미리 파악하고, 지문에서 일치하거나 유사한 표현이 있는지 확인한다.

주요 출제 방식

每到新年的时候，我家都来很多亲戚。大家聚在一起有说有笑，特别热闹。	매년 새해가 되면, 우리 집에 많은 친척이 온다. 모두 함께 모여 이야기로 웃음꽃을 피우며. 매우 시끌벅적하다.
★ 他家过新年的时候很热闹。 (✓)	★ 그의 집은 새해를 지낼 때 시끌벅적하다. (✓)

단어

新年 xīnnián 몡 새해, 신년 | 亲戚 qīnqi 몡 친척 | 聚 jù 동 모이다 | 热闹 rènao 형 번화하다, 떠들썩하다, 시끌벅적하다

문 제

Track 02

1. ★ 降价活动结束了。 ( )

2. ★ 孩子愿意坐在树底下。 ( )

문제 풀이

1
동의 서술어

不好意思，我们的降价活动在两天前就结束了，所以您的这张卡不能继续用了。

죄송합니다. 저희 할인 행사는 2일 전에 끝났습니다. 그래서 당신의 이 카드는 계속해서 사용할 수 없습니다.

★ 降价活动结束了。　　　　　（ √ ）

★ 할인 행사는 끝났다.　　　　（ √ ）

 문제의 서술어가 지문의 내용과 일치하는지 판단하는 문제이다. 지문의 '结束'는 문제에 제시된 서술어 '结束'와 완전히 일치한다. 따라서 정답은 √이다.

降价 jiàngjià 동 가격을 낮추다, 할인하다 | 活动 huódòng 동 (몸을) 움직이다 명 활동, 행사, 이벤트 | 结束 jiéshù 동 끝나다, 종료하다 | 继续 jìxù 동 계속하다

2
유의 서술어

每到周末，很多孩子喜欢坐在这几棵树底下一边喝饮料一边聊天儿，十分热闹。

매주 주말이 되면, 많은 아이는 이 몇 그루의 나무 아래 앉아서 한편으로 음료를 마시며 한편으로 이야기하는 것을 좋아하는데, 매우 시끌벅적하다.

★ 孩子愿意坐在树底下。　　　（ √ ）

★ 아이들은 나무 아래에 앉아 있는 것을 원한다. （ √ ）

 문제의 서술어가 지문의 내용과 일치하는지 판단하는 문제이다. 지문의 '喜欢'은 문제에 제시된 서술어 '愿意'와 유사한 뜻을 나타낸다. 따라서 정답은 √이다.

 棵 kē 양 그루, 포기[식물을 세는 단위] | 树 shù 명 나무 | 底 dǐ 명 밑, (한 해나 한 달의) 말 | 一边 A 一边 B yìbiān A yìbiān B 한편으로 A하고 한편으로 B 하다 | 饮料 yǐnliào 명 음료 | 聊天儿 liáotiānr 동 잡담하다, 이야기하다, 수다 떨다 | 十分 shífēn 부 매우, 아주 | 热闹 rènao 형 번화하다, 떠들썩하다, 시끌벅적하다

시원한 02 공략법

서술어의 반의어 주의하여 듣기!

문제에서 서술어를 미리 파악하고, 지문에서 완전히 상반되는 표현이 있는지 확인한다.

주요 출제 방식

真奇怪！这蛋糕我是按照你说的方法做的，但做出来的样子怎么这么难看？到底是哪一步出问题了呢？

정말 이상하네! 이 케이크는 네가 말한 방법에 따라 만들었는데, 만들어낸 모습이 왜 이렇게 보기 흉하지? 도대체 어느 단계에서 문제가 생긴 걸까?

★ 那蛋糕非常好看。 (X)   ★ 그 케이크는 아주 보기 좋다. (X)

단어

奇怪 qíguài 형 이상하다 | 蛋糕 dàngāo 명 케이크 | 按照 ànzhào 전 ~에 따라 | 方法 fāngfǎ 명 방법 | 样子 yàngzi 명 모양, 모습 | 难看 nánkàn 형 보기 싫다, 못생기다 | 到底 dàodǐ 부 도대체 | 步 bù 명 단계

문제

Track 03

1. ★ 妻子反对儿子学跳舞。 (   )

2. ★ 和小李聊天儿让人很难受。 (   )

문제 풀이

1

반의 서술어

儿子很喜欢跳舞，可我妻子却希望他学唱歌。我觉得兴趣是最好的老师，父母应该尊重孩子的选择。经过商量，妻子最后同意让儿子学跳舞。

아들은 춤추는 것을 좋아한다. 그러나 내 아내는 오히려 그가 노래하는 것을 배우기를 희망한다. 나는 흥미가 가장 좋은 선생님이며, 부모는 아이의 선택을 존중해야 한다고 생각한다. 상의를 거쳐, 아내는 마지막에 아들에게 춤추는 것을 배우게 하는 것에 동의했다.

★ 妻子反对儿子学跳舞。　　　(X)

★ 아내는 아들이 춤추는 것을 반대한다.　　　(X)

풀이 문제의 서술어가 지문의 내용과 일치하는지 판단하는 문제이다. 지문의 '同意'는 문제에 제시된 서술어 '反对'와 상반되는 뜻을 나타낸다. 따라서 정답은 X이다.

단어 兴趣 xìngqù 명 흥미 | 父母 fùmǔ 명 부모 | 尊重 zūnzhòng 통 존중하다 | 选择 xuǎnzé 통 선택하다 명 선택 | 经过 jīngguò 통 지나다, 거치다 | 商量 shāngliang 통 상의하다 | 最后 zuìhòu 명 최후, 제일 마지막 | 同意 tóngyì 통 동의하다 | 反对 fǎnduì 통 반대하다 명 반대

2

반의 서술어

小李性格活泼，对事情也总有自己的看法。每次和他聊天儿都让我觉得非常愉快。

샤오리의 성격은 활발해서, 일에 대해서도 항상 자신의 의견이 있다. 매번 그와 이야기하면 항상 나로 하여금 아주 즐겁다고 느껴지게 한다.

★ 和小李聊天儿让人很难受。　　　(X)

★ 샤오리와 이야기하는 것은 사람을 괴롭게 한다.　　　(X)

풀이 문제의 서술어가 지문의 내용과 일치하는지 판단하는 문제이다. 지문의 '愉快'는 문제에 제시된 서술어인 '难受'와 상반되는 뜻을 나타낸다. 따라서 정답은 X이다.

단어 性格 xìnggé 명 성격 | 活泼 huópō 형 활발하다 | 看法 kànfǎ 명 견해, 의견, 생각 | 聊天儿 liáotiānr 통 잡담하다, 이야기하다, 수다 떨다 | 愉快 yúkuài 형 유쾌하다, 즐겁다 | 难受 nánshòu 형 (육체적·정신적으로) 괴롭다, 참을 수 없다, 견딜 수 없다

비밀 노트 서술어로 자주 출제되는 동사·형용사 표현 BEST 10

| 活泼 huópō [형] 활발하다 | 几年不见，她的性格活泼多了。 몇 년간 못 봤는데, 그녀의 성격이 많이 활발해졌다. |

厚 hòu
[형] 두껍다

那双袜子非常厚。
그 양말은 아주 두껍다.

积极 jījí
[형] 적극적이다, 긍정적이다

希望各位同事积极参加。
모든 동료가 적극적으로 참가하길 희망한다.

降落 jiàngluò
[동] 착륙하다

飞机已经降落了。
비행기는 이미 착륙했다.

冷静 lěngjìng
[형] 냉정하다, 침착하다

遇到困难时要冷静。
어려운 일을 만났을 때는 침착해야 한다.

热闹 rènao
[형] 번화하다, 떠들썩하다, 시끌벅적하다

大家聚在一起特别热闹。
모두 함께 모이니 매우 시끌벅적하다.

相反 xiāngfǎn
[동] 상반되다, 반대되다

那两个词的意思相反。
그 두 단어의 의미는 상반된다.

辛苦 xīnkǔ
[형] 고생스럽다, 고되다

他每天加班，工作非常辛苦。
그는 매일 야근하고, 업무가 매우 고되다.

兴奋 xīngfèn
[형] 흥분하다

他兴奋得跳起来了。
그는 뛰어오를 정도로 흥분했다.

允许 yǔnxǔ
[동] 허가하다, 허락하다

不允许出现任何错误。
어떠한 실수가 나오는 것도 허락하지 않는다.

第1-8题

1. ★ 他觉得当记者有些辛苦。　　　　　　　　（　　）

2. ★ 他唱歌时十分开心。　　　　　　　　　　（　　）

3. ★ 窗外的景色很美。　　　　　　　　　　　（　　）

4. ★ 那两个词的意思相反。　　　　　　　　　（　　）

5. ★ 调查很早以前就结束了。　　　　　　　　（　　）

6. ★ 笑使人更健康。　　　　　　　　　　　　（　　）

7. ★ 老高经常迟到。　　　　　　　　　　　　（　　）

8. ★ 那张纸不见了。　　　　　　　　　　　　（　　）

Chapter 02 목적어로 판단하기

我收到了一封信。
나는 편지를 한 통 받았다.

기초 체크

Track 05 + 정답 및 해설_해설서 8쪽

☑ 第1-10题

1. ★ 入口处有卖果汁的。　　　　　　　　　　　　　（　　）

2. ★ 他们计划去北京旅行。　　　　　　　　　　　　（　　）

시원한 01 공략법

명사성 목적어 주의하여 듣기!

문제에서 명사로 된 목적어를 미리 파악하고, 지문의 내용과 일치하는지 확인한다.

주요 출제 방식

奶奶一直爱唱京剧。每到周末，她就和其他京剧爱好者一起在公园里为大家表演京剧。

할머니는 줄곧 경극 부르는 것을 좋아하신다. 매주 주말이 되면, 그녀는 다른 경극 애호가들과 함께 공원에서 모두를 위해 경극 공연을 한다.

★ 奶奶是京剧爱好者。 (√)

★ 할머니는 경극 애호가이다. (√)

단어

京剧 jīngjù 고유 경극 | 周末 zhōumò 명 주말 | 其他 qítā 대 기타, 그 외 | 爱好者 àihàozhě 애호가, 마니아 | 表演 biǎoyǎn 동 공연하다 명 공연

문제
Track 06

1. ★ 那本词典里有很多错误。　　　　　　　　　　　　(　)

2. ★ 前门大街有很多小吃店。　　　　　　　　　　　　(　)

시원한 공략법
문제 풀이

1
명사성 목적어

这本汉语词典收了许多新词，其中有一些是与实际生活联系很大的词语。比如，支付宝、微信等。

이 중국어 사전은 많은 신조어를 수록했는데, 그중 일부는 실제 생활과 관련이 큰 어휘이다. 예를 들어 쯔푸바오, 웨이씬 등이 있다.

★ 那本词典里有很多错误。　　　　（ X ）

★ 그 사전에는 많은 오류가 있다. 　　　　（ X ）

 문제의 목적어가 지문의 내용과 일치하는지 판단하는 문제이다. 지문의 '新词'는 문제에 제시된 명사성 목적어 '错误'와 전혀 다른 표현이다. 따라서 정답은 X이다.

 词典 cídiǎn 명 사전 | 许多 xǔduō 형 대단히 많은 | 其中 qízhōng 때 그중 | 实际 shíjì 명 실제 형 실제적이다 | 联系 liánxì 통 연락하다, 연결하다 명 연계 | 词语 cíyǔ 명 어휘, 단어와 어구 | 比如 bǐrú 접 예를 들어 | 支付宝 Zhīfùbǎo 쯔푸바오(중국 결제 앱 'Alipay'의 중국어 명칭) | 微信 Wēixìn 웨이씬(중국 무료 채팅 앱 'Wechat'의 중국어 명칭) | 错误 cuòwù 명 잘못, 실수, 착오 형 잘못된, 틀린

2
명사성 목적어

这座城市的前门大街十分有名。这条街上有很多著名的餐厅和小吃店，是很多游客来这座城市必去的地方之一。

이 도시의 치앤먼 거리는 아주 유명하다. 이 거리에는 많은 유명한 식당과 스낵바가 있고, 많은 여행객이 이 도시에 오면 꼭 가는 곳 중의 하나이다.

★ 前门大街有很多小吃店。　　　　（ √ ）

★ 치앤먼 거리에는 스낵바가 많다. 　　　　（ √ ）

 문제의 목적어가 지문의 내용과 일치하는지 판단하는 문제이다. 지문의 '小吃店'은 문제에 제시된 명사성 목적어 '小吃店'과 완전히 일치한다. 따라서 정답은 √이다.

 座 zuò 양 좌석, 자리 양 좌, 동, 채[건축물·산·교량 등 부피가 크거나 고정된 물체를 세는 단위] | 城市 chéngshì 명 도시 | 前门大街 Qiánmén Dàjiē 고유 치앤먼 거리(베이징의 대표적인 번화가 중 하나) | 十分 shífēn 부 매우, 아주 | 街 jiē 명 거리 | 著名 zhùmíng 형 유명하다 | 餐厅 cāntīng 명 식당 | 小吃 xiǎochī 명 간단한 음식, 간식, 스낵 | 游客 yóukè 명 여행객, 관광객 | 地方 dìfang 명 장소, 곳

시원한 02 공략법

서술성 목적어 주의하여 듣기!

문제에서 형용사나 동사가 포함된 목적어(서술성 목적어)를 미리 파악하고, 지문의 내용과 일치하는지 확인한다.

주요 출제 방식

我的意思并不是让你们放弃，而是希望你们能根据自己的实际情况重新做出选择。

나의 뜻은 결코 너희들로 하여금 포기하라는 게 아니라, 너희가 스스로 실제상황에 근거해서 새로이 선택하기를 희망하는 것이다.

★ 他希望大家放弃。　　　　　　　(X)

★ 그는 사람들이 포기하기를 희망한다.　　(X)

단어

并 bìng 부 결코, 전혀(부정을 강조) | 放弃 fàngqì 동 포기하다 | 根据 gēnjù 전 ~에 근거하여 | 实际 shíjì 명 실제 형 실제적이다 | 情况 qíngkuàng 명 상황 | 重新 chóngxīn 부 ① 다시, 재차 ② 새로이 | 选择 xuǎnzé 동 선택하다 명 선택

문제

Track 07

1. ★ 他们准备去参观图书馆。　　　　　　　　　　(　　)

2. ★ 那份工作要求有留学经历。　　　　　　　　　(　　)

시원한 공략법
문제 풀이

1 서술성 목적어

对面那座楼就是大使馆。走，我带你们参观一下，大家进去以后注意不要大声说话。

맞은편 저 건물이 바로 대사관이야. 가자, 내가 너희들을 데리고 참관을 좀 할 거야. 모두 들어간 후에는 큰 소리로 말하지 않게 주의해야 해.

★ 他们准备去参观图书馆。 (X)

★ 그들은 도서관에 참관하러 갈 계획이다. (X)

 문제의 목적어가 지문의 내용과 일치하는지 판단하는 문제이다. 지문에서 '大使馆'을 언급하고 그곳을 '参观一下' 하겠다고 했으므로, 지문의 서술성 목적어 '去参观图书馆'과 일치하지 않는다. 따라서 정답은 X이다.

 对面 duìmiàn 명 맞은편 | 座 zuò 명 좌석, 자리 양 좌, 동, 채[건축물·산·교량 등 부피가 크거나 고정된 물체를 세는 단위] | 楼 lóu 명 ① 다층 건물 ② 층 | 大使馆 dàshǐguǎn 명 대사관 | 参观 cānguān 동 참관하다 | 注意 zhùyì 동 주의하다 | 图书馆 túshūguǎn 명 도서관

2 서술성 목적어

这份工作的要求很高，既要求是经济专业的硕士或博士，又必须有留学经历，同时符合这些条件的人恐怕不多。

이 직업의 요구는 높아서, 경제 전공의 석사 혹은 박사이기를 요구하기도 하고, 또한 반드시 유학 경험이 있어야 한다. 동시에 이러한 조건을 부합하는 사람은 아마 많지 않을 것이다.

★ 那份工作要求有留学经历。 (√)

★ 그 직업은 유학 경험이 있기를 요구한다. (√)

 문제의 목적어가 지문의 내용과 일치하는지 판단하는 문제이다. 지문의 '有留学经历'는 문제에 제시된 서술성 목적어 '有留学经历'와 완전히 일치한다. 따라서 정답은 √이다.

 要求 yāoqiú 동 요구하다 명 요구 | 既……又…… jì……yòu…… ~하고 (또) ~하다 | 经济 jīngjì 명 경제 | 专业 zhuānyè 명 전공 형 전문의 | 硕士 shuòshì 명 석사 | 博士 bóshì 명 박사 | 必须 bìxū 부 반드시 | 留学 liúxué 동 유학하다 | 经历 jīnglì 동 겪다, 체험하다 명 경험, 경력 | 同时 tóngshí 명 동시, 같은 시기 부 동시에 | 符合 fúhé 동 부합하다 | 条件 tiáojiàn 명 조건 | 恐怕 kǒngpà 부 아마

비밀 노트 — 목적어로 자주 출제되는 명사 표현 BEST 10

错误 cuòwù
명 잘못, 실수, 착오

看看其他地方有没有错误。
다른 부분에 실수가 있는지 없는지 볼게.

大使馆 dàshǐguǎn
명 대사관

我们去大使馆附近吃饭吧。
우리는 대사관 근처에 가서 밥 먹자.

地铁 dìtiě
명 지하철

我们要坐地铁去海洋馆。
우리는 지하철을 타고 아쿠아리움에 가려고 한다.

果汁 guǒzhī
명 과일 주스

入口处有卖果汁的。
입구에 과일 주스 파는 곳이 있다.

经历 jīnglì
명 경험, 경력

留学对我来说将是一次难忘的经历。
유학은 나에게 있어 한 번의 잊을 수 없는 경험이다.

京剧 jīngjù
고유 경극

爷爷一直爱唱京剧。
할아버지는 줄곧 경극 부르는 것을 좋아하신다.

小吃 xiǎochī
명 간단한 음식, 간식, 스낵

这几天吃到了各种各样的小吃。
요 며칠 각양각색의 간단한 음식을 먹었다.

小说 xiǎoshuō
명 소설

他最近在写一本小说。
그는 요즘 한 권의 소설을 쓰고 있다.

友谊 yǒuyì
명 우정

他们参加比赛是为了增进友谊。
그들이 경기에 참가하는 것은 우정을 증진하기(돈독히 하기) 위해서이다.

专业 zhuānyè
명 전공

他大学读的是法律专业。
그가 대학 때 공부한 것은 법률 전공이다.

4급 실전 테스트

Track 08 — 정답 및 해설_해설서 9~11쪽

第1-8题

1. ★ 哥哥最近在写爱情小说。　　　　　　　　　　　　(　　)

2. ★ 满天星的花儿是白色的。　　　　　　　　　　　　(　　)

3. ★ 他打算卖掉那个房子。　　　　　　　　　　　　　(　　)

4. ★ 他决定继续等公共汽车。　　　　　　　　　　　　(　　)

5. ★ 那部电影是关于爱情的。　　　　　　　　　　　　(　　)

6. ★ 他学的是中文专业。　　　　　　　　　　　　　　(　　)

7. ★ 他选择在北京发展。　　　　　　　　　　　　　　(　　)

8. ★ 学校附近有一家眼镜店。　　　　　　　　　　　　(　　)

Chapter 03 수식어로 판단하기

他仍然在学习。

그는 여전히 공부를 하고 있다.

기초 체크

Track 09　정답 및 해설_해설서 12쪽

☑ 第1-10题

1. ★ 以后会有许多这样的机会。　　　　　　（　　　）

2. ★ 房东从来没去过中国。　　　　　　　　（　　　）

시원한 01 공략법
문제에 제시된 관형어가 지문과 일치하는지 체크하기!

관형어는 주어나 목적어를 수식하는 문장성분으로, 쉽게 말해 주로 명사를 수식하는 문장성분이다. 동사(구), 수량사, 형용사, 명사, 전치사구 등이 관형어가 될 수 있다.

学汉语的 [学生] 중국어를 배우는 학생
동사구

一个 聪明的 [学生] 한 명의 똑똑한 학생
수량사 형용사

韩国 [学生] 한국 학생
명사

关于中国的 [书] 중국에 관한 책
전치사구

주요 출제 방식

台上这位表演者是<u>二年级一班</u>的小张同学。听说她从五岁就开始学习钢琴了。 | 무대 위의 이 연기자는 <u>2학년 1반</u>의 샤오장 학생입니다. 듣기에 그녀는 5살 때부터 피아노를 배우기 시작했다고 합니다.

★ 小张是<u>二年级</u>的学生。 (✓) | ★ 샤오장은 <u>2학년</u> 학생이다. (✓)

단어

台 tái 명 무대 | 表演 biǎoyǎn 통 공연하다 명 공연 | 年级 niánjí 명 학년 | 听说 tīngshuō 통 듣자(하)니 ~라고 한다 | 钢琴 gāngqín 명 피아노

문 제　　　　　　　　　　　　　　　　　　　　　　　Track 10

1. ★ 表演者来自相同的国家。　　　　　　　　　　　　　（　　）

2. ★ 他读了介绍长江的文章。　　　　　　　　　　　　　（　　）

시원한 공략법
문제 풀이

1　　　　　　　　　　　　　　　　　　　　　　　　　　형용사

接下来的这个节目由13位来自不同国家的留学生共同为大家表演。听说他们练习了两个多月。让我们一起欢迎他们。	이어지는 프로그램은 13명의 다른 나라에서 온 유학생들이 함께 여러분을 위해 공연합니다. 듣기에 그들은 두 달 넘게 연습했다고 합니다. 우리 함께 그들을 환영합시다.
★ 表演者来自相同的国家。　　　　（ X ）	★ 연기자들은 서로 같은 나라에서 왔다. 　　　　（ X ）

 문제의 관형어가 지문의 내용과 일치하는지 판단하는 문제이다. 지문의 '不同国家'는 문제에 제시된 형용사 관형어 '相同'과 상반되는 뜻을 나타낸다. 따라서 정답은 X이다.

 节目 jiémù 명 프로그램 | 来自 láizì 동 ~에서 오다 | 国家 guójiā 명 국가, 나라 | 留学生 liúxuéshēng 명 유학생 | 共同 gòngtóng 형 공통의 부 함께, 다 같이 | 表演 biǎoyǎn 동 공연하다 명 공연 | 练习 liànxí 동 연습하다 명 연습 | 欢迎 huānyíng 동 환영하다 | 相同 xiāngtóng 형 서로 같다

2   동사구

我最近阅读过两篇跟北京有关的文章，一篇介绍的是长城，另外一篇介绍的是京剧，都很有特点，让我学到了很多知识。

나는 최근 두 편의 베이징과 관련 있는 글을 읽은 적이 있는데, 한 편이 소개한 것은 창청(만리장성)이고, 다른 한 편이 소개한 것은 경극으로, 모두 특징이 있어서, 나로 하여금 많은 지식을 배우게 했다.

★ 他读了介绍长江的文章。　　　　（ ✗ ）

★ 그는 창장(양쯔강)을 소개하는 글을 읽었다.　　（ ✗ ）

 문제의 관형어가 지문의 내용과 일치하는지 판단하는 문제이다. 지문의 '长城'은 문제에 제시된 동사구 관형어 '介绍长江'과 전혀 다른 표현이다. 따라서 정답은 ✗이다.

 最近 zuìjìn 명 최근, 요즘 | 阅读 yuèdú 동 (책·신문을) 읽다 | 篇 piān 양 편[글을 세는 단위] | 有关 yǒuguān 동 관계가 있다 형 관련 있다 | 文章 wénzhāng 명 글, 문장 | 长城 Chángchéng 고유 창청(만리장성) | 另外 lìngwài 부 그 밖에 대 다른 사람이나 사물 | 京剧 jīngjù 고유 경극 | 特点 tèdiǎn 명 특징 | 知识 zhīshi 명 지식 | 长江 Cháng Jiāng 고유 창장(양쯔강)

시원한 02 공략법
문제에 제시된 부사어가 지문과 일치하는지 체크하기!

부사어는 서술어를 수식하는 문장성분으로, 쉽게 말해 형용사나 동사를 수식하는 문장성분이다. 시간명사, 부사, 조동사, 전치사구, 형용사 등이 부사어가 될 수 있다.

今天 [去] 오늘 간다
시간명사

经常 会 在图书馆 [学习] 자주 도서관에서 공부할 것이다
부사 조동사 전치사구

仔细(地) [看] 자세히 보다
형용사

주요 출제 방식

马律师，实在不好意思。我 这周末 要出差，不能跟您见面了。等下周回来后我们再约怎么样? | 마 변호사님. 정말 죄송합니다. 제가 이번 주말에 출장을 가야 해서, 당신과 만날 수 없게 되었습니다. 다음 주에 돌아온 후 우리 다시 약속을 잡는 것이 어떨까요?

★ 他已经出差回来了。　　　　(×) | ★ 그는 이미 출장에서 돌아왔다. (×)

단어

律师 lǜshī 명 변호사 | 实在 shízài 부 확실히, 정말 | 周末 zhōumò 명 주말 | 出差 chūchāi 동 출장 가다 | 约 yuē 동 약속하다

문제　　　　　　　　　　　　　　　　　　　Track 11

1. ★ 他们准备后天去爬长城。　　　　　　　(　　)

2. ★ 打折活动从下周开始。　　　　　　　　(　　)

시원한 공략법
문제 풀이

1
시간명사

现在是假期,来中国旅游的人特别多。每天都有很多人去爬长城,我们暂时就别去了,等假期过后再去吧。

지금은 휴가 기간이라, 중국으로 여행하러 오는 사람들이 매우 많다. 매일 많은 사람이 창청(만리장성)을 올라가니까, 우리는 당분간 가지 말고, 휴가 끝나고 가자.

 他们准备后天去爬长城。　　　　(X)

 그들은 모레 창청(만리장성)에 갈 계획이다.　　　(X)

풀이 문제의 부사어가 지문의 내용과 일치하는지 판단하는 문제이다. 지문의 '假期过后'는 문제에 제시된 시간명사 부사어 '后天'과 일치하지 않는다. 따라서 정답은 X이다.

단어 假期 jiàqī 명 휴가 기간, 휴가 때 | 旅游 lǚyóu 동 여행하다 | 爬 pá 동 오르다, 기어오르다 | 长城 Chángchéng 고유 창청(만리장성) | 暂时 zànshí 명 잠시, 당분간 | 后天 hòutiān 명 모레

2
전치사구

为感谢新顾客在过去一年中对我们的支持,这两天店内所有东西都打七折,欢迎大家前来选购。

새로운 고객님들의 지난 1년간 저희에 대한 지지에 감사하기 위해, 요 며칠 동안 가게 내 모든 물건을 30% 할인합니다. 모두 구입하러 오시는 것을 환영합니다.

 打折活动从下周开始。　　　　(X)

 할인 행사는 다음 주부터 시작한다.　　　(X)

풀이 문제의 부사어가 지문의 내용과 일치하는지 판단하는 문제이다. 지문의 '这两天'은 문제에 제시된 전치사구 부사어 '从下周'와 일치하지 않는다. 따라서 정답은 X이다.

단어 感谢 gǎnxiè 동 감사하다 | 顾客 gùkè 명 고객, 손님 | 支持 zhīchí 동 지지하다 명 지지 | 打折 dǎzhé 동 할인하다, 세일하다 | 欢迎 huānyíng 동 환영하다 | 前来 qiánlái 동 저쪽으로부터 오다 | 选购 xuǎngòu 동 골라서 사다, 선택하여 사다 | 活动 huódòng 동 (몸을) 움직이다 명 활동, 행사, 이벤트

비밀 노트 — 자주 출제되는 부사 표현 BEST 10

从来 cónglái
児 여태껏, 지금까지

我从来没去过中国。
나는 여태껏 중국에 가본 적이 없다.

刚 gāng
児 방금, 막

我刚看了地图，我们离加油站不远。
내가 방금 지도를 봤는데, 우리는 주유소에서 멀리 있지 않다.

互相 hùxiāng
児 서로

任何国家的人都可以在网上互相交流。
어떠한 국가의 사람이든 모두 인터넷에서 서로 교류할 수 있다.

几乎 jīhū
児 거의

那条街上的东西几乎不打折。
저 거리의 물건은 거의 할인하지 않는다.

偶尔 ǒu'ěr
児 가끔, 이따금

我偶尔因为这里的气候而生病。
나는 가끔 이곳의 기후 때문에 병이 난다.

千万 qiānwàn
児 절대, 반드시, 제발

你千万别误会。
당신은 제발 오해하지 마세요.

仍然 réngrán
児 여전히

他现在仍然不习惯吃中国菜。
그는 지금도 여전히 중국 음식에 익숙지 않다.

顺便 shùnbiàn
児 ~하는 김에

麻烦你回家时顺便帮我买一个面包，好吗?
미안한데 집에 돌아오는 김에 빵 하나만 사다 줄래?

完全 wánquán
児 완전히, 전혀

她唱歌时完全没有紧张。
그녀는 노래 부를 때 전혀 긴장하지 않는다.

尤其 yóuqí
児 특히

我喜欢动物，尤其是小狗。
나는 동물을 좋아하는데, 특히 강아지를 좋아한다.

4급 실전 테스트

Track 12 정답 및 해설_해설서 13~15쪽

第1-8题

1. ★ 王经理下午三点要开会。　　　　　　　　　　（　　）

2. ★ 那个人的申请没有通过。　　　　　　　　　　（　　）

3. ★ 小李不会说普通话。　　　　　　　　　　　　（　　）

4. ★ 陈经理乘坐的航班刚降落。　　　　　　　　　（　　）

5. ★ 这节课讲关于太阳的知识。　　　　　　　　　（　　）

6. ★ 他现在仍然不习惯吃中国菜。　　　　　　　　（　　）

7. ★ 小马会跳民族舞。　　　　　　　　　　　　　（　　）

8. ★ 那条街上的东西几乎不打折。　　　　　　　　（　　）

Chapter 04 전체로 판단하기

我在图书馆学汉语。

나는 도서관에서 중국어를 공부한다.

기초 체크

Track 13　+ 정답 및 해설_해설서 16쪽

☑ 第1-10题

1. ★ 他孩子平时很爱说话。　　　　　　　　　　　　（　　）

2. ★ 他对那条裤子很满意。　　　　　　　　　　　　（　　）

시원한 01 공략법
문제 전체가 지문과 일치하는지 체크하기!

문제 전체의 내용이 지문의 일부와 그대로 일치하는 경우이다.

주요 출제 방식

顾客朋友们，<u>我们店正在做</u>儿童节特别<u>活动</u>，十二岁以下的儿童都可免费获得一份礼物。	고객 여러분. 저희 매장은 어린이날 특별 행사를 하고 있습니다. 12살 이하의 어린이들은 모두 무료로 선물 하나를 얻을 수 있습니다.
★ 那家店正在做活动。　　　　　(√)	★ 그 매장은 행사를 하고 있다.　　　　(√)

단어

顾客 gùkè 명 고객, 손님 | 儿童节 Értóngjié 어린이날 | 活动 huódòng 동 (몸을) 움직이다 명 활동, 행사, 이벤트 | 免费 miǎnfèi 동 무료로 하다 | 获得 huòdé 동 얻다, 획득하다 | 礼物 lǐwù 명 선물

문 제　　　　　　　　　　　　　　　　　　　　　　　　　　Track 14

1. ★ 他对少数民族的文化感兴趣。　　　　　　　　　(　　)

2. ★ 每个人的作用很小。　　　　　　　　　　　　　(　　)

시원한 공략법
문제 풀이

1 전체 일치

我对少数民族的文化特别感兴趣，希望能有机会去民族村看看，了解那些地方的文化和人们的生活方式。

나는 소수민족의 문화에 대해 매우 관심이 있어서, 민족 마을에 가서 좀 보고, 그곳의 문화와 사람들의 생활 방식을 이해할 기회가 있기를 희망한다.

★ 他对少数民族的文化感兴趣。　　(√)
★ 그는 소수민족의 문화에 관심이 있다. 　　(√)

 문제 전체가 지문의 내용과 일치하는지 판단하는 문제이다. 지문의 '我对少数民族的文化特别感兴趣'는 문제에 제시된 문장과 거의 일치한다. 따라서 정답은 √이다.

 少数民族 shǎoshù mínzú 몡 소수민족 | 感兴趣 gǎn xìngqù 관심이 있다, 흥미가 있다 | 机会 jīhuì 몡 기회 | 村 cūn 몡 촌락, 마을 | 了解 liǎojiě 동 자세하게 알다, 이해하다 | 生活 shēnghuó 동 살다, 생활하다 몡 생활 | 方式 fāngshì 몡 방식, 방법

2 전체 일치

在社会中，我们每个人都像一棵棵树一样，尽管作用很小，但仍然是不可缺少的。因为虽然一棵树不能改变气候，但森林却可以。

사회에서 우리 개개인은 한 그루의 나무와 같아서, 비록 역할이 작다 해도, 그러나 여전히 없어서는 안 된다. 왜냐하면 비록 한 그루의 나무가 기후를 바꿀 수는 없지만, 숲은 가능하기 때문이다.

★ 每个人的作用很小。 　　(√)
★ 개개인의 역할은 작다. 　　(√)

 문제 전체가 지문의 내용과 일치하는지 판단하는 문제이다. 지문의 '我们每个人'과 '作用很小'는 문제에 제시된 문장과 거의 일치한다. 따라서 정답은 √이다.

 社会 shèhuì 몡 사회 | 棵 kē 양 그루, 포기[식물을 세는 단위] | 树 shù 몡 나무 | 尽管 jǐnguǎn 접 비록 ~하더라도 | 作用 zuòyòng 몡 역할, 작용 | 仍然 réngrán 부 여전히, 아직도 | 不可缺少 bùkě quēshǎo 없어서는 안 된다 | 改变 gǎibiàn 동 바꾸다, 변하다 | 气候 qìhòu 몡 기후 | 森林 sēnlín 몡 삼림, 숲

시원한 02 공략법

지문 내용을 바탕으로 유추하여 풀기!

문제에 제시된 내용을 지문에서 그대로 언급하지 않고, 지문의 전체 내용을 이해하고 그것을 바탕으로 유추하여 풀어야 하는 경우이다.

주요 출제 방식

各位旅客请注意，现在广播找人。来自山东的高小姐，听到广播后请马上到进站口，您的家人正在那里等您。	여행객 여러분 주의해 주세요. 지금 방송으로 사람을 찾습니다. 산둥에서 온 까오 아가씨는 방송을 들으시면 바로 역 입구로 와 주세요. 당신의 가족이 그곳에서 당신을 기다리고 있습니다.
★ 高小姐现在和家人在一起。　　　(X)	★ 까오 아가씨는 가족과 함께 있다. 　　　(X)

단어

旅客 lǚkè 명 여행객 | 注意 zhùyì 동 주의하다 | 广播 guǎngbō 동 방송하다 명 라디오 방송 | 来自 láizì 동 ~에서 오다

문 제

Track 15

1. ★ 成功后不要骄傲。　　　　　　　　　　　　　　　　　(　　)

2. ★ 那个调查是关于考试成绩的。　　　　　　　　　　　　(　　)

시원한 공략법
문제 풀이

1 　　　　　　　　　　　　　　　　　　　　　　　　　　　　　　　　　　　유추하기

有些人获得了一点儿成功后，马上就变得很骄傲。其实，这是十分危险的，也许就在你得意的同时，你已经开始走向失败了。

어떤 사람들은 약간의 성공을 거둔 후, 바로 거만하게 변한다. 사실 이것은 아주 위험한 것이다. 아마도 당신이 의기양양해 하고 있을 때, 당신은 이미 실패를 향해 가기 시작했을 것이다.

★ 成功后不要骄傲。　　　　　　　(√)　　★ 성공 후 거만해지지 마라.　　　　　　　(√)

 문제가 지문 전체의 내용과 부합하는지 유추하여 판단하는 문제이다. 지문의 '获得了……成功后……骄傲……这是十分危险的'와 같은 표현들로 볼 때 정답은 √이다.

 获得 huòdé 통 얻다, 획득하다 | 成功 chénggōng 통 성공하다 명 성공 형 성공적이다 | 骄傲 jiāo'ào 형 ① 오만하다, 거만하다 ② 자랑스럽다 | 其实 qíshí 부 사실은 | 十分 shífēn 부 매우, 아주 | 危险 wēixiǎn 명 위험 형 위험하다 | 也许 yěxǔ 부 어쩌면, 아마도 | 得意 déyì 형 의기양양하다, 대단히 만족하다 | 同时 tóngshí 명 동시, 같은 시기 부 동시에 | 失败 shībài 통 실패하다 명 실패

2 　　　　　　　　　　　　　　　　　　　　　　　　　　　　　　　　　　　유추하기

从调查结果来看，很多大学生毕业后会不停地换工作。有的人甚至会在一个月内换四五份工作。

조사 결과로 봤을 때, 많은 대학생은 졸업 후 끊임없이 직업을 바꾼다. 어떤 사람은 심지어 1개월 안에 4~5개의 직업을 바꾼다.

★ 那个调查是关于考试成绩的。　　(✗)　　★ 그 조사는 시험 성적에 관한 것이다.　　(✗)

문제가 지문 전체의 내용과 부합하는지 유추하여 판단하는 문제이다. 지문의 '调查', '很多大学生毕业后会不停地换工作'와 같은 표현들로 볼 때 정답은 ✗이다.

调查 diàochá 통 조사하다 명 조사 | 结果 jiéguǒ 명 결과 | 毕业 bìyè 통 졸업하다 | 不停 bùtíng 부 계속해서 | 换 huàn 통 바꾸다, 교환하다 | 甚至 shènzhì 부 심지어 | 成绩 chéngjì 명 성적, 성과

第1-8题

1. ★ 互相帮助才能共同前进。　　　　　　　　　　（　　）

2. ★ 那家餐厅服务质量很差。　　　　　　　　　　（　　）

3. ★ 小姐忘记了取款密码。　　　　　　　　　　　（　　）

4. ★ 环保要从身边小事做起。　　　　　　　　　　（　　）

5. ★ 那个网站在招聘护士。　　　　　　　　　　　（　　）

6. ★ 互联网让旅行变得十分方便。　　　　　　　　（　　）

7. ★ 他对表演不感兴趣。　　　　　　　　　　　　（　　）

8. ★ 现在用餐的人很多。　　　　　　　　　　　　（　　）

시원스쿨 新HSK
听力

듣기

제 2, 3 부분

대화 듣고 답하기

Chapter 01 숫자 · 시간

Chapter 02 장소

Chapter 03 신분 · 관계

Chapter 04 평가

Chapter 05 동작

Chapter 06 열거

Chapter 07 화제 · 사건

Chapter 08 원인

Chapter 09 판단

Chapter 10 함의

출제 경향 및 문제 풀이 전략

듣기 제2, 3부분은 대화를 듣고 보기 중 알맞은 정답을 고르는 형태로, 제2부분에는 짧은 대화가 제3부분에는 긴 대화가 출제된다. 제2부분은 15문제(11~25번), 제3부분은 10문제(26~35번)가 출제된다.

1. 여러 가지 유형의 문제들이 다양하게 출제되고 있다. 그중 숫자·시간, 장소, 신분·관계, 평가, 동작, 열거형의 경우는 보기만 봐도 질문을 예상할 수 있는 유형이다. 반면 화제·사건, 원인, 판단, 함의형의 경우는 보기만으로는 정확한 유형을 알 수 없으므로 질문까지 다 듣고 판단해야 한다.

2. 보기의 표현과 듣기 지문의 일부가 똑같이 나오는 문제들이 대부분을 차지하므로, 들리는 대로 시험지에 표시해두기만 해도 맞출 수 있는 문제들이 많다.

3. 듣기 지문과는 다른 표현으로 답을 찾는 문제도 일부 출제되고 있다.

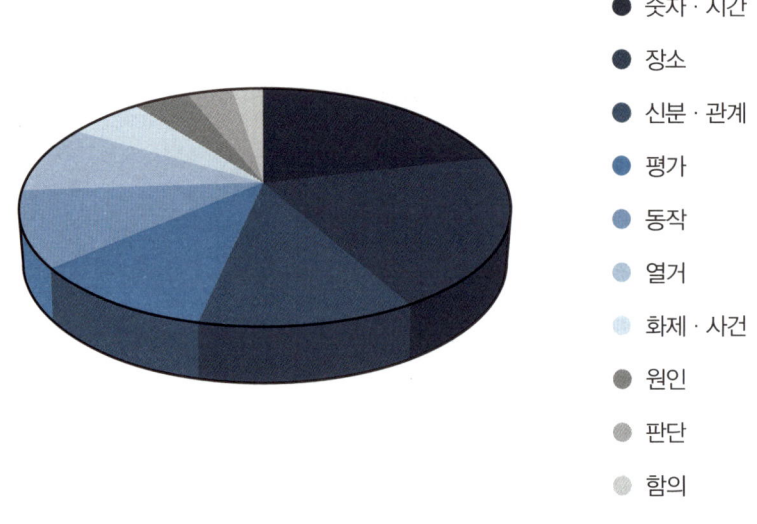

第11-25题

例如： 女： 该加油了，去机场的路上有加油站吗？
　　　 男： 有，你放心吧。
　　　 问： 男的主要是什么意思？
　　　　　 A 去机场　　　B 快到了　　　C 油是满的　　　D 有加油站 ✓

11.　　A 买旧的　　　B 打开窗户　　　C 找人修理　　　D 把空调搬走

第26-35题

例如： 男： 把这个材料复印5份，一会儿拿到会议室发给大家。
　　　 女： 好的。会议是下午三点吗？
　　　 男： 改了。三点半，推迟了半个小时。
　　　 女： 好，六〇二会议室没变吧？
　　　 男： 对，没变。
　　　 问： 会议几点开始？
　　　　　 A 14:00　　　B 15:00　　　C 15:30 ✓　　　D 18:00

26.　　A 数学书　　　B 词典　　　C 故事书　　　D 历史作业

문제 풀이 전략

1단계 먼저 보기를 보고 어떤 유형의 문제가 나올지 유추한다.

문제 유형에 따라 보기를 보면 어떤 질문을 할지 미리 파악할 수 있는 경우가 있다. 이런 유형의 경우 보기를 통한 문제의 유추가 도움이 될 수 있다.

2단계 반드시 보기를 보며 지문을 듣는다.

보기를 보면서 동시에 지문을 듣고, 동일하거나 유사한 표현이 나올 경우 오른쪽에 체크하거나 밑줄을 쳐서 표시해 둔다.

3단계 질문을 끝까지 듣고 정답을 고른다.

OMR 카드에 체크했다가 질문을 듣고 답을 수정하게 되면 다음 문제를 푸는데 영향을 미칠 수 있다. 질문을 끝까지 듣는 습관을 길러본다.

01 숫자·시간

我这周末去中国。
나는 이번 주말에 중국에 간다.

기초 체크

Track 17 + 정답 및 해설_해설서 20쪽

☑ 第11-25题

11. A 10元8角   B 4元8角   C 40元8角   D 100元

☑ 第26-35题

26. A 月底   B 中午   C 周末   D 暑假前

시원한 01 공략법

보기에 숫자가 나오면 숫자형 문제이다.

네 개의 보기가 숫자들로 이루어져 있다면 숫자를 묻는 문제이다. 숫자를 묻는 질문 유형으로는 '얼마인지(多少), 몇 번인지(几次), 거리가 어떻게 되는지(多远)'에 대한 표현이 많이 나오므로, 숫자를 묻는 질문이 예상되면 지문 중 숫자에 귀를 기울이며 듣는다.

주요 출제 방식

女：这是你新买的传真机?
男：对，最近降价了，我只花了1800。

问：那台传真机多少钱?

A 1080元　　　　B 1800元
C 180元　　　　　D 2800元

여: 이것이 네가 새로 산 팩시밀리니?
남: 맞아. 최근에 값을 내려서, 나는 단지 1800위안을 썼어.

질문: 그 팩시밀리는 얼마인가?

A 1080위안　　　B 1800위안
C 180위안　　　　D 2800위안

단어

传真机 chuánzhēnjī 몡 팩시밀리, 팩스 | 最近 zuìjìn 몡 최근, 요즘 | 降价 jiàngjià 동 가격을 낮추다, 할인하다 | 花 huā 동 (돈·시간을) 쓰다

문제　　　　　　　　　　　　　　　　　　　　　　　　　　　　　　Track 18

1.　A 5公里　　　　B 一千公里　　　　C 500米　　　　D 一公里

2.　A 9块　　　　　B 3块　　　　　　 C 3块5毛　　　　D 9角

문제 풀이

1
거리를 묻는 질문

男: 下个月要新修一条地铁，有一站距离公司大概也就一公里。

女: 太好了！以后乘地铁终于不用走那么远了。

问: 将要修的地铁中的一站离他公司有多远?

A 5公里　B 一千公里　C 500米　D 一公里

남: 다음 달에 새로 지하철을 건설하는데, 역이 회사로부터 대략 1킬로미터(km) 떨어져 있대.

여: 너무 잘됐다! 이후에 지하철을 타면 마침내 그렇게 멀리 걸을 필요가 없어지겠네.

질문: 앞으로 건설될 지하철의 역은 그의 회사로부터 얼마나 먼가?

A 5킬로미터(km)　B 1,000킬로미터(km)
C 500미터(m)　D 1킬로미터(km)

 보기를 통해 거리와 관련된 질문을 예상할 수 있다. 지문에서 남자의 '有一站距离公司大概也就一公里'라는 말을 통해 정답이 D임을 알 수 있다.

 修 xiū 동 ① 고치다, 수리하다 ② 건설하다 | 地铁 dìtiě 명 지하철 | 站 zhàn 명 역, 정류장 | 距离 jùlí 동 (~로부터) 떨어지다, 사이를 두다 명 거리, 격차 | 大概 dàgài 부 대강, 대충 | 公里 gōnglǐ 양 킬로미터(km) | 乘 chéng 동 타다, 탑승하다 | 将要 jiāngyào 부 장차(곧) ~하려 하다

2
돈을 묻는 질문

女: 您好，这三本书已经过了还书时间。

男: 抱歉，麻烦您帮我看看要交多少钱。

女: 三本书都超过了三天。超过一天每本收一元钱，一共是九元。

男: 稍等，我找一下零钱。

问: 男的应该交多少钱?

A 9块　B 3块　C 3块5毛　D 9角

여: 안녕하세요. 이 세 권의 책은 이미 반납 시간이 지났습니다.

남: 죄송합니다. 번거로우시겠지만 얼마를 내야 하는지 봐 주세요.

여: 세 권의 책이 모두 3일을 초과했어요. 하루 초과하면 권당 1위안을 받으니까, 합해서 9위안입니다.

남: 잠시만요, 제가 잔돈 좀 찾아볼게요.

질문: 남자는 얼마를 지불해야 하는가?

A 9위안(콰이)　B 3위안(콰이)
C 3위안 5마오　D 9자오

 보기를 통해 돈과 관련된 질문을 예상할 수 있다. 지문에서 여자의 '超过一天每本收一元钱, 一共是九元'이라는 말을 통해 정답이 A임을 알 수 있다.

 过 guò 동 지나다, 경과하다 | 还 huán 동 반환하다, 되돌려주다 | 抱歉 bàoqiàn 형 미안해하다 | 麻烦 máfan 동 폐를 끼치다, 귀찮게 하다 명 말썽, 골칫거리 형 귀찮다, 번거롭다 | 交 jiāo 동 건네주다, 제출하다; 지불하다 | 超过 chāoguò 동 초과하다, 넘다 | 收 shōu 동 받다 | 零钱 língqián 명 ① 잔돈 ② 용돈

시원한 02 공략법

보기에 시간(날짜)이 나오면 시간형 문제이다.

네 개의 보기가 시간이나 날짜로 이루어져 있다면 시간(날짜)을 묻는 문제이다. 시간(날짜)을 묻는 질문 유형으로는 '몇 시인지(几点), 며칠인지(哪天), 언제인지(什么时候), 얼마나 걸리는지(多长时间)'에 대한 표현이 많이 나오므로, 시간(날짜)을 묻는 질문이 예상되면 지문 중 시간(날짜)에 귀를 기울이며 듣는다.

주요 출제 방식

女: 听说你明年要去中国留学?
男: 对，学半年过完春节就回来。

问: 男的要去中国留学多长时间?
A 6个月　　B 半个月　　C 一周　　D 一年

여: 듣자 하니 너는 내년에 중국에 유학 간다며?
남: 맞아. 반년 공부하고 춘제를 지내고 바로 돌아올 거야.

질문: 남자는 중국에 얼마 동안 유학하러 가는가?
A 6개월　　B 보름　　C 일주　　D 일 년

단어

听说 tīngshuō 〔동〕 듣자(하)니 ~라고 한다 | 留学 liúxué 〔동〕 유학하다 | 春节 Chūnjié 〔고유〕 춘제(설날) | 周 zhōu 〔명〕 주, 요일

문제　　　　　　　　　　　　　　　　　　　　　　　　　　　Track 19

1. A 6月　　　　B 9月　　　　C 10月　　　　D 11月

2. A 暑假　　　B 周日　　　C 星期六　　　D 下个月月底

시원한 공략법
문제 풀이

1
날짜를 묻는 질문

女: 你们今天讨论得怎么样? 有结果吗?
男: 大家都同意把招聘会推迟到9月10号。

问: 大家希望什么时候举行招聘会?
A 6月　　B 9月　　C 10月　　D 11月

여: 너희 오늘 토론은 어땠어? 결과가 있어?
남: 모두 채용박람회를 9월 10일로 미루는 데 동의했어.

질문: 모두 언제 채용박람회 개최하기를 희망하는가?
A 6월　　B 9월　　C 10월　　D 11월

 보기를 통해 날짜와 관련된 질문을 예상할 수 있다. 지문에서 남자의 '把招聘会推迟到9月10号'라는 말을 통해 정답이 B임을 알 수 있다.

 讨论 tǎolùn 동 토론하다 명 토론 | 结果 jiéguǒ 명 결과 | 同意 tóngyì 동 동의하다 | 招聘会 zhāopìnhuì 채용박람회 | 推迟 tuīchí 동 뒤로 미루다, 연기하다 | 举行 jǔxíng 동 열다, 거행하다, 개최하다

2
시간을 묻는 질문

男: 您好, 我们这儿新开了历史课, 您可以带孩子来试听。
女: 是吗? 正好我女儿对历史感兴趣。请问, 周几有课?
男: 每个礼拜天的下午3点到4点。
女: 好。那我们这周末就去。

问: 哪天有历史课?
A 暑假　　B 周日　　C 星期六　　D 下个月月底

남: 안녕하세요. 우리 이곳에서 역사 수업이 새로 열렸어요. 아이를 데리고 오셔서 시험 삼아 들어보셔도 됩니다.
여: 그래요? 딱 마침 제 딸이 역사에 관심이 있어요. 실례합니다만, 무슨 요일에 수업이 있나요?
남: 매주 일요일 오후 3시에서 4시입니다.
여: 좋아요. 그럼 우리 이번 주말에 갈게요.

질문: 며칠에 역사 수업이 있는가?
A 여름방학　　B 일요일　　C 토요일　　D 다음 달 월말

 보기를 통해 시간과 관련된 질문을 예상할 수 있다. 지문에서 남자의 '每个礼拜天的下午3点到4点'이라는 말을 통해 정답이 B임을 알 수 있다.

 历史 lìshǐ 명 역사 | 带 dài 동 ① 지니다, 휴대하다 ② 이끌다, 데리다 | 试 shì 동 시험 삼아 해보다 | 正好 zhènghǎo 형 딱 맞다 부 마침, 때마침 | 对……感兴趣 duì……gǎn xìngqù ~에 관심이 있다, ~에 흥미가 있다 | 礼拜 lǐbài 명 주, 요일 | 周末 zhōumò 명 주말 | 暑假 shǔjià 명 여름방학 | 月底 yuèdǐ 명 월말

비밀 노트 — 시험에 자주 출제되는 명사와 양사 BEST 10

礼拜 lǐbài
명 주, 요일
他是上个礼拜二回来的。
그는 지난주 화요일에 돌아왔다.

星期 xīngqī
명 주, 요일
听说你下星期日去中国，是吗？
듣자 하니 너는 다음 주 일요일에 중국에 간다던데, 맞니?

周 zhōu
명 주, 요일
我打算去中国旅游一周。
나는 중국으로 일주일간 여행 갈 계획이다.

周末 zhōumò
명 주말
你周末在家休息吗？
너는 주말에 집에서 쉬니?

月底/月末 yuèdǐ / yuèmò
명 월말
打折活动月底才结束呢。
할인 행사는 월말이 되어서야 끝난다.

中午 zhōngwǔ
명 정오
我们要中午去银行办事。
우리는 정오에 은행 가서 일을 처리해야 한다.

暑假 shǔjià
명 여름방학
你今年暑假回家吗？
너는 올해 여름방학에 집에 가니?

寒假 hánjià
명 겨울방학
我寒假去海南玩儿了。
나는 겨울방학에 하이난에 가서 놀았다.

米 mǐ
양 미터(m)
我跑了八百米。
나는 800미터(m)를 뛰었다.

公里 gōnglǐ
양 킬로미터(km)
从这儿到咱家大概就一公里。
여기에서 우리 집까지는 대략 1킬로미터(km) 떨어져 있다.

4급 실전 테스트

第1-5题

1. A 下周六　　B 下学期　　C 今晚　　D 这周末

2. A 明天中午　　B 这个星期日　　C 两个星期后　　D 下周日

3. A 12:00　　B 13:00　　C 15:00　　D 20:00

4. A 9:00　　B 10:00　　C 6:30　　D 11:30

5. A 下月底　　B 星期四　　C 下学期　　D 下周末

第6-8题

6. A 1800元　　B 2800元　　C 3900元　　D 4700元

7. A 周五上午　　B 礼拜一早上　　C 周六中午　　D 星期天下午

8. A 两次　　B 三次　　C 四次　　D 五次

Chapter 02 장소

今天我去医院打针了。
오늘 나는 병원에 가서 주사를 맞았다.

기초 체크

Track 21 + 정답 및 해설_해설서 24쪽

☑ 第11-25题

11. A 图书馆　　　B 餐厅　　　C 洗手间　　　D 超市

☑ 第26-35题

26. A 宾馆　　　B 银行　　　C 卫生间　　　D 地铁站

시원한 공략법

보기에 장소가 나오면 장소형 문제이다.

네 개의 보기가 장소로 이루어져 있다면 장소를 묻는 문제이다. 장소를 묻는 질문 유형으로는 '어디를 갈 것인지(去哪儿), 어디에 있는지(在哪儿), 어디를 향해 가야 하는지(往哪儿走)'에 대한 표현이 많이 나오므로, 장소를 묻는 질문이 예상되면 지문 중 장소에 관련된 단어에 귀를 기울이며 듣는다.

주요 출제 방식

女: 你好，请问，这儿周围有卫生间吗?
男: 往西走50米左右，国家公园入口的右边就是。

问: 女的想去哪儿?
A 厕所　　B 医院　　C 公园　　D 公共汽车站

여: 안녕하세요. 실례합니다만, 여기 주위에 화장실이 있나요?
남: 서쪽으로 50미터(m) 정도 가면 국가 공원 입구 오른쪽에 바로 있어요.

질문: 여자는 어디를 가고 싶은가?
A 화장실　　B 병원　　C 공원　　D 버스정류장

단어

周围 zhōuwéi 명 주위 | 卫生间 wèishēngjiān 명 화장실 | 往 wǎng 전 ~을(를) 향해 | 国家 guójiā 명 국가, 나라 | 公园 gōngyuán 명 공원 | 入口 rùkǒu 명 입구 | 厕所 cèsuǒ 명 화장실 | 医院 yīyuàn 명 병원 | 公共汽车站 gōnggòng qìchēzhàn 버스정류장

문제　　　　　　　　　　　　　　　　　　　　　　　　　　　　Track 22

1. A 售票处　　B 大桥上　　C 飞机上　　D 公共汽车上

2. A 篮球馆　　B 教室里　　C 街道上　　D 足球场

시원한 공략법
문제 풀이

1 장소를 묻는 질문

女: 先生，你坐的是我的座位。你看，这是我的登机牌。
男: 真对不起，我看错了。我应该坐在前一排。

问: 他们最可能在哪儿?
A 售票处   B 大桥上   C 飞机上   D 公共汽车上

여: 선생님, 당신이 앉으신 곳은 제 좌석입니다. 보세요, 이것은 제 탑승권입니다.
남: 정말 죄송합니다. 제가 잘못 봤네요. 제가 앞줄에 앉았어야 했네요.

질문: 그들은 어디에 있을 가능성이 가장 큰가?
A 매표소   B 다리 위   C 비행기 안   D 버스 안

보기를 통해 장소와 관련된 질문을 예상할 수 있다. 지문에서 여자의 '你坐的是我的座位。你看, 这是我的登机牌' 라는 말을 통해 이미 비행기에 탑승한 상태임을 알 수 있으므로 정답은 C이다.

座位 zuòwèi 명 좌석, 자리 | 登机牌 dēngjīpái 탑승권 | 排 pái 동 배열하다 명 열, 줄 | 售票处 shòupiàochù 매표소 | 桥 qiáo 명 다리

2 장소를 묻는 질문

男: 你也来看篮球赛?
女: 是啊。这次有我喜欢的球队，就和同学一起来看了。
男: 今天的比赛肯定会很精彩。你支持哪个球队?
女: 上海队。希望他们这场能赢。

问: 对话最可能发生在哪儿?
A 篮球馆   B 教室里   C 街道上   D 足球场

남: 너도 농구 시합 보러 왔니?
여: 맞아. 이번에 내가 좋아하는 팀이 있어서 친구와 함께 보러 왔어.
남: 오늘 시합은 분명 멋질 거야. 너는 어느 팀을 지지하니?
여: 상하이팀. 그들이 이번 경기에서 이기기를 바라.

질문: 대화는 어디에서 발생했을 가능성이 가장 큰가?
A 농구장   B 교실 안   C 거리   D 축구장

보기를 통해 장소와 관련된 질문을 예상할 수 있다. 지문에서 남자의 '你也来看篮球赛'라는 말을 통해 이미 농구장에 있음을 알 수 있으므로 정답은 A이다.

篮球 lánqiú 명 농구 | 球队 qiúduì 명 (구기 종목의) 팀 | 肯定 kěndìng 동 긍정적이다 부 분명히, 틀림없이 | 精彩 jīngcǎi 형 뛰어나다, 훌륭하다, 멋지다 | 支持 zhīchí 동 지지하다 명 지지 | 赢 yíng 동 이기다 | 街道 jiēdào 명 거리, 도로 | 足球场 zúqiúchǎng 축구장

비밀 노트 — 시험에 자주 출제되는 장소 표현 BEST 10

厕所 cèsuǒ 몡 화장실	厕所在东门旁边。 화장실은 동문 옆에 있다.
长城 Chángchéng 고유 창청(만리장성)	咱们早上5点半出发，去爬长城。 우리는 아침 5시 반에 출발해서 창청(만리장성)에 올라갈 거다.
厨房 chúfáng 몡 주방	我先把厨房收拾收拾。 나는 우선 주방을 좀 정리할게.
大使馆 dàshǐguǎn 몡 대사관	不是说要去大使馆办签证吗? 대사관에 가서 비자 발급받는다고 하지 않았나요?
海洋馆 hǎiyángguǎn 아쿠아리움	我带儿子去了海洋馆。 나는 아들을 데리고 아쿠아리움에 갔다 왔다.
加油站 jiāyóuzhàn 몡 주유소	请问，这儿附近有加油站吗? 실례합니다만, 이 근처에 주유소가 있나요?
郊区 jiāoqū 몡 교외, 변두리	月底咱们去郊区玩儿吧。 월말에 우리 교외로 놀러 가자.
入口处 rùkǒuchù 입구	你拿着小票去入口处换取。 당신은 영수증을 가지고 입구에 가서 교환하세요.
卫生间 wèishēngjiān 몡 화장실	请问，卫生间的门怎么打不开? 실례합니다만, 화장실 문이 왜 열리지 않죠?
邮局 yóujú 몡 우체국	我经过邮局去了公司。 나는 우체국을 지나 회사에 갔다.

4급 실전 테스트

Track 23　정답 및 해설_해설서 25~27쪽

第1-5题

1.　A 杂志上　　　B 网站上　　　C 报纸上　　　D 电视上

2.　A 高速公路上　B 船上　　　　C 地铁上　　　D 火车上

3.　A 商店　　　　B 宾馆　　　　C 教室　　　　D 办公室

4.　A 出租车上　　B 宾馆　　　　C 公园　　　　D 教室

5.　A 家里　　　　B 国家公园　　C 羽毛球场　　D 海洋馆

第6-8题

6.　A 超市　　　　B 大使馆　　　C 学校　　　　D 亲戚家

7.　A 地铁站　　　B 学校　　　　C 火车站　　　D 登机口

8.　A 体育馆　　　B 超市　　　　C 银行　　　　D 饭店

Chapter 03 신분·관계

我姐姐是名护士。
나의 누나(언니)는 간호사이다.

기초 체크

Track 24 정답 및 해설_해설서 28쪽

☑ 第11-25题

11. A 周律师   B 王医生   C 马护士   D 李大夫

☑ 第26-35题

26. A 师生   B 同事   C 亲戚   D 夫妻

시원한 01 공략법
보기에 사람의 신분이나 직업이 나오면 신분형 문제이다.

네 개의 보기가 신분이나 직업으로 이루어져 있다면 신분이나 직업을 묻는 문제이다. 주요 질문 유형으로는 '누구인지(是谁)', '무엇을 하는 사람인지(做什么的)'에 대한 표현이 많이 나오므로, 신분이나 직업을 묻는 질문이 예상되면 지문 중 신분이나 직업에 관련된 단어에 귀를 기울이며 듣는다.

주요 출제 방식

男: 这两个相机看起来差不多，价格却差很多。
女: 是呀，我们问问售货员，它们之间有什么区别。

问: 女的准备问谁?
A 演员　　B 司机　　C 警察　　D 售货员

남: 이 두 개의 카메라는 보기에 비슷해 보이지만, 가격은 차이가 많이 나.
여: 그러게. 우리 판매원에게 그것들 간에 무슨 차이가 있는지 물어보자.

질문: 여자는 누구에게 물어볼 계획인가?
A 연기자　　B 기사　　C 경찰　　D 판매원

단어

相机 xiàngjī 명 카메라 | 看起来 kàn qǐlai 보기에 | 差不多 chàbuduō 형 비슷하다 | 价格 jiàgé 명 가격 | 差 chà 형 ① 나쁘다 ② 차이가 나다 | 售货员 shòuhuòyuán 명 판매원, 점원 | 区别 qūbié 동 구분하다, 나누다 명 차이, 구별 | 演员 yǎnyuán 명 연기자, 배우 | 司机 sījī 명 기사, 운전자 | 警察 jǐngchá 명 경찰

문제　　　　　　　　　　　　　　　　　　　　　　　　　　Track 25

1. A 房东　　　B 邻居　　　C 马教授　　　D 马校长

2. A 护士　　　B 导游　　　C 理发师　　　D 售货员

문제 풀이

1
신분을 묻는 질문

男：我已经通知马教授了，让他明天中午直接去饭店。
女：行，不过明天是礼拜天，饭店里的人估计会很多。我们最好提前半小时到。

问：他们明天会和谁一起吃饭？
A 房东　　B 邻居　　C 马教授　　D 马校长

남: 제가 이미 마 교수님께 내일 정오에 직접 식당으로 가시라고 알려 드렸어요.
여: 좋아요. 그러나 내일은 일요일이라서 식당 안에 사람이 많을 것 같아요. 우리 30분 일찍 도착하는 것이 가장 좋겠어요.

질문: 그들은 내일 누구와 함께 밥을 먹을 것인가?
A 집주인　B 이웃　C 마 교수　D 마 교장

 보기를 통해 신분과 관련된 질문을 예상할 수 있다. 지문에서 남자의 '我已经通知马教授了，让他明天中午直接去饭店'이라는 말을 통해 정답이 C임을 알 수 있다.

 通知 tōngzhī 통 통지하다, 알리다 명 통지 | 教授 jiàoshòu 명 교수 | 直接 zhíjiē 형 직접적인 | 不过 búguò 접 그러나 | 估计 gūjì 통 추측하다, 예측하다 | 提前 tíqián 통 앞당기다 | 房东 fángdōng 명 집주인 | 邻居 línjū 명 이웃 | 校长 xiàozhǎng 명 교장

2
직업을 묻는 질문

女：头发理好了，您看看，怎么样？
男：后面的头发好像还有点儿长。
女：不长，今年就流行这样的，很适合您。
男：好的，谢谢。

问：女的最可能是做什么的？
A 护士　　B 导游　　C 理发师　　D 售货员

여: 머리 이발이 다 됐습니다. 보세요, 어떠세요?
남: 뒤쪽의 머리카락이 아직도 조금 긴 것 같아요.
여: 길지 않아요. 올해 이런 것이 유행이에요. 아주 잘 어울리세요.
남: 좋아요. 고맙습니다.

질문: 여자는 무엇을 하는 사람일 가능성이 가장 큰가?
A 간호사　B 가이드　C 미용사　D 판매원

 보기를 통해 직업과 관련된 질문을 예상할 수 있다. 지문에서 여자의 '头发理好了'라는 말을 통해 정답이 C임을 알 수 있다.

 头发 tóufa 명 머리카락 | 理 lǐ 통 이발하다 | 好像 hǎoxiàng 부 마치 ~와(과) 같다 | 流行 liúxíng 통 유행하다 | 适合 shìhé 통 적합하다, 알맞다, 어울리다

시원한 02 공략법

보기에 사람 간의 관계가 나오면 관계형 문제이다.

네 개의 보기가 사람 간의 관계로 이루어져 있다면 관계를 묻는 문제이다. 주요 질문 유형으로는 '무슨 관계인지(什么关系)'에 대한 표현이 많이 나오므로, 관계를 묻는 질문이 예상되면 지문 중 관계에 관련된 단어에 귀를 기울이며 듣는다.

주요 출제 방식

男: 妈, 爷爷的检查结果出来了?
女: 对, 医生说没什么事儿。他让爷爷平时多休息, 不能太累。
男: 那就好。爷爷的工作压力太大了。
女: 是啊, 真希望他不用工作。

问: 他们最可能是什么关系?
A 父女　　B 母子　　C 夫妻　　D 姐弟

남: 엄마, 할아버지의 검사 결과가 나왔나요?
여: 응. 의사가 말하길 별일 없대. 의사가 할아버지에게 평소에 많이 휴식하고, 너무 무리하지 말라고 하셨어.
남: 그럼 다행이네요. 할아버지의 업무 스트레스가 너무 커요.
여: 그러게. 정말 그분이 일하지 않으셨으면 좋겠어.

질문: 그들은 무슨 관계일 가능성이 가장 큰가?
A 부녀　　B 모자　　C 부부　　D 누나와 남동생

단어

检查 jiǎnchá 동 검사하다 명 검사 | 结果 jiéguǒ 명 결과 | 平时 píngshí 명 평소, 평상시 | 压力 yālì 명 ① 스트레스 ② 압력

문제

Track 26

1. A 同学　　B 亲戚　　C 邻居　　D 同事

2. A 亲戚　　B 姐弟　　C 夫妻　　D 同学

시원한 공략법
문제 풀이

1 관계를 묻는 질문

男: 月底，我要去上海出差。时间允许的话，咱们见一面吧?
女: 好呀! 从毕业到现在，咱俩至少有四年没见了。

问: 他们俩可能是什么关系?
A 同学　　B 亲戚　　C 邻居　　D 同事

남: 월말에 나는 상하이로 출장 갈 거야. 시간이 허락한다면, 우리 한번 볼까?
여: 좋지! 졸업하고 지금까지 우리 둘은 적어도 4년은 못 만났잖아.

질문: 그들 둘은 무슨 관계일 가능성이 가장 큰가?
A 동창　　B 친척　　C 이웃　　D 동료

 보기를 통해 관계와 관련된 질문을 예상할 수 있다. 지문에서 여자의 '从毕业到现在, 咱俩至少有四年没见了'라는 말을 통해 정답이 A임을 알 수 있다.

 月底 yuèdǐ 몡 월말 | 出差 chūchāi 통 출장 가다 | 允许 yǔnxǔ 통 허가하다, 허락하다 | 毕业 bìyè 통 졸업하다 | 俩 liǎ 주 두 개, 두 사람 | 至少 zhìshǎo 부 적어도, 최소한

2 관계를 묻는 질문

女: 作业太多了，我们半个小时内肯定做不完。
男: 那怎么办? 李老师三点就要检查。
女: 如果实在完成不了，我们再向他解释一下吧。
男: 只能这样了。那咱们快开始吧。

问: 他们最可能是什么关系?
A 亲戚　　B 姐弟　　C 夫妻　　D 同学

여: 숙제가 너무 많아서, 우리는 30분 이내에 분명히 끝낼 수 없을 거야.
남: 그럼 어떡해? 이 선생님께서 3시에 검사하실 텐데.
여: 만약 정말 완성할 수 없다면, 우리가 다시 선생님께 설명해 드리자.
남: 그렇게 할 수밖에 없겠다. 그러면 우리 빨리 시작하자.

질문: 그들은 무슨 관계일 가능성이 가장 큰가?
A 친척　　B 누나와 남동생　　C 부부　　D 같은 반 친구

 보기를 통해 관계와 관련된 질문을 예상할 수 있다. 지문에서 여자의 '作业太多了'와 남자의 '李老师三点就要检查'라는 말을 통해 정답이 D임을 알 수 있다.

 作业 zuòyè 몡 숙제, 과제 | 肯定 kěndìng 통 긍정적이다 부 분명히, 틀림없이 | 检查 jiǎnchá 통 검사하다 몡 검사 | 实在 shízài 부 확실히, 정말 | 完成 wánchéng 통 완성하다 | 解释 jiěshì 통 설명하다, 해명하다 몡 설명, 해명 | 亲戚 qīnqi 몡 친척 | 夫妻 fūqī 몡 부부

비밀 노트 시험에 자주 출제되는 신분·관계 표현 BEST 10

导游 dǎoyóu
명 가이드, 관광 안내원

听导游说这家餐厅已经有一百多年的历史了。
가이드 말로는 이 가게는 이미 100년이 넘는 역사를 가지고 있대.

房东 fángdōng
명 집주인

我和房东约好了，晚上得去看房。
나와 집주인은 저녁에 집을 보러 가기로 약속했다.

夫妻 fūqī
명 부부

这对夫妻长得真像。
이 부부의 생김새는 정말 닮았다.

护士 hùshi
명 간호사

护士刚来过，给他打了一针。
간호사가 방금 와서 그에게 주사 한 대를 놓았다.

教授 jiàoshòu
명 교수

听说教授在晚会上表演节目了。
듣자 하니 교수님이 저녁 파티 때 공연을 하셨대.

律师 lǜshī
명 변호사

我现在有重要的事情要跟律师谈。
나는 지금 변호사와 이야기할 중요한 일이 있다.

师傅 shīfu
명 그 일에 숙달한 사람, 숙련공

师傅，这条路太堵了。
기사님, 이 길은 너무 막혀요.

硕士/博士 shuòshì / bóshì
명 석사/박사

他是教育学硕士(博士)。
그는 교육학 석사(박사)이다.

孙子 sūnzi
명 손자

我孙子也坐这趟航班。
내 손자도 이 항공편을 탄다.

作家 zuòjiā
명 작가, 저자

您是我非常喜欢的作家。
당신은 제가 매우 좋아하는 작가입니다.

4급 실전 테스트

Track 27 · 정답 및 해설_해설서 29~32쪽

第1-5题

1. A 售货员   B 妈妈   C 司机   D 房东

2. A 李博士   B 张校长   C 张律师   D 王教授

3. A 父女   B 同事   C 网友   D 姐弟

4. A 李大夫   B 万教授   C 王校长   D 王博士

5. A 夫妻   B 邻居   C 母子   D 同事

第6-8题

6. A 租车公司   B 母亲   C 导游   D 警察

7. A 售货员   B 记者   C 医生   D 律师

8. A 一位作家   B 一个小伙子 C 一位教授   D 司机

Chapter 04 평가

我觉得这条裙子很适合你。
나는 이 치마가 너에게 잘 어울린다고 생각한다.

기초 체크

Track 28 + 정답 및 해설_해설서 33쪽

☑ 第11-25题

11. A 十分失望　　　B 很吃惊　　　C 很有信心　　　D 可怜极了

☑ 第26-35题

26. A 有热情　　　B 爱好多　　　C 很诚实　　　D 害怕失败

시원한 공략법

보기에 형용사가 나오면 평가형 문제이다.

평가형은 화자의 다른 사람이나 사물에 대한 견해, 의견, 느낌 등을 묻는 문제 유형이다. 보기에는 주로 형용사나 형용사가 포함된 구가 제시되는 경우가 많다. 평가형의 질문 방식으로는 '어떠한지(怎么样)'에 대한 표현이 많이 나오므로, 평가형 질문이 예상되면 지문 중 형용사에 귀를 기울이며 듣는다.

주요 출제 방식

女: 叔叔，您觉得热就把大衣脱了吧。
　　我给您挂起来。
男: 好的，房间里挺凉快的。开空调啦?

问: 男的觉得房间里怎么样?
A 很破　　B 很凉快　　C 非常冷　　D 特别安静

여: 삼촌, 더우시면 외투를 벗으세요.
　　제가 걸어 드릴게요.
남: 그래, 방안은 아주 시원하구나. 에어컨 틀었니?

질문: 남자는 방안이 어떻다고 생각하는가?
A 낡았다　　　　　　B 시원하다
C 몹시 춥다　　　　D 특별히 조용하다

단어

叔叔 shūshu 몡 삼촌, 아저씨 | 大衣 dàyī 몡 외투 | 脱 tuō 동 벗다 | 挂 guà 동 (고리·못 등에) 걸다 | 挺 tǐng 부 아주, 매우 | 凉快 liángkuai 동 더위를 식히다 형 시원하다 | 空调 kōngtiáo 몡 에어컨 | 破 pò 동 파손되다, 깨다, 망가지다 형 낡다, 너덜너덜하다 | 安静 ānjìng 형 ① 조용하다 ② 안정되다

문제

Track 29

1.　A 很安静　　　B 房间很干净　　C 桌子太脏　　D 卫生间小

2.　A 很优秀　　　B 有些粗心　　　C 非常冷静　　D 很可爱

시원한 공략법
문제 풀이

1
평가를 묻는 질문

女: 新租的房子, 你还满意吗?
男: 还行, 除了卫生间有点儿小以外, 其他都挺好的。

问: 男的觉得房子怎么样?
A 很安静   B 房间很干净
C 桌子太脏   D 卫生间小

여: 새로 세 든 집을 너는 그런대로 만족하니?
남: 그럭저럭 괜찮아. 화장실이 조금 작은 것을 제외하고, 다른 것은 아주 좋아.

질문: 남자는 집이 어떻다고 생각하는가?
A 조용하다   B 방이 깨끗하다
C 책상이 너무 더럽다   D 화장실이 작다

 형용사로 이루어진 보기를 통해 평가형 질문을 예상할 수 있다. 지문에서 남자의 '除了卫生间有点儿小以外, 其他都挺好的'라는 말을 통해 정답이 D임을 알 수 있다.

 租 zū 동 ① 세를 주다 ② 세내다 | 房子 fángzi 명 집 | 满意 mǎnyì 형 만족하다 | 除了 chúle 전 ~을(를) 제외하고 | 卫生间 wèishēngjiān 명 화장실 | 其他 qítā 대 기타, 그 외 | 干净 gānjìng 형 깨끗하다 | 脏 zāng 형 더럽다

2
평가를 묻는 질문

男: 王小姐, 你做导游很久了吧?
女: 没有, 才一年。
男: 那你真棒, 知道那么多有趣的历史故事。跟着你旅游很愉快。
女: 您这么说, 我太开心了。

问: 男的觉得女的怎么样?
A 很优秀 B 有些粗心 C 非常冷静 D 很可爱

남: 미스 왕. 가이드 하신 지 오래되셨죠?
여: 아니요. 겨우 일 년 됐어요.
남: 그럼 당신은 정말 대단하시네요. 그렇게나 많은 역사 이야기를 알고 계시다니. 당신과 여행하는 것이 정말 즐거워요.
여: 이렇게 말씀해 주시니, 제가 너무 기쁘네요.

질문: 남자는 여자가 어떻다고 생각하는가?
A 우수하다   B 조금 부주의하다
C 아주 침착하다   D 귀엽다

 형용사로 이루어진 보기를 통해 평가형 질문을 예상할 수 있다. 지문에서 남자의 '那你真棒, 知道那么多有趣的历史故事'라는 말을 통해 정답이 A임을 알 수 있다.

 导游 dǎoyóu 명 가이드, 관광 안내원 | 棒 bàng 형 좋다, 대단하다, (수준이) 높다 | 有趣 yǒuqù 형 재미있다 | 历史 lìshǐ 명 역사 | 故事 gùshi 명 이야기 | 愉快 yúkuài 형 유쾌하다, 즐겁다 | 开心 kāixīn 형 기쁘다, 즐겁다 | 优秀 yōuxiù 형 우수하다 | 粗心 cūxīn 형 세심하지 못하다, 부주의하다 | 冷静 lěngjìng 형 냉정하다, 침착하다

비밀 노트 — 평가형에 자주 출제되는 형용사 표현 BEST 10

诚实 chéngshí
형 진실하다, 성실하다
你这么诚实，爸爸很高兴。
네가 이렇게 성실하니, 아버지는 기쁘다.

粗心 cūxīn
형 세심하지 못하다, 부주의하다
你真是太粗心了，总是丢东西。
네가 정말로 너무 세심하지 못하니깐, 항상 물건을 잃어버리는 거야.

低 dī
형 낮다
镜子挂低了。
거울은 낮게 걸렸다.

合适 héshì
형 적합하다, 알맞다
我还没找到合适的房子。
나는 아직 적합한 집을 찾지 못했다.

厚 hòu
형 두껍다
你穿件厚点儿的衣服再出去。
조금 두꺼운 옷을 입고 나가세요.

紧张 jǐnzhāng
형 긴장하다
我当时有点儿紧张。
나는 그때 조금 긴장했다.

可怜 kělián
형 불쌍하다
这个孩子真可怜。
이 아이는 정말 불쌍하다.

浪漫 làngmàn
형 낭만적이다
我喜欢看浪漫爱情剧。
나는 낭만적인 멜로드라마 보는 것을 좋아한다.

酸 suān
형 ① (맛이) 시다
　　② (몸이) 시큰시큰하다, 쑤시다
这果汁太酸了。
이 과일 주스는 너무 시다.
胳膊又酸又疼。
팔이 쑤시고 아프다.

无聊 wúliáo
형 무료하다, 심심하다
我一个人在家很无聊。
나는 혼자 집에 있으니 무료하다.

第1-5题

1. A 有点儿粗心   B 不够自信   C 很聪明   D 缺少经验

2. A 特别激动   B 感觉无聊   C 伤心极了   D 很害怕

3. A 不受重视   B 很有趣   C 作业简单   D 内容很难

4. A 正合适   B 太高了   C 有些低   D 有点儿高

5. A 有点儿咸   B 肉不多   C 不好吃   D 不够酸

第6-8题

6. A 质量很好   B 看着很旧   C 有点儿小   D 不太正式

7. A 很热闹   B 很富   C 交通不便   D 污染严重

8. A 太骄傲   B 太懒了   C 爱打扮   D 很粗心

Chapter 05 동작

她在给我照相呢。
그녀는 나에게 사진을 찍어주고 있다.

기초 체크

Track 31 · 정답 및 해설_해설서 38쪽

☑ 第11-25题

11. A 练字 B 散步 C 写日记 D 跳舞

☑ 第26-35题

26. A 坐出租车 B 坐公共汽车 C 坐地铁 D 自己开车

시원한 공략법

보기에 동사가 나온다면 동작형 문제이다.

네 개의 보기가 동사나 동사가 포함된 구로 이루어져 있다면 동작을 묻는 문제이다. 동작을 묻는 질문 방식으로는 '무엇을 하는가(做什么)'에 대한 표현이 많이 나오므로, 동작을 묻는 질문이 예상되면 지문 중 동사 표현에 귀를 기울이며 듣는다.

주요 출제 방식

女: 这儿的景色真美，帮我照张相吧。
男: 好的，你稍微往右边站一点儿。我帮你把后面的大桥也照上。

问: 女的让男的做什么?
A 推车　　B 扔垃圾　　C 关窗户　　D 照相

여: 이곳의 경치는 정말 아름답다. 나를 도와 사진 한 장 찍어 줄래?
남: 좋아. 너는 약간만 오른쪽으로 서 봐. 내가 네 뒤의 다리도 같이 찍어 줄게.

질문: 여자는 남자에게 무엇을 하라고 시켰는가?
A 차를 밀다　　B 쓰레기를 버리다
C 창문을 닫다　　D 사진을 찍다

단어

景色 jǐngsè 명 경치, 풍경 | 照相 zhàoxiàng 통 사진을 찍다 | 稍微 shāowēi 부 조금, 약간 | 往 wǎng 전 ~을(를) 향해 | 桥 qiáo 명 다리 | 推 tuī 통 밀다 | 扔 rēng 통 버리다 | 垃圾 lājī 명 쓰레기 | 窗户 chuānghu 명 창문

문제　　　　　　　　　　　　　　　　　　　　　　　　　　　　Track 32

1.　A 写笔记本上　　B 查词典　　C 学语法　　D 和同学讨论

2.　A 检查身体　　B 练习游泳　　C 刷牙和洗澡　　D 向老师道歉

> 시원한 공략법
문제 풀이

1
동작을 묻는 질문

男: 你知道这几个填空题的答案吗?
女: 我也拿不准, 明天找别的同学讨论讨论吧。

问: 女的建议怎么做?
A 写笔记本上　　B 查词典
C 学语法　　　　D 和同学讨论

남: 너는 이 괄호 넣기 문제의 답을 알고 있니?
여: 나도 확실히 모르겠어. 내일 다른 반 친구를 찾아서 토론해보자.

질문: 여자는 어떻게 하자고 건의했는가?
A 노트에 적는다　　B 사전을 찾는다
C 어법을 배운다　　D 반 친구와 토론한다

 동사로 이루어진 보기를 통해 동작을 묻는 질문을 예상할 수 있다. 지문에서 여자의 '明天找别的同学讨论讨论吧'라는 말을 통해 정답이 D임을 알 수 있다.

 填空题 tián kòngtí 괄호 넣기 문제 | 答案 dá'àn 명 답안 | 拿不准 nábuzhǔn 확실히 파악하지 못하다 | 别的 biéde 대 다른 것, 다른 사람 | 讨论 tǎolùn 통 토론하다 명 토론 | 建议 jiànyì 통 건의하다 명 건의, 제안 | 笔记本 bǐjìběn 명 노트북 | 查 chá 통 찾다, 검색하다 | 词典 cídiǎn 명 사전 | 语法 yǔfǎ 명 어법

2
동작을 묻는 질문

女: 王老师, 我这次游了多长时间?
男: 一分零九秒。非常棒!
女: 真的? 那比上次还快了两秒。
男: 是啊, 这说明我们的练习方法很有效果。

问: 女的刚才在干什么?
A 检查身体　　　B 练习游泳
C 刷牙和洗澡　　D 向老师道歉

여: 왕 선생님, 제가 이번에 수영하는데 얼마나 걸렸나요?
남: 1분 9초야. 정말 대단하다!
여: 정말요? 그럼 지난번보다 2초 빨랐네요.
남: 그래. 이것은 우리의 연습방법이 효과가 있다는 것을 설명하는 거야.

질문: 남자는 방금 무엇을 하고 있었나?
A 신체를 검사하다　　B 수영하는 것을 연습한다
C 이를 닦고 샤워를 하다　D 선생님께 사과하다

 동사로 이루어진 보기를 통해 동작을 묻는 질문을 예상할 수 있다. 지문에서 여자의 '我这次游了多长时间'이라는 말을 통해 정답이 B임을 알 수 있다.

 游 yóu 통 헤엄치다 | 秒 miǎo 양 초 | 棒 bàng 형 좋다, 대단하다, (수준이) 높다 | 说明 shuōmíng 통 설명하다 명 설명 | 练习 liànxí 통 연습하다 명 연습 | 方法 fāngfǎ 명 방법 | 效果 xiàoguǒ 명 효과 | 检查 jiǎnchá 통 검사하다 명 검사 | 游泳 yóuyǒng 통 수영하다 | 刷牙 shuāyá 양치하다 | 洗澡 xǐzǎo 통 샤워하다 | 道歉 dàoqiàn 통 사과하다

비밀 노트 — 동작형에 자주 출제되는 동사 표현 BEST 10

擦 cā
동 닦다, 비비다, 문지르다

窗户该擦了吧，有点儿脏啊。
창문 닦을 때가 된 것 같아. 조금 더럽다.

抽烟 chōuyān
동 흡연하다, 담배를 피우다

在公共场所禁止抽烟。
공공장소에서는 흡연을 금지합니다.

打针 dǎzhēn
동 주사를 놓다, 주사를 맞다

他还有些咳嗽，不需要打针吗？
그는 아직도 조금 기침을 하는데, 주사를 맞을 필요 없을까요?

道歉 dàoqiàn
동 사과하다

你应该向他们道歉。
너는 그에게 사과해야 한다.

复印 fùyìn
동 복사하다

你收一下传真，然后复印三份。
당신은 팩스를 받은 후, 세 부 복사하세요.

减肥 jiǎnféi
동 살을 빼다, 다이어트 하다

我最近在减肥，要少吃甜的。
나는 최근에 다이어트를 하고 있어서, 단 것을 적게 먹어야 해.

理发 lǐfà
동 이발하다

这家理发店理得很好，所以人真多。
이 이발소는 이발을 한다. 그래서 사람이 정말 많다.

聊天儿 liáotiānr
동 잡담을 하다, 이야기하다, 수다 떨다

有空儿出来散散步，找人聊聊天儿。
시간 있으면 나와서 산책도 좀 하고, 사람을 찾아서 수다도 좀 떨자.

扔 rēng
동 버리다

以后别再乱扔东西啦。
이후에 함부로 물건을 버리지 마라.

修理 xiūlǐ
동 수리하다

您的相机不能免费修理了。
당신의 카메라는 무료로 수리해 드릴 수 없습니다.

第1-5题

1. A 少玩儿游戏　　B 去打针　　C 少抽烟　　D 多游泳

2. A 检查报名表　　B 交费　　C 改密码　　D 打印表格

3. A 弹钢琴　　B 跳舞　　C 看小说　　D 喝果汁

4. A 按时到校　　B 加倍努力　　C 提前预习　　D 总结错误

5. A 网上聊天儿　　B 聚会时见过　　C 一起旅行　　D 亲戚介绍

第6-8题

6. A 招聘店员　　B 卖包子　　C 复印材料　　D 开宾馆

7. A 搬到附近住　　B 问其他路人　　C 上网查地址　　D 重新找宾馆

8. A 购物　　B 找人　　C 等电梯　　D 应聘

Chapter 06 열거

他在喝什么?

그는 무엇을 마시고 있나요?

기초 체크

Track 34　+ 정답 및 해설_해설서 43쪽

☑ 第11-25题

11.　A 花瓶　　　B 垃圾桶　　　C 碗　　　D 盘子

☑ 第26-35题

26.　A 巧克力　　B 葡萄酒　　　C 饼干　　D 蛋糕

시원한 공략법

보기에 같은 성격의 명칭들이 나열되면 열거형 문제이다.

네 개의 보기가 같은 성격을 가진 경우, 예를 들어 사물, 음식, 색깔 등으로 통일이 되어 있다면 열거형 문제이다. 열거형은 보기 중 유일하게 질문에 부합하거나 혹은 유일하게 질문에 부합하지 않는 보기를 찾는 문제형이다. 열거형 문제를 풀 때는 지문에서 듣게 되는 단어에 체크를 해두는 것이 좋다.

주요 출제 방식

男: 真渴，我去买瓶矿泉水。你要吗?
女: 我想喝饮料，你帮我带瓶苹果汁吧。

问: 女的让男的带什么?
A 包子　　B 饼干　　C 苹果汁　　D 羊肉汤

남: 정말 목마르다. 내가 가서 생수 한 병 사 올게. 너도 필요하니?
여: 나는 음료를 마시고 싶어. 사과 주스 한 병 사다 줘.

질문: 여자는 남자에게 무엇을 사다 달라고 했나?
A 바오쯔(찐빵)　　B 과자
C 사과 주스　　　D 양고기 국

단어

渴 kě 형 목마르다 | 瓶 píng 명 병 양 병[병을 세는 단위] | 矿泉水 kuàngquánshuǐ 명 광천수, 생수 | 饮料 yǐnliào 명 음료 | 苹果汁 píngguǒzhī 사과 주스 | 包子 bāozi 명 바오쯔(찐빵) | 饼干 bǐnggān 명 비스킷, 과자 | 汤 tāng 명 국(물), 탕

문제

Track 35

1. A 词语　　B 数字　　C 读音　　D 语法

2. A 辣的　　B 甜的　　C 咸的　　D 酸的

시원한 공략법
문제 풀이

1
학습 어휘의 열거

男：这些句子的语法真难。

女：是的，我也不太懂。去找老师再给我们讲讲吧。

问：他们觉得哪个部分比较难？

A 词语　　B 数字　　C 读音　　D 语法

남: 이 문장들의 어법은 정말 어려워.

여: 맞아, 나도 잘 모르겠어. 선생님을 찾아가서 다시 우리에게 설명해 달라고 하자.

질문: 그들은 어느 부분이 비교적 어렵다고 느끼는가?

A 어휘　　B 숫자
C 발음　　D 어법

 모두 학습과 관련된 단어로 나열된 보기를 통해 열거형 문제임을 예상할 수 있다. 지문에서 남자의 '这些句子的语法真难'이라는 말을 통해 정답이 D임을 알 수 있다.

 句子 jùzi 명 문장 | 语法 yǔfǎ 명 어법 | 部分 bùfen 명 부분, 일부 | 比较 bǐjiào 동 비교하다 명 비교 부 비교적 | 词语 cíyǔ 명 어휘, 단어와 어구 | 数字 shùzì 명 숫자 | 读音 dúyīn 명 독음, 글자의 발음

2
맛 표현의 열거

女：你喜欢吃北京菜吗？

男：不太喜欢，太咸了。

女：那你爱吃什么味道的菜？

男：稍微有点儿辣的。比如，四川菜。

问：男的喜欢吃哪种味道的菜？

A 辣的　　B 甜的　　C 咸的　　D 酸的

여: 너는 베이징 요리 먹는 것을 좋아하니?

남: 그다지 좋아하지 않아요. 너무 짜요.

여: 그럼 너는 어떤 맛의 요리를 좋아하니?

남: 조금 매운 거요. 예를 들면 쓰촨 음식.

질문: 남자는 어떤 맛의 요리 먹는 것을 좋아하는가?

A 매운 것　　B 단 것
C 짠 것　　D 신 것

 모두 맛을 나타내는 표현으로 나열된 보기를 통해 열거형 문제임을 예상할 수 있다. 지문에서 남자의 '稍微有点儿辣的'라는 말을 통해 정답이 A임을 알 수 있다.

 咸 xián 형 짜다 | 味道 wèidao 명 맛 | 稍微 shāowēi 부 조금, 약간 | 辣 là 형 맵다 | 四川 Sìchuān 고유 쓰촨(사천) | 甜 tián 형 달다 | 酸 suān 형 (맛·냄새 등이) 시다, 시큼하다

第1-5题

1.　A 饼干　　　　B 包子　　　　C 巧克力　　　D 烤鸭

2.　A 矿泉水　　　B 绿茶　　　　C 果汁　　　　D 啤酒

3.　A 塑料袋　　　B 水果刀　　　C 鞋盒　　　　D 牙膏

4.　A 蛋糕　　　　B 游戏机　　　C 手表　　　　D 笔记本

5.　A 旧报纸　　　B 毛巾　　　　C 垃圾桶　　　D 塑料袋

第6-8题

6.　A 邀请卡　　　B 成绩单　　　C 传真　　　　D 电子邮件

7.　A 汉语语法　　B 人的性格　　C 中国京剧　　D 民族文化

8.　A 跳舞　　　　B 中国功夫　　C 唱歌　　　　D 京剧

Chapter 07 화제 · 사건

他怎么了?

그는 어떻게 된 거죠?

기초 체크

Track 37　+ 정답 및 해설_해설서 47쪽

☑ 第11-25题

11.　A 怎么开证明　　B 怎么填表格　　C 招聘要求　　D 数学作业

☑ 第26-35题

26.　A 没力气了　　B 胳膊累　　C 脚疼　　D 肚子难受

시원한 01 공략법

화제형은 보기로 미리 추측할 수 없다.

화제형은 말 그대로 대화를 나누는 두 사람이 주로 이야기하는 핵심 화제를 찾아내는 문제이다. 주로 네 개의 명사성 보기가 주어지므로 보기의 형태만 보아서는 열거형과 유사해 보일 수 있어, 문제를 듣기 전까지 질문의 유형을 정확히 파악하는 것은 불가능하다. 질문 방식으로는 '무엇을 이야기하는가(谈什么), 무엇을 논의하는가(谈论什么), 무엇을 토론하는가(讨论什么)' 등이 주로 등장한다. 문제 유형을 미리 파악할 수 없는 문제는 보기를 보면서 최대한 비슷한 표현을 찾아내고, 질문을 확실하게 듣는 것이 무엇보다 중요하다.

주요 출제 방식

男: 礼拜六早上我们直接在火车站进站口见吧。
女: 火车站有南北两个入口。你指的是哪一个?

问: 他们在谈什么?

A 航班时间   B 购买方式
C 见面地点   D 结婚安排

남: 토요일 아침에 우리 직접 기차역에 들어가는 입구에서 만나자.
여: 기차역에는 남쪽과 북쪽 두 개의 입구가 있어. 네가 가리키는 것은 어느 거야?

질문: 그들은 무엇을 이야기하고 있는가?

A 항공편 시간   B 구입 방식
C 만날 장소   D 결혼 계획

단어

直接 zhíjiē 형 직접적(인) | **入口** rùkǒu 명 입구 | **指** zhǐ 동 가리키다 | **航班** hángbān 명 (비행기나 배의) 운항편, 항공편 | **购买** gòumǎi 동 구입하다, 구매하다 | **方式** fāngshì 명 방식, 방법 | **结婚** jiéhūn 동 결혼하다 | **安排** ānpái 동 배치하다, 안배하다, 준비하다

문제   Track 38

1. A 南方菜   B 雨季的特点   C 南方的冬天   D 打招呼的方式

2. A 杂志内容   B 文章的作者   C 医生的年龄   D 上网的坏处

시원한 공략법
문제 풀이

1
화제를 묻는 질문

女: 真冷，已经冬天了，怎么还天天下雨？
男: 这就是南方冬天的特点。你刚来肯定会很不适应。

问: 他们在谈什么？

A 南方菜 　　　　　B 雨季的特点
C 南方的冬天 　　　D 打招呼的方式

여: 정말 춥다. 이미 겨울인데, 어떻게 여전히 매일 비가 내리지?
남: 이것이 바로 남방 겨울의 특징이야. 네가 막 와서 분명히 매우 적응이 안 될 거야.

질문: 그들은 무엇을 이야기하고 있는가?

A 남방 요리 　　　　B 우기의 특징
C 남방의 겨울 　　　D 인사하는 방식

 보기로는 문제 유형을 정확하게 알 수 없고, 질문의 '谈什么'를 통해 화제형임을 알 수 있다. 지문에서 남자의 '这就是南方冬天的特点'이라는 말을 통해 정답은 C임을 알 수 있다.

 南方 nánfāng 몡 남방 | 特点 tèdiǎn 몡 특징 | 刚 gāng 튀 방금, 막 | 肯定 kěndìng 동 긍정적이다 튀 틀림없이, 확실히 | 适应 shìyìng 동 적응하다 | 雨季 yǔjì 우기 | 打招呼 dǎ zhāohu 인사하다 | 方式 fāngshì 몡 방식, 방법

2
화제를 묻는 질문

男: 你猜错了，这篇文章的作者跟我们差不多大。
女: 真的假的？我还以为他的年龄挺大的。
男: 他虽然年轻，但经历非常丰富。
女: 原来如此，如果没有丰富的经历不可能写得这么精彩。

问: 他们在谈什么？

A 杂志内容 　　　　B 文章的作者
C 医生的年龄 　　　D 上网的坏处

남: 네가 잘못 짚었어. 이 글의 작가는 우리와 나이가 비슷해.
여: 진짜야 가짜야? 나는 그의 나이가 아주 많은 줄 알았지.
남: 그는 비록 젊지만, 경험이 아주 풍부해.
여: 그렇구나. 만약 풍부한 경험이 없었다면 이렇게 훌륭하게 쓰지 못했겠지.

질문: 그들은 무엇을 이야기하고 있는가?

A 잡지 내용 　　　　B 글의 저자
C 의사의 나이 　　　D 인터넷의 나쁜 점

 보기로는 문제 유형을 정확하게 알 수 없고, 질문의 '谈什么'를 통해 화제형임을 알 수 있다. 지문에서 남자의 '这篇文章的作者跟我们差不多大'라는 말을 통해 정답은 B임을 알 수 있다.

 猜 cāi 동 추측하다, 알아맞히다 | 篇 piān 양 편[글을 세는 단위] | 文章 wénzhāng 몡 글, 문장 | 作者 zuòzhě 몡 필자, 지은이 | 差不多 chàbuduō 형 비슷하다 | 假 jiǎ 형 가짜(의), 거짓(의) | 年龄 niánlíng 몡 연령, 나이 | 挺 tǐng 튀 아주, 매우 | 经历 jīnglì 동 겪다, 체험하다 몡 경험, 경력 | 精彩 jīngcǎi 형 뛰어나다, 훌륭하다, 멋지다 | 杂志 zázhì 몡 잡지 | 内容 nèiróng 몡 내용 | 坏处 huàichu 몡 나쁜 점

시원한 02 공략법

사건형은 보기로 미리 추측할 수 없다.

네 개의 보기가 동사구나 하나의 문장으로 이루어져 있고, 서로 간에 공통적인 성질이 느껴지지 않는 경우 문제를 듣기 전까지 질문의 유형을 파악하는 것은 불가능하다. 사건형은 말 그대로 대화하는 인물이나 어떤 사물에 생긴 사건에 대해 질문하는 문제이다. 질문 방식으로는 '어떻게 된 것인가(怎么了)'가 주로 등장한다. 문제 유형을 미리 파악할 수 없는 문제는 보기를 보면서 최대한 비슷한 표현을 찾아내고, 질문을 확실하게 듣는 것이 무엇보다 중요하다.

주요 출제 방식

女: 我实在不想走了，已经没力气了。
男: 马上就到了，你再坚持坚持，大家都在前面等我们呢。

问: 女的怎么了?

A 困了　　　　　　B 没力气了
C 肚子饿了　　　　D 觉得无聊

여: 나는 정말 걷고 싶지 않아. 이미 힘이 없어졌어.
남: 곧 도착하니, 조금만 더 견뎌보자. 모두가 앞에서 우리를 기다리고 있어.

질문: 여자는 어떻게 된 건가?

A 졸리다　　　　　B 힘이 없다
C 배가 고프다　　　D 무료하다고 느낀다

단어

实在 shízài 〔부〕 확실히, 정말 | 力气 lìqi 〔명〕 힘, 기력 | 马上 mǎshàng 〔부〕 곧, 즉시, 바로 | 坚持 jiānchí 〔동〕 단호히 지키다, 꾸준하게 지속하다 | 困 kùn 〔형〕 졸리다 | 肚子 dùzi 〔명〕 복부, 배 | 无聊 wúliáo 〔형〕 무료하다, 심심하다

문제　　　　　　　　　　　　　　　　　　　　　　　　　　　Track 39

1. A 变重了　　　　B 生病了　　　　C 只吃鱼　　　　D 掉毛了

2. A 发烧了　　　　B 爱做梦　　　　C 压力太大　　　D 被误会了

시원한 공략법
문제 풀이

1
<small>사건을 묻는 질문</small>

男：我刚抱了一下，你的猫好像又重了。
女：<u>是重了不少</u>，它现在每天吃的是以前的两倍多。

问：那只猫<u>怎么了</u>？
A 变重了   B 生病了
C 只吃鱼   D 掉毛了

남: 내가 방금 안아봤는데, 너의 고양이가 또 무거워진 것 같아.
여: <u>많이 무거워졌어</u>. 그것은 지금 하루에 먹는 것이 이전의 두 배가 넘어.

질문: 그 고양이는 <u>어떻게 된 건가</u>?
A 무겁게 변했다   B 병이 났다
C 물고기만 먹는다   D 털이 빠진다

 보기로는 문제 유형을 정확하게 알 수 없으나, 단 모두 동사로 이루어져 있는 것으로 보아 동작에 포인트가 있는 것은 분명하다. 질문의 '怎么了'를 통해 사건형임을 알 수 있다. 지문에서 여자의 '是重了不少'라는 말을 통해 정답은 A이다.

 刚 gāng 匣 방금, 막 | 抱 bào 厦 ① 안다, 포옹하다 ② (생각이나 의견을) 마음에 품다 | 好像 hǎoxiàng 匣 마치 ~와(과) 같다 | 重 zhòng 匣 무겁다 | 以前 yǐqián 몡 이전 | 倍 bèi 먱 배, 배수 | 掉 diào 厦 떨어지다, 떨어뜨리다 | 毛 máo 몡 털

2
<small>사건을 묻는 질문</small>

女：你不舒服吗？
男：最近<u>工作压力有点儿大</u>，晚上总是睡不好。
女：别把自己弄得太紧张了。有空儿出来散散步，找人聊聊天儿。
男：好，谢谢你的关心。

问：男的<u>怎么了</u>？
A 发烧了   B 爱做梦   C 压力太大   D 被误会了

여: 몸이 안 좋아요?
남: 최근 <u>업무 스트레스가 조금 커서</u>, 저녁에 줄곧 잠을 잘 자지 못해요.
여: 자신을 너무 긴장시키지 마세요, 시간 있을 때 나와서 산책도 좀 하고, 사람을 찾아 수다도 좀 떠세요.
남: 알겠어요. 당신의 관심 고맙습니다.

질문: 남자는 <u>어떻게 된 건가</u>?
A 열이 난다   B 꿈을 잘 꾼다
C <u>스트레스가 너무 크다</u>   D 오해받았다

 보기로는 문제 유형을 정확하게 알 수 없으나, 단 모두 사람의 상태나 상황을 묘사하고 있는 것은 분명하다. 질문의 '怎么了'를 통해 사건형임을 알 수 있다. 지문에서 남자의 '最近工作压力有点儿大'라는 말을 통해 정답은 C이다.

 舒服 shūfu 匣 (몸이나 마음이) 편안하다 | 压力 yālì 몡 ① 스트레스 ② 압력 | 弄 nòng 厦 하다, 행하다, 만들다 | 紧张 jǐnzhāng 匣 긴장하다 | 空儿 kòngr 몡 시간, 짬 | 散步 sànbù 厦 산책하다 | 关心 guānxīn 厦 관심을 갖다 | 发烧 fāshāo 厦 열이 나다 | 做梦 zuòmèng 厦 꿈을 꾸다 | 误会 wùhuì 厦 오해하다 몡 오해

第1-5题

1. A 咳嗽很厉害   B 心情不好   C 太累了   D 发烧了

2. A 眼睛红了   B 没带签证   C 学习压力大   D 胳膊很疼

3. A 假期安排   B 一份通知   C 互联网   D 放假天数

4. A 脚疼   B 总是咳嗽   C 肚子不舒服   D 经常发烧

5. A 假期计划   B 理想   C 教育方式   D 同学聚会

第6-8题

6. A 迷路了   B 累了   C 肚子饿了   D 很后悔

7. A 护照   B 留学   C 申请奖学金   D 增加收入

8. A 不愿学开车   B 感冒了   C 要去打针   D 腿破皮了

Chapter 08 원인

他为什么生气了?
그는 왜 화가 났나요?

기초 체크

Track 41 + 정답 및 해설_해설서 52쪽

☑ 第11-25题

11. A 赢了比赛　　　B 拿到了签证　　　C 放暑假了　　　D 生意好

☑ 第26-35题

26. A 有约会　　　B 不饿　　　C 不舒服　　　D 头疼

시원한 공략법

원인형은 보기로 미리 추측할 수 없다.

네 개의 보기가 동사구나 하나의 문장으로 이루어져 있고, 서로 간에 공통적인 성질이 느껴지지 않는 경우 문제를 듣기 전까지 질문의 유형을 파악하는 것은 불가능하다. 원인형은 말 그대로 어떤 일이 생긴 원인을 찾아내는 문제이다. 질문 방식으로는 '왜(为什么)', '무슨 원인(什么原因)'이 주로 등장한다. 문제 유형을 미리 파악할 수 없는 문제는 보기를 보면서 최대한 비슷한 표현을 찾아내고, 질문을 확실하게 듣는 것이 무엇보다 중요하다.

주요 출제 방식

男：你收拾行李做什么？
女：忘了跟你说，我突然被公司安排去出差，一会儿就出发。

问：女的为什么收拾行李？
A 要搬家了　　　　B 要去出差
C 准备回学校　　　D 打算去旅行

남: 당신은 뭐 하려고 짐을 싸나요?
여: 당신에게 말하는 것을 잊었네요. 제가 갑자기 회사에서 출장이 잡혀, 잠시 후에 출발해요.

질문: 여자는 왜 짐을 싸는가?
A 이사를 하려고 한다　　B 출장을 가려고 한다
C 학교로 돌아갈 준비를 한다　D 여행을 가려고 한다

단어

收拾 shōushi 통 정리하다, 치우다, 꾸리다 | 行李 xíngli 명 짐 | 忘 wàng 통 잊(어버리)다 | 突然 tūrán 형 갑작스럽다 부 갑자기 | 安排 ānpái 통 배치하다, 안배하다, 준비하다 | 出差 chūchāi 통 출장 가다 | 出发 chūfā 통 출발하다 | 搬家 bānjiā 통 이사하다 | 打算 dǎsuàn 통 ~할 계획이다 | 旅行 lǚxíng 통 여행하다 명 여행

문제

Track 42

1. A 天气　　　　B 管理　　　　C 水质　　　　D 价格

2. A 任务完成了　B 记错了时间　C 忘记了密码　D 忘了拿材料

문제 풀이

1
　　　　　　　　　　　　　　　　　　　　　　　　　　　　　　원인을 묻는 질문

女：这星期来公园锻炼的人比上周少了很多。
男：这很正常，天气突然变冷，大家都不愿意出来。

问：男的认为人数变少是由什么原因引起的？
A 天气　　B 管理　　C 水质　　D 价格

여: 이번 주에는 공원에 와서 운동하는 사람이 지난주보다 많이 줄었네.
남: 이것은 정상적인 거야. 날씨가 갑자기 추워졌으니, 모두 나오길 원치 않지.

질문: 남자는 사람 수가 줄어든 것은 무슨 원인이 야기시킨 것이라고 여기는가?
A 날씨　　B 관리　　C 수질　　D 가격

보기의 문제 유형으로는 열거나 화제, 원인 등 다양한 문제 유형이 가능하지만, 질문의 '什么原因'을 통해 원인형임을 알 수 있다. 지문에서 남자의 '天气突然变冷'이라는 말을 통해 정답은 A이다.

公园 gōngyuán 명 공원 | 锻炼 duànliàn 동 단련하다 | 正常 zhèngcháng 형 정상적이다 | 突然 tūrán 형 갑작스럽다 부 갑자기 | 引起 yǐnqǐ 동 불러일으키다, 야기하다 | 管理 guǎnlǐ 동 관리하다 명 관리 | 水质 shuǐzhì 수질 | 价格 jiàgé 명 가격

2
　　　　　　　　　　　　　　　　　　　　　　　　　　　　　　원인을 묻는 질문

男：你怎么回来了？
女：别提了，我忘了拿一份重要的材料。
男：你可以打电话让我给你送过去呀。
女：材料在我办公室里，你们没有钥匙进不去，我只好自己回来取。

问：女的为什么回来？
A 任务完成了　　B 记错了时间
C 忘记了密码　　D 忘了拿材料

남: 너는 왜 돌아왔어?
여: 말도 마. 중요한 자료 한 부를 가져가는 걸 깜빡했어.
남: 전화해서 나한테 가져다 달라고 하면 되는데.
여: 자료가 내 사무실 안에 있어. 너희들은 열쇠가 없으니 들어갈 수가 없어서, 내가 어쩔 수 없이 스스로 가지러 돌아왔어.

질문: 여자는 왜 돌아왔는가?
A 임무를 완성했다　　B 시간을 잘못 기억했다
C 비밀번호를 잊었다　　D 자료 가져가는 것을 잊었다

보기로는 문제 유형을 정확하게 알 수 없으나, 단 모두 사람의 상황을 묘사하고 있는 것은 분명하다. 질문의 '为什么'를 통해 원인형임을 알 수 있다. 지문에서 여자의 '我忘了拿一份重要的材料'라는 말을 통해 정답은 D이다.

别提了 bié tí le 말도 마라 | 份 fèn 양 부[신문·잡지·문건 등을 세는 단위] | 重要 zhòngyào 형 중요하다 | 材料 cáiliào 명 ① 재료 ② 자료 | 办公室 bàngōngshì 명 사무실 | 钥匙 yàoshi 명 열쇠 | 只好 zhǐhǎo 부 부득이, 어쩔 수 없이 | 取 qǔ 동 가지다, 찾다 | 任务 rènwu 명 임무 | 完成 wánchéng 동 완성하다 | 记 jì 동 ① 기억하다 ② 기록하다 | 密码 mìmǎ 명 비밀번호

第1-5题

1. A 太困了　　　B 肚子疼　　　C 来不及了　　　D 人太多了

2. A 太看重输赢　　B 力气小　　　C 动作不标准　　D 没休息好

3. A 不当记者　　　B 没考硕士　　C 不当律师　　　D 不去留学

4. A 要去打针　　　B 脚疼　　　　C 准备出差　　　D 有约会

5. A 正在打游戏　　B 心情不好　　C 号码奇怪　　　D 还没睡醒

第6-8题

6. A 想好好休息　　B 要照顾儿子　C 对工资不满　　D 想去体检

7. A 突然有急事　　B 时间来不及　C 没有座位　　　D 朋友还没来

8. A 减肥没成功　　B 任务太重　　C 被批评了　　　D 没考上硕士

Chapter 09 판단

关于他们，下列哪个正确?
그들에 관해, 다음 중 어느 것이 옳은가?

기초 체크

Track 44 + 정답 및 해설_해설서 57쪽

☑ 第11-25题

11. A 会功夫   B 害怕输   C 很年轻   D 爱看电影

☑ 第26-35题

26. A 厚书5块一本   B 女的买报纸   C 男的没零钱   D 杂志卖完了

시원한 공략법

판단형은 보기로 미리 추측할 수 없다.

네 개의 보기가 동사구나 하나의 문장으로 이루어져 있고, 서로 간에 공통적인 성질이 느껴지지 않는 경우 문제를 듣기 전까지 질문의 유형을 파악하는 것이 불가능하다. 판단형은 말 그대로 대화를 통해 옳고 그름을 판단하는 문제형이다. 질문 방식으로는 '다음 중 어느 것이 옳은가(下列哪个正确)'가 주로 등장한다. 문제 유형을 미리 파악할 수 없는 문제는 보기를 보면서 최대한 비슷한 표현을 찾아내고, 질문을 확실하게 듣는 것이 무엇보다 중요하다.

주요 출제 방식

女: 爬楼梯太费力气了，我们还是坐电梯吧。
男: 你不是要减肥吗？爬楼梯对减肥可是很有帮助的。

问: 关于女的，下列哪个正确？
A 刚理完发   B 要去约会
C 想减肥   D 非常聪明

여: 계단을 오르는 것은 너무 힘이 드니. 우리 그냥 엘리베이터 타자.
남: 너는 다이어트 하려고 하지 않았어? 계단 오르는 것이 다이어트에 큰 도움이 돼.

질문: 여자에 관해, 다음 중 어느 것이 옳은가?
A 막 이발을 끝냈다   B 데이트하러 가려고 한다
C 다이어트를 하려고 한다   D 아주 똑똑하다

단어

爬 pá 동 오르다, 기어오르다 | 楼梯 lóutī 명 계단 | 费 fèi 동 소비하다, 쓰다 | 力气 lìqi 명 힘, 기력 | 电梯 diàntī 명 엘리베이터 | 减肥 jiǎnféi 살을 빼다, 다이어트 하다 | 帮助 bāngzhù 동 돕다 명 도움 | 理发 lǐfà 동 이발하다 | 约会 yuēhuì 동 데이트하다 | 聪明 cōngming 형 똑똑하다

문제

Track 45

1. A 眼镜破了   B 镜子放低了   C 家具旧了   D 袜子脏了

2. A 吃得多   B 十分瘦小   C 对人友好   D 快两岁了

시원한 공략법
문제 풀이

1
옳은 것을 묻는 질문

男：镜子挂在这儿行不行？

女：<u>有点儿低</u>，这样照不到全身，再往上一些。

问：根据对话，<u>下列哪个正确</u>？
A 眼镜破了　　B 镜子放低了
C 家具旧了　　D 袜子脏了

남: 거울을 여기에 거는 거 어때?

여: <u>좀 낮아</u>. 이러면 전신을 비출 수가 없어. 좀 더 위쪽으로 하자.

질문: 대화에 근거하여, <u>다음 중 어느 것이 옳은가</u>?
A 안경이 망가졌다　　B 거울을 낮게 두었다
C 가구가 낡았다　　D 양말이 더러워졌다

 보기로는 문제 유형을 정확하게 알 수 없고, 질문의 '<u>下列哪个正确</u>'를 통해 판단형임을 알 수 있다. 지문에서 여자의 '有点儿低'라는 말을 통해 정답은 B이다.

 镜子 jìngzi 몡 거울 | 挂 guà 통 (고리·못 등에) 걸다 | 低 dī 통 (머리를) 숙이다 혱 낮다 | 照 zhào 통 비치다, 비추다 | 全身 quánshēn 몡 전신 | 往 wǎng 전 ~을(를) 향해 | 眼镜 yǎnjìng 몡 안경 | 破 pò 통 파손되다, 깨지다, 망가지다 혱 낡다 | 旧 jiù 혱 낡다, 오래되다 | 袜子 wàzi 몡 양말 | 脏 zāng 혱 더럽다

2
옳은 것을 묻는 질문

女：这只小猫真可爱。它多大了？

男：<u>快两岁了</u>。

女：我也很想养一只猫。对了，它叫什么名字呢？

男：它叫包子。你看它胖胖的样子，像不像一个包子？

问：关于那只小猫，<u>下列哪个正确</u>？
A 吃得多　　B 十分瘦小
C 对人友好　　D 快两岁了

여: 이 고양이 정말 귀엽다. 몇 살이니?

남: <u>곧 2살이야</u>.

여: 나도 고양이 기르고 싶어. 맞다. 고양이 이름이 뭐야?

남: 바오쯔(찐빵)라고 해. 너 고양이의 통통한 모습 봐. 바오쯔(찐빵) 같지 않니?

질문: 그 고양이에 관해, <u>다음 중 어느 것이 옳은가</u>?
A 많이 먹는다　　B 매우 말랐다
C 사람에게 우호적이다　　D 곧 2살이다

 보기로는 문제 유형을 정확하게 알 수 없고, 질문의 '<u>下列哪个正确</u>'를 통해 판단형임을 알 수 있다. 지문에서 여자의 '快两岁了'라는 말을 통해 정답은 D이다.

 只 zhī 양 마리[동물을 세는 단위] | 可爱 kě'ài 혱 사랑스럽다, 귀엽다 | 养 yǎng 통 기르다 | 包子 bāozi 몡 바오쯔(찐빵) | 胖 pàng 혱 뚱뚱하다 | 样子 yàngzi 몡 모양, 모습 | 像 xiàng 통 ~와(과) 같다, 비슷하다, 닮다 | 十分 shífēn 부 매우, 아주 | 瘦 shòu 혱 마르다 | 友好 yǒuhǎo 혱 우호적이다

第1-5题

1. A 爱打扮 B 讨厌理发 C 是学音乐的 D 头发长

2. A 他们不认识 B 女的在道歉 C 男的不开心 D 男的很生气

3. A 男的过生日 B 饼干是免费的 C 蛋糕在打折 D 女的不吃甜的

4. A 还没发出去 B 有语法错误 C 与奖金有关 D 一共三夜

5. A 在找勺子 B 肚子很饿 C 刚才做菜了 D 忘了做汤

第6-8题

6. A 想当作家 B 唱歌好听 C 想学京剧 D 很会打扮

7. A 主意多 B 留学多年 C 不受重视 D 来公司不久

8. A 汤是甜的 B 饮料免费 C 餐厅顾客少 D 烤鸭5折

Chapter 10 함의

关于男的，可以知道什么?

남자에 관해, 무엇을 알 수 있나?

기초 체크

Track 47 + 정답 및 해설_해설서 62쪽

☑ 第11-25题

11. A 发信息   B 要准时   C 认错人了   D 先别打招呼

☑ 第26-35题

26. A 很瘦   B 有行李   C 在船上   D 要加班

시원한 공략법

함의형은 보기로 미리 추측할 수 없다.

네 개의 보기가 동사구나 하나의 문장으로 이루어져 있고, 서로 간에 공통적인 성질이 느껴지지 않는 경우 문제를 듣기 전까지 질문의 유형을 파악하는 것은 불가능하다. 함의형은 말 그대로 대화를 통해 그 속에 함축된 뜻을 찾는 문제형이다. 질문 방식으로는 '무엇을 알 수 있나(可以知道什么)', '무슨 뜻인가(什么意思)', '우리에게 알려주는 것은(告诉我们什么)' 등이 주로 등장한다. 함의형은 모든 문제형 중 지문과 보기의 일치성이 가장 떨어지는 문제형이다. 즉, 대화를 가장 정확하게 이해해야 하는 문제형이기도 하다.

주요 출제 방식

女: 你们那个计划通过了吗?
男: 别提了! 超过百分之七十的人都反对，我们只好放弃了。

问: 关于那个计划, 可以知道什么?
A 没通过   B 很复杂
C 明天要交   D 进行很顺利

여: 너희 그 계획은 통과했니?
남: 말도 매 70%가 넘는 사람들이 반대해서, 우리는 어쩔 수 없이 포기했어.

질문: 그 계획에 관해, 무엇을 알 수 있나?
A 통과하지 못했다   B 복잡하다
C 내일 제출해야 한다 D 진행이 순조롭다

단어

计划 jìhuà 동 계획하다 명 계획 | 通过 tōngguò 동 통과하다, 통과되다 | 别提了 bié tí le 말도 마라 | 超过 chāoguò 동 초과하다, 넘다 | 分之 fēn zhī ~분의~ | 反对 fǎnduì 동 반대하다 명 반대 | 只好 zhǐhǎo 부 부득이, 어쩔 수 없이 | 放弃 fàngqì 동 포기하다 | 复杂 fùzá 형 복잡하다 | 交 jiāo 동 건네주다, 제출하다, 지불하다 | 进行 jìnxíng 동 진행하다 | 顺利 shùnlì 형 순조롭다

문제

Track 48

1. A 口渴　　　B 不吃辣的　　　C 太麻烦　　　D 不饿

2. A 怕热　　　B 放假了　　　C 讨厌女的　　　D 对气候不适应

시원한 공략법
문제 풀이

1　　　　　　　　　　　　　　　　　　　　　　　　　　　함축된 뜻을 묻는 질문

男: 厨房里有牛肉饺子，很好吃。你要不要尝尝? 女: 不用了，谢谢。我已经吃饱了。 问: 女的是什么意思? A 口渴　B 不吃辣的　C 太麻烦　D 不饿	남: 주방 안에 소고기 자오쯔(교자)가 있는데, 아주 맛있어. 너는 맛 좀 볼래? 여: 아니야, 고마워. 나는 이미 배불러. 질문: 여자는 무슨 뜻인가? A 목이 마르다　　B 매운 것을 먹지 않는다 C 너무 귀찮다　　D 배고프지 않다

 보기로는 문제 유형을 정확하게 알 수 없으나, 단 주로 형용사로 이루어져 있는 것으로 보아 묘사에 포인트가 있는 것은 분명하다. 질문의 '什么意思'를 통해 함의형임을 알 수 있다. 지문에서 여자의 '我已经吃饱了'라는 말에는 배가 고프지 않다는 뜻이 함축되어 있다. 따라서 정답은 D이다.

 厨房 chúfáng 뎽 주방 | 牛肉 niúròu 뎽 소고기 | 饺子 jiǎozi 뎽 자오쯔(교자) | 尝 cháng 됭 맛보다 | 饱 bǎo 혱 배부르다 | 渴 kě 혱 목마르다 | 辣 là 혱 맵다 | 麻烦 máfan 됭 폐를 끼치다, 귀찮게 하다 뎽 말썽, 골칫거리 혱 귀찮다, 번거롭다 | 饿 è 혱 배고프다

2 함축된 뜻을 묻는 질문

女: 喂, 对新环境还适应吗?
男: 还行。就是有点儿受不了这儿的气候。
女: 北方天气确实冷。平时注意穿厚点儿。
男: 知道了。妈, 您就别担心了。我会照顾好自己的。

问: 关于男的, 可以知道什么?
A 怕热　B 放假了　C 讨厌女的　D 对气候不适应

여: 여보세요. 새로운 환경에 적응했니?
남: 그럭저럭 괜찮아요. 단지 이곳의 기후를 조금 견디기 힘들어요.
여: 북방 날씨가 확실히 춥지. 평소에 옷 좀 두껍게 입어.
남: 알겠어요. 엄마, 걱정하지 마세요. 제가 알아서 자신을 잘 돌볼게요.

질문: 남자에 관해, 무엇을 알 수 있나?
A 더위에 약하다　B 방학했다
C 여자를 싫어한다　D 기후에 적응하지 못한다

보기로는 문제 유형을 정확하게 알 수 없으나, 단 모두 동사로 이루어져 있는 것으로 보아 동작에 포인트가 있는 것은 분명하다. 질문의 '可以知道什么'를 통해 함의형임을 알 수 있다. 지문에서 남자의 '就是有点儿受不了这儿的气候'라는 말에는 기후에 적응하기 힘들다는 뜻이 함축되어 있다. 따라서 정답은 D이다.

环境 huánjìng 명 환경 | 适应 shìyìng 동 적응하다 | 受不了 shòubuliǎo 견딜 수 없다 | 气候 qìhòu 명 기후 | 北方 běifāng 명 북방 | 确实 quèshí 형 확실하다 부 확실히, 정말로 | 平时 píngshí 명 평소 | 注意 zhùyì 동 주의하다 | 厚 hòu 형 두껍다 | 担心 dānxīn 동 걱정하다 | 照顾 zhàogù 동 돌보다 | 怕 pà 동 ① 무서워하다 ② ~에 약하다 | 放假 fàngjià 동 방학하다 | 讨厌 tǎoyàn 동 싫어하다

4급 실전 테스트

第1-5题

1. A 他们在宾馆　B 家里有客人　C 需要洗毛巾　D 牙刷换好了

2. A 先不看熊猫　B 不愿意逛街　C 忘了打招呼　D 在入口见

3. A 皮肤不好　B 现在不渴　C 出了很多汗　D 在减肥

4. A 没有客厅　B 房租便宜　C 厨房太小　D 家具很旧

5. A 不认识律师　B 没时间帮忙　C 问一下教授　D 她学过法律

第6-8题

6. A 女的在付款　B 男的想存行李　C 男的来应聘　D 男的迟到了

7. A 猜不出来　B 知道答案　C 会认真考虑　D 感觉很好玩儿

8. A 想读硕士　B 还没毕业　C 想留在天津　D 不想出差

听力

듣기

제 3 부분

단문 듣고 답하기

Chapter 01 이야기

Chapter 02 논설문

Chapter 03 설명문

Chapter 04 실용문

출제 경향 및 문제 풀이 전략

듣기 제3부분의 36~45번은 단문을 듣고 질문에 맞는 답을 고르는 형태로 출제된다. 한 단문에 2개의 문제가 제시됨으로, 총 5개의 단문으로 10문제가 출제된다.

1. 이야기, 논설문, 설명문, 실용문 등 여러 가지 유형의 문제들이 출제되고 있다.

2. 듣기 지문과 보기가 일치하는 문제가 많이 출제되므로, 지문을 들으면서 보기와 같은 표현이 나오면 시험지에 표시해 두는 것만으로도 많은 문제를 맞힐 수 있다.

3. 듣기 지문에 직접적으로 언급되지 않은 보기가 답이 되는 문제도 일부 출제되고 있다.

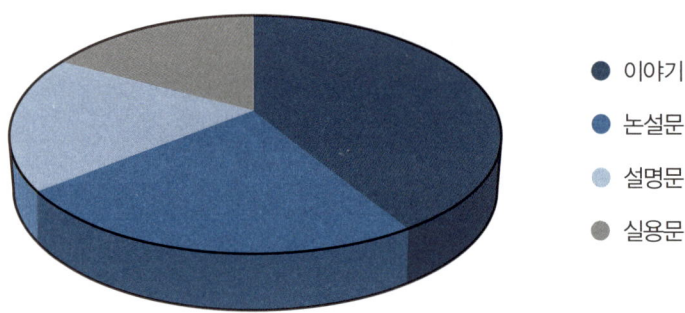

第36-45题

有句话叫"车到山前必有路",意思是说:虽然现在遇到了困难,但是要相信到最后一定会找到解决的办法。一切困难都是暂时的。所以在困难面前,我们一定要抱着积极的态度。千万不要随便放弃!

36. 问:"车到山前必有路"这句话,指的是什么?
 A 要早做准备 B 不会迷路 C 困难能被解决 ✓ D 禁止停车

37. 问:遇到困难时,我们应该怎么做?
 A 找人拿主意 B 积极一些 ✓ C 降低标准 D 学会放松

문제 풀이 전략

1단계 먼저 보기를 파악해본다.
실질적으로 2개의 문제에 해당하는 8개의 보기를 모두 자세히 읽기에는 시간이 부족하다. 하지만 본격적으로 지문이 나오기전에 전체적으로 자신의 눈에 잘 들어오는 단어들 위주로 8개의 보기를 훑어보는 것만으로도 도움이 될 수 있다.

2단계 반드시 보기를 보며 지문을 듣는다.
4급의 경우 보기와 일치하는 지문이 나오는 경우가 매우 많다. 따라서 반드시 보기를 보며 지문을 들어야 한다. 이때, 동일하거나 유사한 표현이 나올 경우 보기 옆에 체크하거나 밑줄을 쳐서 표시해 둔다.

3단계 질문을 끝까지 듣고 정답을 고른다.
보기 옆에 체크한다고 해도, 질문을 끝까지 듣고 정답에 표시하는 습관을 길러둔다.

Chapter 01 이야기

我给你讲灰姑娘的故事。

내가 너에게 신데렐라 이야기를 해줄게.

기초 체크

Track 50 정답 및 해설_해설서 67쪽

☑ 第36-45题

36. A 出门就输了   B 不能出声   C 需要三个人   D 要坐着不动

37. A 母亲很伤心   B 母亲特别笨   C 天气很热   D 女儿被骗了

시원한 공략법
누군가 나에게 이야기를 들려준다고 생각한다!

이야기형은 듣기 제3부분의 주요 문제형으로, ① 완전한 짧은 이야기(재미있는 이야기, 우화), ② 위인전기(위인의 어린 시절, 위인의 업적, 위인의 성공하게 된 과정), ③ 화자의 개인적 이야기(일상생활에서 생긴 일) 등 다양한 내용이 출제된다. 이야기형 문제는 이야기 속의 인물, 장소, 시간, 발생한 사건, 사건에 대한 느낌이나 판단, 사건이 발생한 원인, 사건의 해결 방법을 주로 질문한다. 마치 누군가가 나에게 재미있는 이야기를 들려주고 있다고 생각하고 이야기의 흐름을 타면서 듣도록 한다.

주요 출제 방식

今天是我妻子的生日。早上我告诉她，下班后我要跟同事去逛街。她以为我忘了她的生日，看上去很失望。其实，我是故意那么说的，因为我想给她一个惊喜。我提前买好了蛋糕，并且邀请了很多亲戚朋友，来家里给她过生日。我都等不及想看到她吃惊的样子了。

오늘은 내 아내의 생일이다. 아침에 나는 그녀에게 퇴근하고 동료와 쇼핑을 할 것이라고 말했다. 그녀는 내가 그녀의 생일을 잊었다고 여겨, 실망하는 것처럼 보였다. 사실 나는 고의로 그렇게 말한 것이었다. 왜냐하면 나는 그녀에게 서프라이즈를 해주고 싶었기 때문이다. 나는 미리 케이크를 사두었고, 게다가 많은 친척과 친구를 초대해 집에 와서 그녀의 생일을 보내자고 했다. 나는 그녀가 깜짝 놀라는 모습을 보고 싶어 기다리지 못하겠다.

1. 他对妻子说自己晚上要做什么?

    A 加班 B 聚会 C 逛街 D 唱歌

2. 他为什么骗妻子?

    A 想给她惊喜   B 不想打扰她
    C 怕她生气   D 怕引起误会

1. 그는 아내에게 저녁에 무엇을 한다고 했는가?

    A 야근한다   B 모임을 한다
    C 쇼핑을 한다   D 노래를 부른다

2. 그는 왜 아내를 속였는가?

    A 그녀에게 서프라이즈를 해주고 싶다
    B 그녀를 방해하고 싶지 않다
    C 그녀가 화를 낼까 두렵다
    D 오해를 불러일으킬까 두렵다

단어

逛街 guàngjiē 동 아이쇼핑하다 | 以为 yǐwéi 동 ~라고 (잘못) 여기다 | 看上去 kàn shàngqu 보아하니 ~하다 | 失望 shīwàng 동 실망하다, 낙담하다 | 其实 qíshí 부 사실은 | 故意 gùyì 부 고의로, 일부러 | 惊喜 jīngxǐ 동 놀라고도 기뻐하다 명 놀람과 기쁨, 서프라이즈 | 提前 tíqián 동 앞당기다 | 蛋糕 dàngāo 명 케이크 | 并且 bìngqiě 접 게다가 | 邀请 yāoqǐng 동 초청하다, 초대하다 명 초청, 초대 | 亲戚 qīnqi 명 친척 | 等不及 děngbují 기다리지 못하다 | 吃惊 chījīng 동 놀라다 | 加班 jiābān 동 야근하다 | 聚会 jùhuì 동 모이다 명 모임 | 骗 piàn 동 속이다 | 打扰 dǎrǎo 동 방해하다, 폐를 끼치다 | 引起 yǐnqǐ 동 불러일으키다, 야기하다 | 误会 wùhuì 동 오해하다 명 오해

문제

Track 51

1. A 很随便　　B 很热闹　　C 不看重吃穿　　D 没现在愉快

2. A 姥姥搬家了　　B 太忙了　　C 受到批评了　　D 买不到机票

시원한 공략법
문제 풀이

본문 해석　　　　　　　　　　　　　　　　　　　　　　　　**이야기**

以前每年过春节，都会去姥姥家。叔叔、阿姨也会带弟弟、妹妹过去。姥姥总会给我们准备一大桌好吃的饭菜。一家人聚在一起，有说有笑，<u>别提多热闹了</u>。而现在，我们都离开家，在外地工作，<u>每天都很忙</u>，春节很少能赶回去。	이전에는 매년 춘제를 지낼 때 외할머니댁에 갔었어. 삼촌, 이모도 남동생, 여동생들을 데리고 갔는데, 외할머니는 항상 우리에게 한 상 가득 맛있는 음식을 준비해 주셨어. 가족들이 함께 모여 이야기로 웃음꽃을 피우니, <u>얼마나 시끌벅적했는지 말도 마</u>. 그러나 지금은 우리가 모두 집을 떠났고, 밖에서 일하고 <u>매일 바쁘다 보니</u>, 춘제에 서둘러 갈 때가 드물어.

단어

春节 Chūnjié 고유 춘제(설날) | 叔叔 shūshu 명 삼촌, 아저씨 | 阿姨 āyí 명 이모, 아주머니 | 聚 jù 동 모이다 | 有说有笑 yǒu shuō yǒu xiào 이야기로 웃음꽃을 피우다 | 别提……了 bié tí……le 얼마나 ~한지 말도 마라 | 热闹 rènao 형 번화하다, 떠들썩하다, 시끌벅적하다 | 离开 líkāi 동 떠나다 | 外地 wàidì 명 외지, 타지 | 赶 gǎn 동 ① 서두르다 ② 쫓아내다

1
사건에 대한 느낌

问: 说话人觉得以前过春节怎么样?

A 很随便　　　B 很热闹
C 不看重吃穿　D 没现在愉快

질문: 화자는 이전에 춘제(설날)을 지내는 것이 어떠했다고 생각하나?

A 마음대로 하다　　　　　　B 시끌벅적하다
C 먹고 입는 것을 중시하지 않는다
D 지금처럼 유쾌하지 않았다

화자의 사건에 대한 느낌을 묻는 질문이다. 지문의 '别提多热闹了'라는 말을 통해 정답이 B임을 알 수 있다. 지문과 보기가 거의 일치하는 문제이다.

随便 suíbiàn 동 마음대로 하다, 제멋대로 하다 부 마음대로, 제멋대로 | 看重 kànzhòng 동 중시하다 | 愉快 yúkuài 형 유쾌하다, 즐겁다

2
사건의 원인

问: 说话人为什么现在很少回去?

A 姥姥搬家了　　B 太忙了
C 受到批评了　　D 买不到机票

질문: 화자는 왜 현재 드물게 가는가?

A 외할머니가 이사하셨다　　B 너무 바쁘다
C 야단을 맞았다　　　　　　D 비행기 표를 살 수 없다

사건에 대한 원인을 묻는 질문이다. 지문의 '每天都很忙'이라는 말을 통해 정답이 B임을 알 수 있다. 지문과 보기가 거의 일치하는 문제이다.

搬家 bānjiā 동 이사하다 | 受到 shòudao 동 받다 | 批评 pīpíng 동 비판하다, 꾸짖다 명 비판 | 机票 jīpiào 명 비행기 표

第1-6题

第1到2题

1. A 毛巾　　B 帽子　　C 裙子　　D 衬衫

2. A 很吃惊　B 非常难过　C 不高兴　D 很得意

第3到4题

3. A 中学老师　B 一位外国作家　C 父母　D 朋友

4. A 有一千万字　B 获了很多奖　C 语言很幽默　D 17岁时写的

第5到6题

5. A 非常感谢　B 无法理解　C 感到怀疑　D 完全同意

6. A 学中国功夫　B 准备演出　C 继续学弹钢琴　D 重新学跳舞

Chapter 02 논설문

我的看法是对的!
저의 의견이 맞습니다!

기초 체크

Track 53 + 정답 및 해설_해설서 71쪽

☑ 第36-45题

36. A 要提前买票   B 要少带行李   C 迟到很普遍   D 迟到的坏处

37. A 要准时   B 粗心坏大事   C 要懂得节约   D 少乘坐飞机

시원한 공략법
화자의 주요 관점을 파악해야 한다!

논설문은 일반적으로 사회현상에 대한 평론이나 일련의 사건을 통해 느낀 바를 서술하는 문형이다. 자신의 관점을 뒷받침하는 논거로 이야기나 조사 및 연구의 결과를 먼저 서술한 뒤 마지막에 논점을 제시하는 경우도 많다. 논설문이 화자의 관점을 서술하는 글인만큼, 화자의 주요 관점 및 주장을 파악하는 것이 가장 중요하다.

주요 출제 방식

父母都很爱自己的孩子。但有些父母对孩子保护过多，这往往会让孩子缺少锻炼的机会。如果父母事事都为孩子计划好，而不让孩子自己拿主意，他们将来又怎么能适应社会呢！

부모는 모두 자신의 아이를 사랑한다. 그러나 어떤 부모는 아이에 대한 보호가 지나쳐서, 이것은 종종 아이들로 하여금 몸과 마음 단련의 기회를 부족하게 만든다. 만약 부모가 모든 일을 아이를 위해 다 계획하고, 아이로 하여금 스스로 결정하게 하지 않는다면, 그들은 장래에 또 어떻게 사회에 적응할 수 있을까!

1. 部分父母在教育孩子时，会怎么做?
   A 怀疑孩子　　　B 保护过多
   C 鼓励孩子竞争　D 太严格

2. 孩子要想得到更多的锻炼应该怎么做?
   A 不怕失败　　　B 积累经验
   C 自己拿主意　　D 学习他人优点

1. 일부 부모들은 아이를 교육할 때, 어떻게 하는가?
   A 아이를 의심한다　　　B 보호가 지나치다
   C 아이가 경쟁하도록 격려한다　D 너무 엄격하다

2. 아이가 더 많은 단련을 얻고 싶다면 어떻게 해야 하는가?
   A 실패를 두려워 하지 않는다　B 경험을 쌓는다
   C 스스로 결정한다　　　D 타인의 장점을 배운다

단어

父母 fùmǔ 명 부모 | 保护 bǎohù 동 보호하다 명 보호 | 过多 guòduō 형 지나치다, 과하다 | 往往 wǎngwǎng 부 종종, 자주 | 缺少 quēshǎo 동 부족하다, 모자라다 | 锻炼 duànliàn 동 단련하다 | 机会 jīhuì 명 기회 | 如果 rúguǒ 접 만약 ~한다면 | 事事 shìshì 명 모든 일, 만사 | 计划 jìhuà 동 계획하다 명 계획 | 拿主意 ná zhǔyi 방법을 결정하다, 생각을 정하다 | 将来 jiānglái 명 장래, 미래 | 适应 shìyìng 동 적응하다 | 社会 shèhuì 명 사회 | 部分 bùfen 명 부분, 일부 | 教育 jiàoyù 동 교육하다 명 교육 | 怀疑 huáiyí 동 의심하다 | 鼓励 gǔlì 동 격려하다 | 竞争 jìngzhēng 동 경쟁하다 명 경쟁 | 严格 yángé 형 엄격하다 | 失败 shībài 동 실패하다 명 실패 | 积累 jīlěi 동 쌓다, 쌓이다 | 经验 jīngyàn 명 경험, 경력 | 优点 yōudiǎn 명 장점

문 제

Track 54

1. A 工作环境　　B 离家距离　　C 是否要加班　　D 发展机会

2. A 怎样选专业　　B 找工作的建议　　C 怎样做活动　　D 大学趣事

시원한 공략법 문제 풀이

본문 해석

논설문

刚毕业的大学生一般对社会了解不深，也没什么工作经验，有的甚至是零经验。所以找工作时大家不要只关注是否符合专业或者收入的高低，<u>应该考虑以后的发展机会</u>。可以先试着工作一段时间，等积累了一定的经验以后，再<u>重新选择更适合自己的工作</u>也不迟。

막 졸업한 대학생은 일반적으로 사회에 대한 이해가 깊지 않고, 또한 특별한 업무 경험도 없으며, 어떤 사람은 심지어 경험이 아예 없기도 하다. 그래서 직업을 찾을 때 모두 오직 전공에 부합하는지 아닌지 혹은 수입의 높고 낮음에만 관심을 갖지 말고, <u>이후의 발전 기회를 고려해야</u> 한다. 우선 일정 시간 시험 삼아 일을 해보고, 일정한 경험을 쌓은 다음, 다시 더욱 <u>자신에게 적합한 일을 선택</u>해도 늦지 않다.

단어

刚 gāng 📑 방금, 막 | 毕业 bìyè 📑 졸업하다 | 一般 yìbān 📑 보통이다, 일반적이다 | 社会 shèhuì 📑 사회 | 了解 liǎojiě 📑 자세하게 알다, 이해하다 | 深 shēn 📑 깊다 | 经验 jīngyàn 📑 경험, 경력 | 甚至 shènzhì 📑 심지어 | 零 líng 📑 영, 0 | 关注 guānzhù 📑 관심을 가지다 📑 관심 | 符合 fúhé 📑 부합하다 | 专业 zhuānyè 📑 전공 📑 전문의 | 收入 shōurù 📑 수입 | 低 dī 📑 낮다 | 考虑 kǎolǜ 📑 고려하다, 생각하다 | 发展 fāzhǎn 📑 발전하다 📑 발전 | 试 shì 📑 시험 삼아 해보다 | 积累 jīlěi 📑 쌓다, 쌓이다 | 重新 chóngxīn 📑 ① 다시, 재차 ② 새로이 | 选择 xuǎnzé 📑 선택하다 📑 선택 | 适合 shìhé 📑 적합하다, 알맞다, 어울리다 | 迟 chí 📑 늦다

1

화자의 견해

问: 说话人认为毕业生找工作时，应更关注什么？

A 工作环境　　B 离家距离
C 是否要加班　D 发展机会

질문: 화자는 졸업생이 직업을 찾을 때 무엇에 더 관심을 가져야 한다고 생각하는가?

A 업무 경험　　　　　　B 집에서의 거리
C 야근을 해야 하는지 여부　D 발전 기회

 지문에서 언급된 화자의 생각을 묻는 질문이다. 지문의 '应该考虑以后的发展机会'라는 말을 통해 정답이 D임을 알 수 있다. 지문과 보기가 일치하는 문제이다.

 认为 rènwéi 동 ~라고 여기다, 생각하다 | 环境 huánjìng 명 환경 | 距离 jùlí 동 (~로부터) 떨어지다, 사이를 두다 명 거리, 격차 | 加班 jiābān 동 야근하다

2

핵심 관점

问: 这段话主要谈的是什么？

A 怎样选专业　　B 找工作的建议
C 怎样做活动　　D 大学趣事

질문: 이 단락에서 주로 이야기하는 것은 무엇인가?

A 전공을 어떻게 선택하는지　B 직업을 찾는 제안
C 어떻게 활동을 해야 하는지　D 대학의 재미난 일

 지문 전체의 핵심적인 관점을 묻는 질문이다. 이런 경우 마지막 문장에서 화자의 관점을 알 수 있는 경우가 많다. 지문의 '选择更适合自己的工作'라는 말을 통해 정답이 B임을 알 수 있다.

 谈 tán 동 이야기하다, 말하다 | 选 xuǎn 동 선택하다 | 建议 jiànyì 동 건의하다 명 제안, 건의 | 活动 huódòng 동 (몸을) 움직이다 명 활동, 행사, 이벤트 | 趣事 qùshì 명 재미난 일

비밀 노트 — 논설문에 자주 출제되는 표현 BEST 10

管理 guǎnlǐ [동] 관리하다 [명] 관리	每个人都应该学会管理时间。 모든 사람은 시간 관리하는 것을 배워야 한다.
关键 guānjiàn [명] 관건, 키포인트, 열쇠 [형] 매우 중요한	理解他人的关键是尊重。 타인을 이해하는 열쇠는 존중이다. 不少人认为在学习过程中积累知识最关键。 적지 않은 사람은 공부하는 과정에서 지식을 쌓는 것이 가장 중요한 것이라 여긴다.
逛街 guàngjiē [동] 아이쇼핑하다	下班后我要跟同事去逛街。 퇴근 후 나는 동료와 아이쇼핑할 것이다.
坚持 jiānchí [동] 단호히 지키다, 꾸준하게 지속하다	坚持才能学好一种语言。 꾸준히 해야만 한 가지 언어를 잘 배울 수 있다.
教育 jiàoyù [동] 교육하다 [명] 교육	父母教育孩子时批评是少不了的。 부모가 아이를 교육할 때 비판은 없어서는 안 되는 것이다.
积累 jīlěi [동] 쌓다, 쌓이다	积累了一定的经验才能做好一件事。 일정한 경험을 쌓아야 비로소 한 가지 일을 잘할 수 있다.
理解 lǐjiě [동] 이해하다 [명] 이해	当时我特别不理解他们的做法。 당시에 나는 그들의 방식을 아주 이해하지 못했다. 整理知识可以加深对已学知识的理解。 지식을 정리하는 것은 이미 배운 지식에 대한 이해를 깊게 할 수 있다.
羡慕 xiànmù [동] 부러워하다	我很羡慕会弹钢琴的人。 나는 피아노 칠 줄 아는 사람이 매우 부럽다.
笑话 xiàohua [동] 비웃다, 조롱하다 [명] 우스운 이야기, 농담	有些人喜欢笑话别人。 어떤 사람들은 다른 사람 비웃는 것을 좋아한다. 笑话人人都很爱听。 우스운 이야기는 모든 사람이 듣기 좋아한다.
影响 yǐngxiǎng [동] 영향을 주다 [명] 영향	生活中的坏习惯影响人的身体健康。 생활 속의 나쁜 습관은 사람의 신체 건강에 영향을 준다. 坏习惯对身体健康的影响很大。 나쁜 습관은 신체 건강에 대한 영향이 매우 크다.

4급 실전 테스트

Track 55 　정답 및 해설_해설서 72~74쪽

第1-6题

第1到2题

1. A 睡觉让人变美　　B 懒是种病　　C 花钱买开心　　D 懒人更幸福

2. A 互相尊重　　B 多锻炼　　C 接受批评　　D 要诚实

第3到4题

3. A 变得积极　　B 丢掉自信　　C 得到肯定　　D 不懂礼貌

4. A "羡慕"的影响　　B 学会原谅　　C 失败的作用　　D 别随便生气

第5到6题

5. A 更优秀　　B 不自信　　C 要冷静　　D 很兴奋

6. A 理想　　B 友谊　　C 爱人　　D 自己

Chapter 03 설명문

饺子是中国的小吃。

자오쯔(교자)는 중국의 간식입니다.

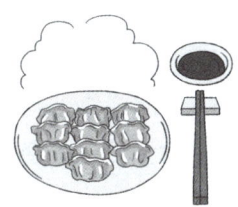

기초 체크

Track 56 ✚ 정답 및 해설_해설서 75쪽

☑ 第36-45题

36. A 双手举杯　　B 脱鞋　　C 高举胳膊　　D 边喝边唱

37. A 祝贺　　B 同情　　C 尊重　　D 希望被原谅

시원한 공략법

보기를 보면서 들으면 답이 보인다!

설명문은 그 구조가 이야기형이나 대화형에 비해 논리적이고 명확함에도 불구하고, 언급되는 전문 용어나 전문 지식 때문에 어렵게 느껴지는 문제형이다. 하지만 이야기, 논설문에 비해 보기와 일치되거나 보기 일부가 그대로 지문에서 언급되는 경우가 비교적 많다. 따라서 보기를 보면서 지문에서 들리는 표현에 체크나 밑줄을 해둔다면 생각보다 쉽게 문제를 풀 수 있다.

주요 출제 방식

打网球是一种很流行的运动。它不仅能锻炼身体，还能帮助人们减轻工作或学习上的压力，因此，受到很多人的喜爱。不过要想将网球打好却不容易。技术、速度和力气一样都不能少，而这需要长时间的练习和积累。

테니스는 일종의 매우 유행하는 운동이다. 몸을 단련할 수 있을 뿐만 아니라, 사람들이 일 혹은 학습상의 스트레스를 줄여 주는 데 도움을 주어, 따라서 많은 사람의 사랑을 받는다. 그러나 테니스를 잘 치기는 쉽지 않다. 기술, 속도 그리고 힘 무엇 하나 모자라서는 안 되며, 이것은 장시간의 연습과 축적이 필요하다.

1. 打网球有什么好处?
   A 会发胖　　B 受到批评
   C 减轻压力　D 浪费时间

2. 要想打好网球需要怎么做?
   A 放弃理想　B 买网球鞋
   C 坚持锻炼　D 国外旅游

1. 테니스를 치면 어떤 좋은 점이 있는가?
   A 살이 찐다　　　　B 비판을 받는다
   C 스트레스를 줄인다　D 시간을 낭비한다

2. 테니스를 잘 치고 싶다면 어떻게 할 필요가 있나?
   A 꿈을 포기한다　　B 테니스 신발을 산다
   C 단련을 꾸준히 한다　D 해외여행을 한다

단어

| 网球 wǎngqiú 명 테니스 | 流行 liúxíng 동 유행하다 | 不仅 bùjǐn 접 ~할 뿐만 아니라 | 锻炼 duànliàn 동 단련하다 | 帮助 bāngzhù 동 돕다 명 도움 | 减轻 jiǎnqīng 동 경감하다, 줄다 | 压力 yālì 명 ① 스트레스 ② 압력 | 因此 yīncǐ 접 이 때문에, 따라서 | 受到 shòudao 동 받다 | 喜爱 xǐ'ài 동 좋아하다, 애호하다 | 却 què 부 ~하지만, 그러나 | 容易 róngyì 형 쉽다 | 技术 jìshù 명 기술 | 速度 sùdù 명 속도 | 力气 lìqi 명 힘, 기력 | 需要 xūyào 동 필요하다 | 练习 liànxí 동 연습하다 명 연습 | 积累 jīlěi 동 쌓다, 쌓이다 | 好处 hǎochu 명 좋은 점, 장점 | 发胖 fāpàng 동 살이 찌다 | 批评 pīpíng 동 비판하다, 꾸짖다 명 비판 | 浪费 làngfèi 동 낭비하다 | 放弃 fàngqì 동 포기하다 | 理想 lǐxiǎng 명 이상 | 鞋 xié 명 신발 | 坚持 jiānchí 동 단호히 지키다, 꾸준하게 지속하다 |

문 제　　　　　　　　　　　　　　　　　　　　Track 57

1. A 小孩儿最爱吃　　B 以小吃为主　　C 不允许喝酒　　D 可以随便吃

2. A 减少浪费　　　　B 提高竞争力　　C 方便收拾　　　D 关心顾客

시원한 공략법
문제 풀이

본문 해석　　　　　　　　　　　　　　　　　　　　　**설명문**

自助餐是一种流行的用餐方式。顾客只要付规定的费用，餐厅内的东西就可以随便吃。不过有的人会拿很多东西，到最后往往会剩下许多吃不完，非常浪费。因此，很多自助餐厅规定："顾客用完餐后，如果有东西剩下，就必须花钱买下来。"

뷔페는 유행하는 식사 방식이다. 고객은 규정된 비용을 지불하기만 하면, 식당 안의 것을 마음대로 먹을 수 있다. 그러나 어떤 사람들은 많은 음식을 가져와서, 마지막에 종종 다 못 먹지 못하고 대단히 많이 남긴다. 아주 낭비이다. 따라서, 많은 뷔페식당은 이렇게 규정한다 : "고객이 식사 후, 만약 음식을 남기게 되면 반드시 돈을 내서 사야만 한다."

단어

自助餐 zìzhùcān 명 뷔페 | 流行 liúxíng 동 유행하다 | 用餐 yòngcān 동 식사를 하다 | 方式 fāngshì 명 방식, 방법 | 顾客 gùkè 명 고객, 손님 | 只要 zhǐyào 접 ~하기만 하면 | 付 fù 동 지불하다 | 规定 guīdìng 동 규정하다 명 규정 | 费用 fèiyong 명 비용 | 餐厅 cāntīng 명 식당 | 随便 suíbiàn 동 마음대로 하다, 제멋대로 하다 부 마음대로, 제멋대로 | 不过 búguò 접 그러나 | 拿 ná 동 (손으로) 쥐다, 가지다 | 最后 zuìhòu 명 최후, 제일 마지막 | 剩 shèng 동 남다, 남기다 | 许多 xǔduō 형 매우 많다 | 浪费 làngfèi 동 낭비하다 | 因此 yīncǐ 접 이 때문에, 따라서 | 如果 rúguǒ 접 만약 ~한다면 | 必须 bìxū 부 반드시 | 花 huā 동 (돈·시간을) 쓰다

1 　　　　　　　　　　　　　　　　　　　　　　　　　　　　설명의 세부 내용

问: 自助餐有什么特点?　　　　　　　　질문: 뷔페는 어떤 특징이 있는가?

A 小孩儿最爱吃　　B 以小吃为主　　　A 어린아이들이 가장 좋아한다
C 不允许喝酒　　　D 可以随便吃　　　B 간단한 음식 위주이다
　　　　　　　　　　　　　　　　　　　C 술을 마시는 것을 허락하지 않는다
　　　　　　　　　　　　　　　　　　　D 마음대로 먹을 수 있다

 지문에서 언급된 세부 내용을 묻는 질문이다. 지문의 '可以随便吃'라는 말을 통해 정답이 D임을 알 수 있다. 지문과 보기가 일치하는 문제이다.

 特点 tèdiǎn 몡 특징 | 允许 yǔnxǔ 동 허가하다, 허락하다 | 酒 jiǔ 몡 술

2 　　　　　　　　　　　　　　　　　　　　　　　　　　　　설명의 세부 내용

问: 自助餐厅让顾客花钱买吃剩的东西目的　　질문: 뷔페가 고객들로 하여금 돈을 낸 음식을 사게 하는 목적
　　是什么?　　　　　　　　　　　　　　　　은 무엇인가?

A 减少浪费　　B 提高竞争力　　　　　　　A 낭비하는 것을 줄인다　　B 경쟁력을 높인다
C 方便收拾　　D 关心顾客　　　　　　　　C 치우기 편리하다　　　　D 고객에게 관심을 갖는다

 지문에서 언급된 세부 내용을 묻는 질문이다. 지문의 '非常浪费。因此, ……花钱买下来'라는 말을 통해 정답이 A임을 알 수 있다. 지문과 보기가 완벽히 일치하지 않지만, '浪费'라는 단어가 나왔을 때 체크해둔다면 충분히 맞출 수 있다.

 目的 mùdì 몡 목적 | 减少 jiǎnshǎo 동 감소하다, 줄이다 | 提高 tígāo 동 향상시키다, 높이다 | 竞争力 jìngzhēnglì 경쟁력 | 方便 fāngbiàn 형 편리하다 | 收拾 shōushi 동 정리하다, 치우다, 꾸리다 | 关心 guānxīn 동 관심을 갖다

비밀 노트 설명문에 자주 출제되는 표현 BEST 10

保护 bǎohù
동 보호하다 명 보호

黄山是国家自然保护区。
황산은 국가 자연 보호 구역이다.

丰富 fēngfù
동 풍부하게 하다
형 풍부하다

这份杂志的内容十分丰富。
이 잡지의 내용은 아주 풍부하다.

浪费 làngfèi
동 낭비하다

那个调查发现人们经常浪费很多水。
그 조사에서 사람들이 자주 많은 물을 낭비한다는 것을 발견했다.

热闹 rènao
형 번화하다, 떠들썩하다, 시끌벅적하다

那里总是人山人海，热闹极了。
그곳은 항상 인산인해를 이루어, 매우 시끌벅적하다.

失望 shīwàng
동 실망하다, 낙담하다

经常有观众看完电影后表示很失望。
영화를 본 후 실망했음을 나타내는 관중들은 항상 있다.

味道 wèidao
명 맛

那里的小吃数量多，味道丰富。
그곳의 간식은 수량이 많고, 맛이 풍부하다.

危险 wēixiǎn
명 위험하다 형 위험한

西红柿刚被发现时，人们担心吃了会有生命危险。
토마토를 막 발견했을 때, 사람들은 먹으면 생명의 위험이 있을까 걱정했다.

污染 wūrǎn
동 오염시키다, 오염되다
명 오염

那里受污染少，空气新鲜。
그곳은 오염이 적어서 공기가 신선하다.
这里空气污染得很严重。
이곳의 공기는 심각하게 오염되었다.

压力 yālì
명 ① 스트레스 ② 압력

运动能帮助人们减轻工作或学习上的压力。
운동은 사람을 도와 일 또는 공부의 스트레스를 줄여준다.

引起 yǐnqǐ
동 불러일으키다, 야기하다

环境问题引起了人们的重视。
환경 문제는 사람들의 중시를 야기했다.

4급 실전 테스트

第1-6题

第1到2题

1. A 感动　　　　B 高兴　　　　C 有名　　　　D 伤心

2. A 过生日时送　B 是黑色的　　C 里面会放钱　D 送给老人的

第3到4题

3. A 效果　　　　B 样子　　　　C 味道　　　　D 颜色

4. A 对皮肤好　　B 有助于减肥　C 容易买到　　D 对健康有好处

第5到6题

5. A 邀请名人　　B 寄衣服　　　C 免费阅读　　D 购买水果

6. A 很受欢迎　　B 允许货到付款　C 管理严格　　D 只收现金

Chapter 04 실용문

早睡早起对身体好。

일찍 자고 일찍 일어나는 것은 몸에 좋다.

기초 체크

Track 59　+정답 및 해설_해설서 79쪽

☑ 第36-45题

36. A 交友特点　　B 减压方式　　C 学习兴趣　　D 锻炼方法

37. A 睡觉　　B 抽烟　　C 玩游戏　　D 旅行

시원한 공략법

실용문의 목적을 잘 파악해야 한다!

실용문은 우리에게 소식, 정보 등을 전달하기 위한 글이다. 주로 통지, 소개, 조사나 연구의 결과 등 일상생활이나 업무에 실용적으로 도움이 되는 글이 실용문에 속한다. 질문은 실용문에 나오는 세부 사항(시간, 장소, 수량 등)을 묻거나 실용문을 쓴 목적에 대해 묻는 경우가 일반적이다. 지문에서 보기와 일치되는 표현이 나오는 빈도가 높은 문형이므로, 다른 문형과 마찬가지로 꼭 보기를 보면서 문제를 풀어야 한다.

주요 출제 방식

各位同事！为了丰富大家的生活，同时也为了加深大家的感情，公司决定每个月月底安排一个活动日。到时候会举办比赛、演出等活动，希望大家积极参加。

동료 여러분! 모두의 생활을 풍부하게 하기 위한 동시에 여러분의 감정을 깊게 하기 위해, 회사는 매월 월말에 행사일을 배정하기로 결정했습니다. 그때 경기, 공연 등 활동을 개최할 것이니, 모두 적극적으로 참가해 주시길 바랍니다.

1. 这段话最可能出自哪儿?
   A 一份申请   B 一本杂志
   C 一个通知   D 一封道歉信

2. 关于活动日，可以知道什么?
   A 浪费钱   B 办了两次
   C 重点教京剧 D 安排在月底

36. 이 단락은 어디에서 나온 것일까?
    A 한 부의 신청서   B 한 권의 잡지
    C 하나의 통지서   D 한 통의 사과 편지

37. 활동일에 관하여 알 수 있는 것은?
    A 돈을 낭비한다   B 두 번 개최했다
    C 중점적으로 경극을 가르친다   D 월말로 배정했다

단어

各 gè 때 여러, 각자 | 同事 tóngshì 명 동료 | 丰富 fēngfù 동 풍부하게 하다 형 풍부하다 | 同时 tóngshí 명 동시, 같은 시기 부 동시에 | 加深 jiāshēn 동 깊어지다, 깊게 하다 | 感情 gǎnqíng 명 감정, 정, 애정 | 决定 juédìng 동 결정하다 명 결정 | 月底 yuèdǐ 명 월말 | 安排 ānpái 동 배치하다, 안배하다, 준비하다 | 活动 huódòng 동 (몸을) 움직이다 명 활동, 행사, 이벤트 | 举办 jǔbàn 동 열다, 개최하다 | 演出 yǎnchū 동 공연하다 명 공연 | 希望 xīwàng 동 희망하다, 바라다 명 희망 | 积极 jījí 형 적극적이다, 긍정적이다 | 申请 shēnqǐng 동 신청하다 명 신청 | 杂志 zázhì 명 잡지 | 封 fēng 양 통[편지 봉투를 세는 단위] | 道歉 dàoqiàn 동 사과하다 | 关于 guānyú 전 ~에 관해 | 浪费 làngfèi 동 낭비하다 | 办 bàn 동 처리하다, 발급하다 | 重点 zhòngdiǎn 명 중점 부 중점적으로 | 教 jiāo 동 가르치다 | 京剧 jīngjù 고유 경극

문제

Track 60

1. A 鼓励阅读　　B 提高能力　　C 积累经验　　D 增加收入

2. A 教育　　　　B 健康　　　　C 经济　　　　D 爱情

시원한 공략법 문제 풀이

본문 해석

실용문

这份杂志是几个在校大学生办的。他们办杂志的主要目的是鼓励人们多阅读。杂志的内容十分丰富，有关于教育的，有关于健康的，当然还有关于爱情的，很受年轻人的欢迎。

이 잡지는 몇 명의 재학 중인 대학생이 만든 것이다. 그들이 잡지를 만든 주요 목적은 사람들에게 독서를 많이 하라고 격려하기 위함이다. 잡지의 내용은 아주 풍부하여, 교육에 관한 것도 있고, 건강에 관한 것도 있으며, 당연히 사랑에 관한 것도 있어서, 젊은이들의 환영을 받는다.

단어

杂志 zázhì 명 잡지 | 办 bàn 동 처리하다, 발급하다 | 主要 zhǔyào 형 주요한 부 주로 | 目的 mùdì 명 목적 | 鼓励 gǔlì 동 격려하다 | 阅读 yuèdú 동 (책·신문 등을) 읽다 | 内容 nèiróng 명 내용 | 十分 shífēn 부 매우, 아주 | 丰富 fēngfù 동 풍부하게 하다 형 풍부하다 | 教育 jiàoyù 동 교육하다 명 교육 | 健康 jiànkāng 명 건강 형 건강하다 | 当然 dāngrán 형 당연하다 부 당연히 | 爱情 àiqíng 명 사랑, 애정 | 受 shòu 동 받다 | 年轻人 niánqīngrén 젊은 사람, 젊은이 | 欢迎 huānyíng 동 환영하다 명 환영

실용문의 목적

问: 那几位大学生办杂志的目的是什么?

A 鼓励阅读　　B 提高能力
C 积累经验　　D 增加收入

질문: 그 몇 명의 대학생이 만든 잡지의 목적은 무엇인가?

A 독서를 격려한다　　B 능력을 향상시킨다
C 경험을 쌓는다　　D 수입을 증가시킨다

 실용문의 목적을 묻는 질문이다. 지문의 '他们办杂志的主要目的是鼓励人们多阅读'라는 말을 통해 정답이 A임을 알 수 있다. 지문과 보기가 거의 일치하는 문제이다.

 提高 tígāo 통 향상시키다, 높이다 | 积累 jīlěi 통 쌓다, 쌓이다 | 经验 jīngyàn 명 경험, 경력 | 增加 zēngjiā 통 증가하다, 더하다, 늘리다 | 收入 shōurù 명 수입

2

실용문의 세부 내용

问: 下列哪个不是杂志中的内容?

A 教育　　B 健康　　C 经济　　D 爱情

질문: 다음 중 어느 것이 잡지 속의 내용이 아닌가?

A 교육　　B 건강　　C 경제　　D 사랑

 실용문의 세부 내용을 묻는 질문이다. 아닌 것을 묻는 질문이므로, 보기 중 세 가지가 언급될 때 체크했다면 쉽게 맞출 수 있는 문제이다. 지문의 '有关于教育的, 有关于健康的, 当然还有关于爱情的'라는 말을 통해 정답이 C임을 알 수 있다.

 经济 jīngjì 명 경제

비밀 노트 — 실용문에 자주 출제되는 표현 BEST 10

错误 cuòwù
명 잘못, 실수, 착오
형 잘못된, 틀린

用这种方法，可能会得出错误的结论。
이런 방법을 사용하면, 아마도 틀린 결론을 얻게 될 것이다.

调查 diàochá
동 조사하다 명 조사

调查指出，男性和女性减压的方式大不相同。
조사에서 남성과 여성의 스트레스를 줄이는 방법은 크게 다르다고 지적했다.

广播 guǎngbō
동 방송하다
명 라디오 방송

各位旅客请注意，现在广播找人。
여행객 여러분 주의해 주세요, 지금 방송으로 사람을 찾습니다.

这次广播的目的就是说明交通情况。
이번 라디오 방송의 목적은 교통상황을 설명하는 것이다.

交流 jiāoliú
동 교류하다 명 교류

老年大学为老人提供了一个可以重新学习与交流的地方。
노인대학은 노인을 위해 새로이 공부하고 교류할 수 있는 장소를 제공했다.

矿泉水 kuàngquánshuǐ
명 광천수

多喝矿泉水对身体没有坏处。
광천수를 많이 마시는 것은 몸에 나쁠 것이 없다.

售货员 shòuhuòyuán
명 점원, 판매원

这家超市只有顾客没有售货员。
이 슈퍼마켓은 오직 손님만 있고 점원은 없다.

提醒 tíxǐng
동 일깨우다, 깨우치다, 상기시키다

医生提醒大家：夏季要特别注意保护皮肤。
의사는 모두에게 여름에 특히 피부를 보호하는 것에 주의해야 한다고 상기시켰다.

研究 yánjiū
동 연구하다 명 연구

研究发现，窗户的大小能影响人的心情。
연구에서 창문의 크기가 사람의 마음에 영향을 끼친다는 것을 발견했다.

杂志 zázhì
명 잡지

这份杂志是由几个大学生办的。
이 잡지는 몇 명의 대학생들이 만든 것이다.

注意 zhùyì
동 주의하다 명 주의

外出回家后，应该注意洗手。
외출하고 집에 돌아온 후, 반드시 손 씻는 것에 주의해야 한다.

듣기 제3부분

4급 실전 테스트

第1-6题

第1到2题

1. A 不提供袋子   B 只收现金   C 周末关门   D 无售货员

2. A 信息的作用   B 科技改变生活   C 要重视顾客   D 质量最重要

第3到4题

3. A 容易变兴奋   B 脾气变坏   C 不愿睡觉   D 不知该干什么

4. A 交新朋友   B 举办演出   C 参加招聘   D 读硕士

第5到6题

5. A 心情   B 健康   C 睡觉时长   D 生活质量

6. A 多看外面景色   B 离窗户近些   C 多运动   D 到室外去

시원스쿨 新HSK

阅读

독해

제 1 부분

어휘 고르기

Chapter 01 명사 채우기

Chapter 02 형용사 채우기

Chapter 03 동사 채우기

Chapter 04 부사 · 접속사 채우기

Chapter 05 양사 · 전치사 채우기

출제 경향 및 문제 풀이 전략

독해 제1부분은 보기로 제시된 어휘 중 하나를 골라 문제의 빈칸을 채우는 형태로, 총 10문제가 출제된다. 46번부터 50번까지는 문장 형태의 문제가 출제되며, 51번부터 55번까지는 대화문 형태의 문제가 출제된다.

1. 기본적인 품사들이 다양하게 출제되고 있고, 특히 명사, 형용사, 동사 문제가 그 비중이 가장 크다.

2. 빈칸에 들어갈 단어의 품사에 대한 파악은 물론, 앞뒤 문맥에 대한 이해를 요구하는 문제가 출제된다.

3. 어휘의 호응 관계를 묻는 문제도 일부 출제되고 있다.

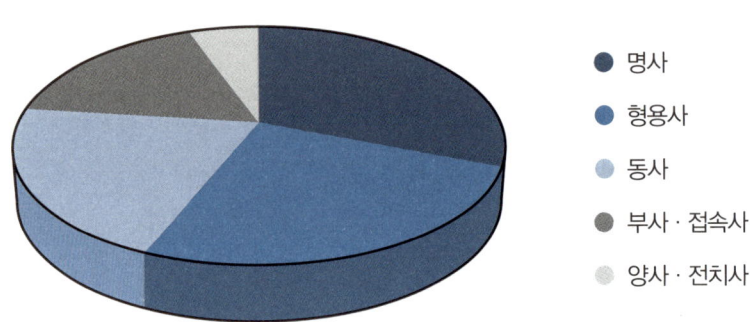

第 46-55 题

A 原因　　　B 开心　　　C 出生　　　D 坚持　　　E 千万　　　F 花

例如：她每天都（ D ）走路上下班，所以身体一直很不错。

46. 她虽然（　　）在南方，却在北方长大。

51. A：最近总觉得眼睛难受，不知道是什么（　　）。
　　B：我也是，估计是因为我们平时看电脑的时间太长了。

문제 풀이 전략

1단계 보기로 제시된 어휘의 의미와 품사를 파악한다.
A부터 F까지 제시된 6개의 어휘 중, 예시에서 사용된 어휘를 제외한 나머지 5개 어휘의 의미와 품사를 파악한다.

2단계 빈칸에 들어가기에 알맞은 품사를 파악하고 보기에서 정답의 후보를 찾는다.
빈칸 주변의 문장 구조를 통해 빈칸에 어떤 품사의 어휘가 들어가야 할지를 파악하고 보기에서 해당 품사의 어휘를 찾아 정답의 후보로 둔다.

3단계 정답의 후보 중 문맥상 가장 알맞은 어휘를 정답으로 선택한다.
정답의 후보 중 빈칸에 넣었을 때 문맥상 가장 자연스러운 어휘를 정답으로 선택한다. 한 번 선택된 어휘는 다른 문제에서 중복하여 정답이 될 수 없으므로 보기에서 소거해 둔다.

Chapter 01 명사 채우기

我昨天买了一双袜子。

나는 어제 양말 한 켤레를 샀다.

기초 체크

+ 정답 및 해설_해설서 83쪽

☑ 第46-55题

A 动作 B 麻烦 C 重点

46. 胳膊再抬高一点儿，好，现在（　　）很标准，15秒钟后再放下。

51. A: 经理，新的计划发到您邮箱了，您看了吗?
　　B: 内容太简单，不详细，没有（　　）。明天我们得继续讨论。

시원한 01 공략법

주어나 목적어가 될 수 있다!

주어나 목적어 자리에 빈칸이 있다면 명사가 정답이다.

① 주어 역할: 동사나 형용사 앞에 위치한다.

> **주어(명사) + 동사/형용사**

（北京） 是 中国的首都。 베이징은 중국의 수도이다.
주어(명사)　동사

② 목적어 역할: 동사 뒤에 위치한다.

> **동사 + 목적어(명사)**

我要 去 （北京）。 나는 베이징에 가려고 한다.
　　동사　목적어(명사)

주요 출제 방식

| A 情况 | B 力气 | C 国籍 | A 상황 | B 힘 | C 국적 |

这张表格只需要填名字、性别和（ C 国籍 ）。 | 이 표는 이름, 성별 그리고 (C 국적)을 기입하기만 하면 된다.

단어

情况 qíngkuàng 명 상황 | 力气 lìqi 명 힘, 기력 | 国籍 guójí 명 국적 | 表格 biǎogé 명 표, 서식 | 需要 xūyào 동 필요하다 | 填 tián 동 기입하다 | 性别 xìngbié 명 성별

문제

A 压力　　　　　　B 基础　　　　　　C 窗户

1. 他之前有点儿汉语（　　），所以现在学起来很轻松。

2. A: 你现在工作忙，（　　）又大，千万要注意身体呀!
   B: 放心吧，妈，我会照顾好自己的。

시원한 공략법
문제 풀이

1
목적어 역할

他之前有点儿汉语（B 基础），所以现在学起来很轻松。 | 그는 이전에 중국어 (B 기초)가 조금 있어서, 그래서 지금 배우기에 수월하다

 목적어 자리가 비어 있으므로, 명사 어휘가 정답임을 알 수 있다. '汉语'의 수식을 받을 수 있는 것은 'A 压力 yālì 몡 ① 스트레스 ② 압력', 'B 基础 jīchǔ 몡 기초', 'C 窗户 chuānghu 몡 창문' 중 의미상 B밖에 없다.

 之前 zhīqián 몡 이전 | 轻松 qīngsōng 톙 수월하다, 홀가분하다, 부담이 없다

2
주어 역할

A: 你现在工作忙，（A 压力）又大，千万要注意身体呀! | A: 너는 지금 일도 바쁘고 (A 스트레스)도 많아서, 필히 건강에 주의해야 해.
B: 放心吧，妈，我会照顾好自己的。 | B: 안심하세요, 엄마. 제가 알아서 스스로 잘 돌볼게요.

 주어 자리가 비어 있으므로, 명사 어휘가 정답임을 알 수 있다. 서술어가 '大'이므로 이와 호응할 수 있는 명사는 A밖에 없다.

 千万 qiānwàn 뷔 절대, 반드시, 제발 | 注意 zhùyì 통 주의하다 | 放心 fàngxīn 통 안심하다 | 照顾 zhàogù 통 돌보다

시원한 02 공략법

관형어가 될 수 있다!

관형어는 주어나 목적어를 수식하는 문장성분으로, 쉽게 말해서 명사를 수식한다고 할 수 있다. 관형어에는 여러 가지 품사가 들어갈 수 있지만, 명사도 다른 명사를 수식하는 것이 가능하다. 이때 '的'는 사용해야 하는 경우도 있지만, 평소에 자주 묶어 쓰는 경우라면 생략해도 된다.

> 관형어(명사) + (的) + 명사

（ 老师 ）　的　汉语水平很高。　선생님의 중국어 수준은 높다.
관형어(명사)　(的)　명사

주요 출제 방식

| A 父母 | B 任务 | C 汗 | A 부모 | B 임무 | C 땀 |

你要学会自己判断，而不是完全听（ A 父母 ）的意见。

당신은 스스로 판단하는 것을 배워야 해요. 완전히 (A 부모님)의 의견만 들어서는 안 돼요.

단어

父母 fùmǔ 명 부모 | 任务 rènwu 명 임무 | 汗 hàn 명 땀 | 判断 pànduàn 동 판단하다 명 판단 | 完全 wánquán 형 완전하다 부 완전히, 전혀, 절대로 | 意见 yìjiàn 명 ① 의견 ② 불만

문제

A 社会　　　　　　　B 距离　　　　　　　C 自然

1. 中国的山水画非常有特点，画的内容多以山水等（　　）景色为主。

2. A: 有60%的网友认为她不需要为这件事负责，你的看法呢?
   B: 我尊重她的选择，但名人应该加倍注意自己的（　　）影响。

시원한 공략법
문제 풀이

1　　　　　　　　　　　　　　　　　　　　　　　　　　　　　　　명사 + 명사

中国的山水画非常有特点，画的内容多以山水等（ C 自然 ）景色为主。

중국의 산수화는 매우 특징이 있다. 그림의 내용은 대다수가 산과 물 등 (C 자연) 풍경을 위주로 한다.

 빈칸에는 명사 '景色'를 수식할 수 있는 관형어가 필요하다. 수식이 가능한 명사는 'A 社会 shèhuì 명 사회', 'B 距离 jùlí 명 거리, 격차', 'C 自然 zìrán 명 자연' 중 의미상 C밖에 없다.

 山水画 shānshuǐhuà 산수화 | 特点 tèdiǎn 명 특징 | 内容 nèiróng 명 내용 | 以 A 为主 yǐ A wéizhǔ A 위주이다 | 景色 jǐngsè 명 풍경, 경치

2　　　　　　　　　　　　　　　　　　　　　　　　　　　　　　　명사 + 명사

A: 有60%的网友认为她不需要为这件事负责，你的看法呢?
B: 我尊重她的选择，但名人应该加倍注意自己的（ A 社会 ）影响。

A: 60%의 네티즌은 그녀가 이 일에 책임질 필요가 없다고 생각해. 네 생각은?
B: 나는 그녀의 선택을 존중해. 그러나 유명한 사람은 마땅히 자신의 (A 사회적) 영향을 더더욱 주의해야 해.

 빈칸에는 명사 '影响'을 수식할 수 있는 관형어가 필요하다. 수식이 가능한 명사는 의미상 A밖에 없다.

 网友 wǎngyǒu 명 네티즌 | 认为 rènwéi 동 ~라고 여기다, 생각하다 | 负责 fùzé 동 책임지다 | 看法 kànfǎ 명 견해, 의견, 생각 | 尊重 zūnzhòng 동 존중하다 | 존중 | 名人 míngrén 명 유명한 사람 | 加倍 jiābèi 부 더더욱, 배로 | 注意 zhùyì 동 주의하다 | 影响 yǐngxiǎng 동 영향을 주다 명 영향

시원한 03 공략법

수량사 뒤에 올 수 있다!

'수량사(수사 + 양사)' 구조는 명사를 수식한다. 따라서 양사 뒤에 빈칸이 있다면, 그 양사와 함께 쓸 수 있는 적합한 명사를 선택하면 된다.

① 수사 + 양사 + (명사)
   └── 수량사 ──┘

我买了 两 斤 (苹果)。 나는 사과 두 근을 샀다.
      수사 양사 (명사)

② 지시대사(这/那) + 수사 + 양사 + (명사)
              └── 수량사 ──┘

这 个 (苹果) 很好吃。 이 사과는 맛있다. *수사가 '一'일 때는 생략할 수 있다.
지시 양사 (명사)
대사

주요 출제 방식

| A 消息 | B 周围 | C 标准 | A 소식 | B 주위 | C 표준 |

谢谢你及时通知我这个 (A 消息)。   나에게 이 (A 소식)을 제때 알려줘서 고마워.

단어

消息 xiāoxi 몡 정보, 소식 | 周围 zhōuwéi 몡 주위 | 标准 biāozhǔn 몡 표준 톙 표준적이다 | 及时 jíshí 톙 시기 적절하다, 때가 맞다 몜 즉시 | 通知 tōngzhī 동 통지하다, 알리다 몡 통지

문제

A 地点　　　　B 家具　　　　C 印象

1. 这些(　　)先别搬到客厅里，我还没想好怎么放。

2. A: 你小时候最喜欢这只小老虎了，连睡觉时都抱着。
   B: 是吗？我怎么一点儿(　　)也没有。

문제 풀이

1

지시대사 + 수량사 + 명사

这些(B 家具)先别搬到客厅里，我还没想好怎么放。

이 (B 가구)들은 우선 거실로 옮기지 마. 나는 아직 어떻게 놓을지 생각하지 못했어.

 '지시대사(这)+양사(些)' 뒤에 빈칸이 있으므로 명사가 와야 한다. '些'는 앞에 수사 '一'가 생략되어 있고, 확정적이지 않은 적은 수량을 나타내는 양사로 이것만으로는 명사를 확정할 수는 없다. 빈칸의 명사는 뒤의 동사 '搬'과 의미상 맞아야 하므로 보기 'A 地点 dìdiǎn 몡 장소, 곳', 'B 家具 jiājù 몡 가구', 'C 印象 yìnxiàng 몡 인상' 중 의미상 B밖에 없다.

 搬 bān 통 옮기다, 이사하다 | 客厅 kètīng 몡 응접실, 거실 | 放 fàng 통 놓다, 두다

2

수량사 + 명사

A: 你小时候最喜欢这只小老虎了，连睡觉时都抱着。
B: 是吗？我怎么一点儿(C 印象)也没有。

A: 네가 어렸을 때 이 작은 호랑이를 가장 좋아했어. 잠잘 때 조차도 안고 잤었어.
B: 그래요? 저는 어떻게 조금의 (C 인상)도 없죠?

 '수사(一)+양사(点儿)' 뒤에 빈칸이 있으므로 명사가 와야 한다. '一点儿'은 조금의 양을 나타내는 양사로 이것만으로는 명사를 확정할 수는 없다. A가 한 말의 내용과 빈칸 뒤의 동사 '没有'를 연결하여 생각해보면 의미상 C밖에 없다.

 老虎 lǎohǔ 몡 호랑이 | 连 A 都 B lián A dōu B A 조차도 모두 B 하다 | 抱 bào 통 ① 안다, 포옹하다 ② (생각이나 의견을) 마음에 품다

시원한 04 공략법

전치사 뒤에 올 수 있다!

전치사는 문장에서 단독으로 쓰일 수 없고, 뒤에 주로 명사나 대명사와 함께 전치사구를 이루어 사용한다. 따라서 전치사 뒤에 빈칸이 있다면 명사가 정답일 가능성이 크다.

> **주어 + 전치사 + (명사/대명사) + 서술어**

哥哥 在 (图书馆) 学习。 형(오빠)는 도서관에서 공부를 한다.
주어 전치사 (명사) 서술어

女朋友 给 (我) 写 信。 여자친구가 나에게 편지를 썼다.
주어 전치사 (대명사) 서술어 목적어

주요 출제 방식

| A 世纪 | B 咱们 | C 航班 |

从上个 (A 世纪) 开始, 这条街道就很有名了。

| A 세기 | B 우리(들) | C 항공편 |

지난 (A 세기)부터 시작해서, 이 거리는 유명해졌다.

단어

世纪 shìjì 명 세기 | 咱们 zánmen 명 우리(들) | 航班 hángbān 명 (비행기나 배의) 항공편, 운항편 | 街道 jiēdào 명 거리, 도로 | 有名 yǒumíng 형 유명하다

문제

A 入口　　　　　　　B 地址　　　　　　　C 力气

1. 大家下午在哪儿见面？你把（　　）发给我。

2. A：我和他们约的是10点在商场（　　）见面，我怕来不及。
　　B：还早着呢，你开慢点儿，不着急。

시원한 공략법
문제 풀이

1　　　　　　　　　　　　　　　　　　　　　　　　　　　　　　　전치사 + 명사

大家下午在哪儿见面？你把(B 地址)发给我。　　　모두 오후에 어디에서 만나? 네가 (B 주소)를 나에게 보내줘.

 빈칸 앞의 '把'는 '~을(를)'이라는 뜻의 전치사로 빈칸에는 명사가 와야 한다. 앞 문장에서 어디서 만나는지 물어봤고 빈칸 뒤에서 보내 달라고 했으므로, 보기 'A 入口 rùkǒu 몡 입구', 'B 地址 dìzhǐ 몡 주소', 'C 力气 lìqi 몡 힘, 기력' 중 B가 가장 적합하다.

 见面 jiànmiàn 동 만나다 | 发 fā 동 보내다, 건네주다

2　　　　　　　　　　　　　　　　　　　　　　　　　　　　　　　전치사 + 명사

A：我和他们约的是10点在商场(A 入口)　　　A: 나와 그들이 약속한 것은 10시에 백화점 (A 입구)에서 만나
　　见面，我怕来不及。　　　　　　　　　　　　　기로 한 것으로, 나는 늦을까 봐 걱정돼.
B：还早着呢，你开慢点儿，不着急。　　　　　B: 아직 이르니까, 너는 조금 천천히 운전해. 급하지 않아.

 빈칸 앞의 '在'는 '~에(서)'라는 뜻의 전치사로 빈칸에는 장소와 관련된 명사가 와야 한다. 장소를 나타내는 보기 중 A가 가장 적합하다.

 约 yuē 동 약속하다 | 商场 shāngchǎng 몡 백화점, 쇼핑센터 | 怕 pà 동 ① 무서워하다 ② ~에 약하다 | 来不及 láibují 시간이 없다, 늦다 | 早 zǎo 형 (때가) 이르다, 빠르다 | 着急 zháojí 동 조급해하다, 초조해하다

비밀 노트 시험에 자주 출제되는 명사 BEST 10

底 dǐ
명 밑, 바닥, (한 해나 한 달의) 말

我记得三月底刚修了一次。
내 기억으로는 3월 말에 막 한번 고쳤다.

动作 dòngzuò
명 동작

现在动作很标准。
지금 동작이 매우 표준적이다.

短信 duǎnxìn
명 문자 메시지

那我一会儿给你发短信吧。
그럼 내가 잠시 후에 너에게 문자를 보낼게.

广播 guǎngbō
명 라디오 방송

广播是了解外面世界的主要方式。
라디오 방송은 바깥세상을 이해하는 주요 방식이다.

建议 jiànyì
명 제안, 건의

有些人不愿意接受别人的建议。
어떤 사람들은 다른 사람의 제안을 받아들이길 원하지 않는다.

基础 jīchǔ
명 기초

他的数学基础很好。
그의 수학 기초는 좋다.

礼貌 lǐmào
명 예의

这个孩子没有礼貌。
이 아이는 예의가 없다.

麻烦 máfan
명 말썽, 골칫거리

做事会遇到很多麻烦。
일을 하면 매우 많은 골칫거리를 만날 수 있다.

污染 wūrǎn
명 오염

这个地方的污染很严重。
이곳의 오염은 심각하다.

消息 xiāoxi
명 정보, 소식

这个消息实在太突然了。
이 소식은 정말 너무 갑작스럽다.

第1-5题

A 污染　　　B 消息　　　C 科学　　　D 坚持　　　E 方向　　　F 总结

例如：她每天都（ D ）走路上下班，所以身体一直很不错。

1. 大力发展公共交通能减轻环境（　　　）。

2. 他的（　　　）基础很好，学起来自然要比其他人轻松许多。

3. 最后，我们请李教授为今天的会议做个（　　　）。

4. 这个（　　　）实在太突然了，我现在很难接受。

5. 你想去图书馆的话，应该向大使馆（　　　）走，10分钟就能到。

第6-10题

A 袜子　　　B 结果　　　C 温度　　　D 教授　　　E 果汁　　　F 演出

例如 A：今天真冷啊，好像白天最高（ C ）才2℃。
　　 B：刚才电视里说明天更冷。

6. A：你怎么买了这么多（　　　）？
　 B：商场在做活动，10块钱3双，我就多买了些。

7. A：你最好吃点儿东西，只喝一杯（　　　），下午肯定会饿的。
　 B：可是我早上吃太饱了，现在实在吃不下。

8. A：（　　　）快开始了，你还要多久能过来？
　 B：我在入口呢，正在存包，马上进去。

9. A：这道题太难了，你做了吗？
　 B：我也没做，咱们去听听（　　　）的解释。

10. A：爷爷体检完了？（　　　）怎么样？
　　B：还不知道，半个小时后才会出结果。

Chapter 02 형용사 채우기

我很无聊。
나는 심심하다.

기초 체크

+ 정답 및 해설_해설서 87쪽

☑ 第46-55题

A 苦   B 著名   C 帅

46. 获奖者不但能得到奖品，而且还有机会到这家（　　）的广告公司上班。

51. A: 这杯咖啡太（　　）了。
    B: 抱歉，我光想着加牛奶，忘记放糖了。

시원한 01 공략법

서술어가 될 수 있다!

형용사는 문장에서 주어를 묘사하는 서술어가 될 수 있다. 이때 주로 앞에 '매우, 아주' 등의 뜻을 가진 정도부사 (很, 非常, 特別, 太, 真……)의 수식을 받거나, 전치사구가 오는 경우가 많다.

주어 + 정도부사 + 서술어(형용사)

那只熊猫　太　(可爱)了。　저 판다는 너무 귀엽다.
　주어　　　정도부사　서술어(형용사)

주어 + 전치사구 + 서술어(형용사)

他　对我　很　(热情)。　그는 나에게 친절하다.
주어　전치사구　정도부사　서술어(형용사)

주요 출제 방식

A 熟悉　　　B 流利　　　C 骄傲　　　　A 익숙하다　　B 유창하다　　C 거만하다

祝贺你顺利找到工作，我真为你(C 骄傲)。　　순조롭게 직장 찾게 된 것을 축하해. 나는 정말 네가 (C 자랑스러워).

단어

熟悉 shúxī 동 잘 알다 형 익숙하다 | 流利 liúlì 형 유창하다 | 骄傲 jiāo'ào 형 ① 오만하다, 거만하다 ② 자랑스럽다 | 祝贺 zhùhè 동 축하하다 | 顺利 shùnlì 형 순조롭다 | 为 wèi 전 ① ~을(를) 위하여 ② ~때문에

독해 제1부분 **147**

문제

A 轻   B 粗心   C 咸

1. 他真是太(　　)了，竟然连护照都忘记带了。

2. A: 你最近在减肥吗? 看起来瘦了不少。
   B: 真的吗? 我只比上个月(　　)了三公斤。

문제 풀이

1 ▸ 서술어 역할

他真是太(B 粗心)了，竟然连护照都忘记带了。

그는 정말 너무 (B 부주의해서). 결국 여권조차도 가져오는 것을 잊었다.

 빈칸의 단어는 주어 '他'와 의미상 맞아야 하며, 정도부사 '太'의 수식을 받는 형용사여야 한다. 의미상 'A 轻 qīng 휑 가볍다', 'B 粗心 cūxīn 휑 세심하지 못하다, 부주의하다', 'C 咸 xián 휑 짜다' 중 B가 가장 적합하다.

 竟然 jìngrán 튀 결국, 마침내 | 连 A 都 lián A dōu A 조차도 | 护照 hùzhào 몡 여권 | 忘记 wàngjì 동 잊다, 잊어버리다 | 带 dài 동 ① 지니다, 휴대하다 ② 이끌다, 데리다

2 ▸ 서술어 역할

A: 你最近在减肥吗? 看起来瘦了不少。
B: 真的吗? 我只比上个月(A 轻)了三公斤。

A: 너는 요즘에 다이어트를 하고 있니? 보기에 많이 빠진 것 같아.
B: 정말? 나는 지난달보다 겨우 3킬로그램(kg) (A 가벼워졌어).

 빈칸의 단어는 주어 '我'와 의미상 맞아야 하며, 전치사구 '比上个月'의 수식을 받는 형용사여야 한다. 전체적인 의미상 A가 가장 적합하다.

 最近 zuìjìn 몡 최근, 요즘 | 减肥 jiǎnféi 동 다이어트 하다, 살을 빼다 | 看起来 kàn qǐlai 보기에 | 瘦 shòu 휑 마르다, 여위다 | 公斤 gōngjīn 양 킬로그램(kg)

시원한 02 공략법
보어가 될 수 있다!

보어는 서술어(동사) 뒤에서 서술어(동사)를 수식하는 역할을 하고, 형용사는 여러 가지 보어 중 결과보어와 정도보어, 가능보어가 될 수 있다. 서술어(동사) 뒤의 결과보어, 정도보어, 가능보어 위치에 빈칸이 있다면 형용사가 정답이 될 가능성을 생각해 두어야 한다.

서술어(동사) + 결과보어(형용사) / 정도보어(형용사) / 가능보어(형용사)

我已经 吃 (饱) 了。 나는 이미 배가 부르다.
　　　서술어(동사) 결과보어(형용사)

他 说 得很 (好)。 그는 말을 잘한다.
　서술어(동사) 정도보어(형용사)

这件事电话里 说 不 (清楚)。 이 일은 전화로 말하기에 분명하지 않다.
　　　　　서술어(동사) 　가능보어(형용사)

주요 출제 방식

A 脏　　B 困难　　C 友好　　　　A 더럽다　B 곤란하다　C 우호적이다
我把你的衣服弄 (A 脏) 了, 对不起。　　내가 네 옷을 (A 더럽혔어). 미안해.

단어

脏 zāng 🔖 더럽다 | 困难 kùnnan 🔖 어렵다, 곤란하다 | 友好 yǒuhǎo 🔖 우호적이다 | 弄 nòng 🔖 하다, 행하다, 만들다

문제

A 辛苦　　　　　B 活泼　　　　　C 满

1. 按照说明书上写的，第二步应该是把水倒（　　）。

2. A: 你这样打扮真漂亮。
   B: 谢谢！我跟李小姐学的，她说我这个年龄就应该打扮得（　　）点儿。

문제 풀이

1
결과보어

按照说明书上写的，第二步应该是把水倒（C 满）。

설명서에 적혀 있는 것에 따르면, 두 번째 단계에서는 물을 (C 가득) 따라야 한다.

 빈칸에는 동사 '倒' 뒤에 물을 따른 결과가 어떻게 되었는지 묘사를 나타내는 결과보어가 될 형용사가 필요하다. 의미상 'A 辛苦 xīnkǔ 쥉 고생스럽다, 고되다', 'B 活泼 huópō 쥉 활발하다', 'C 满 mǎn 쥉 가득하다, 가득 차다' 중 C가 가장 적합하다.

 按照 ànzhào 젠 ~에 따라 | 说明书 shuōmíngshū 설명서 | 倒 dào 동 붓다, 따르다, 쏟다

2
정도보어

A: 你这样打扮真漂亮。
B: 谢谢！我跟李小姐学的，她说我这个年龄就应该打扮得（B 活泼）点儿。

A: 너는 이렇게 꾸미니까 정말 예쁘다.
B: 고마워! 미스 리한테 배운 거야. 그녀가 내 나이에는 조금 (B 활발하게) 꾸며야 한다고 말했어.

빈칸에는 동사 '打扮' 뒤에 꾸민 정도가 어느 정도인지를 나타내는 정도보어가 될 형용사가 필요하다. 의미상 B가 가장 적합하다.

打扮 dǎban 동 치장하다, 꾸미다 | 年龄 niánlíng 명 연령, 나이

시원한 03 공략법

관형어나 부사어가 될 수 있다!

① 형용사는 관형어가 되어 명사를 수식할 수 있다.

> 관형어(형용사) + 的 + 명사

我喜欢这件 (漂亮) 的 衣服。 나는 이 예쁜 옷을 좋아한다.
　　　　　관형어(형용사)　的　 명사

* '的'는 사용해야 하는 경우가 많지만, 평소에 자주 묶어 쓰는 경우라면 생략해도 된다.

② 형용사는 부사어가 되어 동사를 수식할 수 있다.

> 부사어(형용사) + 地 + 동사

她 (高兴) 地 跳 起来了。 그녀는 기쁘게 뛰어 올랐다.
　부사어(형용사)　地　동사

* 사람의 감정을 나타내는 형용사가 아니라면 '地'를 생략해도 된다.

주요 출제 방식

A 所有　　　B 无聊　　　C 开心　　|　A 모든　　　B 심심하다　　　C 기쁘다

对于这个问题的回答，(A 所有)老师都不太满意。 | 이 문제의 대답에 대해, (A 모든) 선생님들이 그다지 만족하지 않는다.

단어

所有 suǒyǒu 옝 모든 | 无聊 wúliáo 옝 무료하다, 심심하다 | 开心 kāixīn 옝 기쁘다, 즐겁다 | 对于 duìyú 전 ~에 대해 | 回答 huídá 동 대답하다 명 대답 | 满意 mǎnyì 옝 만족하다

문제

A 合格　　　　　　B 流行　　　　　　C 正常

1. 小张不但有想法，而且敢做敢说，将来肯定会是一个（　　）的记者。

2. A: 下小雪了，不知道飞机能不能按时起飞。
   B: （　　）情况下，这种天气是不会影响飞机起飞的。

시원한 공략법
문제 풀이

1　　　　　　　　　　　　　　　　　　　　　　　　　　　형용사 관형어

| 小张不但有想法，而且敢做敢说，将来肯定会是一个（A 合格）的记者。 | 샤오장은 생각이 있을 뿐만 아니라, 용기 있게 행동하고 용기 있게 말한다. 장래에 반드시 (A 합격)한 기자가 될 것이다. |

 빈칸 뒤에 명사 '记者'가 있는 것으로 보아, 빈칸에는 기자를 수식할 관형어가 필요하다. 보기에 제시된 'A 合格 hégé 형 표준에 맞다, 합격이다', 'B 流行 liúxíng 형 유행하다', 'C 正常 zhèngcháng 형 정상적이다' 세 개의 형용사 중 의미상 A가 가장 적합하다.

 不但 búdàn 접 ~할 뿐만 아니라 | 想法 xiǎngfǎ 명 생각, 견해 | 而且 érqiě 접 게다가 | 敢 gǎn 동 자신 있게 ~하다, 과감하게 ~하다 | 将来 jiānglái 명 장래, 미래 | 肯定 kěndìng 동 긍정적이다 부 틀림없이, 확실히 | 记者 jìzhě 명 기자

2　　　　　　　　　　　　　　　　　　　　　　　　　　　형용사 관형어

| A: 下小雪了，不知道飞机能不能按时起飞。
B: （C 正常）情况下，这种天气是不会影响飞机起飞的。 | A: 눈이 내려서, 비행기가 제때에 이륙할 수 있을지 없을지 모르겠어요.
B: (C 정상적인) 상황이라면 이런 날씨에는 비행기가 이륙하는 데 영향을 주지는 않을 거예요. |

 빈칸 뒤에 명사 '情况'이 있는 것으로 보아, 빈칸에는 상황을 수식할 관형어가 필요하다. 의미상 C가 가장 적합하다.

 按时 ànshí 부 제때에 | 起飞 qǐfēi 동 이륙하다 | 情况 qíngkuàng 명 상황 | 影响 yǐngxiǎng 동 영향을 주다 명 영향

비밀 노트 — 시험에 자주 출제되는 형용사 BEST 10

粗心 cūxīn
형 세심하지 못하다, 부주의하다

你做事不能这么粗心。
너는 일할 때 이렇게 부주의하면 안 된다.

复杂 fùzá
형 복잡하다

事情越复杂，越要有耐心。
일이 복잡할수록 인내심이 있어야 한다.

合格 hégé
형 표준에 맞다, 합격이다

可惜他没合格。
그가 합격하지 못해 유감스럽다.

开心 kāixīn
형 기쁘다, 즐겁다

我从来没有这么开心过。
나는 지금까지 이렇게 기뻤던 적이 없었다.

可惜 kěxī
형 섭섭하다, 아쉽다, 유감스럽다

他和第一名只差一分，太可惜了。
그와 일등은 1점밖에 차이 나지 않아서, 너무 아쉽다.

满 mǎn
형 가득하다, 가득 차다

周围的停车场都满了。
주위에 주차장은 다 찼다.

无聊 wúliáo
형 무료하다, 심심하다

你平时无聊的时候都干什么？
너는 평소 심심할 때 무엇을 하니?

辛苦 xīnkǔ
형 고생스럽다, 고되다

爸爸每天工作很辛苦。
아빠는 매일 일이 고되다. .

严重 yánzhòng
형 심각하다

这里污染很严重。
여기 오염은 심각하다.

正常 zhèngcháng
형 정상적이다

最近天气越来越不正常了。
요즘 날씨가 갈수록 비정상적이다.

4급 실전 테스트

第1-5题

A 仔细　　B 辛苦　　C 正确　　D 坚持　　E 复杂　　F 许多

例如：她每天都（ D ）走路上下班，所以身体一直很不错。

1. 虽然她做事没有你那么（　　），但至少在大事上面一点儿也不马虎。

2. 《小狗钱钱》是一本很有趣的书，它教了我（　　）认识金钱的方法。

3. 这家广播电视公司很有名，（　　）我们从小看到的节目都是出自这里。

4. 事情越（　　），你越要耐心去解决，千万不能着急。

5. 他虽然工作很（　　），但从来不说自己累。

第6-10题

A 辣　　B 详细　　C 温度　　D 厉害　　E 开心　　F 流行

例如 A：今天真冷啊，好像白天最高（ C ）才2℃。
　　 B：刚才电视里说明天更冷。

6. A：你好像很不（　　），我给你讲个笑话吧。
　 B：我没事，谢谢你的关心。

7. A：最近街上很多人穿这种裤子，挺好看的。
　 B：是啊，这是今年最（　　）的衣服，我们也去买一条吧。

8. A：你说一遍我记不住，你还是把（　　）地址写给我吧。
　 B：那我一会儿给你发短信吧。

9. A：最近堵车堵得很（　　），你知道为什么吗？
　 B：我也不知道到底是怎么回事。

10. A：公司对面新开了一家餐厅，咱们明天一起去尝尝。
　　B：我去过了，那儿的菜太（　　）了，你可能吃不了。

Chapter 03 동사 채우기

我丢了我的钱包。
나는 지갑을 잃어버렸다.

기초 체크

+ 정답 및 해설_해설서 91쪽

☑ 第46-55题

A 填　　　　　　B 戴　　　　　　C 翻译

46. 我今天忘（　　）眼镜了，看不清楚黑板。

51. A：你这句话里有两个词的意思恐怕（　　）得不对。
　　B：哪两个词？让我看看。

시원한 01 공략법

서술어가 될 수 있다!

동사와 형용사는 모두 서술어가 될 수 있다. 하지만 가장 큰 차이점은 동사는 대부분 목적어를 가질 수 있다는 점이다. 따라서 서술어 자리에 빈칸이 있고, 빈칸 뒤 목적어가 주어진다면 의미에 알맞은 동사를 선택하면 된다. 단 이합동사가 답인 경우 목적어를 가질 수 없다.

주어 + 서술어(동사) + 목적어

我　　会　　（骑）　　自行车。　나는 자전거를 탈 줄 안다.
주어　조동사　서술어(동사)　목적어

주요 출제 방식

| A 迷路 | B 出生 | C 丰富 | A 길을 잃다 | B 태어나다 | C 풍부하게 하다 |

他们学校经常会举办一些活动，来（C 丰富）学生们的生活。

그들의 학교는 자주 행사를 열어서, 학생들의 생활을 (C 풍부하게 한다).

단어

迷路 mílù 동 길을 잃다 | 出生 chūshēng 동 출생하다, 태어나다 | 丰富 fēngfù 동 풍부하게 하다 형 풍부하다 | 学校 xuéxiào 명 학교 | 经常 jīngcháng 부 자주, 종종 | 举办 jǔbàn 동 열다, 거행하다 | 活动 huódòng 동 (몸을) 움직이다 명 활동, 행사, 이벤트 | 生活 shēnghuó 동 살다, 생활하다 명 생활

문제

A 抱　　　　　　B 举行　　　　　　C 打扰

1. 奶奶弹钢琴的时候最讨厌别人(　　)她，我们还是出去吧。

2. A: 既然你去过四川的熊猫自然保护区，那肯定见过熊猫。
   B: 当然，我还(　　)过刚出生的小熊猫呢。

문제 풀이

1　　　　　　　　　　　　　　　　　　　　　　　　　　동사 + 목적어

| 奶奶弹钢琴的时候最讨厌别人(C 打扰)她，我们还是出去吧。 | 할머니께서 피아노 칠 때 다른 사람이 그녀 (C 방해하는) 것을 가장 싫어하시니, 우리는 그냥 나가있자. |

빈칸 뒤에 목적어 '她'가 있는 것으로 보아 빈칸이 동사 서술어가 들어갈 자리임을 알 수 있다. 전체적인 의미상 어울리는 서술어는 'A 抱 bào 동 ① 안다, 포옹하다 ② (생각이나 의견) 마음에 품다', 'B 举行 jǔxíng 동 열다, 거행하다 개최하다', 'C 打扰 dǎrǎo 동 방해하다, 폐를 끼치다' 중 의미상 C가 가장 적합하다.

奶奶 nǎinai 명 할머니 | 弹钢琴 tán gāngqín 피아노를 치다 | 讨厌 tǎoyàn 동 싫어하다, 미워하다 | 别人 biéren 대 다른 사람 | 还是 háishi 부 ~하는 편이 좋다 접 또는, 아니면

2　　　　　　　　　　　　　　　　　　　　　　　　　　동사 + 목적어

| A: 既然你去过四川的熊猫自然保护区，那肯定见过熊猫。
B: 当然，我还(A 抱)过刚出生的小熊猫呢。 | A: 기왕 네가 쓰촨의 판다 자연 보호 구역을 가본 이상, 그러면 틀림없이 판다를 본 적이 있겠네.
B: 당연하지. 나는 막 태어난 새끼 판다를 (A 안아)본 적이 있는걸. |

부사 '还' 뒤에 목적어 '小熊猫' 앞이 빈칸이므로 동사 서술어가 들어갈 자리임을 알 수 있다. 의미상 목적어와 어울리는 동사는 A가 가장 적합하다.

既然 jìrán 접 ~된 바에야, ~인 이상 | 四川 Sìchuān 고유 쓰촨(사천) | 熊猫 xióngmāo 명 판다 | 自然保护区 zìrán bǎohùqū 자연 보호 구역 | 肯定 kěndìng 형 긍정적이다 부 반드시, 틀림없이 | 当然 dāngrán 형 당연하다 부 당연히, 물론 | 刚 gāng 부 방금, 막 | 出生 chūshēng 동 태어나다, 출생하다

시원한 02 공략법

보어 앞에 올 수 있다!

형용사와 동사 모두 뒤에 보어를 가질 수 있다. 하지만 결과보어와 방향보어는 오직 동사만이 가질 수 있고, 정도보어가 형용사 표현으로 되어 있는 경우에도 서술어는 동사여야 한다. 따라서 빈칸 뒤에 결과보어나 형용사로 이루어진 정도보어가 있다면 동사가 정답이다. 그 외에도 동사 뒤에는 방향보어, 가능보어 등이 올 수 있다.

서술어(동사) + 결과보어
정도보어(형용사)
방향보어
가능보어

我 （吃） 饱 了。 나는 배부르다.
　서술어(동사)　결과보어

他 （说） 得 很好。 그는 말을 잘한다.
　서술어(동사)　정도보어(형용사)

他今天 （回） 来。 그는 오늘 돌아온다.
　　　서술어(동사) 방향보어

我 （听） 不 懂。 나는 알아들을 수 없다.
　서술어(동사)　가능보어

주요 출제 방식

A 迷路　　B 符合　　C 整理　　A 길을 잃다　　B 부합하다　　C 정리하다

这么多材料，一天的时间怎么可能（C 整理）完呢?　　이렇게 많은 자료를 하루라는 시간에 어떻게 다 (C 정리해)?

단어

迷路 mílù 동 길을 잃다 | 符合 fúhé 동 부합하다, 들어맞다 | 整理 zhěnglǐ 동 정리하다 | 材料 cáiliào 명 ① 재료 ② 자료

문제

A 进行　　　　　B 躺　　　　　C 堵车

1. 高师傅怎么还没联系我们，难道事情（　　）得不顺利吗?

2. A: 我刚（　　）下就听见有人敲门，原来是你啊。
   B: 真对不起，我又忘带钥匙了。

문제 풀이

1

동사 + 정도보어(형용사)

高师傅怎么还没联系我们，难道事情 （ A 进行 ）得不顺利吗?

까오 스승님께서 어째서 아직 우리와 연락하지 않으실까, 설마 일이 순조롭지 않게 (A 진행된) 것은 아니겠지?

 빈칸 앞에는 주어 '事情'이 있고 뒤에는 '不顺利'라는 형용사로 이루어진 정도보어가 있으므로, 빈칸에 동사가 들어가야 한다는 것을 알 수 있다. 보기로 제시된 'A 进行 jìnxíng 图 진행하다', 'B 躺 tǎng 图 눕다', 'C 堵车 dǔchē 图 차가 막히다' 중 의미상 A가 가장 적합하다.

 师傅 shīfu 图 ① 기술, 기예를 가진 사람에 대한 존칭 ② 스승, 사부 | 联系 liánxì 图 연락하다, 연결하다 图 연락 | 难道 nándào 图 설마 ~란 말인가, 설마 ~는 아니겠지요 | 顺利 shùnlì 图 순조롭다

2

동사 + 방향보어

A: 我刚 (B 躺) 下就听见有人敲门，原来是你啊。
B: 真对不起，我又忘带钥匙了。

A: 내가 막 (B 눕자마자) 누군가 노크하는 것을 들었어. 알고 보니 너였구나.
B: 정말 미안해, 내가 또 열쇠 가져가는 것을 잊었어.

 빈칸 앞에는 주어 '我'가 있고 뒤에는 방향보어 '下'가 있으므로, 빈칸에 동사가 들어가야 한다는 것을 알 수 있다. 의미상 B가 가장 적합하다.

 刚 gāng 图 방금, 막 | 敲门 qiāomén 图 노크하다 | 原来 yuánlái 图 원래의 图 원래, 알고 보니 | 钥匙 yàoshi 图 열쇠

시원한 03 공략법

서술성 목적어 앞에 올 수 있다!

일반적인 동사가 명사나 대명사를 목적어로 가지는 것과 달리, 형용사나 동사와 같은 서술성 단어를 목적어로 가지는 동사들이 있다. 빈칸 뒤에 이러한 서술성 목적어가 있다면, 서술성 목적어를 가질 수 있는 동사를 정답으로 찾아야 한다.

> 주어 + 서술어(동사) + 서술성 목적어

他 (打算) 明年去中国。 그는 내년에 중국에 갈 계획이다. (목적어에 동사 '去'가 있음)
주어 서술어(동사) 서술성 목적어

我 (觉得) 她很漂亮。 나는 그녀가 예쁘다고 생각한다. (목적어에 형용사 '漂亮'이 있음)
주어 서술어(동사) 서술성 목적어

주요 출제 방식

A 推迟   B 保证   C 估计

姐姐身体不舒服，吃完药就躺下了，
(C 估计) 现在已经睡着了。

A 미루다   B 보증하다   C 추측하다

누나(언니)는 몸이 안 좋아서 약 먹고 누웠어. 지금 이미 잠들었을 거라고 (C 추측해).

단어

推迟 tuīchí 통 미루다, 연기하다 | 保证 bǎozhèng 통 보증하다 | 估计 gūjì 통 추측하다, 예측하다 | 舒服 shūfu 형 (몸이나 마음이) 편안하다 | 药 yào 명 약 | 躺 tǎng 통 눕다 | 睡 shuì 통 (잠을) 자다

문제

A 禁止　　　　B 剩　　　　C 猜

1. 飞机上（　　）使用手机，飞行过程中手机也要关上。

2. A: 我发现很多作家都喜欢边抽烟边写文章。
   B: 我（　　）他们是想减轻压力，找找感觉吧。

시원한 공략법
문제 풀이

1
동사 + 서술성 목적어

飞机上（A 禁止）使用手机，飞行过程中手机也要关上。

비행기에서는 휴대 전화 사용하는 것을 (A 금지합니다). 비행 과정 중에도 휴대 전화는 꺼야 합니다.

 빈칸 뒤의 '使用手机'가 목적어 역할을 하고 있고, 목적어 속에 동사 '使用'이 들어있는 서술성 목적어이다. 'A 禁止 jìnzhǐ 통 금지하다', 'B 剩 shèng 통 남다, 남기다', 'C 猜 cāi 통 추측하다' 중 이러한 서술성 목적어를 가질 수 있는 동사는 A와 C이고, 그중에서 의미상 A가 가장 적합하다.

 使用 shǐyòng 통 사용하다 | 飞行 fēixíng 통 비행하다 | 过程 guòchéng 명 과정

2
동사 + 서술성 목적어

A: 我发现很多作家都喜欢边抽烟边写文章。
B: 我（C 猜）他们是想减轻压力，找找感觉吧。

A: 나는 많은 작가가 담배를 피우면서 글 쓰는 것을 좋아한다는 것을 발견했어.
B: 내가 (C 추측하기로는) 그들은 스트레스를 줄이고, 감을 조금 찾고 싶어 하는 것 같아.

 빈칸 뒤가 모두 목적어 역할을 하고 있고, 목적어 속에 동사 '减轻, 找找'가 들어있는 서술성 목적어이다. 서술성 목적어를 가질 수 있는 동사 A와 C 중 의미상 C가 적합하다.

 发现 fāxiàn 통 발견하다 | 作家 zuòjiā 명 작가 | 边 A 边 B biān A biān B A 하면서 B 하다 | 抽烟 chōuyān 통 흡연하다 | 文章 wénzhāng 명 글, 문장 | 减轻 jiǎnqīng 통 경감하다, 줄다 | 压力 yālì 명 ① 스트레스 ② 압력 | 感觉 gǎnjué 명 느낌, 감각

비밀 노트 — 시험에 자주 출제되는 동사 BEST 10

出生 chūshēng 동 출생하다, 태어나다	她虽然出生在南方，却在北方长大。 그녀는 비록 남방에서 태어났지만, 북방에서 자랐다.
戴 dài 동 착용하다, 쓰다, 끼다	我今天忘戴眼镜了。 나는 오늘 안경 쓰는 것을 잊었다.
打扰 dǎrǎo 동 방해하다, 폐를 끼치다	千万不要打扰她。 절대 그녀를 방해하지 마라.
堵车 dǔchē 동 차가 막히다	上下班时间总是堵车。 출퇴근 시간에는 항상 차가 막힌다.
符合 fúhé 동 부합하다, 들어맞다	您的专业不符合我们的招聘要求。 당신의 전공은 우리의 채용 요구에 부합되지 않는다.
商量 shāngliang 동 상의하다	我先跟我妻子商量一下再说。 저는 우선 제 아내와 상의를 좀 한 후에 다시 말하겠습니다.
提供 tígōng 동 제공하다	我们店为顾客提供最好的服务。 우리 가게는 고객을 위해 가장 좋은 서비스를 제공한다.
提前 tíqián 동 앞당기다	开会之前要提前准备材料。 회의 전에 미리 자료를 준비해야 한다.
推迟 tuīchí 동 미루다, 연기하다	这次比赛的时间推迟了。 이번 시합 시간은 연기되었다.
羡慕 xiànmù 동 부러워하다	他的汉语说得很流利，真让人羡慕。 그는 중국어를 유창하게 말해서, 정말 사람들을 부럽게 한다.

4급 실전 테스트

第1-5题

A 流行   B 解释   C 咳嗽   D 坚持   E 吃惊   F 保护

例如：她每天都（ D ）走路上下班，所以身体一直很不错。

1. 歌词如果太长了，会很难被记住，也很难（　　）起来。

2. 你今天一直在（　　），不能吃辣的。

3. 夏天外出时，很多人都会戴太阳镜，因为这样可以有效地（　　）眼睛。

4. 你听我（　　），我真的不是故意骗你的。

5. 对于我的突然出现，母亲非常（　　）。

第6-10题

A 停　　B 羡慕　　C 温度　　D 参观　　E 后悔　　F 提前

例如 A：今天真冷啊，好像白天最高（ C ）才2℃。
　　 B：刚才电视里说明天更冷。

6. A：晚上有什么安排吗？我想到处走走。
　 B：我们去（　　）长江大桥吧，听说那儿景色不错。

7. A：校长不是刚出院吗？怎么就来学校了？
　 B：他说下周要参加一个特别重要的教育讨论会，要（　　）准备材料。

8. A：你们俩没开车来呀？
　 B：对，这附近没有（　　）车的地方，我们坐公共汽车来的。

9. A：我觉得汉语很难学，你怎么能说得这么流利？真让人（　　）！
　 B：其实学汉语是一件很有趣的事，没那么难。

10. A：只剩最后两排的座位了，真（　　）没有早点儿买票。
　　 B：没关系，只要能看清楚就行，坐哪儿其实影响不大。

Chapter 04 부사·접속사 채우기

我每天按时吃药。

나는 매일 제때 약을 먹는다.

기초 체크

+ 정답 및 해설_해설서 95쪽

☑ 第46-55题

A 并且　　　　　　B 刚刚　　　　　　C 永远

46. 来，让我们一起干杯！祝这对新人（　　　）幸福！

51. A：这种花好特别啊！
　　B：你不知道吧，这种花只开在晚上，（　　　）只开一两个小时。

시원한 01 공략법
부사는 부사어가 될 수 있다!

서술어를 앞에서 수식하는 부사어의 경우 가장 일반적인 순서가 '보(부사) + 조(조동사) + 개(개사구 = 전치사구)'이다. 서술어 앞에 빈칸이 있거나, 전치사구 앞에 빈칸이 있다면 부사가 들어갈 가능성이 가장 크다.

> 주어 + (부사) + 조동사 + 전치사구 + 서술어

我 (很) 喜欢 他。 나는 그를 좋아한다.
주어 (부사) 서술어(동사) 목적어

我 (一定) 会 给他 打 电话。 나는 반드시 그에게 전화를 할 것이다.
주어 (부사) 조동사 전치사구 서술어(동사) 목적어

주요 출제 방식

A 千万　　B 却　　C 甚至　　｜　A 절대로　　B 그러나　　C 심지어

他虽然输了比赛，(B 却)没有输掉信心。　｜　그는 비록 시합에서 졌다 (B 그러나) 자신감을 잃지는 않았다.

단어

千万 qiānwàn 뭐 절대로, 반드시, 제발 ｜ 却 què 뭐 ~하지만, 그러나 ｜ 甚至 shènzhì 뭐 심지어 ｜ 虽然 suīrán 접 비록 ~하지만 ｜ 输 shū 동 지다 ｜ 比赛 bǐsài 명 시합, 경기 ｜ 信心 xìnxīn 명 자신

문제

A 尤其　　　　B 挺　　　　C 往往

1. 积极的人（　　）能从失败中看到成功的机会。

2. A: 网上买的家具质量能保证吗?
   B: 我觉得没问题。我以前买过几次，都（　　）满意的。

문제 풀이

1　　　　　　　　　　　　　　　　　　　부사 + 조동사 + 전치사구

积极的人（C 往往）能从失败中看到成功的机会。

적극적인 사람은 (C 종종) 실패로부터 성공의 기회를 볼 수 있다.

 빈칸 뒤에 조동사 '能'과 전치사구 '从失败中'이 있고 뒤에 동사 서술어가 제시됨으로 빈칸에는 부사가 들어갈 가능성이 가장 크다. 보기에 제시된 'A 尤其 yóuqí 뷔 특히', 'B 挺 tǐng 뷔 아주, 매우', 'C 往往 wǎngwǎng 뷔 종종, 자주' 중 의미상 C가 가장 적합하다.

 积极 jījí 혱 적극적이다, 긍정적이다 | 失败 shībài 동 실패하다 명 실패 | 成功 chénggōng 동 성공하다 명 성공 혱 성공적이다 | 机会 jīhuì 명 기회

2　　　　　　　　　　　　　　　　　　　부사 + 서술어

A: 网上买的家具质量能保证吗?
B: 我觉得没问题。我以前买过几次，都（B 挺）满意的。

A: 인터넷상에서 산 가구는 품질을 보증할 수 있니?
B: 내 생각에는 문제없어. 내가 이전에 몇 번 산 적이 있는데, 모두 (B 아주) 만족스러웠어.

 빈칸 뒤에 '满意'라는 형용사 서술어가 있으므로 빈칸에는 형용사를 수식하는 부사가 필요하다. 세 개의 보기 중 형용사를 수식할 때 가장 많이 쓰는 정도부사인 B가 가장 적합하다.

 家具 jiājù 명 가구 | 质量 zhìliàng 명 품질 | 保证 bǎozhèng 동 보증하다, 확실히 책임지다 | 以前 yǐqián 명 이전 | 满意 mǎnyì 동 만족하다

시원한 02 공략법

접속사는 연결을 할 수 있다!

접속사는 연결을 하는 품사로, 다음과 같이 두 가지 역할로 나눌 수 있다.

① 단어와 단어, 구와 구를 연결하는 접속사 : 跟, 和, 还是, 或者……

> 단어 + (접속사) + 단어
> 구 + (접속사) + 구

老师　和　学生　선생님과 학생
단어　(접속사)　단어

去中国　还是　去日本?　중국에 가니, 아니면 일본에 가니?
　구　　(접속사)　　구

② 문장과 문장을 연결하는 접속사 : 但是, 可是, 所以, 然后, 或者……

> 문장, (접속사) + 문장

我喜欢香蕉，但是　我不喜欢香蕉牛奶。　나는 바나나는 좋아하지만, 바나나 우유는 안 좋아한다.
　문장　　(접속사)　　　文장

주요 출제 방식

A 否则　　　B 不论　　　C 既然　　　A 그렇지 않으면　B ~을(를) 막론하고　C 이렇게 된 바에야

(C 既然) 大家都在，那我通知一件事情。　모두 다 모인 (C 김에), 그럼 제가 한 가지 일을 통지할게요.

단어

否则 fǒuzé 접 그렇지 않으면 | 不论 búlùn 접 ~을(를) 막론하고 | 既然 jìrán 접 이렇게 된 바에야, 그렇게 된 이상 | 通知 tōngzhī 동 통지하다, 알리다 명 통지

독해 제1부분 **169**

문제

A 即使 　　　　　B 只要 　　　　　C 由于

1. (　　　)地面积雪过多，飞机无法准时降落。

2. A: 王老师，我可以带自己的钢琴来表演吗？我怕别的琴我弹不习惯。
   B: 当然可以，(　　　)你不觉得麻烦就行。

시원한 공략법 문제 풀이

1
문장의 연결

(C 由于)地面积雪过多，飞机无法准时降落。

지면에 쌓인 눈이 너무 많기 (C 때문에), 비행기가 제때 착륙할 수 없어요.

 의미상 앞 문장과 뒤 문장은 인과관계를 이루고 있으므로, 빈칸에는 원인을 나타내는 접속사가 필요하다. 보기에 제시된 'A 即使 jíshǐ 쩝 설령(설사) ~하더라도(할지라도)', 'B 只要 zhǐyào 쩝 ~하기만 하면', 'C 由于 yóuyú 쩝 ~때문에' 중 의미상 C가 가장 적합하다.

 地面 dìmiàn 명 지면, 땅바닥 | 积 jī 동 쌓다, 쌓이다 | 无法 wúfǎ 동 ~할 방법이 없다, ~할 수 없다 | 准时 zhǔnshí 형 시간을 잘 지키다 부 정시에, 제때에 | 降落 jiàngluò 동 착륙하다

2
문장의 연결

A: 王老师，我可以带自己的钢琴来表演吗？我怕别的琴我弹不习惯。
B: 当然可以，(B 只要)你不觉得麻烦就行。

A: 왕 선생님, 제 피아노를 가져와서 공연해도 될까요? 다른 피아노는 제가 익숙하지 않을까 걱정돼서요.
B: 당연히 가능하지. 네가 귀찮다고 생각하지만 않는 (B 다면) 괜찮아.

 내용상 빈칸에는 부사 '就'와 함께 쓰는 조건을 나타내는 접속사가 필요하다. 따라서 정답은 B가 가장 적합하다.

 带 dài 동 ① 지니다, 휴대하다 ② 이끌다, 데리다 | 钢琴 gāngqín 명 피아노 | 表演 biǎoyǎn 동 공연하다 명 공연 | 怕 pà 동 ① 두려워하다 ② ~에 약하다 | 弹 tán 동 치다, 연주하다 | 习惯 xíguàn 동 습관이 되다, 익숙해지다 명 습관 | 麻烦 máfan 동 폐를 끼치다, 귀찮게 하다 명 말썽, 골칫거리 형 귀찮다, 번거롭다

비밀 노트 — 시험에 자주 출제되는 부사 BEST 10

按时 ànshí
- 부 제때에

不知道飞机能不能按时起飞。
비행기가 제때에 이륙할 수 있을지 모르겠다.

从来 cónglái
- 부 여태껏, 지금까지

我从来没有来过这儿。
나는 지금까지 이곳에 와본 적이 없다.

竟然 jìngrán
- 부 뜻밖에, 의외로, 결국

最后5分钟竟然又进了两球。
마지막 5분 동안 뜻밖에 또 두 골이 들어갔다.

肯定 kěndìng
- 부 틀림없이, 확실히

你只喝一杯果汁的话，下午肯定会饿的。
네가 오직 주스 한 잔만 마신다면, 오후에 분명히 배가 고플 거야.

却 què
- 부 ~하지만, 그러나

我喜欢看电影，但男朋友却不喜欢。
나는 영화 보는 것을 좋아하지만, 남자친구는 좋아하지 않는다.

千万 qiānwàn
- 부 절대로, 반드시, 제발

千万别忘了带什么东西。
무슨 물건을 챙겨야 하는지 절대 잊지 마.

顺便 shùnbiàn
- 부 ~하는 김에

你下楼的时候，顺便把垃圾扔了。
네가 내려가는 김에 쓰레기를 버려줘.

挺 tǐng
- 부 아주, 매우

这个镜子挺好看的。
이 거울은 아주 보기 좋다.

尤其 yóuqí
- 부 특히

这家餐厅的菜不错，尤其是烤鸭。
이 가게의 음식은 괜찮은데, 특히 오리구이가 그렇다.

准时 zhǔnshí
- 부 정시에, 제때에

飞机无法准时降落。
비행기가 정시에 착륙할 방법이 없다.

第1-5题

A 实在   B 十分   C 却   D 坚持   E 顺便   F 无论

例如：她每天都（ D ）走路上下班，所以身体一直很不错。

1. 专业运动员跑完100米大约只需要10秒，速度（　　）太快了！

2. （　　）你最后做出什么决定，我都会支持你。

3. 真奇怪，我从来没有来过这儿，（　　）对这里有种熟悉的感觉。

4. 你去超市的时候（　　）把垃圾扔了。

5. 对于我们来说，您的肯定（　　）重要，谢谢您。

第6-10题

A 随便　　B 甚至　　C 温度　　D 既然　　E 光　　F 竟然

例如 A：今天真冷啊，好像白天最高（ C ）才2℃。
　　 B：刚才电视里说明天更冷。

6. A：你怎么（　　）吃鸡蛋，不吃西红柿呢？
　 B：太酸了，我尝了一口，实在是吃不下。

7. A：你怎么穿这么厚的衣服？
　 B：早上起床晚了，（　　）穿了一件，我中午回家换。

8. A：你们太棒了，最后5分钟（　　）又进了两球。
　 B：是啊，不过这场比赛踢得很辛苦。

9. A：你（　　）已经醒了，就别躺着了，起来洗脸刷牙吧。
　 B：我昨天睡得不好，想睡懒觉。

10. A：这是什么茶？苦死了。
　　B：第一口觉得苦，但过会儿就好了，（　　）还会觉得有点儿甜呢。

05 양사 · 전치사 채우기

我上个星期去了趟中国。
나는 지난주에 중국에 한 번 다녀왔다.

기초 체크

+ 정답 및 해설_해설서 99쪽

☑ 第46-55题

A 页   B 台   C 份

46. 等这个月的工资发了以后，我想买（　　）新空调。

51. A：我们差不多半年没见吧？听说你今年特别忙。
　　B：对，我换了一（　　）工作，事情比较多。

시원한 01 공략법

양사는 '这/那/수사' 뒤에 온다!

양사는 문장에서 단독으로 쓸 수 없으며, '수사 + 양사(수량사)' 구조나 '지시대사(这/那) + 수사 + 양사' 구조로 사용하게 된다(단, 수사가 '一'인 경우 생략이 가능하다). 따라서 '这', '那' 혹은 '수사' 뒤에 빈칸이 있다면 빈칸 뒤에 오는 명사와 어울리는 양사를 선택해야 한다.

> 수사 + (양사) + 명사
>   수량사

我买了 两 (斤) 苹果。 나는 사과 두 근을 샀다.
        수사 (양사) 명사

> 지시대사(这/那) + 수사 + (양사) + 명사
>   수량사

这 (个) 苹果很好吃。 이 사과는 맛있다 *수사가 '一'일 때는 생략할 수 있다.
지시대사 (양사) 명사

주요 출제 방식

| A 节 | B 篇 | C 座 | A 수업 | B 편 | C 채 |

家是一(C 座)有爱的房子，在这儿，你能看到幸福的样子。 | 가정은 (C 한 채 의) 사랑이 있는 집이에요. 여기에서 당신은 행복한 모습을 보게 될 거예요.

단어

节 jié 양 수업[수업의 교시를 세는 단위] | 篇 piān 양 편[글을 세는 단위] | 座 zuò 양 좌, 동, 채[건축물·산·교량 등 부피가 크거나 고정된 물체를 세는 단위] | 房子 fángzi 명 집 | 幸福 xìngfú 형 행복하다 명 행복 | 样子 yàngzi 명 모양, 모습

문제

A 公里　　　　　　B 棵　　　　　　C 趟

1. 非常感谢你及时通知我，否则我今天就要白跑一（　　）了。

2. A: 为什么这（　　）树右边的叶子比左边的多？
   B: 因为它右边向阳，叶子自然就多一些。

시원한 공략법
문제 풀이

1

수사 + 양사

非常感谢你及时通知我，否则我今天就要白跑一（C 趟）了。

당신이 제때 저에게 알려주셔서 정말 감사드려요. 그렇지 않았으면 저는 오늘 쓸데없이 한 (C 번) 왔다 갔을 거예요.

 빈칸 앞에 수사 '一'가 있으므로 빈칸에는 양사가 들어가야 한다. 동사 '跑'와 맞는 양사는 'A 公里 gōnglǐ 양 킬로미터 (km)', 'B 棵 kē 양 그루, 포기[식물을 세는 단위]', 'C 趟 tàng 양 번, 차례[왕복한 횟수를 세는 단위]' 중 C가 가장 적합하다.

 感谢 gǎnxiè 동 감사하다 | 及时 jíshí 형 시기적절하다, 때가 맞다 부 즉시 | 通知 tōngzhī 동 통지하다, 알리다 명 통지 | 否则 fǒuzé 접 만약 그렇지 않으면 | 白 bái 부 쓸데없이, 헛되이 | 跑 pǎo 동 뛰다, 달리다

2

지시대사 + 양사

A: 为什么这（B 棵）树右边的叶子比左边的多？
B: 因为它右边向阳，叶子自然就多一些。

A: 왜 이 한 (B 그루)의 나무는 오른쪽 잎이 왼쪽보다 많나요?
B: 그것의 오른쪽이 태양을 향하고 있기 때문에, 잎이 당연히 많은 거야.

 빈칸 앞에 지시대사 '这'가 있고 뒤에는 '树'라는 명사가 있으므로 나무를 셀 수 있는 양사인 B가 가장 적합하다.

 树 shù 명 나무 | 叶子 yèzi 명 잎 | 向 xiàng 동 향하다 전 ~을(를) 향하여, ~에게 | 阳 yáng 명 태양 | 自然 zìrán 명 자연 형 ① 천연의, 자연의 ② 당연하다

시원한 02 공략법
전치사는 전치사구의 형식으로 사용한다!

전치사는 문장에서 단독으로 쓸 수 없으며 주로 명사나 명사구와 함께 전치사구를 이룬다. 문장에서 주로 다음과 같이 두 가지 형태로 사용한다.

① 전치사구가 부사어(서술어 수식)가 되는 경우

> 주어 + (<u>전치사</u> + 명사/명사구) + 서술어
>   전치사구

我 (<u>对</u> 中国文化) 很感 兴趣。 나는 중국문화에 대해 매우 흥미를 느낀다.
주어 전치사 명사구   서술어 목적어

> (<u>전치사</u> + 명사/명사구), 주어 + 서술어
>   전치사구

(<u>对</u> 中国文化), 我 很感 兴趣。 중국문화에 대해 나는 매우 흥미를 느낀다.
전치사 명사구   주어 서술어 목적어

② 전치사구가 관형어(주어/목적어 수식)가 되는 경우

> 서술어 + (<u>전치사</u> + 명사/명사구) + 的 + 목적어
>   전치사구

这 是 (<u>关于</u> 历史) 的 书。 이것은 역사에 관한 책이다.
주어 서술어 전치사 명사   的 목적어

주요 출제 방식

| A 以 | B 与 | C 通过 | A ~로써 | B ~와(과) | C ~을(를) 통해 |

(C 通过)这件事, 我才真正认识到自己的特点。 | 이 일을 (C 통해), 나는 비로소 자신의 특징을 알게 되었다.

단어

以 yǐ [전] ~로써 | 与 yǔ [전] ~와(과) | 通过 tōngguò [전] ~을(를) 통해 | 特点 tèdiǎn [명] 특징

독해 제1부분

문제

A 关于　　　　　B 按照　　　　　C 与

1. 请大家不要着急，（　　）顺序一个一个上车，每个人都有座位。

2. A：（　　）禁止青少年上网的那篇报道还在吗？
   B：都什么时候的事儿了！早扔掉。

문제 풀이

1　　　　　　　　　　　　　　　　　　　　　　　　　전치사 + 명사

请大家不要着急，（B 按照）顺序一个一个上车，每个人都有座位。

모두 서두르지 마시고, 순서(B 에 따라) 한 명 한 명씩 차에 타세요. 모든 분은 좌석이 있습니다.

 빈칸 뒤에 명사 '顺序'가 있고, 이어서 동사 '上车'가 나오는 것으로 보아 빈칸은 전치사 자리임을 알 수 있다. 또한 여기에서 전치사구는 부사어(서술어 수식)로 사용되고 있다. 보기에 제시된 'A 关于 guānyú 젠 ~에 관해서, ~에 관한', 'B 按照 ànzhào 젠 ~에 따라', 'C 与 yǔ 젠 ~와(과)' 중 의미상 B가 가장 적합하다.

 着急 zháojí 동 조급해하다, 초조해하다 | 顺序 shùnxù 명 순서 | 座位 zuòwèi 명 좌석, 자리

2　　　　　　　　　　　　　　　　　　　　　　　　　전치사 + 명사

A：（A 关于）禁止青少年上网的那篇报道还在吗？
B：都什么时候的事儿了！早扔掉。

A: 청소년이 인터넷 하는 것을 금지하는 것(A 에 관한) 그 보도가 아직 있나요?
B: 벌써 언제적 일인데요! 벌써 버렸어요.

 문장의 주어는 '那篇报道'이고 빈칸과 그 뒤의 내용이 주어를 수식하고 있다. 여기에서 전치사구는 관형어(주어나 목적어 수식)로 사용되고 있다. 의미상 A가 가장 적합하다.

 禁止 jìnzhǐ 동 금지하다 | 青少年 qīngshàonián 명 청소년 | 上网 shàngwǎng 동 인터넷을 하다 | 篇 piān 양 편[글을 세는 단위] | 报道 bàodào 동 보도하다 명 보도 | 扔 rēng 동 내버리다

비밀 노트   시험에 자주 출제되는 양사와 전치사 BEST 10

场 chǎng 양 회, 번, 차례(문예·오락·체육 활동 등에 쓰임)	希望下一场比赛我们能赢。 다음 시합에서는 우리가 이길 수 있기를 바란다.
棵 kē 양 그루, 포기[식물을 세는 단위]	这棵树到底有多高? 이 나무는 도대체 얼마나 높나요?
份 fèn 양 개[직업을 세는 단위]	我对这份工作非常感兴趣。 나는 이 일에 아주 흥미가 있다.
公里 gōnglǐ 양 킬로미터(km)	这次要跑好几千公里。 이번에는 몇천 킬로미터(km)를 달려야 한다.
篇 piān 양 편[글을 세는 단위]	这篇文章应该没有错误了。 이 글은 잘못된 것이 없을 것이다.
页 yè 양 쪽, 페이지[페이지를 세는 단위]	这本书我才看了二十几页。 이 책을 나는 겨우 이십 몇 페이지밖에 못 봤다.
按照 ànzhào 전 ~에 따라	你得按照要求去做。 당신은 요구에 따라 해야 한다.
通过 tōngguò 전 ~을(를) 통해	我通过这次会议发现了很大的错误。 이번 회의를 통해 큰 실수를 발견했다.
由 yóu 전 ① ~로부터 ② ~이(가)[동작의 주체를 강조]	这次活动由你来做。 이번 활동은 당신이 하세요.
与 yǔ 전 ~와(과)	我与他想的一样。 나는 그가 생각하는 것과 같다.

시원스쿨 新HSK 4급 실전 테스트

第1-5题

A 棵　　　B 遍　　　C 场　　　D 坚持　　　E 由　　　F 页

例如：她每天都（ D ）走路上下班，所以身体一直很不错。

1. 都一个月了，这本书我才看了二十几（　　）。

2. 奶奶家有（　　）葡萄树，每到秋天它就会长满又大又甜的葡萄。

3. 这（　　）比赛对我十分重要，我一定要赢。

4. 这次作业实在是太难了，你能帮我看一（　　）吗？

5. 这篇文章是（　　）张教授和他的学生一起写的。

第6-10题

A 趟　　B 根据　　C 温度　　D 份　　E 倍　　F 公里

例如　A：今天真冷啊，好像白天最高（ C ）才2℃。
　　　B：刚才电视里说明天更冷。

6. A：明天上午有个招聘会，你去吗？
　 B：我得先去（　　）银行办点儿事。招聘会大概几点开始？

7. A：超市入口怎么排了这么长的队？有什么活动吗？
　 B：今天买东西满100元会送一（　　）小礼物，还有机会抽奖呢。

8. A：车快没油了，可是我们离目的地还有十多（　　）呢。
　 B：别担心，我知道附近有个加油站，我们去那儿加点儿油。

9. A：你说这件事我到底该听谁的意见？
　 B：很难说哪一个人的意见更好，你得（　　）实际的情况来选择。

10. A：现在的年轻人都喜欢信用卡，我儿子就有两张。
　　B：我看过一个新闻报道，说使用信用卡的人数在10年内已经增加了90（　　）。

시원스쿨 新HSK

阅 读

독해

제 2 부분

순서 나열하기

Chapter 01 관련사 · 중요구문으로 나열하기

Chapter 02 대사로 나열하기

Chapter 03 순서로 나열하기

Chapter 04 의미로 나열하기

출제 경향 및 문제 풀이 전략

독해 제2부분은 제시된 세 개의 문장을 순서에 맞게 나열하는 형태로 총 10문제가 출제된다.

1. 관련사·중요구문, 대사, 의미, 순서 등을 파악해서 나열할 수 있는 문제들이 다양하게 출제되고 있고, 특히 관련사를 암기해두면 쉽게 해결할 수 있는 문제 비중이 큰 편이다.

2. 특별한 힌트 없이 문맥에 대한 이해를 요구하는 문제도 출제되고 있다.

3. 어휘의 호응 관계를 묻는 문제도 일부 출제되고 있다.

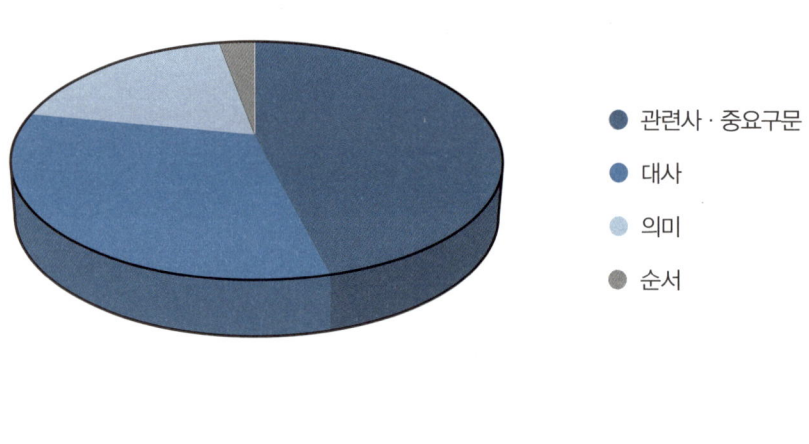

第56-65题

例如： A 可是今天起晚了
　　　 B 平时我骑自行车上下班
　　　 C 所以就打车来公司　　　　　　　　　　B A C

56. A 但是没有什么效果
　　 B 您能给我换一种吗
　　 C 大夫，这个药我已经吃了一周了　　　　 _____

문제 풀이 전략

1단계 관련사나 대사가 보이지 보이는지 확인한다.
관련사는 짝이 되는 관련사를 찾고, 대시는 대신 가리키고 있는 사물이나 사람을 찾아본다.

2단계 세 개의 문장 중 첫 문장이나 마지막 문장을 먼저 찾는다.
전체의 내용을 이끌어 내는 첫 문장을 찾거나, 전체 내용을 마무리 짓는 마지막 문장을 찾기만 하면, 나머지 순서는 아주 빠르게 나열할 수 있다.

3단계 정확하게 순서에 따라 알파벳을 적는다.
전체적인 흐름을 확인한 뒤 마지막 문장을 찾아 밑줄 위에 순서대로 적는다.

Chapter 01 관련사·중요구문으로 나열하기

这个包虽然很好看，但是太贵了。
이 가방은 비록 예쁘지만, 그러나 너무 비싸다.

기초 체크

+ 정답 및 해설_해설서 103쪽

☑ 第56-65题

56. A 你就永远无法真正理解书中的内容
　　B 如果读书只看数量
　　C 而不重视质量　　　　　　　　　　_____

시원한 01 공략법

관련사가 있는지 확인하기!

관련사는 문장과 문장을 부드럽게 이어주는 역할을 한다. 관련사는 접속사(虽然, 但是, 如果, 不但, 例如……)와 부사(就, 还, 也, 又……)로 이루어져 있으며, 함께 쓰이는 관련사를 미리 암기해두면 문장의 순서를 보다 빨리 찾을 수 있다.

주요 출제 방식

A 即使语言再精彩
B 也吸引不了读者
C 一篇文章要是没有作者自己的看法

A 설령 언어가 아무리 뛰어날지라도
B 그래도 독자들을 사로잡을 수 없다
C 한 편의 글이 만약 작가 자신의 견해가 없다면

C A B

단어

即使 jíshǐ 접 설령(설사) ~하더라도(할지라도) | 语言 yǔyán 명 언어 | 精彩 jīngcǎi 형 뛰어나다, 훌륭하다, 멋지다 | 吸引 xīyǐn 동 끌어당기다, 매료시키다 | 读者 dúzhě 명 독자 | 文章 wénzhāng 명 글, 문장 | 要是 yàoshi 접 만약 ~라면 | 作者 zuòzhě 명 작가, 저자 | 看法 kànfǎ 명 견해, 의견, 생각

문제

1. A 所以考点附近的宾馆虽然价格比平时贵很多
   B 因为这几天正在进行艺术考试
   C 但是也已经全部住满了   _____

2. A 她平时说话声音很小
   B 因此，她总是给人留下非常不自信的印象
   C 也不太愿意和人交流   _____

시원한 공략법
문제 풀이

1 관련사로 나열하기

A 所以考点附近的宾馆虽然价格比平时贵很多
B 因为这几天正在进行艺术考试
C 但是也已经全部住满了

A 그래서 시험장 근처의 호텔은 비록 평소보다 가격이 많이 비싸지만
B 요 며칠 예술 시험이 진행되고 있기 때문에
C 그러나 역시 이미 전부 다 찼다

 두 개의 관련사 흐름이 보인다.
❶ 因为 A，所以 B : 왜냐하면 A 하기 때문에, 그래서 B 하다 [인과]
❷ 虽然 A，但是 B : 비록 A 하지만, 그러나 B 하다 [전환]
인과의 흐름이 이어지므로 B 다음에 A가, 전환의 흐름이 이어지므로 A 다음에 C가 연결되고 있다.
따라서 정답은 BAC이다.

 所以 suǒyǐ 접 그래서 | 考点 kǎodiǎn 명 시험장 | 附近 fùjìn 명 부근, 근처 | 宾馆 bīnguǎn 명 호텔 | 虽然 suīrán 접 비록 ~하지만 | 价格 jiàgé 명 가격 | 平时 píngshí 명 평소, 평상시 | 因为 yīnwèi 접 왜냐하면, ~때문에 | 进行 jìnxíng 동 진행하다 | 艺术 yìshù 명 예술 형 예술적이다 | 考试 kǎoshì 동 시험 치다 명 시험 | 全部 quánbù 명 전부 형 전부의 | 住 zhù 동 살다, 묵다 | 满 mǎn 형 가득하다, 가득 차다

2 관련사로 나열하기

A 她平时说话声音很小
B 因此，她总是给人留下非常不自信的印象
C 也不太愿意和人交流

A 그녀는 평소에 말하는 목소리가 작다
B 따라서 그녀는 항상 사람들에게 매우 자신감이 없다는 인상을 남긴다
C 또한 사람들과 교류하는 것도 별로 원치 않는다

 B의 접속사 '因此'와 C의 부사 '也'는 첫 번째 문장이 될 수 없으므로 A가 첫 문장이 된다. 의미상 A에 이어 C에서 추가 설명을 한 뒤 B에서 결론을 내리는 흐름이므로 정답은 ACB이다.

 声音 shēngyīn 명 목소리, 소리 | 因此 yīncǐ 접 이 때문에, 따라서 | 总是 zǒngshì 부 항상 | 留下 liúxià 동 남기다 | 自信 zìxìn 명 자신감 형 자신만만하다 | 印象 yìnxiàng 명 인상 | 愿意 yuànyì 동 원하다 | 交流 jiāoliú 동 교류하다 명 교류

시원한 02 공략법
중요구문이 있는지 확인하기!

중국어에는 습관적으로 함께 짝꿍처럼 사용하는 구문들이 있다. 이러한 구문들은 미리 암기해두면 순서를 보다 빨리 찾을 수 있다. 독해 2부분에 자주 나오는 중요구문에는 '一······就······(~하자마자 ~하다)', '任何/所有······都······(어떠한(모든) ~라도 다 ~하다)' 등이 있다.

주요 출제 방식

A 里面的每一页都是我美好的回忆
B 都被记在这三本厚厚的日记中
C 我大学所有的快乐和烦恼   C B A

A 안의 매 페이지는 모두 나의 아름다운 추억이다
B 모두 이 세 권의 두꺼운 일기 속에 기록되어 있다
C 나의 대학 시절 모든 기쁨과 고민은

단어

页 yè 명 쪽, 면, 페이지 | 美好 měihǎo 형 아름답다 | 回忆 huíyì 명 추억 | 记 jì 동 ① 기록하다 ②기억하다 | 厚 hòu 형 두껍다 | 日记 rìjì 명 일기 | 所有 suǒyǒu 형 모든 | 快乐 kuàilè 형 즐겁다 | 烦恼 fánnǎo 형 걱정하다, 고민스럽다

문 제

1. A 一想到有机会为他们服务
   B 这次艺术节邀请了许多国际著名的艺术家参加
   C 我就特别兴奋   _____

2. A 做任何事之前
   B 都应该考虑清楚，认真准备
   C 不要等到最后才后悔   _____

> 시원한 공략법
> # 문제 풀이

1
구문으로 나열하기

A 一想到有机会为他们服务
B 这次艺术节邀请了许多国际著名的艺术家参加
C 我就特别兴奋

A 그들을 위해 서비스할 수 있는 기회가 있다는 것을 생각하자마자
B 이번 예술제는 많은 국제적으로 유명한 예술가들을 참가하도록 초대했다
C 나는 바로 매우 흥분했다

 '一 A 就 B(A 하자마자 바로 B 하다)'라는 구문을 통해 A 문장 뒤에 C 문장이 이어진다는 것을 알 수 있다. 의미상 B가 첫 번째 문장으로 배경을 설명하고 있으므로 정답은 BAC이다.

 机会 jīhuì 몡 기회 | 服务 fúwù 동 서비스하다, 봉사하다 | 艺术节 yìshùjié 예술제 | 邀请 yāoqǐng 동 초청하다, 초대하다 몡 초청, 초대 | 国际 guójì 혱 국제적인 | 著名 zhùmíng 혱 유명하다 | 艺术家 yìshùjiā 예술가 | 兴奋 xīngfèn 혱 흥분하다

2
구문으로 나열하기

A 做任何事之前
B 都应该考虑清楚，认真准备
C 不要等到最后才后悔

A 어떠한 일을 하기 전에는
B 모두 분명하게 고려해 보고 진지하게 준비해야 한다
C 마지막이 되어서야 비로소 후회해서는 안 된다

 '任何 A 都 B(어떠한 A라도 다 B 하다)'라는 구문을 통해 A 문장 뒤에 B 문장이 이어진다는 것을 알 수 있다. 의미상 C가 첫 번째 문장이 될 수 없으므로 정답은 ABC이다.

 任何 rènhé 대 어떠한 | 之前 zhīqián 몡 ~이전, ~의 앞 | 考虑 kǎolǜ 동 고려하다, 생각하다 | 清楚 qīngchu 혱 분명하다, 뚜렷하다 | 认真 rènzhēn 혱 진지하다, 착실하다 | 准备 zhǔnbèi 동 준비하다, ~하려고 하다 | 最后 zuìhòu 몡 최후, 제일 마지막 | 后悔 hòuhuǐ 동 후회하다

비밀 노트 — 시험에 자주 출제되는 관련사 BEST 10

不但/不仅 A, 而且 주어 也/还 B
A 할 뿐만 아니라 게다가 B 하다

里面不仅东西多，而且还经常打折。
안에는 물건이 많을 뿐만 아니라, 게다가 자주 할인도 한다.

虽然/尽管 A, 但是 주어 却/也/还是 B
비록 A 하지만 그러나(그래도) B 하다

他虽然病了，但还是去上课了。
그는 비록 병이 났지만, 그러나 그래도 수업하러 갔다.

如果/要是 A, 那么 주어 就 B
만약 A 한다면 B 하다

如果明天下雨，我们就不去了。
만약 내일 비가 온다면, 우리는 가지 않겠다.

即使 A, 주어 也 B
설령 A 할지라도 B 하다

即使明天下雨，我们也要去。
설령 내일 비가 올지라도, 우리는 가려고 한다.

只要 A, 주어 就 B
A 하기만 하면 B 하다

只要努力学习，我们就能成功。
열심히 공부하기만 하면, 우리는 성공할 수 있다.

只有 A, 주어 才 B
오직 A 해야만 B 하다

只有努力学习，我们才能成功。
오직 열심히 공부해야만, 우리는 성공할 수 있다.

不管 A, 주어 都/也 B
A에 관계없이 B 하다

不管是大人还是小孩，都要来帮忙。
어른이든 아니면 아이든 관계없이, 모두 와서 도와야 한다.

因为/由于 A, 所以 주어 B
A 하기 때문에 B 하다

因为身体不好，所以他没来上课。
몸이 좋지 않기 때문에, 그래서 그는 수업에 오지 않았다.

既然 A, 那么 주어 就 B
이미 A한 바에야 B 하다

既然你决定要去，那就去吧。
이미 네가 가기로 결정했으니, 그럼 가도록 해.

为了 A, B
A를 위해서 B 하다

为了取得好成绩，他熬夜学习。
좋은 성적을 거두기 위하여, 그는 밤새워 공부를 한다.

4급 실전 테스트

例如： A 可是今天起晚了
　　　B 平时我骑自行车上下班
　　　C 所以就打车来公司　　　　　　　　　　　　　　B A C

1. A 而且对自己要求十分严格
   B 这是她取得成功的主要原因
   C 我妻子不仅对弹钢琴有着很高的热情　　　　　_____

2. A 尽管还没有看到人
   B 因为在房间里已经听到了他的笑声
   C 但我知道肯定是哥哥来了　　　　　　　　　　_____

3. A 空气也特别好
   B 黄山不但景色很美
   C 因此每年都有很多人专门从外省来这儿旅游　　_____

4. A 就不会有这么大的误会
   B 事情也不会变得这么复杂了
   C 要是你俩早点儿解释清楚　　　　　　　　　　_____

5. A 我们明天去爬长城
   B 所以早上6点就必须出发
   C 因为距离目的地比较远　　　　　　　　　　　_____

02 대사로 나열하기

我有一个朋友，他喜欢音乐。
나는 친구 한 명이 있는데, 그는 음악을 좋아한다.

기초 체크

+ 정답 및 해설_해설서 105쪽

☑ 第56-65题

56. A 儿子，我没跟你开玩笑
    B 我在车上等你
    C 你再不起床就真来不及了

시원한 01 공략법

인칭대사가 있는지 확인하기!

인칭대사(我(们), 你(们), 他(们), 她(们), 它(们))는 사람이나 사물의 이름을 대신하므로, 다른 문장에서 구체적인 이름이나 호칭 또는 사물의 명칭 등이 있는지 확인해 본다.

주요 출제 방식

A 上午小高发短信给我
B 她说我申请表上的照片不符合要求
C 让我重新交一份给她   A B C

A 오전에 샤오까오가 나에게 문자 메시지를 보냈다
B 그녀가 내 신청서상의 사진이 요구에 부합되지 않는다고 말했다
C 나에게 다시 한 부 그녀에게 제출하라고 했다

단어

短信 duǎnxìn 몡 문자 메시지 | 申请表 shēnqǐngbiǎo 신청서 | 照片 zhàopiàn 몡 사진 | 符合 fúhé 통 부합하다, 들어맞다 | 要求 yāoqiú 통 요구하다 몡 요구 | 重新 chóngxīn 튀 ① 다시, 재차 ② 새로이 | 交 jiāo 통 내다, 제출하다, 지불하다 | 份 fèn 양 부[신문·잡지·문건 등을 세는 단위]

문제

1. A 我肯定认不出他来
   B 今天如果不是他先和我打招呼
   C 毕业后，我和王洋有八九年没见面了   _____

2. A 它们的做法都差不多
   B 你们俩说的其实是一种小吃
   C 区别只是，它们在南方和北方的名字不同   _____

시원한 공략법
문제 풀이

1　　　　　　　　　　　　　　　　　　　　　　　　　　　　　　　인칭대사로 나열하기

A 我肯定认不出他来
B 今天如果不是他先和我打招呼
C 毕业后，我和王洋有八九年没见面了

A 나는 분명 그를 못 알아봤을 것이다
B 오늘 만약 그가 먼저 나에게 인사하지 않았다면
C 졸업 후, 나와 왕양은 8, 9년 만나지 못했다

 A와 B에 있는 '他'는 C의 '왕양(王洋)'이라는 사람을 대신하는 인칭대사이므로 C가 첫 문장이 된다. A와 B 중에서는 가정(만약 ~한다면)의 표현 '如果'가 있는 B가 먼저 와야 한다. 따라서 정답은 CBA이다.

 肯定 kěndìng 형 긍정적이다 부 틀림없이, 확실히 | 认出来 rèn chūlai 알아보다 | 如果 rúguǒ 접 만약 ~한다면 | 打招呼 dǎ zhāohu 인사하다 | 毕业 bìyè 동 졸업하다 | 见面 jiànmiàn 동 만나다

2　　　　　　　　　　　　　　　　　　　　　　　　　　　　　　　인칭대사로 나열하기

A 它们的做法都差不多
B 你们俩说的其实是一种小吃
C 区别只是，它们在南方和北方的名字不同

A 그것들의 만드는 방법이 모두 비슷하다
B 너희 둘이 말하는 것은 사실은 일종의 간식이다
C 차이는 단지 그것들이 남방과 북방에서의 이름이 다른 것 뿐이다

 A와 C에 있는 '它们'은 B의 '小吃'를 대신하는 인칭대사이므로 B가 첫 문장이 된다. A와 C 중에서는 B의 흐름에 이어 공통점을 먼저 설명하는 A가 먼저 와야 한다. 따라서 정답은 BAC이다.

 差不多 chàbuduō 형 비슷하다 부 거의, 대체로 | 俩 liǎ 수 두 개, 두 사람 | 其实 qíshí 부 사실은 | 小吃 xiǎochī 명 간단한 음식, 간식, 스낵 | 区别 qūbié 동 구분하다, 나누다 | 차이, 구별 | 南方 nánfāng 명 남방 | 北方 běifāng 명 북방 | 名字 míngzi 명 이름 | 不同 bùtóng 형 다르다

시원한 02 공략법

지시대사가 있는지 확인하기!

지시대사(这儿, 这里, 这么, 这样)/(那儿, 那里, 那么, 那样)는 사물이나 장소를 대신하거나 어떠한 상태를 대체하여 묘사하므로, 주위 문장에서 이를 구체적으로 가리키거나 설명하는 표현이 있는지 확인해 본다.

주요 출제 방식

A 很多人买了衣服后
B 这样很容易引起皮肤问题
C 不洗就直接穿   A C B

A 많은 사람은 옷을 산 후
B 이렇게 하면 피부 문제를 야기하기 쉽다
C 빨지 않고 직접 입는다

단어

容易 róngyì 형 쉽다 | 引起 yǐnqǐ 동 불러 일으키다, 야기하다 | 皮肤 pífū 명 피부 | 洗 xǐ 동 빨다, 씻다 | 直接 zhíjiē 형 직접적인 | 穿 chuān 동 입다, 신다

문제

1. A 可以了，就放那儿别动
   B 你看，现在这样效果就好多了
   C 你把镜子稍微再往左边放一点儿   _____

2. A 最好换个复杂点儿的
   B 你银行卡的取款密码太简单了
   C 这样更安全   _____

시원한 공략법
문제 풀이

1 　　　　　　　　　　　　　　　　　　　　　　　　　　지시대사로 나열하기

A 可以了，就放那儿别动
B 你看，现在这样效果就好多了
C 你把镜子稍微再往左边放一点儿

A 됐어, 그곳에 두고 움직이지 마
B 너 봐봐, 지금 이렇게 하니까 효과가 훨씬 좋아졌어
C 너는 거울을 조금 더 왼쪽을 향해 놓도록 해

 A의 '那儿'은 C에서 '조금 더 왼쪽을 향한 곳'을 나타내는 지시대사이고, B의 '这样'은 C와 A에서 지금 자리에 놓기로 한 상태를 나타내는 지시대사임을 알 수 있다. 따라서 정답은 CAB이다.

 放 fàng 동 놓다, 두다 | 别 bié 부 ~하지 마라 | 效果 xiàoguǒ 명 효과 | 镜子 jìngzi 명 거울 | 稍微 shāowēi 부 조금, 약간 | 往 wǎng 전 ~을(를) 향해 | 左边 zuǒbian 명 왼쪽

2 　　　　　　　　　　　　　　　　　　　　　　　　　　지시대사로 나열하기

A 最好换个复杂点儿的
B 你银行卡的取款密码太简单了
C 这样更安全

A 조금 복잡한 것으로 바꾸는 것이 가장 좋겠어
B 네 은행카드의 인출 비밀번호는 너무 간단해
C 이렇게 하면 더 안전해

 C에서 '这样'은 A의 '조금 복잡한 것으로 바꾸는 것'을 나타내는 지시대사이고, B는 왜 바꿔야 하는지 배경을 설명하는 문장이다. 따라서 정답은 BAC이다.

 最好 zuìhǎo 부 가장 바람직한 것은, 제일 좋기는 | 换 huàn 동 바꾸다, 교환하다 | 复杂 fùzá 형 복잡하다 | 银行卡 yínhángkǎ 은행카드 | 取款 qǔkuǎn 돈을 찾다 | 密码 mìmǎ 명 비밀번호 | 简单 jiǎndān 형 간단하다 | 安全 ānquán 명 안전 형 안전하다

第1-5题

例如：A 可是今天起晚了
   B 平时我骑自行车上下班
   C 所以就打车来公司   B A C

1. A 我很喜欢那儿的环境，房子旁边有个公园
  B 公园里面还有一条小河
  C 我现在暂时住在公司安排的房子里   _____

2. A 我今天在路边发现了一个迷路的孩子
  B 找了半天，最后在路上遇到了他的妈妈
  C 于是就陪着他一起找回家的路   _____

3. A 其实，他们才是我们最应该感谢的人
  B 我们很容易记住别人给过的帮助
  C 却常常忘记父母为我们做的一切   _____

4. A 这样效果也许会要好
  B 有些时候应该降低些要求
  C 教育孩子并不是越严格越好   _____

5. A 她打算花一年的时间去中国各地旅行
  B 姐姐在她29岁生日那天
  C 做了一个十分重要的决定   _____

Chapter 03 순서로 나열하기

起床后先刷牙，然后再洗澡。

일어난 후 먼저 양치를 하고, 그다음에 목욕한다.

기초 체크

+ 정답 및 해설_해설서 107쪽

☑ 第56-65题

56. A 另外这样学校管理起来也不方便
    B 学校不鼓励学生在外面租房住
    C 一方面是考虑到学生的安全

시원한 공략법

순서 관련 표현이 있는지 확인하기!

시간의 순서를 나타내는 표현(今天→明天, 以前→现在, 小时候→长大后, 先→然后……)이나 논리적 순서를 나타내는 표현(第一→第二, 一方面→另一方面, 首先→其次→最后……)이 있다면 쉽게 문장을 나열할 수 있다.

주요 출제 방식

A 得开始努力学习这方面的知识
B 现在因为工作的关系
C 我以前学的是语言学，从来没学过法律
　　　　　　　　　C　B　A

A 이 방면의 지식을 열심히 공부하기 시작해야 한다
B 지금은 직업 관계 때문에
C 내가 이전에 배운 것은 언어학이고, 여태껏 법률을 배워본 적이 없다

단어

得 děi [조동] ~해야 한다 | 开始 kāishǐ [동] 시작하다 | 努力 nǔlì [동] 노력하다, 열심히 하다 | 方面 fāngmiàn [명] 방면 | 知识 zhīshi [명] 지식 | 现在 xiànzài [명] 현재, 지금 | 因为 yīnwèi [접] 왜냐하면, ~하기 때문에 | 关系 guānxì [명] 관계 | 以前 yǐqián [명] 이전 | 语言学 yǔyánxué 언어학 | 从来 cónglái [부] 여태껏, 지금까지 | 法律 fǎlǜ [명] 법률

문제

1. A 活泼好动，一刻也停不下来
   B 不过长大后稍微安静了些
   C 我女儿小时候性格特别像男孩　　　　　＿＿＿＿＿

2. A 一是译文不改变原文的意思
   B 判断翻译的好坏有两条重要的标准
   C 二是译文读起来比较自然　　　　　　　＿＿＿＿＿

시원한 공략법
문제 풀이

1
시간 순서로 나열하기

A 活泼好动，一刻也停不下来
B 不过长大后稍微安静了些
C 我女儿小时候性格特别像男孩

A 활발하고 움직이는 것을 좋아해서, 잠시도 멈추지 못했다
B 그러나 자란 후에는 조금 조용해졌다
C 내 딸은 어렸을 때 성격이 아주 남자아이 같았다

 C의 시간 표현 '小时候'와 B의 시간 표현 '长大后'를 통해 C와 B가 이어짐을 쉽게 알 수 있다. A는 어렸을 때의 행동을 자세하게 묘사하고 있으므로 C에 대한 보충 설명이다. 따라서 정답은 C A B이다.

 活泼 huópō 형 활발하다 | 好动 hàodòng 움직이기 좋아하다 | 一刻 yí kè 양 ① 15분 ② 잠시, 잠깐 | 停 tíng 동 멈추다, 정지하다 | 不过 búguò 접 그러나 | 长大 zhǎngdà 자라다, 성장하다 | 稍微 shāowēi 부 조금, 약간 | 安静 ānjìng 형 ① 조용하다 ② 안정하다 | 女儿 nǚ'ér 명 딸 | 小时候 xiǎoshíhou 어린 시절 | 性格 xìnggé 명 성격 | 特别 tèbié 부 특별히, 아주 | 像 xiàng 동 ~와(과) 같다, 비슷하다, 닮다 | 男孩 nánhái 명 남자아이

2
논리적 순서로 나열하기

A 一是译文不改变原文的意思
B 判断翻译的好坏有两条重要的标准
C 二是译文读起来比较自然

A 첫 번째는 번역문이 원문의 의미를 바꾸지 않는 것이다
B 번역의 좋고 나쁨을 판단할 때는 두 가지 중요한 기준이 있다
C 두 번째는 번역문이 읽을 때 비교적 자연스러운지이다

 A의 순서 표현 '一是'와 C의 순서 표현 '二是'를 통해 A와 C가 이어짐을 쉽게 알 수 있다. B는 이러한 나열식의 설명을 이끌어내는 첫 번째 문장이다. 따라서 정답은 B A C이다.

 译文 yìwén 명 번역문 | 改变 gǎibiàn 동 바꾸다, 변하다 | 原文 yuánwén 명 원문 | 意思 yìsi 명 의미, 뜻 | 判断 pànduàn 동 판단하다 명 판단 | 翻译 fānyì 동 번역하다 명 번역가, 통역원 | 重要 zhòngyào 형 중요하다 | 标准 biāozhǔn 명 기준 형 표준적이다 | 读 dú 동 읽다 | 比较 bǐjiào 동 비교하다 명 비교 부 비교적 | 自然 zìran 명 자연 형 ① 천연의, 자연의 ② 당연하다

4급 실전 테스트

第1-5题

例如： A 可是今天起晚了
　　　B 平时我骑自行车上下班
　　　C 所以就打车来公司　　　　　　　　　　　　　B A C

1. A 今天早上醒来觉得特别难受
   B 我昨天晚上喝了好几瓶啤酒
   C 真后悔，下次再也不敢喝这么多了　　　　　　 _____

2. A 最后，我认为最关键的，就是服务要好
   B 首先饭菜的味道要好，其次价格不要太贵
   C 餐馆怎样才能吸引顾客呢　　　　　　　　　　 _____

3. A 我弟弟小时候很想当律师
   B 最后他却成为了一名记者
   C 大一点儿的时候又想做警察　　　　　　　　　 _____

4. A 进园后请大家跟着我，不要走丢了
   B 拿到票后我会带大家在公园里参观
   C 大家先在入口处排队，我进去买票　　　　　　 _____

5. A 一种总是看别人怎么生活
   B 另一种喜欢生活给别人看
   C 生活中有这样两种人　　　　　　　　　　　　 _____

Chapter 04 의미로 나열하기

这儿堵车堵得很厉害，我想换条路。
이곳은 차 막히는 게 너무 심해서, 나는 길을 바꾸고 싶다.

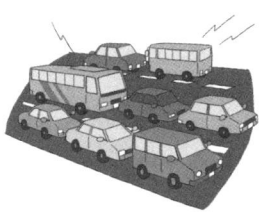

기초 체크

+ 정답 및 해설_해설서 109쪽

☑ 第56-65题

56. A 记得给我打个电话
    B 估计三天左右就能到，你等收到后
    C 你要的裙子我给你寄过去了

시원한 공략법

해석으로 나열하기!

문장 나열하기에 힌트가 되는 관련사, 대사, 순서 표현 등이 보이지 않는다면, 빠른 시간 안에 해석하여 의미로 나열해야 한다.

주요 출제 방식

A 上层是公路桥, 供汽车通行, 下层是铁路桥
B 每天有很多火车通过
C 南京长江大桥共有上下两层

C A B

A 위층은 국도 다리로 자동차가 통행하는데 제공되고, 아래층은 철로 다리이다
B 매일 많은 기차가 지나간다
C 난징의 창장대교는 모두 아래위 2층이 있다

단어

层 céng 양 층[중첩되거나 쌓여 있는 것을 세는 단위] | 公路 gōnglù 명 도로, 국도 | 桥 qiáo 명 다리 | 供 gōng 동 제공하다 | 汽车 qìchē 명 자동차 | 通行 tōngxíng 동 통행하다, 다니다 | 铁路 tiělù 명 철도 | 火车 huǒchē 명 기차 | 通过 tōngguò 동 통과하다, 통과되다 전 ~을(를) 통해 | 南京 Nánjīng 고유 난징(남경) | 长江 Cháng Jiāng 고유 창장(양쯔강)

문제

1. A 请不要在园区抽烟，谢谢
   B 欢迎大家来到国家森林公园
   C 为了保证您和他人的安全   _____

2. A 一共赚了8000块钱
   B 我暑假在一家咖啡店工作了两个多月
   C 正好够我下个学期的学费   _____

시원한 공략법
문제 풀이

1
해석으로 나열하기

A 请不要在园区抽烟，谢谢
B 欢迎大家来到国家森林公园
C 为了保证您和他人的安全

A 이 구역에서 담배를 피우지 말아 주세요. 감사합니다
B 여러분이 국가 산림 공원에 오신 것을 환영합니다
C 당신과 타인의 안전을 보장하기 위해

 B의 '欢迎'을 통해 인사를, C의 '为了'를 통해 목적을, A의 '谢谢'를 통해 협조에 감사함을 나타내는 흐름으로 이어지고 있다. 따라서 정답은 BCA이다.

 园区 yuánqū 명 단지, 지역, 구역 | 抽烟 chōuyān 동 흡연하다, 담배를 피우다 | 欢迎 huānyíng 동 환영하다 | 国家 guójiā 명 국가, 나라 | 森林 sēnlín 명 산림, 숲 | 为了 wèile 전 ~을(를) 하기 위해 | 保证 bǎozhèng 동 보증하다, 확실히 책임지다 | 他人 tārén 명 타인 | 安全 ānquán 명 안전 형 안전하다

2
해석으로 나열하기

A 一共赚了8000块钱
B 我暑假在一家咖啡店工作了两个多月
C 正好够我下个学期的学费

A 모두 합해서 8,000위안을 벌었다
B 나는 여름방학에 한 커피숍에서 2개월 넘게 일했다
C 마침내 다음 학기 학비로 충분하다

 B의 '工作'를 통해 A의 '赚'으로 이어지고, 그 정도면 '学费'를 내는 데 충분하다는 C로 흐름이 이어지고 있다. 따라서 정답은 BAC이다.

 一共 yígòng 부 모두, 전부 | 赚 zhuàn 동 (돈을) 벌다 | 暑假 shǔjià 명 여름방학 | 咖啡店 kāfēidiàn 커피숍 | 正好 zhènghǎo 형 딱 맞다 부 마침, 때마침 | 够 gòu 동 (일정한 정도·기준·수준에) 이르다, 도달하다 형 충분하다 | 下学期 xiàxuéqī 다음 학기 | 学费 xuéfèi 명 학비

4급 실전 테스트

정답 및 해설_해설서 109~110쪽

第1-5题

例如：A 可是今天起晚了
　　　B 平时我骑自行车上下班
　　　C 所以就打车来公司　　　　　　　　　　　B A C

1. A 请到一层服务大厅来取
   B 下面广播一条消息
   C 哪位顾客在超市丢了钥匙　　　　　　　_____

2. A 高速公路都修了上千公里了，变化真是太大了
   B 没想到，才短短几年时间
   C 我记得原来全省的汽车数量非常少　　　_____

3. A 把以下这些数字
   B 请根据试题的要求
   C 按从小到大的顺序排列好　　　　　　　_____

4. A 今年小吃店的生意不错
   B 差不多是去年的两倍
   C 收入增加了8万　　　　　　　　　　　_____

5. A 河两边有许多树
   B 一到春天，叶子全部都绿了，非常漂亮
   C 我们小区旁边有条河　　　　　　　　　_____

阅读

독해

제 3 부분

단문 읽고 답하기

Chapter 01　동일한 표현 찾기

Chapter 02　유사한 표현 찾기

Chapter 03　유추를 통해 찾기

출제 경향 및 문제 풀이 전략

독해 제3부분은 단문을 읽고 4개의 보기 중 알맞은 정답을 고르는 형태로 한 문제가 제시되는 단문이 14개, 두 문제가 제시되는 단문이 3개로 총 20문제가 출제된다.

1. 보기의 답이 지문 일부와 유사한 표현의 문제 비중이 크다.

2. 지문의 내용과 보기 중의 일부가 비슷한 표현으로 나오는 문제들이 주로 출제되고 있어, 문제의 포인트를 잘 이해하고 보기의 단어들을 잘 기억해 두기만 하면 쉽게 맞출 수 있는 문제들이 많이 출제되고 있다.

3. 지문과는 전혀 다른 단어들로 보기가 제시되고, 지문 전체를 이해해야 맞출 수 있는 문제도 일부 출제되고 있다.

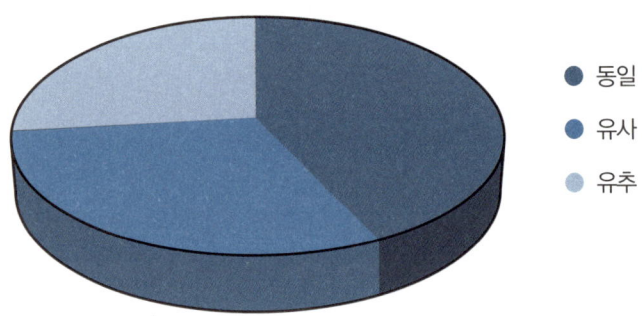

第 66-85 题

例如： 她很活泼，说话很有趣，总能给我们带来快乐，我们都很喜欢和她在一起。

★ 她是个什么样的人？

A 幽默 ✓　　　B 马虎　　　C 骄傲　　　D 害羞

66. 小丽，你看你的脚都破皮了，我们还要走挺远的路，你再这样走下去挺难受的。我们看看附近有没有鞋店，你去买双舒服点儿的鞋吧。

★ 他们接下来可能要：

A 找鞋店　　B 看大夫　　C 改乘公共汽车　　D 上高速公路

문제 풀이 전략

1단계 먼저 문제를 보고 힌트를 명확히 제시하는 문제인지 확인한다.

문제의 성격상 '샤오왕은?'과 같이 질문의 포인트가 명확하지 않은 경우 보기를 먼저 파악하고 지문의 내용을 이해해야 한다. 하지만 내용의 범위를 명확하게 지정하는 문제의 경우, 예를 들어 '샤오왕은 어디에서 잠을 자는가?'와 같은 문제는 지문에서 '잠을 자다'를 찾아가면 바로 답을 찾을 수 있다.

2단계 문제 분석이 끝났다면 보기의 규칙성을 찾거나 읽어본다.

보기가 모두 시간, 날짜, 음식 등 한 가지 성격으로 통일되는 것이 규칙성이다. 또한 보기에 똑같은 표현이 공통으로 들어간다면 그것 또한 규칙성이다. 이러한 규칙성을 찾아낸다면 아주 빠르게 답을 찾을 수 있다. 예를 들어 모두 시간 단위로 되어 있다면 지문에서 시간만 체크해내면 되는 식이다.

3단계 문제에도 힌트가 없고 보기에도 규칙성이 없다면 보기를 확실히 읽어둔다.

문제와 보기에서 모두 힌트를 찾지 못했다면, 보기를 모두 읽고 일치하는 정답이 나올 때까지 지문을 읽어야 한다.

Chapter 01 동일한 표현 찾기

我们去吃饼干吧。
우리 과자 먹으러 가자.

问：他要吃什么?
그는 무엇을 먹으려 하는가?

기초 체크

+ 정답 및 해설_해설서 111쪽

☑ 第66-85题

66. 对于超出自己能力或者并不值得去做的事情，我们应该勇敢地学会放弃，否则我们可能会浪费很多时间和力气。

   ★ 当一件事情并不值得我们去做时，我们应该：
      A 提高水平   B 花钱请别人做   C 认真做好   D 学会放弃

80-81.

世界上有许多语言会用表示味道的词语来表示感觉。比如在汉语中，一个人笑起来好看，我们会说"她笑得很甜"；回忆起过去比较困难的生活，会说"以前太苦了"；羡慕别人的时候，心里会觉得"酸酸的"。

   ★ 在很多语言中，味道可以用来表示什么?
      A 气候   B 景色   C 感觉   D 友谊

   ★ 在什么情况下，人们心里会"酸酸的"?
      A 羡慕别人时   B 心情激动时   C 表示祝贺时   D 被人拒绝时

시원한 01 공략법

문제에 구체적인 힌트가 있다면 표시해 둔다!

문제에 구체적인 질문의 포인트가 있다면 그 자체가 힌트가 된다. 지문에서 같거나 비슷한 표현을 찾아보면 답을 빠르게 찾을 수 있다. 특히 문제에서 " ", 《 》와 같은 부호로 표시된 부분은 지문에 그대로 나온다고 약속된 것이나 다름없다.

주요 출제 방식

改变世界很难，改变自己却比较容易。如果你想改变世界，可以先从改变自己开始。当你的想法或做法发生了改变之后，你眼中的世界自然就跟着变了。

★ 想要改变世界的人，最好先：

　A 获得尊重

　B 养成好习惯

　C 取得成功

　D 改变自己

세계를 바꾸는 것은 어렵지만, 자신을 바꾸는 것은 비교적 쉽다. 만약 당신이 세계를 바꾸고 싶다면, 먼저 자신을 바꾸는 것으로부터 시작하면 된다. 당신의 생각 혹은 방법에 변화가 생긴 후에, 당신 눈 속의 세계는 자연스럽게 뒤따라 바뀌게 된다.

★ 세계를 바꾸고 싶은 사람은, 가장 먼저 무엇을 하는 것이 좋은가:

　A 존중을 얻다

　B 좋은 습관을 기르다

　C 성공을 거두다

　D 자신을 바꾸다

단어

改变 gǎibiàn 통 바꾸다, 변하다 | 世界 shìjiè 명 세계 | 却 què 부 ~하지만, 그러나 | 比较 bǐjiào 통 비교하다 형 비교 부 비교적 | 想法 xiǎngfǎ 명 생각, 견해 | 发生 fāshēng 통 발생하다 | 之后 zhīhòu ~후, ~ 뒤 | 自然 zìrán 형 자연스럽다 | 跟着 gēnzhe 전 곧이어, 계속하여, 뒤따라

문 제

1. 夏天室外温度高，在外活动容易出汗，有的人还会出现头疼、全身无力的情况，严重的还会有生命危险。所以夏天最好在比较凉快的地方运动。如果发现身体不舒服，应该及时到附近的医院检查。

    ★ 夏季最好在什么地方运动?

    A 干净的　　　　B 凉快的　　　　C 安全的　　　　D 热闹的

2-3.

　　父母经常会用语言来表扬孩子，然而很多父母一般只会说"你真棒"。表扬的内容如果能更详细一些，让孩子明白为什么受到了表扬，效果往往会更好。例如，父母可以清楚地告诉孩子"你会穿袜子了，妈妈为你骄傲""你今天按时起床了，真棒"等等。

    ★ 很多父母经常用哪句话来鼓励孩子?

    A 你值得表扬　　B 你最优秀　　C 你让我们骄傲　　D 你真棒

    ★ 说话人认为表扬的内容应该怎么样?

    A 要详细　　　　B 要合适　　　　C 要有耐心　　　　D 要清楚

시원한 공략법
문제 풀이

1 구체적인 힌트가 제시된 문제

夏天室外温度高，在外活动容易出汗，有的人还会出现头疼、全身无力的情况，严重的还会有生命危险。所以夏天最好在<u>比较凉快的地方</u>运动。如果发现身体不舒服，应该及时到附近的医院检查。

★ <u>夏季最好</u>在什么地方<u>运动</u>?

A 干净的
B 凉快的
C 安全的
D 热闹的

여름에 실외 온도가 높으면 바깥 활동을 할 때 쉽게 땀이 난다. 어떤 사람은 두통, 전신에 힘이 없는 상황이 나타나기도 하며, 심한 것은 생명이 위험할 수도 있다. 그래서 여름에는 <u>비교적 시원한 곳</u>에서 운동을 하는 것이 가장 좋다. 만약 몸이 안 좋은 것이 발견되면, 즉시 근처 병원에 가서 검사해 봐야 한다.

★ <u>여름</u>에 어떤 장소에서 <u>운동하는 것이 가장 좋은가</u>?

A 깨끗한 곳
B 시원한 곳
C 안전한 곳
D 시끌벅적한 곳

 문제에 '夏天最好……运动'이라는 구체적인 힌트가 제시되고 있다. 따라서 지문에서 이와 같거나 유사한 표현을 찾아본다. 지문에 같은 표현이 앞뒤로 있고, 그 사이에 '比较凉快的地方'이라는 장소가 있으므로 정답은 B이다.

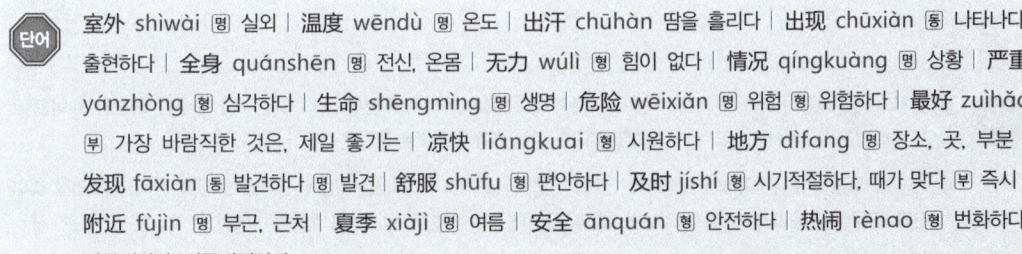

室外 shìwài 명 실외 | 温度 wēndù 명 온도 | 出汗 chūhàn 땀을 흘리다 | 出现 chūxiàn 통 나타나다, 출현하다 | 全身 quánshēn 명 전신, 온몸 | 无力 wúlì 형 힘이 없다 | 情况 qíngkuàng 명 상황 | 严重 yánzhòng 형 심각하다 | 生命 shēngmìng 명 생명 | 危险 wēixiǎn 명 위험 형 위험하다 | 最好 zuìhǎo 부 가장 바람직한 것은, 제일 좋기는 | 凉快 liángkuai 형 시원하다 | 地方 dìfang 명 장소, 곳, 부분 | 发现 fāxiàn 통 발견하다 명 발견 | 舒服 shūfu 형 편안하다 | 及时 jíshí 형 시기적절하다, 때가 맞다 부 즉시 | 附近 fùjìn 명 부근, 근처 | 夏季 xiàjì 명 여름 | 安全 ānquán 형 안전하다 | 热闹 rènao 형 번화하다, 떠들썩하다, 시끌벅적하다

2-3 구체적 힌트가 제시된 문제

父母经常会用语言来表扬孩子，然而很多父母一般只会说"你真棒"。表扬的内容如果能更详细一些，让孩子明白为什么受到了表扬，效果往往会更好。例如，父母可以清楚地告诉孩子"你会穿袜子了，妈妈为你骄傲""你今天按时起床了，真棒"等等。

부모는 자주 언어를 사용해 아이를 칭찬한다. 그러나 많은 부모는 일반적으로 오직 "너는 정말 대단해"라는 말만 할 줄 안다. 칭찬의 내용이 만약 좀 더 상세할 수 있다면, 아이들로 하여금 왜 칭찬을 받는지 이해시킬 수 있어서, 종종 효과가 더 좋을 것이다. 예를 들어, 부모는 "네가 양말을 신을 줄 알게 되어서, 엄마는 네가 너무 자랑스러워." "너는 오늘 제때에 일어났네. 정말 대단해" 등으로 분명하게 알려줘야 한다.

★ 很多父母经常用哪句话来鼓励孩子?

A 你值得表扬
B 你最优秀
C 你让我们骄傲
D 你真棒

★ 많은 부모는 자주 어떤 말로 아이를 격려하는가?

A 너는 칭찬 받을 만하다
B 네가 가장 우수하다
C 네가 우리를 자랑스럽게 한다
D 너는 정말 대단하다

★ 说话人认为表扬的内容应该怎么样?

A 要详细
B 要合适
C 要有耐心
D 要清楚

★ 화자는 칭찬할 때의 내용이 어떠해야 한다고 생각하는가?

A 상세해야 한다
B 적합해야 한다
C 인내심이 있어야 한다
D 분명해야 한다

 풀이

 ❶ 문제에 '很多父母'라는 구체적인 힌트가 제시되고 있다. 따라서 지문에서 이와 같거나 유사한 표현을 찾아본다. 지문에 같은 표현이 있고, 그 뒤에 '你真棒'이라는 표현이 있으므로 정답은 D이다.

❷ 문제에 '表扬的内容'이라는 구체적인 힌트가 제시되고 있다. 따라서 지문에서 이와 같거나 유사한 표현을 찾아본다. 지문에 같은 표현이 있고, 그 뒤에 '更详细一些'라는 표현이 있으므로 정답은 A이다.

단어 父母 fùmǔ 명 부모 | 语言 yǔyán 명 언어 | 表扬 biǎoyáng 동 칭찬하다 명 칭찬 | 然而 rán'ér 접 그러나, 하지만 | 一般 yìbān 형 보통이다, 일반적이다 | 棒 bàng 형 좋다, 대단하다, (수준이) 높다 | 内容 nèiróng 명 내용 | 详细 xiángxì 형 상세하다 | 效果 xiàoguǒ 명 효과 | 例如 lìrú 동 예를 들다 | 清楚 qīngchu 형 분명하다, 뚜렷하다 | 告诉 gàosu 동 말하다, 알리다 | 穿 chuān 동 입다, 신다 | 袜子 wàzi 명 양말 | 骄傲 jiāo'ào 형 자랑(거리), 긍지 ① 오만하다, 거만하다 ② 자랑스럽다 | 按时 ànshí 부 제때에 | 鼓励 gǔlì 동 격려하다 | 值得 zhídé 동 ~할 만한 가치가 있다 | 优秀 yōuxiù 형 우수하다 | 合适 héshì 형 적합하다 | 耐心 nàixīn 명 인내심 형 인내심이 강하다

시원한 02 공략법

문제에 힌트가 없으면 보기를 본다!

문제에 힌트가 없다면 보기를 잘 읽어본다. 보기와 같은 표현이 지문에 있는지 찾아보고 같거나 유사한 표현이 확인되면 그 주변 문장을 읽으며 빠르게 답을 찾을 수 있다.

주요 출제 방식

走在街上，能看见人们骑着各种颜色的公共自行车。这些自行车使用方便，费用很低，有时甚至免费。另外它们对于减轻交通压力、保护环境有很大的作用。因此深受人们的欢迎。

거리를 걸으면, 사람들이 각종 색깔의 공공 자전거 타는 것을 볼 수 있다. 이러한 자전거는 사용이 편리하고, 비용이 저렴하며, 어떤 때는 심지어 무료이다. 이 밖에 그것들은 교통 체증을 줄이고 환경을 보호하는 것에 매우 큰 작용을 한다. 이 때문에 사람들의 환영을 받는다.

★ 那些自行车:

　A 都是蓝色的
　B 是能骑5公里
　C 使用方便
　D 收费很高

★ 그러한 자전거는:

　A 모두 파란색이다
　B 5킬로미터(km)를 탈 수 있다
　C 사용이 편리하다
　D 요금이 높다

단어

各种 gè zhǒng 형 각종(의), 여러 가지 | 颜色 yánsè 명 색, 색깔 | 公共 gōnggòng 형 공공의, 공용의 | 使用 shǐyòng 동 사용하다 | 方便 fāngbiàn 형 편리하다 | 费用 fèiyong 명 비용 | 低 dī 동 (머리를) 숙이다 형 낮다 | 甚至 shènzhì 부 심지어 | 免费 miǎnfèi 동 무료로 하다 | 另外 lìngwài 접 이외에, 이 밖에 | 减轻 jiǎnqīng 동 경감하다, 줄다 | 交通 jiāotōng 명 교통 | 压力 yālì 명 ① 스트레스 ② 압력 | 保护 bǎohù 동 보호하다 명 보호 | 环境 huánjìng 명 환경 | 作用 zuòyòng 명 역할, 작용 | 因此 yīncǐ 접 이 때문에, 따라서 | 蓝色 lánsè 명 파란색 | 公里 gōnglǐ 양 킬로미터(km) | 收费 shōufèi 명 비용, 요금

문제

1. 陈先生，您的表格填错了，国籍这里填成了职业。这张表格是不允许随便改的，我给您重新拿了一张，您再填一份吧。

　　★ 根据这段话，可以知道陈先生：

　　　A 忘了擦眼镜　　B 填错了表　　C 现在很生气　　D 特别着急

2-3.

　　中国著名作家林语堂先生对文化有很深的研究，他写的《生活的艺术》一书，内容丰富，详细介绍了许多关于社会、艺术，甚至自然科学方面的知识，还讨论了"什么是真正的生活""怎样让生活成为艺术"等问题，值得我们阅读。

　　★ 根据这段话，林语堂先生：

　　　A 对文化有研究　　B 是历史学家　　C 会多种语言　　D 每天写日记

　　★ 根据这段话，林语堂先生的书：

　　　A 是写给儿童的　　B 主要谈经济　　C 值得阅读　　D 是一部小说

시원한 공략법
문제 풀이

1　　　　　　　　　　　　　　　　　　　　　　　　　　　　**힌트가 없는 문제**

陈先生，您的表格填错了，国籍这里填成了职业。这张表格是不允许随便改的，我给您重新拿了一张，您再填一份吧。

★ 根据这段话，可以知道陈先生：

A 忘了擦眼镜

B 填错了表

C 现在很生气

D 特别着急

천 선생님, 당신의 표가 잘못 기입되었어요. 국적란에 직업을 기입하셨습니다. 이 표는 마음대로 바꿀 수 없어서, 제가 새로 한 장 가져다드릴 테니, 다시 한 부 기입해 주세요.

★ 이 단락에 근거하여, 천 선생에 대해 알 수 있는 것은:

A 안경 닦는 것을 잊었다

B 표를 잘못 기입했다

C 현재 화가 났다

D 매우 조급해한다

지문 전체가 '陈先生'의 상황에 대한 내용이므로, 문제에 제시된 '陈先生'은 크게 힌트가 되지 않는다. 이런 경우 보기를 먼저 읽고 일치하는 내용이 나올 때까지 지문을 읽어야 한다. 지문에서 '表格填错了'라는 표현이 있으므로 정답은 B이다.

表格 biǎogé 명 표, 서식, 양식 | 填 tián 동 써넣다, 기입하다 | 国籍 guójí 명 국적 | 职业 zhíyè 명 직업 | 允许 yǔnxǔ 동 허가하다, 허락하다 | 随便 suíbiàn 동 마음대로 하다, 제멋대로 하다 형 제멋대로 하다 부 마음대로, 제멋대로 | 改 gǎi 동 고치다, 바꾸다 | 重新 chóngxīn ① 다시, 재차 ② 새로이 | 份 fèn 양 부[신문·잡지·문건 등을 세는 단위] | 擦 cā 동 닦다, 비비다, 문지르다 | 眼镜 yǎnjìng 명 안경 | 特别 tèbié 부 특별히, 아주 | 着急 zháojí 동 조급해하다, 초조해하다

2-3 힌트가 없는 문제

中国著名作家林语堂先生<u>对文化有很深的研究</u>，他写的《生活的艺术》一书，内容丰富，详细介绍了许多关于社会、艺术、甚至自然科学方面的知识，还讨论了"什么是真正的生活""怎样让生活成为艺术"等问题，<u>值得我们阅读</u>。

중국의 유명한 작가 린위탕 선생은 <u>문화에 대해 매우 깊은 연구를 했다</u>. 그가 쓴 《생활의 예술》이라는 책은 내용이 풍부하고 많은 사회, 예술, 심지어는 자연과학 방면의 지식을 상세하게 소개했으며, 또한 '무엇이 진정한 생활인가', '어떻게 생활로 하여금 예술이 되게 할 수 있을까' 등의 문제를 토론해서, <u>우리가 읽어볼 만한 가치가 있다</u>.

★ 根据这段话，林语堂先生：

  A 对文化有研究
  B 是历史学家
  C 会多种语言
  D 每天写日记

★ 이 단락에 근거하여, 린위탕 선생은:

  A 문화에 대해 연구를 했다
  B 역사학자이다
  C 여러 종류의 언어를 할 줄 안다
  D 매일 일기를 쓴다

★ 根据这段话，林语堂先生的书：

  A 是写给儿童的
  B 主要谈经济
  C 值得阅读
  D 是一部小说

★ 이 단락에 근거하여, 린위탕 선생의 책은:

  A 아동을 위해 쓴 것이다
  B 주로 경제를 이야기한다
  C 읽을 가치가 있다
  D 하나의 소설이다

풀이

 지문 전체가 '林语堂先生'에 대한 내용이므로, 문제에 제시된 '林语堂先生'은 크게 힌트가 되지 않는다. 이런 경우 보기를 먼저 읽고 일치하는 내용이 나올 때까지 지문을 읽어야 한다. 지문에서 '对文化有很深的研究'라는 표현이 있으므로 정답은 A이다.

 문제에서 '林语堂先生的书'라는 말이 제시되었으므로, 지문에서 구체적인 책 명칭인 《生活的艺术》 뒤의 내용을 읽으면서 보기와 일치하는 답을 찾아야 한다. 지문에서 '值得我们阅读'라는 표현이 있으므로 정답은 C이다.

단어

著名 zhùmíng 형 유명하다 | 深 shēn 형 ① 깊다 ② (색깔이) 진하다 | 研究 yánjiū 동 연구하다 명 연구 | 内容 nèiróng 명 내용 | 丰富 fēngfù 동 풍부하게 하다 형 풍부하다 | 详细 xiángxì 형 상세하다 | 许多 xǔduō 형 대단히 많은 | 社会 shèhuì 명 사회 | 艺术 yìshù 명 예술 | 甚至 shènzhì 부 심지어 | 自然 zìrán 명 자연 형 ① 천연의, 자연의 ② 당연하다 | 科学 kēxué 명 과학 형 과학적이다 | 知识 zhīshi 명 지식 | 讨论 tǎolùn 동 토론하다 명 토론 | 成为 chéngwéi 동 ~이 되다 | 值得 zhídé 동 ~할 만한 가치가 있다 | 阅读 yuèdú 동 (책·신문 등을) 읽다 | 历史 lìshǐ 명 역사 | 日记 rìjì 명 일기 | 儿童 értóng 명 아동 | 主要 zhǔyào 형 주요한 부 주로 | 经济 jīngjì 명 경제 | 部 bù 양 부[서적이나 영화를 세는 단위] | 小说 xiǎoshuō 명 소설

4급 실전 테스트

+ 정답 및 해설_해설서 112~116쪽

第1-10题

1. 这个咖啡的广告10多年了一直没变，广告词我都记住了。咖啡的味道也像广告里说的一样，喝过一次就永远难忘。

    ★ 那个咖啡的广告：

    A 音乐好听　　　B 一直没变　　　C 换了演员　　　D 很有趣

2. 很多人都习惯起床后去公园跑步或者散步，可早上空气并不新鲜，不适合锻炼。一天中最适合锻炼的时间其实是下午五六点钟。

    ★ 早上为什么不适合锻炼？

    A 路上不安全　　B 时间来不及　　C 温度低　　　D 空气不新鲜

3. 叶子是很多植物不可缺少的重要部分。我们可以通过叶子来了解植物的健康情况，比如有的植物叶子突然变黄，那说明它们很可能是缺水了。

    ★ 如果缺水，植物可能会怎么样？

    A 叶子掉光　　　B 叶子变黄　　　C 没有香味儿　　D 快速死掉

4. 告诉大家一个好消息，公司决定年底给所有人多发一个月的奖金。公司今年取得了很棒的成绩，这是大家共同努力的结果。

    ★ "好消息"指的是：

    A 发奖金　　　　B 加工资　　　　C 放假　　　　　D 聚餐

5. 为感谢新老顾客，从今天起，只要是在我们店内购物满200元的顾客，就可获得一次抽奖机会。

    ★ 怎样才能获得抽奖的机会？

    A 6点前到商店　B 用现金购物　　C 回答问题　　　D 购物满两百元

6. 在冬季到来时，随着气温的降低，植物体内会发生一些变化，来适应环境的改变。

★ 冬季，植物体内发生变化是为了：
   A 吸引动物　　　B 获取阳光　　　C 适应环境　　　D 加快长高

7-8.

有的人以为鸟很笨，实际上，鸟不仅不笨，相反还很聪明。比如，有的鸟会把吃的东西放在一个其他鸟不知道的地方，而且还会把东西换地方放。更有趣的是，如果放吃的时有别的鸟在，它会等别的鸟不注意时很快放好，或是做些假动作来骗它们。

★ 说话人认为鸟怎么样？
   A 很聪明　　　B 没耐心　　　C 很可怜　　　D 很安静

★ 鸟放吃的时，会怎么做？
   A 放在最高处　　B 跟别的鸟一起放　　C 换地方放　　D 丢掉不新鲜的

9-10.

当我们做错了事，感到后悔的时候，往往会说"要是早知道会这样，我就不这么做了"。但"千金难买早知道"，没有人能提前知道事情会怎样发展、会有什么样的结果。这时，我们该做的是积累经验，这样当下次再遇到同样的事时，我们就知道应该怎么做了，也就不会再后悔了。

★ "要是早知道会这样，我就不这么做了"，说明人们：
   A 感到后悔　　B 心情愉快　　C 过得辛苦　　D 受到同情

★ 这段话告诉我们应该：
   A 重视过程　　B 养成好习惯　　C 敢于认错　　D 积累经验

Chapter 02 유사한 표현 찾기

男 : 最近工作压力很大吧?
　　최근에 업무 스트레스가 많지?

女 : 对, 最近很忙, 压力不少呢。
　　맞아. 최근에 너무 바빠서, 스트레스가 적지 않아.

기초 체크

+ 정답 및 해설_해설서 117~118쪽

☑ 第66-85题

66. 听王师傅说, 这条街上以前只有他这一家理发店, 大家都愿意来他这儿理发, 但是最近几年又新开了两家, 竞争压力大了, 生意也没以前好了。

　★ 王师傅的理发店：
　　A 服务提高了　　B 开在街道入口　　C 生意变差了　　D 镜子很少

80-81.

　有些人稍不顺利就想换工作, 他们总觉得下一份工作会更好。实际上下一份工作并不一定会让他们满意。他们不仅需要花时间去适应新工作, 还要重新认识新同事。在这个过程中他们很可能又会因为一些别的原因想换工作。所以, 根据自己的条件和兴趣选择工作, 然后把工作坚持做到最好才是正确的做法。

　★ 换了新工作后, 需要：
　　A 接受所有安排　　B 重新适应　　C 请新同事吃饭　　D 经常加班

　★ 当我们选择了适合自己的工作后, 应该：
　　A 丢掉兴趣　　B 减少工作量　　C 总结经验　　D 坚持做好

시원한 공략법

같은 뜻을 나타내는 다른 표현 찾기!

보기와 완벽히 일치하지 않더라도, 지문에서 보기의 표현과 유사하거나 상반되는 표현이 있다면 주의 깊게 살펴봐야 한다.

주요 출제 방식

这家烤鸭店虽然不太有名，但烤鸭的味道很好，服务也很热情，是我去过的所有烤鸭店里最棒的。

★ 那家烤鸭店：
A 饺子很好吃
B 茶水半价
C 非常著名
D 服务态度好

이 오리구이 가게는 비록 그다지 유명하진 않지만, 오리구이의 맛이 좋고 서비스 또한 친절해서, 내가 가본 모든 오리구이 가게 중에서 가장 좋은 곳이다.

★ 그 오리구이 가게는 :
A 자오쯔(교자)가 맛있다
B 차가 반 가격이다
C 아주 유명하다
D 서비스 태도가 좋다

단어

烤鸭 kǎoyā 몡 오리구이 | 味道 wèidao 몡 ① 맛 ② 기분, 느낌 | 服务 fúwù 몡 서비스 | 热情 rèqíng 몡 열정 혱 열정적이다, 친절하다 | 所有 suǒyǒu 혱 모든 | 棒 bàng 혱 좋다, 대단하다, (수준이) 높다 | 饺子 jiǎozi 몡 자오쯔(교자) | 著名 zhùmíng 혱 유명하다 | 态度 tàidu 몡 태도

문제

1. 这种植物现在比较少见，它很喜欢阳光，你白天把它放窗户外面，晚上再搬进来。

   ★ 那种植物：
   A 只在春季开花   B 喜阴   C 非常矮   D 不太常见

2-3.

　　小羊请小狗吃饭，准备了一桌新鲜的草。结果，小狗随便吃了两口就不吃了。几天后，小狗请小羊吃饭，心想：我可不能像小羊那样，连肉都不愿意给客人吃。我要用最好的东西欢迎它。于是，小狗准备了一桌自己最爱吃的肉，小羊却一口也没吃。其实很多误会就是这么发生的，千万不要以为自己喜欢的东西，朋友也会喜欢。

★ 看到小狗准备的肉，小羊：
　A 想向小狗道歉　　B 生气地离开了　　C 不感兴趣　　D 很得意

★ 根据这段话，自己喜欢的东西，朋友：
　A 也想得到　　B 会很了解　　C 认为值得　　D 不一定喜欢

시원한 공략법
문제 풀이

1

반의 표현

这种植物现在<u>比较少见</u>，它很喜欢阳光，你白天把它放窗户外面，晚上再搬进来。

★ <u>那种植物</u>：
A 只在春季开花
B 喜阴
C 非常矮
D 不太常见

이 종류의 식물은 지금 <u>비교적 보기 드물어</u>. 그것은 햇빛을 좋아하니, 너는 낮에는 그것을 창문 밖에 두고, 저녁에는 다시 옮겨 놓도록 해.

★ 그 식물은:
A 오직 봄에 꽃을 피운다
B 어두운 것을 좋아한다
C 높이가 아주 낮다
D 별로 흔하지 않다

 문제에 정확히 제시된 힌트가 없으므로, 보기를 먼저 읽고 일치하는 내용이 나올 때까지 지문을 읽어야 한다. 지문에서 '比较少见'이 제시됨으로 똑같이 일치하지는 않으나 반의어를 이용해 유사한 뜻을 나타내는 D가 정답이다.

 植物 zhíwù 명 식물 | 少见 shǎojiàn 형 보기 드물다 | 阳光 yángguāng 명 햇빛 | 白天 báitiān 명 낮 | 窗户 chuānghu 명 창문 | 搬 bān 동 ① 이사하다 ② 옮기다 | 春季 chūnjì 명 봄 | 阴 yīn 형 흐리다 | 矮 ǎi 형 (키가) 작다, (높이가) 낮다 | 常见 chángjiàn 형 흔히 보다

2-3 유사 표현

小羊请小狗吃饭，准备了一桌新鲜的草。结果，小狗随便吃了两口就不吃了。几天后，小狗请小羊吃饭，心想：我可不能像小羊那样，连肉都不愿意给客人吃。我要用最好的东西欢迎它。于是，小狗准备了一桌自己最爱吃的肉，<u>小羊却一口也没吃</u>。其实很多误会就是这么发生的，<u>千万不要以为自己喜欢的东西，朋友也会喜欢</u>。

★ <u>看到小狗准备的肉，小羊</u>:

A 想向小狗道歉

B 生气地离开了

C <u>不感兴趣</u>

D 很得意

★ 根据这段话，<u>自己喜欢的东西</u>，朋友：

A 也想得到

B 会很了解

C 认为值得

D 不一定喜欢

새끼 양이 강아지를 식사에 초대하고, 신선한 풀 한 상을 준비했다. 그 결과, 강아지는 대충 두 입 먹고는 먹지 않았다. 며칠 후, 강아지가 새끼 양을 식사에 초대하고, 마음속으로 생각했다. "나는 새끼 양처럼 그렇게 할 수는 없어. 고기조차도 손님에게 먹이길 원하지 않다니. 나는 가장 좋은 것으로 새끼 양을 환영해야지." 그래서 강아지는 자신이 가장 좋아하는 고기 한 상을 준비했지만, <u>새끼 양은 한 입도 먹지 않았다</u>. 사실 많은 오해는 이렇게 생기는 것이다. 절대 <u>자신이 좋아하는 것을 친구 또한 좋아할 것이라고 생각하지 말아야 한다</u>.

★ 강아지가 준비한 고기를 보고, 새끼 양은:

A 강아지에게 사과하고 싶다

B 화가 나서 떠났다

C 흥미가 없다

D 의기양양했다

★ 이 말에 근거하여 <u>자신이 좋아하는 것을</u> 친구는:

A 또한 얻고 싶어 한다

B 매우 이해할 것이다

C 가치가 있다고 여긴다

D 반드시 좋아하지는 않는다

 ❶ 문제에 '看到小狗准备的肉，小羊'이라는 구체적인 힌트가 제시되고 있다. 따라서 지문에서 이와 같거나 유사한 표현을 찾아본다. 지문에 강아지가 고기를 준비했다는 유사한 표현이 있고, 그 뒤에 '小羊却一口也没吃'라는 표현이 제시됨으로 정답은 C이다.

❷ 문제에 '自己喜欢的东西'라는 구체적인 힌트가 제시되고 있다. 따라서 지문에서 이와 같거나 유사한 표현을 찾아본다. 지문에 같은 표현이 있고, 앞뒤에 '千万不要以为……朋友也会喜欢'이라는 표현이 제시됨으로 정답은 D이다.

 羊 yáng 명 양 | 准备 zhǔnbèi 동 준비하다, ~하려고 하다 | 新鲜 xīnxiān 형 신선하다 | 结果 jiéguǒ 명 결과 | 随便 suíbiàn 형 제멋대로이다, 함부로 하다 부 마음대로, 함부로, 아무렇게나 | 连 A 都 lián A dōu A 조차도 | 客人 kèrén 명 손님 | 于是 yúshì 접 그래서 | 却 què 부 ~하지만, 그러나 | 其实 qíshí 부 사실은 | 误会 wùhuì 동 오해하다 명 오해 | 发生 fāshēng 동 발생하다 | 千万 qiānwàn 부 절대로, 반드시, 제발 | 道歉 dàoqiàn 동 사과하다 | 离开 líkāi 동 떠나다 | 感兴趣 gǎn xìngqù 관심이 있다, 흥미가 있다 | 得意 déyì 형 의기양양하다, 대단히 만족하다 | 值得 zhídé 동 ~할 만한 가치가 있다

4급 실전 테스트

+ 정답 및 해설_해설서 118~122쪽

第1-10题

1. 马师傅是我们学校的老司机，开了近35年的校车。他在工作上从不马虎，无论刮风还是下雨，每天都按时接送学生。

    ★ 马师傅：

    A 工作认真　　　B 30岁左右　　　C 偶尔会迟到　　　D 常迷路

2. 人在不自信的时候往往容易紧张，这时我们可以试着笑笑，回忆高兴的事情，或者鼓励自己，让自己变得积极起来，这样紧张的感觉慢慢就没了。

    ★ 感到紧张时，我们可以：

    A 大声说话　　　B 大哭一场　　　C 想开心的事情　　　D 轻轻咳嗽

3. 米先生，我们对你很满意，不过由于你没有工作经验，你需要先通过两个月的试用期，然后我们再考虑你接下来的工作安排。

    ★ 关于米先生，可以知道什么？

    A 已正式入职　　　B 面试失败　　　C 缺少经验　　　D 希望加工资

4. 明天的活动对公司来说十分重要，大家一定要按规定的时间到场，然后把自己负责的工作做好。

    ★ 他提醒大家明天：

    A 介绍活动情况　　　B 准时到　　　C 别忘记报名　　　D 打印材料

5. 比起篮球、足球，羽毛球更受人们欢迎。一是因为它对场地要求不高，只要有空地，就可以进行；二是因为它运动量较小，适合不同年龄层的人。

    ★ 羽毛球受欢迎的原因是什么？

    A 不受天气影响　　　B 不用练习　　　C 动作好看　　　D 场地要求低

6. 我家离机场很近，平时坐飞机非常方便。不过，每天飞机起飞、降落时的声音很大，我有时刚睡着就会被弄醒。

★ 根据这段话，可以知道说话人：
A 住机场附近　　B 每天早睡早起　　C 常常加班　　D 想租房

7-8.

小王嘴有点儿笨，说话经常容易让人生气。一天，他来到朋友开的水果店，本来想关心一下朋友的生意，可他看到店里一个客人也没有，于是就对朋友说："没想到你这儿生意这么差啊，这样下去早晚要关门的。"

★ 小王：
A 很少做总结　　B 不诚实　　C 经常误会别人　　D 不会说话

★ 小李觉得朋友的水果店：
A 离市区太远　　B 生意不好　　C 服务员少　　D 能赚很多钱

9-10.

"有的人在怀疑中拒绝，有的人在怀疑中了解。"这句话讲的是两种人遇到问题时的不同态度。第一种人在遇到自己怀疑的人或者事情时，一般都懒得去弄清楚，他们会直接拒绝；而第二种人一般会花时间去深入地了解问题、解决问题，因此他们的知识和金钱会不停地增长。

★ 根据这段话，第一种人：
A 很羡慕别人　B 不愿弄清问题　C 总是怀疑自己　D 对社会很失望

★ 遇到怀疑的事情时，第二种人会怎么做？
A 请人调查　　B 上网找答案　　C 找朋友商量　　D 了解并解决它

Chapter 03 유추를 통해 찾기

下课之前把你们的作业交给我。
수업 마치기 전까지 여러분의 숙제를 저에게 제출해주세요.

问：说话人最可能是做什么的?
말하는 사람은 무엇을 하는 사람일 가능성이 가장 높은가?

기초 체크

+ 정답 및 해설_해설서 123~124쪽

☑ 第66-85题

66. 来看花灯表演的观众已经超出原计划的人数，而且还在继续增加。出于安全方面的考虑，活动负责人只好提前结束入场。

　　★ 关于花灯表演，可以知道什么?
　　　　A 会推迟结束　　B 禁止照相　　C 必须排队观看　　D 表演很成功

80-81.

　　当经理让小马来负责这次活动时，很多人都抱着怀疑的态度，不相信他能做好，因为他一次也没做过。不过，当看到小马做的那份计划书时，大家都大吃了一惊，对小马有了新的认识。

　　★ 关于小马，可以知道:
　　　　A 没完成任务　　B 缺少经验　　C 脾气好　　D 经常加班

　　★ 大家觉得小马的计划书怎么样?
　　　　A 写得很棒　　B 长短正合适　　C 没有重点　　D 不合格

시원한 공략법

전체적인 의미 파악하기!

유추형 문제는 다른 유형과는 달리 짧은 부분에서 빠르게 바로 정답을 찾을 수 없고, 지문의 내용을 비교적 잘 파악한 뒤 유추해서 정답을 찾거나 혹은 전체적인 내용을 모두 파악해야만 정답을 맞출 수 있는 문제형이다. 다른 유형과 마찬가지로 문제를 먼저 읽고, 그에 맞는 정답이 나올 때까지 지문을 읽어야 한다.

주요 출제 방식

这辆车使用了最新的安全技术，用油少，价格还不贵，很适合家用。您可以再考虑考虑。

이 차는 최신 안전기술을 사용했습니다. 기름 사용량이 적으며, 가격도 비싸지 않아 가정용으로 적합합니다. 다시 좀 고려해 보셔도 됩니다.

★ 根据这段话，可以知道那辆车：

A 很费油
B 正在出售
C 样子好看
D 适合上班开

★ 이 단락에 근거하여, 그 차에 대해 알 수 있는 것은:

A 기름을 많이 소비한다
B 팔고 있다
C 모양이 보기 좋다
D 출근할 때 운전하기 적합하다

단어

辆 liàng 양 대, 량[차량을 세는 단위] | 使用 shǐyòng 동 사용하다 | 安全 ānquán 형 안전하다 | 技术 jìshù 명 기술 | 油 yóu 명 기름 | 价格 jiàgé 명 가격 | 适合 shìhé 동 적합하다, 알맞다, 어울리다 | 考虑 kǎolǜ 동 고려하다 | 费 fèi 동 소비하다, 쓰다 | 出售 chūshòu 동 팔다, 판매하다 | 样子 yàngzi 명 모양, 모습

문제

1. 欢迎大家来到中国的首都北京，现在我把酒店房间的钥匙发给大家，大家先把行李放好，然后休息一下，我们12点准时在一楼餐厅吃午餐。

   ★ 说话人的职业最可能是：

   A 医生   B 护士   C 司机   D 导游

2-3.

　　猫一天中有14～15个小时都在睡觉，有的甚至要睡20个小时以上，所以有人说猫很懒。但是，只要仔细看猫睡觉的样子就会发现，稍微有一点儿声音，它的耳朵就会动；有人走近的话，它更会一下子醒过来。为了能快速感觉到周围的情况，猫一般不会睡得很死，所以猫其实一点儿都不懒。

★ 人们说猫懒，是因为它：
　A 不愿离开家　　B 看着很笨　　C 不爱洗澡　　D 睡觉时间长

★ 下列哪个是作者的看法？
　A 人们对猫有误会　　　　B 人们都不太喜欢猫
　C 猫其实不愿意睡觉　　　D 猫不喜欢跟人在一起

문제 풀이

1
유추로 찾기

欢迎大家来到中国的首都北京，现在我把酒店房间的钥匙发给大家，大家先把行李放好，然后休息一下，我们12点准时在一楼餐厅吃午餐。

중국의 수도 베이징에 오신 여러분을 환영합니다. 지금 우리는 호텔 방의 열쇠를 여러분께 나눠드릴 거예요. 모두 먼저 짐을 잘 두시고, 그런 다음 휴식을 좀 하세요. 우리는 12시 정각에 1층 식당에서 점심을 먹을 거예요.

★ 说话人的职业最可能是：
　A 医生　B 护士　C 司机　D 导游

★ 화자의 직업일 가능성이 가장 높은 것은:
　A 의사　B 간호사　C 기사　D 가이드

풀이 문제에서 화자의 직업을 묻고 있고 보기에는 각기 다른 직업이 제시되어 있지만, 지문에는 정확히 직업명이 언급된 부분이 없다. 따라서 전체 내용을 파악하고 정답을 찾아야 한다. 여행객들에게 안내를 하는 내용으로 보아 정답은 D이다.

단어 欢迎 huānyíng 동 환영하다 | 首都 shǒudū 명 수도 | 酒店 jiǔdiàn 명 대형 호텔 | 钥匙 yàoshi 명 열쇠 | 行李 xíngli 명 짐 | 然后 ránhòu 접 그런 다음 | 准时 zhǔnshí 부 정시에, 제때에 | 餐厅 cāntīng 명 식당 | 午餐 wǔcān 명 점심 | 护士 hùshi 명 간호사 | 司机 sījī 명 기사 | 导游 dǎoyóu 명 가이드

2-3 유추로 찾기

<u>猫一天中有14~15个小时都在睡觉，有的甚至要睡20个小时以上</u>，所以有人说猫很懒。但是，只要仔细看猫睡觉的样子就会发现，稍微有一点儿声音，它的耳朵就会动；有人走近的话，它更会一下子醒过来。为了能快速感觉到周围的情况，猫一般不会睡得很死，所以<u>猫其实一点儿都不懒</u>。

고양이는 하루 중 14~15시간 동안 잠을 자는데, 어떤 고양이들은 심지어 20시간 이상 자기도 한다. 그래서 어떤 사람들은 고양이가 게으르다고 말한다. 그러나 고양이가 자는 모습을 자세히 보기만 한다면, 약간의 소리만 나도 귀가 움직이고, 누군가 가까이 가면 단번에 일어난다는 것을 발견할 수 있다. 주위 상황을 빨리 인지하기 위해, 고양이는 일반적으로 깊이 잠들지 않는다. 그래서 <u>고양이는 사실 조금도 게으르지 않다</u>.

★ <u>人们说猫懒</u>，是因为它：

　A 不愿离开家
　B 看着很笨
　C 不爱洗澡
　D 睡觉时间长

★ 사람들이 고양이가 게으르다고 말하는 것은, 그것이 어떠하기 때문인가:

　A 집을 떠나고 싶어 하지 않는다
　B 보기에 멍청하다
　C 샤워하기 싫어한다
　D 잠을 자는 시간이 길다

★ 下列哪个是<u>作者的看法</u>?

　A 人们对猫有误会
　B 人们都不太喜欢猫
　C 猫其实不愿意睡觉
　D 猫不喜欢跟人在一起

★ 아래 중 어느 것이 <u>작가의 생각</u>인가?

　A 사람들은 고양이에 대해 오해가 있다
　B 사람들은 모두 고양이를 그다지 좋아하지 않는다
　C 고양이는 사실 잠자고 싶어 하지 않는다
　D 고양이는 사람과 함께 있는 것을 싫어한다

 문제에 '人们说猫懒'이라는 구체적인 힌트가 제시되고 있다. 따라서 지문에서 이와 같거나 유사한 표현을 찾아본다. 지문에 유사한 표현이 있고, 그 앞에 고양이들이 잠자는 시간을 구체적으로 설명하는 표현이 있다. '심지어 20시간 이상 자기도 한다'라는 말에서 잠자는 시간이 길다는 의미를 유추할 수 있으므로 정답은 D이다.

 문제에 작가의 주요 관점을 묻고 있다. 가장 마지막 문장인 '猫其实一点儿都不懒'이라는 말에서 사실 고양이가 사람들이 생각하는 것과 다르다는 것을 유추할 수 있으므로 정답은 A이다.

단어 甚至 shènzhì 부접 심지어 | 懒 lǎn 형 게으르다 | 仔细 zǐxì 세심하다, 꼼꼼하다, 자세하다 | 样子 yàngzi 명 모양, 모습 | 发现 fāxiàn 동 발견하다 | 발견 | 稍微 shāowēi 부 조금, 약간 | 声音 shēngyīn 명 목소리, 소리 | 耳朵 ěrduo 명 귀 | 醒 xǐng 동 깨다 | 快速 kuàisù 형 쾌속의, 속도가 빠른 | 周围 zhōuwéi 명 주위 | 情况 qíngkuàng 명 상황 | 其实 qíshí 부 사실은 | 离开 líkāi 동 떠나다 | 笨 bèn 형 멍청하다, 어리석다 | 洗澡 xǐzǎo 동 샤워하다 | 作者 zuòzhě 명 작가, 저자 | 看法 kànfǎ 명 견해, 의견, 생각 | 误会 wùhuì 동 오해하다 | 명 오해

第1-10题

1. 人应该像一棵树那样，能接受阳光，也不害怕风雨，无论在什么环境下都能长高、长大。不能因为受到表扬就骄傲，受到批评就没了自信。

    ★ 人应该怎么样？
    A 不怕太阳　　B 从来不紧张　　C 不受环境影响　　D 对人友好

2. 小伙子，学京剧可是很辛苦的。首先你要愿意下功夫，打好基础；其次要用心去理解故事；最后，要一直坚持下去。

    ★ 这段话主要讲的是：
    A 怎样学好京剧　B 学汉语的过程　C 京剧很重要　D 怎么讲故事

3. 和付现金相比，刷信用卡有许多优点。首先，购物时无需带很多现金，非常安全；其次，刷卡也减少了找零钱的麻烦。

    ★ 这段话告诉我们，使用信用卡：
    A 不够安全　　B 能节约钱　　C 很普通　　D 更方便

4. 写字楼的出口和地铁站的入口是连着的，你坐电梯到一层，按照指示牌指的方向走。走出写字楼大门，就能看到地铁口了。

    ★ 说话人最可能在做什么？
    A 约会　　B 找卫生间　　C 买地铁票　　D 指路

5. 请你先简单介绍一下自己，说一说你的专业情况和工作经历。另外，如果你来我们公司工作，有什么工作计划？

    ★ 说话人最可能在做什么？
    A 招人　　B 做调查　　C 谈生意　　D 请假

6. 服务员，我们这桌有两个小朋友，麻烦帮我们搬两把儿童椅，再拿两个勺子，谢谢。

★ 说话人最可能在哪儿?
A 厨房　　　B 葡萄园　　　C 餐厅　　　D 高速公路上

7-8.

人与人交流起来有时候会很复杂，这往往是因为一些人"口不对心"。比如有的人嘴上说"我很好，不用担心我"，然而他们心里却很想获得你的支持和鼓励。如果你不了解这一情况，没有及时关心他们，他们也许会感到失望和难过。

★ "口不对心"的意思最可能是:
A 内心有不满　　B 说的和想的不同　　C 太粗心　　D 说话不流利

★ 关于例子中提到的人，下列正确的是:
A 不爱聊天儿　　B 从来不开玩笑　　C 希望得到关心　　D 很诚实

9-10.

很多人认为，海底是非常安静的。因为即使是最大的海风，也只能影响到水下几十米的地方。那么，海底难道真的一点儿声音也没有吗？其实并不是这样的，海底的动物也经常"说话"，它们在吃东西、游走、遇到危险等情况下都会发出不同的声音。只不过这些声音，我们无法直接听到。

★ 这段话最可能出自以下哪种杂志?
A 历史研究　　　B 海洋科学　　　C 民族艺术　　　D 经济

★ 根据这段话，可以知道什么?
A 海底有声音　B 海上很危险　C 海底污染严重　D 动物声音小

시원스쿨 新HSK
书写

쓰기

제 **1** 부분

문장 완성하기

Chapter 01 기본 어순

Chapter 02 결과보어 · 정도보어

Chapter 03 시량보어 · 동량보어 · 전치사구보어

Chapter 04 是자문 · 有자문

Chapter 05 把자문 · 被자문 · 比자문

Chapter 06 연동문 · 겸어문 · 강조문

출제 경향 및 문제 풀이 전략

쓰기 제1부분은 주어진 단어나 구를 순서에 맞게 한 문장으로 배열하는 문제로, 총 10문제가 출제된다.

1. 가장 기본적인 '주어+서술어(동사/형용사)+목적어' 어순을 배열하는 문제가 가장 많이 출제되고 있다.

2. 4급에서는 결과보어, 정도보어, 시량보어, 동량보어, 전치사구보어 등 다양한 보어가 출제되지만, 난이도가 높지 않고 문제 수도 적은 편이다.

3. 把자문, 被자문, 比자문, 연동문, 겸어문, 강조문 등 특수 문형이 시험마다 1~2문제 정도 출제되고 있다.

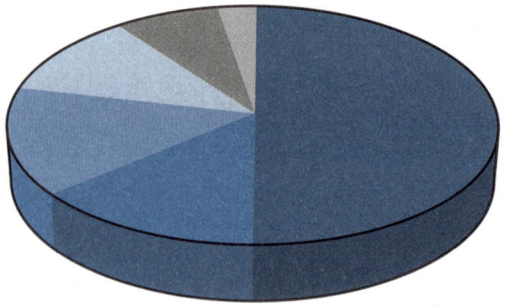

- 기본 어순
- 결과보어 · 정도보어
- 시량보어 · 동량보어 · 전치사구보어
- 是자문 · 有자문
- 把자문 · 被자문 · 比자문
- 연동문 · 겸어문 · 강조문

第86-95题

例如：那座桥　　　800年的　　　历史　　　有　　　了

　　　　 那座桥有800年的历史了。　　　　　　

86. 紧张　　　起来　　　十分　　　她看

　　　_____

87. 谈　　　这篇文章　　　主要　　　儿童教育问题

　　　_____

문제 풀이 전략

1단계 수식어는 괄호로 묶어둔다.
'的'나 '地'로 끝나는 수식어는 우선 괄호로 표시하여, 문장의 기본성분인 '주어＋서술어＋목적어'가 잘 보이도록 하는 것이 좋다.

2단계 서술어를 먼저 찾아내는 것이 효율적이다.
문장의 기본성분 중에서 주어는 의미상 생략될 수가 있고, 서술어가 형용사라면 목적어도 없을 수 있다. 따라서 문장의 서술어를 먼저 찾아내어 균형을 잡는 것이 도움이 된다.

3단계 답안지에 정확하게 적는다.
시험지에 문장을 한 번 써 본 뒤 답안지에 적는 것은 시간이 너무 오래 걸린다. 단어 위에 1, 2, 3 숫자로 순서를 표시한 뒤, 시험지를 보고 한자를 한 획 한 획 정확하게 답안지에 적는다. 이때 마지막에 의미에 맞게 마침표(。), 물음표(？), 느낌표(！) 등 문장 부호 쓰는 것을 절대 잊어서는 안 된다.

Chapter 01 기본 어순

我对京剧感兴趣。
나는 경극에 관심이 있다.

기초 체크

+ 정답 및 해설_해설서 129쪽

☑ 第86-95题

86. 咸　　饼干　　有点儿　　这包

87. 留下了　　他　　印象　　给我　　很深的

시원한 01 공략법
형용사술어문 파악하기!

'형용사술어문'이라는 말 그대로 서술어의 품사가 형용사인 문장을 뜻한다.

> 관형어 + (的) + 주어 + 부사어 + 형용사서술어

관형어 형용사술어문에서 주어를 수식하는 관형어에는 주로 다음과 같은 품사들이 사용된다.

这两本　小说　的　内容　很　有意思。 이 두 권 소설의 내용은 재미있다.
지시대사 + 수사 + 양사　명사　　　주어　부사어　형용사서술어
　　관형어

你买　的　水果　很　甜。 네가 산 과일은 달다.
동사(구)　　주어　부사어　형용사서술어
관형어

부사어 형용사서술어를 수식하는 부사어에는 주로 다음과 같은 품사들이 사용된다.

他　最近　对我　很　好。 그는 요즘 나에게 잘해준다.
주어　시간명사　전치사구　부사　형용사서술어
　　　　　　부사어

주요 출제 방식

1. 十分　　房东对　　他们　　友好
2. 很棒　　主意　　　出的　　他刚才

1

房东对他们十分友好。　　집주인은 그들에게 매우 우호적이다.

단어

房东 fángdōng 몡 집주인 | 十分 shífēn 뵘 매우, 아주 | 友好 yǒuhǎo 혱 우호적이다

2

他刚才出的主意很棒。 　　그가 방금 낸 아이디어는 멋지다.

단어

刚才 gāngcái 몡 방금, 막 | 主意 zhǔyi 몡 생각, 아이디어 | 棒 bàng 혱 좋다, 대단하다, (수준이) 높다

문 제

1. 这个　　　重　　　很　　　教学任务　　　学期的

2. 越来越深　　　了　　　误会　　　的　　　他们之间

문제 풀이

1   형용사술어문

这个学期的教学任务很重。　　이번 학기의 교육 임무가 무겁다.

 먼저 서술어는 확실하게 형용사 '重'이고, 이와 호응할 수 있는 주어는 '教学任务'밖에 없다. 그런 다음 나머지 수식 성분들을 적절한 자리에 놓으면 된다.

 学期 xuéqī 몡 학기 | 教学 jiàoxué 몡 수업, 교육 | 任务 rènwu 몡 임무 | 重 zhòng 혱 ① 무겁다 ② 중요하다

2   형용사술어문

他们之间的误会越来越深了。　　그들 간의 오해가 갈수록 깊어졌다.

 먼저 서술어는 확실하게 '越来越'의 수식을 받고 있는 형용사 '深'이고, 이와 호응할 수 있는 주어는 '误会'밖에 없다. 나머지 수식 성분들을 적절한 자리에 놓으면 된다.

 误会 wùhuì 동 오해하다 몡 오해 | 越来越 yuèláiyuè 점점, 갈수록 | 深 shēn 혱 ① 깊다 ② (색깔이) 진하다

시원한 02 공략법

동사술어문 파악하기!

동사술어문이란 말 그대로 서술어의 품사가 동사인 문장을 뜻한다.

> 관형어 + (的) + 주어 + 부사어 + (地) + **동사서술어** + 관형어 + (的) + 목적어

관형어 동사술어문에서 주어나 목적어를 수식하는 관형어에는 다양한 품사들을 사용할 수 있다.

我 还 记得 老师讲 的 那个 浪漫 的 爱情 故事。
주어 부사어 동사서술어 동사(구) 지시대사+수사+양사 형용사 명사 목적어
　　　　　　　　　　　　　　　　관형어

나는 선생님이 이야기해주신 그 낭만적인 사랑 이야기를 아직도 기억하고 있다.

* '(지시대사)+수사+양사'는 형용사보다 앞에 사용해야 한다.

부사어 동사서술어를 수식하는 부사어에는 주로 다음과 같은 품사들이 사용된다.

我 明天 一定 会 满意地 向他 表示 同意。
주어 시간명사 부사 조동사 형용사 전치사구 동사서술어 목적어
　　　　　　　　　　부사어

나는 내일 반드시 만족스럽게 그에게 동의함을 나타낼 것이다.

주요 출제 방식

1. 一名	正式成为	硕士了	已经	她
2. 招聘	不符合	他的条件	我们的	要求

1

她已经正式成为一名硕士了。 : 그녀는 이미 정식으로 한 명의 석사가 되었다.

단어

正式 zhèngshì 〔형〕 정식의, 공식의 | 成为 chéngwéi 〔동〕 ~이(가) 되다 | 硕士 shuòshì 〔명〕 석사

2

| 他的条件不符合我们的招聘要求。 | 그의 조건은 우리의 모집 요구에 부합되지 않는다. |

단어

条件 tiáojiàn 몡 조건 | 符合 fúhé 동 부합하다 | 招聘 zhāopìn 동 모집하다, 채용하다

문제

1. 影响   友谊   真正的   不受   时间和距离的

2. 为自己   道歉   错误   的   他不得不

문제 풀이

1
동사술어문

| 真正的友谊不受时间和距离的影响。 | 진정한 우정은 시간과 거리의 영향을 받지 않는다. |

풀이 먼저 서술어가 될 수 있는 동사는 확실하게 부정부사의 수식을 받고 있는 '受'이다. '的'로 끝나는 관형어들을 괄호 표시하고 나면 남게 되는 '友谊'와 '影响'이 각각 주어와 목적어에 들어가야 한다. 관형어는 각각 의미에 맞는 대상을 수식하면 된다.

단어 真正 zhēnzhèng 형 진정한 부 진짜로, 참으로 | 友谊 yǒuyì 명 우정 | 受 shòu 동 받다 | 距离 jùlí 동 떨어지다, 사이를 두다 명 거리, 격차 | 影响 yǐngxiǎng 동 영향을 주다 명 영향

2
형용사술어문

| 他不得不为自己的错误道歉。 | 그는 어쩔 수 없이 자신의 잘못 때문에 사과했다. |

풀이 먼저 서술어는 확실하게 이합동사 '道歉'이고, 주어는 '他'이다('道歉'을 수식하는 부사 '不得不'까지 붙어 있다). 이제 남는 표현들은 원인을 나타내는 '为' 전치사구에 넣어주면 된다.

단어 不得不 bùdébù 부 부득이하게, 어쩔 수 없이 | 错误 cuòwù 명 잘못 | 道歉 dàoqiàn 동 사과하다

시원한 03 공략법

서술성 목적어를 가지는 동사!

대부분의 동사가 목적어로 명사나 대명사를 가지는 것과 달리, 목적어에 형용사나 동사와 같은 서술성의 목적어를 가질 수 있거나 가져야 하는 동사가 있다. 가장 대표적인 동사로 '觉得'가 있다.

我 + 觉得 + 她很漂亮。 → 목적어에 형용사 '漂亮'이 들어 있음
주어　서술어　　목적어

我 + 觉得 + 她应该学汉语。 → 목적어에 동사 '学'가 들어 있음
주어　서술어　　목적어

주요 출제 방식

1. 沙发	花了	你猜这个		多少钱
2. 看法	表示	她	的	同意我们

1

你猜这个沙发花了多少钱。 | 너는 이 소파를 얼마 썼는지 추측해봐.

단어

猜 cāi 동 추측하다, 알아맞히다 | 沙发 shāfā 명 소파 | 花 huā 동 (돈·시간을) 쓰다

2

她表示同意我们的看法。 | 그녀는 우리의 의견에 동의를 나타냈다.

단어

表示 biǎoshì 동 나타내다, 표시하다 | 同意 tóngyì 동 동의하다 | 看法 kànfǎ 명 견해, 의견, 생각

문 제
1.　衣服　　　很　　　穿　　　适合小伙子　　　那件
2.　底　　　旅行　　　叔叔　　　打算9月　　　去亚洲

시원한 공략법
문제 풀이

1

서술성 목적어를 가질 수 있는 동사

那件衣服很适合小伙子穿。　　　　저 옷은 젊은이가 입기에 매우 적합하다.

 동사 '适合'는 명사 목적어도 가질 수 있지만, 형용사나 동사가 들어가는 서술성 목적어도 가질 수 있는 동사이다. 위 문장에서도 '小伙子穿'이라는 동사구를 목적어로 갖고 있다.

 适合 shìhé 통 적합하다, 알맞다, 어울리다 | 小伙子 xiǎohuǒzi 명 젊은이

2

서술성 목적어를 가질 수 있는 동사

叔叔打算9月底去亚洲旅行。　　　　삼촌은 9월 말에 아시아로 여행을 갈 계획이다.

 동사 '打算'은 명사 목적어를 가질 수가 없고, 반드시 목적어에 동사나 동사구가 있어야 한다. 예를 들어 '打算中国 (중국을 계획하다)'는 말이 되지 않는다. '打算去中国(중국에 갈 계획이다)'라고 동사 '去'를 사용해야만 완벽한 의미가 된다. 위 문장에서도 '9月底去亚洲旅行'이라는 동사구를 목적어로 갖고 있다.

 叔叔 shūshu 명 삼촌, 숙부 | 月底 yuèdǐ 명 월말 | 亚洲 Yàzhōu 고유 아시아 | 旅行 lǚxíng 통 여행하다 명 여행

비밀 노트 — 서술성 목적어를 가지는 동사 BEST 10

保证 bǎozhèng ⑧ 보증하다, 확실히 책임지다	我们**保证**按时完成任务。 우리는 제때 임무를 완성할 것을 보증합니다.
打算 dǎsuàn ⑧ ~할 계획이다	我**打算**暑假去中国旅行。 나는 여름방학에 중국으로 여행 갈 계획이다.
坚持 jiānchí ⑧ 단호히 지키다, 꾸준하게 지속하다	她丈夫每天**坚持**跑3公里。 그녀의 남편은 매일 3킬로미터(km)를 달리는 것을 꾸준히 하고 있다.
禁止/允许 jìnzhǐ / yǔnxǔ ⑧ 금지하다 / 허가하다	**禁止**在公共场所抽烟。 공공장소에서 흡연하는 것을 금지합니다. 北京很多地方不**允许**抽烟。 베이징의 많은 곳은 흡연하는 것을 허가하지 않는다.
开始 kāishǐ ⑧ 시작하다	这家超市从晚上8点**开始**打折。 이 슈퍼마켓은 저녁 8시부터 할인을 시작한다.
来得及/来不及 láidejí / láibují 늦지 않다, 시간이 있다 / 늦다, 시간이 없다	现在还**来得及**跟他打招呼。 지금 아직은 그와 인사할 시간이 있다. 现在已经**来不及**跟他打招呼。 지금은 이미 그와 인사하기에 늦었다.
认为 rènwéi ⑧ ~라고 여기다, 생각하다	我**认为**他会成功。 나는 그가 성공할 것이라고 생각한다.
适合 shìhé ⑧ 적합하다, 알맞다, 어울리다	这件衣服很**适合**春天穿。 이 옷은 봄에 입기에 매우 적합하다.
希望 xīwàng ⑧ 희망하다, 바라다	我**希望**你能来参加聚会。 나는 당신이 와서 모임에 참석할 수 있기를 바랍니다.
喜欢/爱 xǐhuan / ài ⑧ 좋아하다 / ~하기를 좋아하다	她**喜欢/爱**吃甜的。 그녀는 매운 거 먹는 것을 좋아한다.

4급 실전 테스트

第1-7题

1. 特别　　　弹钢琴　　　他　　　帅　　　的样子

2. 比较　　　的　　　课　　　下个学期　　　轻松

3. 会　　　小脾气　　　发点儿　　　她偶尔

4. 一封　　　警察　　　写了　　　她给　　　感谢信

5. 支持　　　得到　　　没有　　　家人的　　　妹妹的决定

6. 大家的　　　他　　　获得　　　希望　　　原谅

7. 全部　　　我认为　　　并不是　　　爱情　　　生命的

Chapter 02 결과보어 · 정도보어

她(唱)歌唱得很好。

그녀는 노래를 잘 부른다.

기초 체크

+ 정답 및 해설_해설서 132쪽

☑ 第86-95题

86. 都　　　好了　　　安排　　　一切

87. 不太　　　进行得　　　计划　　　顺利

시원한 01 공략법
결과보어 익히기!

보어는 서술어 뒤에서 서술어를 수식하는 문장성분이다. 그 중 결과보어는 말 그대로 동작의 결과가 어떻게 끝났는지 보충해주는 보어이다. 일반적으로 결과보어는 이미 동작이 끝난 상황에서 사용하게 되므로 '了'를 사용하는 경우가 많다. 부정은 '了'를 생략하고 '没(有)'를 사용한다.

서술어	결과보어			
看	完了	본 결과 다 보다 (다 봤다)	↔ 没(有)看完	다 보지 못했다
看	懂了	본 결과 이해하다 (보고 이해했다)	↔ 没(有)看懂	보고 이해하지 못했다
看	清楚了	본 결과 분명하다 (분명히 봤다)	↔ 没(有)看清楚	정확히 보지 못했다
看	错了	본 결과 틀리다 (잘못 봤다)	↔ 没(有)看错	잘못 보지 않았다

주요 출제 방식

1. 原因终于   到了   这件事的   找
2. 地址   你一定   清楚   要把   写

1

这件事的原因终于找到了。 이 일의 원인을 마침내 찾아냈다.

단어
原因 yuányīn 명 원인, 이유 | 终于 zhōngyú 부 마침내, 드디어, 결국

2

你一定要把地址写清楚。 당신은 반드시 주소를 정확하게 써야 합니다.

단어
地址 dìzhǐ 명 주소

문제

1. 把你的　　　丢了　　　我　　　弄　　　衣服

2. 光了　　　叶子　　　已经掉　　　树上的

시원한 공략법
문제 풀이

1　　　　　　　　　　　　　　　　　　　　　　　　　　결과보어

我把你的衣服弄丢了。　　　　　　　내가 너의 옷을 잃어버렸어.

 먼저 동사 '弄'은 자세한 과정에 대한 설명이 어렵거나 필요성을 느끼지 못할 때 사용하는 동사로, 뒤에 결과보어를 가져 하나의 의미를 나타낸다. 예를 들어 어떤 과정을 통해 고장이 났으면 '弄坏', 어떤 과정을 통해 더러워졌으면 '弄脏'이라고 사용한다. 지금은 어떤 과정을 통해 잃어버렸으므로 '弄丢'로 사용할 수 있다.

 丢 diū 图 잃(어버리)다, 분실하다

2　　　　　　　　　　　　　　　　　　　　　　　　　　결과보어

树上的叶子已经掉光了。　　　　　　나무 위의 잎이 이미 남김없이 다 떨어졌다.

 먼저 서술어는 확실하게 동사 '掉'이고, 그 뒤에 '하나도 남김없이 다 ~하다'라는 뜻의 결과보어 '光'을 사용하고 있다. 주어가 될 수 있는 명사는 '叶子' 밖에 없고, '树上的'는 '的'의 형태로 명사를 수식하는 말임을 알 수 있다.

 树 shù 图 나무 | 叶子 yèzi 图 잎 | 掉 diào 图 떨어지다, 떨어뜨리다

시원한 02 공략법
정도보어 익히기!

정도보어는 말 그대로 서술어의 정도가 어떠한지 구체적으로 설명해주는 보어이다. 높은 정도를 나타내며 습관적으로 사용하는 '관용적 정도보어'와 정도보어 격식에 맞추어 사용하는 '일반형 정보보어'가 있다.

관용적 정도보어 极了, 死了 → 好极了(아주 좋다) 饿死了(배고파 죽겠다)

일반형 정도보어 서술어 + 得 + 정도보어

　　　说　得　很好　　말하는 정도가 잘한다(말을 잘한다)
↔　说　得　不好　　말을 잘하지 못하다

　　　洗　得　很干净　씻은 정도가 깨끗하다(깨끗하게 씻는다)
↔　洗　得　不干净　깨끗하게 씻지 못했다

　　(동사) + 목적어 + 동사 + 得 + 정도보어

　　（说）汉语　说　得　很好　중국어를 잘한다

주요 출제 방식

1. 胳膊　　　厉害　　　疼得　　　我的
2. 得　　　很　　　比赛　　　进行　　　顺利

1

我的胳膊疼得厉害。　　　　나의 팔이 심하게 아프다.

단어

胳膊 gēbo 명 팔 | 疼 téng 형 아프다 | 厉害 lìhai 형 ① 사납다, 무섭다 ② 대단하다, 심각하다

2

| 比赛进行得很顺利。 | 경기가 순조롭게 진행되었다. |

단어
进行 jìnxíng 图 진행하다 | 顺利 shùnlì 图 순조롭다

문제

1. 很乱   总结   写   得   这份

2. 很满   课   得   下学期的   安排

시원한 공략법
문제 풀이

1 정도보어

| 这份总结写得很乱。 | 이 총결산은 제멋대로 쓰여 있다. |

 먼저 서술어는 확실하게 동사 '写'이고, 그 뒤에 '쓴 정도가 엉망이다'라는 의미의 정도보어 '很乱'이 '得'를 연결고리로 사용되고 있다. 주어가 될 수 있는 표현은 '总结'밖에 없고, '这份'은 주어를 수식하는 관형어이다.

단어 总结 zǒngjié 图 총정리하다, 총결산하다 图 총정리, 총결산 | 乱 luàn 图 어지럽다, 무질서하다 图 마구, 함부로, 제멋대로

2 정도보어

| 下学期的课安排得很满。 | 다음 학기의 수업이 빡빡하게 짜였다. |

 먼저 서술어는 확실하게 동사 '安排'이고, 그 뒤에 '안배한 정도가 가득하다'라는 의미의 정도보어 '很满'이 '得'를 연결고리로 사용되고 있다. 주어가 될 수 있는 표현은 '课' 밖에 없고, '下学期的'는 주어를 수식하는 관형어이다.

단어 学期 xuéqī 图 학기 | 安排 ānpái 图 배치하다, 안배하다, 준비하다 | 满 mǎn 图 가득하다, 가득 차다

第1-7题

1. 及时　　　下得　　　真　　　这场雨

2. 很严重　　　空气　　　这儿的　　　污染得

3. 能擦　　　字　　　为什么橡皮　　　掉　　　铅笔写的

4. 越详细　　　得　　　工作报告　　　越好　　　写

5. 说明书　　　得　　　很详细　　　这份　　　介绍

6. 得　　　事情　　　十分突然　　　发生　　　这件

7. 清楚了　　　误会已经　　　的　　　他们俩　　　解释

Chapter 03 시량보어 · 동량보어 · 전치사구보어

她来自韩国。
그녀는 한국에서 왔다.

기초 체크

+ 정답 및 해설_해설서 135쪽

☑ 第86-95题

86. 曾经   一次调查   我   做过

87. 把这个东西   桌子上   你别   放在

시원한 01 공략법

시량보어와 동량보어 익히기!

시량보어 중국어에서 '시간'과 '시량'은 엄격하게 구분해서 사용해야 한다. 시점을 나타내는 '시간'은 동사 앞에서 부사어로 사용하고, 시간의 양을 나타내는 '시량'은 동사 뒤에서 보어로 사용한다.

	시간	시량
시	点	(个)小时, 个钟头
분 / 15분	分 / 刻	分钟 / 刻钟

他　七点　上　班。 그는 7시에 출근한다.
주어　시간부사어　서술어　목적어

他　工作　七个小时。 그는 7시간 동안 일한다.
주어　서술어　시량보어

동량보어 말 그대로 동사 뒤에서 동작의 횟수를 보충해주는 표현이다.

他　去过　一次。 그는 한 번 가본 적 있다.
주어　서술어　동량보어

我　看过　一遍。 나는 한 번 본 적 있다.
주어　서술어　동량보어

주요 출제 방식

1. 一个　　会议　　进行了　　小时
2. 要　　回家　　我　　一趟

1

会议进行了一个小时。 | 회의는 한 시간 동안 진행되었다.

단어

会议 huìyì 몡 회의 | 进行 jìnxíng 동 진행하다

2

| 我要回家一趟。 | 나는 집에 한 번 갔다 오려고 한다. |

단어

趟 tàng 양 번, 차례 [왕복하는 횟수를 세는 단위]

문제

1. 两年了   工作了   他已经   在北京

2. 打了好几次   我   电话   给他

문제 풀이

 1   시량보어

| 他已经在北京工作了两年了。 | 그는 이미 베이징에서 2년째 일하고 있다. |

풀이 먼저 서술어는 확실하게 동사 '工作'이고, 그 뒤에 '2년 동안'을 나타내는 시량보어 '两年'을 사용하고 있다. 주어가 될 수 있는 명사는 '他' 밖에 없고, 전치사구 '在北京'을 동사 앞에 두면 된다.

 2   동량보어

| 我给他打了好几次电话。 | 나는 그에게 몇 번이나 전화했다. |

풀이 먼저 서술어는 확실하게 동사 '打'이고, 그 뒤에 많은 횟수를 나타내는 동량보어 '好几次'를 사용하고 있다. 주어가 될 수 있는 명사는 '我' 밖에 없고, 전치사구 '给他'를 동사 앞에 두면 된다.

시원한 02 공략법

전치사구보어 익히기!

전치사구가 서술어 앞에서 서술어를 수식하면 부사어, 뒤에서 서술어를 수식하면 전치사구보어가 된다.

부사어   我　在北京　学　汉语。　/　火车　自北京　出发。
　　　　　　주어　전치사구　서술어　목적어　　주어　전치사구　서술어

　　　　　나는 베이징에서 중국어를 공부한다.　　기차는 베이징으로부터 출발한다.

전치사구보어   我　住　在北京。　/　我　来　自北京。
　　　　　　　　　주어　서술어　전치사구보어　　주어　서술어　전치사구보어

　　　　　　　　나는 베이징에 산다.　　　나는 베이징으로부터 왔다.

주요 출제 방식

1.	沙发上	他	睡在	经常
2.	韩国	大部分	来自	同学都

1

他经常睡在沙发上。　　　　　　그는 자주 소파 위에서 잔다.

단어

经常 jīngcháng 분 자주, 종종 | 沙发 shāfā 명 소파

2

| 大部分同学都来自韩国。 | 대부분 학우가 모두 한국에서 왔다. |

단어

大部分 dàbùfen 명 대부분

문제

1. 降落在　　准时　　首都机场　　飞机

2. 同　　城市　　一个　　我们　　来自

시원한 공략법
문제 풀이

1　　　　　　　　　　　　　　　　　　전치사구보어

| 飞机准时降落在首都机场。 | 비행기가 정시에 수도 공항에 착륙했다. |

 먼저 서술어는 확실하게 동사 '降落'이고, 그 뒤에 전치사구보어 '在首都机场'을 사용하고 있다. 주어가 될 수 있는 명사는 '飞机' 밖에 없고, 부사 '准时'는 동사를 수식하면 된다.

 准时 zhǔnshí 형 시간을 잘 지키다 부 정시에, 제때에 | 降落 jiàngluò 동 착륙하다 | 首都 shǒudū 명 수도

2　　　　　　　　　　　　　　　　　　전치사구보어

| 我们来自同一个城市。 | 우리는 같은 도시에서 왔다. |

 먼저 서술어는 확실하게 동사 '来'이고, 그 뒤에 전치사구보어 '自同一个城市'를 사용하고 있다. 주어가 될 수 있는 표현은 인칭대명사 '我们'밖에 없다.

 城市 chéngshì 명 도시

第1-7题

1. 一遍　　　检查了　　　又重新　　　他

2. 故事　　　18世纪　　　这个　　　发生在

3. 申请表　　　填好的　　　桌子上　　　都放在

4. 美丽的　　　一个　　　小城市　　　他　　　出生在

5. 进行了　　　已经　　　两个多　　　讨论会　　　小时

6. 海边城市　　　他来自　　　的　　　美丽　　　一个

7. 经济杂志　　　来自　　　文章　　　一本　　　这篇

Chapter 04 是자문 · 有자문

我对历史有兴趣。
나는 역사에 관심이 있다.

기초 체크

+ 정답 및 해설_해설서 138쪽

☑ 第86-95题

86. 哪种　　　植物的　　　叶子　　　这是

87. 一个大镜子　　　客厅　　　有　　　里

시원한 01 공략법

是자문 파악하기!

是자문이란 말 그대로 서술어동사가 '是'인 문형이다. 기본적으로 'A 是 B'의 형태로 'A=B'의 뜻을 나타낸다. 주로 다음 세 가지 문형으로 사용된다.

첫 번째 주어 + 是 + 명사

의미상 'A=B'의 구조로 是자문의 가장 기본형이다.

我是学生。 → 我 = 学生　나는 학생이다.

두 번째 주어 + 是 + 명사的

의미상 'A=B的A'의 구조로 마지막 A를 생략한 문형이다.

我的房间是东边的。 = 我的房间是东边的房间。　내 방은 동쪽 것이다.

세 번째 주어 + 是 + 형용사 / 동사的

목적어에 형용사나 동사가 올 경우 '的'를 사용해서 명사화하게 된다.

这是贵的。　이것은 비싼 것이다.

这是买的。　이것은 산 것이다.

주요 출제 방식

1. 放松	听音乐	方式	是一种
2. 起来的	积累	知识是	慢慢

1

听音乐是一种放松方式。　　음악을 듣는 것은 일종의 긴장을 푸는 방법이다.

단어

音乐 yīnyuè 몡 음악 | 放松 fàngsōng 동 (정신적) 긴장을 풀다 | 方式 fāngshì 몡 방식, 방법

2

| 知识是慢慢积累起来的。 | 지식은 천천히 쌓아가는 것이다. |

단어

知识 zhīshi 몡 지식 | 积累 jīlěi 동 쌓다, 쌓이다

문 제

1. 长城   印象中的   你   是什么样子的

2. 的   介绍   儿童教育   这篇文章是

시원한 공략법
문제 풀이

1
두 번째 문형

| 你印象中的长城是什么样子的? | 당신 인상 속의 창청(만리장성)은 어떤 모습인가요? |

 먼저 서술어인 '是'를 기준으로 주어와 목적어를 찾아내는 것이 좋다. 주어는 '长城', 목적어는 '什么样子的(长城)'이다.

 印象 yìnxiàng 몡 인상 | 长城 Chángchéng 고유 창청(만리장성) | 样子 yàngzi 몡 모양, 모습

2
세 번째 문형

| 这篇文章是介绍儿童教育的。 | 이 글은 아동 교육을 소개한 것이다. |

 먼저 서술어인 '是'를 기준으로 주어와 목적어를 찾아내는 것이 좋다. 주어는 '这篇文章', 목적어는 '介绍儿童教育的'로 '介绍'가 있는 동사 구조를 '的'를 사용해서 명사화시킨 것이다.

 文章 wénzhāng 몡 글, 문장 | 儿童 értóng 몡 아동 | 教育 jiàoyù 동 교육하다 몡 교육

시원한 02 공략법
有자문 파악하기!

有자문이란 말 그대로 서술어 동사가 '有'인 문형이다. 주로 다음 세 가지 문형으로 사용된다.

첫 번째 주체 + 有 + 대상

주어가 어떤 대상을 갖고 있음을 나타낸다.

我有一本书。 나는 책 한 권이 있다.

두 번째 주체 + 전치사구 + 有 + 대상

첫 번째 문형에서 전치사구가 들어가는 경우이다.

我对这个有信心。 나는 이것에 대해 자신이 있다.

세 번째 장소/위치 + 有 + 대상

장소나 위치에 어떤 대상이 존재함을 나타낸다.

这儿有很多书。 이곳에는 책이 많이 있다.

주요 출제 방식

1.	重要影响	交通	有	对经济发展
2.	零钱	上	还	有一些	沙发

1

交通对经济发展有重要影响。 | 교통은 경제 발전에 중요한 영향을 갖고 있다.

단어

交通 jiāotōng 명 교통 | 经济 jīngjì 명 경제 | 发展 fāzhǎn 동 발전하다 명 발전 | 重要 zhòngyào 형 중요하다 | 影响 yǐngxiǎng 동 영향을 주다 명 영향

2

沙发上还有一些零钱。　　　소파 위에 아직도 약간의 잔돈이 있다.

단어

沙发 shāfā 명 소파 | 零钱 língqián 명 ① 잔돈 ② 용돈

문 제

1. 我对　　判断　　有信心　　自己的

2. 方式　　网站上　　有房东的　　联系

시원한 공략법 문제 풀이

1 두 번째 문형

我对自己的判断有信心。　　　나는 나 자신의 판단에 자신감이 있다.

 먼저 서술어인 '有'를 기준으로 주어와 목적어를 찾아내는 것이 좋다. 주어는 소유의 주체를 나타내는 '我', 목적어는 소유 대상인 '信心'이다. 이때 전치사구 '对自己的判断'을 동사 앞에 두면 된다.

 判断 pànduàn 동 판단하다 명 판단 | 信心 xìnxīn 명 자신(감)

2 세 번째 문형

网站上有房东的联系方式。　　　웹사이트상에 집주인의 연락처가 있다.

 먼저 서술어인 '有'를 기준으로 주어와 목적어를 찾아내는 것이 좋다. 주어는 존재하는 장소를 나타내는 표현 '网站上', 목적어는 존재 대상인 '联系方式'이다. 이때 '房东的'는 목적어를 수식하는 관형어이다.

 网站 wǎngzhàn 명 웹사이트 | 房东 fángdōng 명 집주인 | 联系 liánxì 동 연락하다, 연결하다 명 연락 | 方式 fāngshì 명 방식, 방법

第1-7题

1. 的　　　　葡萄味儿　　　　橡皮糖是　　　　这个

2. 完全　　　　我对　　　　没印象了　　　　那段经历

3. 丰富的　　　　警察　　　　是个　　　　我爸爸　　　　经验

4. 没有　　　　抽烟对　　　　好处　　　　身体　　　　任何

5. 都　　　　互联网上的　　　　是真的　　　　消息不一定

6. 葡萄树　　　　后面　　　　有一棵　　　　爷爷的房子

7. 十分　　　　是个　　　　人　　　　冷静的　　　　奶奶

Chapter 05 把자문 · 被자문 · 比자문

我把钱包弄丢了。
나는 지갑을 잃어버렸다.

기초 체크

+ 정답 및 해설_해설서 141쪽

☑ 第86-95题

86. 给我   钥匙   了   房东把

87. 拒绝   被   申请   了   她的

시원한 01 공략법
把자문 파악하기!

把자문이란 말 그대로 전치사 '把'를 사용한 문형이다. '把'는 '~을(를)'로 해석되며, '将'으로 바꾸어 사용해도 된다. 기본적으로 다음 몇 가지 규칙에 맞게 써야 한다.

① 부사나 조동사는 일반적으로 '把' 앞에 두어야 하지만, '都, 也, 再, 重新' 등 일부 부사는 의미상 동사 서술어 바로 앞에 오는 경우도 있다.
② 동사서술어 뒤에는 반드시 '了'나 보어 등 기타성분이 있어야 한다.
③ 특히 구어체에서 동사 앞에 조사 '给'를 사용하는 경우가 많은데, 의미상 변화는 크게 없다.

문형 주어 + 부사/조동사 + (把……) + 给 + 동사서술어 + 기타성분
我 一定 (把作业) 给 做 完。 나는 반드시 숙제를 다 할 것이다.

주요 출제 방식

1. 整理好了	所有照片	都	我把	
2. 镜子旁边	把	挂在	你	毛巾

1
我把所有照片都整理好了。 | 나는 모든 사진을 다 정리했다.

단어
所有 suǒyǒu 휑 모든, 전부의 | 照片 zhàopiàn 명 사진 | 整理 zhěnglǐ 통 정리하다

2

你把毛巾挂在镜子旁边。　　　　당신은 수건을 거울 옆에 걸어두세요.

단어

毛巾 máojīn 몡 수건, 타월 | 挂 guà 동 (고리·못 등에) 걸다 | 镜子 jìngzi 몡 거울

문제

1. 已经　　　我　　　客厅　　　收拾好了　　　把

2. 银行卡的密码　　　把　　　给忘记了　　　他竟然

시원한 공략법 문제 풀이

1　　　　　　　　　　　　　　　　　　　　　　　　　　　　　　　把자문

我已经把客厅收拾好了。　　　　나는 이미 거실을 다 정리했다

 먼저 서술어는 동사 '收拾'가 뒤에 완료를 나타내는 결과보어 '好'을 갖고 있다. 주어는 '我'이고, 부사 '已经'은 '把' 앞에 두어야 한다.

 客厅 kètīng 몡 응접실, 거실 | 收拾 shōushi 동 정리하다, 치우다, 꾸리다

2　　　　　　　　　　　　　　　　　　　　　　　　　　　　　　　把자문

他竟然把银行卡的密码给忘记了。　　　그는 뜻밖에도 은행카드의 비밀번호를 잊어버렸다.

 먼저 서술어는 동사 '忘记', 주어는 '他'이고, 부사 '竟然'은 '把' 앞에 두어야 한다. 또한 의미상 변화는 없지만, 동사 '忘记' 앞에 조사 '给'를 사용하고 있다.

 竟然 jìngrán 閉 뜻밖에, 의외로, 결국 | 密码 mìmǎ 몡 비밀번호 | 忘记 wàngjì 동 잊(어버리)다

시원한 02 공략법

被자문 파악하기!

被자문이란 말 그대로 전치사 '被'를 사용한 문형이다. '被'는 '~에 의해 ~당하다'로 해석되며, 주어가 '被' 뒤의 명사에 의해 어떤 동작을 당했는지 나타낸다. 부사와 조동사는 반드시 '被' 앞에 두어야 하며, 다음 두 가지 문형으로 사용한다.

첫 번째 주어 + 被 + 동사

주어가 누구한테 당했는지 생략되고, 바로 '동사 당했다'라는 뜻을 나타낸다.

这个问题被解决了。 이 문제는 해결되었다.

두 번째 주어 + (被……) + 동사

주어가 '被' 뒤의 명사에 의해 '동사 당했다'라는 뜻을 나타낸다. 부사와 조동사는 '被' 앞에 두어야 한다.

这个问题已经被他解决了。 이 문제는 이미 그에 의해 해결되었다.

주요 출제 방식

1. 这些数字的	被我	打乱了	顺序
2. 这包	都被我	吃光了	饼干

1

这些数字的顺序被我打乱了。 | 이 숫자들의 순서는 나에 의해 뒤죽박죽이 되었다.

단어

数字 shùzì 몡 숫자 | 顺序 shùnxù 몡 순서 | 打乱 dǎluàn 동 엉망으로 만들다, 뒤죽박죽이다

2

| 这包饼干都被我吃光了。 | 이 과자 한 봉지는 모두 나에 의해 다 먹어졌다. |

단어

饼干 bǐnggān 몡 비스킷, 과자

문 제

1. 推迟　　起飞时间被　　了　　航班的

2. 拿走了　　已经　　钥匙　　被王经理　　办公室的

시원한 공략법
문제 풀이

1 　　　　　　　　　　　　　　　　　　　　　　　첫 번째 문형

| 航班的起飞时间被推迟了。 | 항공편의 이륙 시간이 연기되었다. |

 먼저 서술어는 동사 '推迟'이다. 이때 주어 '起飞时间'이 무엇에 의해 연기되었는지는 생략된 문장이다.

 航班 hángbān 몡 (비행기나 배의) 항공편, 운항편 | 起飞 qǐfēi 동 이륙하다 | 推迟 tuīchí 동 미루다, 연기하다

2 　　　　　　　　　　　　　　　　　　　　　　　두 번째 문형

| 办公室的钥匙已经被王经理拿走了。 | 사무실의 열쇠는 이미 왕 사장님에 의해 가져가졌다. |

 먼저 서술어 동사는 '拿走'이다. 무엇이 무엇에 의해 가져가졌는지 생각한다면, '钥匙'가 '王经理'에 의해 가져가졌음을 알 수 있다. 또한 부사 '已经'은 '被' 앞에 두어야 한다.

 钥匙 yàoshi 몡 열쇠

시원한 03 공략법

比자문 파악하기!

比자문이란 말 그대로 전치사 '比'를 사용하여 비교를 나타내는 문형이다. 'A+比B+서술어(A가 B보다 ~하다)'라는 기본형에 다음과 같은 수식 성분을 사용할 수 있다.

첫 번째 A + 比 B + 更 + 서술어 : A가 B보다 더 ~하다

　　她 比 我 更 漂亮。　그녀가 나보다 예쁘다.

　*비교문의 서술어 앞에 일반적인 정도부사(很, 非常, 十分, 特别……)는 절대 사용할 수 없다.

두 번째

A + 比 B + 서술어 + 　많이 : 很多, 得多, 多了　　A가 B보다 많이 더 ~하다
　　　　　　　　　　　조금 : (一)点儿, (一)些　　A가 B보다 조금 더 ~하다
　　　　　　　　　　　수량사

　今天 比 昨天 冷 很多。　오늘이 어제보다 많이 더 춥다.
　今天 比 昨天 冷 (一)点儿。　오늘이 어제보다 조금 더 춥다.
　今天 比 昨天 冷 三度。　오늘이 어제보다 3도 더 춥다.

주요 출제 방식

1. 这双袜子的	比	那双	深	颜色
2. 比昨天	便宜了	西红柿	两毛	

1

这双袜子的颜色比那双深。　　이 양말의 색깔은 저것보다 진하다.

단어

袜子 wàzi 명 양말 | 深 shēn 형 ① 깊다 ② (색깔이) 진하다

2

| 西红柿比昨天便宜了两毛。 | 토마토는 어제보다 2마오가 싸다. |

단어

西红柿 xīhóngshì 명 토마토

문 제

1. 知识　　　丰富的经历　　　更重要　　　比书上的

2. 高了　　　去年　　　售货员的奖金　　　比　　　一倍

시원한 공략법
문제 풀이

1
첫 번째 문형

| 丰富的经历比书上的知识更重要。 | 풍부한 경험이 책의 지식보다 더 중요하다. |

 'A가 B보다 더 ~하다'라는 기본적인 비교문이다. 이때 형용사 '重要' 앞에 부사 '更'을 사용하고 있다.

 丰富 fēngfù 동 풍부하게 하다 형 풍부하다 | 经历 jīnglì 동 몸소 겪다, 경험하다 명 경험 | 知识 zhīshi 명 지식

2
두 번째 문형

| 售货员的奖金比去年高了一倍。 | 판매원의 보너스가 작년보다 2배 높아졌다. |

 '奖金'이 작년보다 높아졌음을 나타내는 비교문이다. 이때 수량사 '一倍'를 서술어 '高' 뒤에 써서 보충하고 있다. 이런 상황에서는 한국에서는 보통 1을 기준으로 2배가 증가했다고 하지만, 중국어에서는 원래 금액을 기준으로 증가한 양을 나타내야 한다.

 售货员 shòuhuòyuán 명 판매원, 점원 | 奖金 jiǎngjīn 명 상여금, 보너스 | 倍 bèi 양 배, 곱절

4급 실전 테스트

정답 및 해설_해설서 141~143쪽

第1-7题

1. 衬衫　　　你把　　　吧　　　挂这儿　　　脱下来的

2. 打破　　　我不小心　　　被　　　了　　　镜子

3. 质量比市里　　　郊区的　　　好很多　　　空气

4. 你出门的　　　垃圾　　　带走　　　时候　　　顺便把

5. 时间　　　比　　　放暑假的　　　推迟了一周　　　原计划

6. 已经　　　被　　　擦干净了　　　同学们　　　教室的窗户

7. 传真号码　　　发给　　　请你　　　及时将　　　我

Chapter 06 연동문 · 겸어문 · 강조문

他让我学汉语。

그는 나에게 중국어를 배우게 했다.

기초 체크

+ 정답 및 해설_해설서 144쪽

☑ 第86-95题

86. 词典　　　拿一下　　　你　　　汉语　　　帮我

87. 回答　　　让我　　　母亲的　　　很吃惊

시원한 01 공략법

연동문 파악하기!

연동문이란 하나의 주어에 동사가 두 개 이상 연이어 연결되는 문형이다. 동사는 일어나는 시간적 흐름에 따라 나열하면 된다. 부사나 조동사는 주로 동사1 앞에 온다.

문형 주어 + (부사/조동사) + 동사1…… + 동사2…… + (동사3)……

他　　想　　去中国　学汉语。
그는 중국어를 배우러 중국에 가고 싶다.

他　　一定要　　坐飞机　去中国　　学汉语。
그는 반드시 비행기를 타고 중국어를 배우러 중국에 가려 한다.

주요 출제 방식

1. 快来　　　饺子　　　大家　　　尝尝我做的
2. 拿一下牙膏　　　你　　　毛巾　　　帮我　　　和

1

| 大家快来尝尝我做的饺子。 | 모두 빨리 와서 내가 만든 자오쯔(교자)를 맛 좀 보세요. |

단어

尝 cháng 통 맛보다, 시식하다

2

| 你帮我拿一下牙膏和毛巾。 | 네가 나를 도와 치약과 수건을 좀 가져와 줘. |

단어
牙膏 yágāo 명 치약 | 毛巾 máojīn 명 수건, 타월

문 제

1. 过来   拿点儿   厨房   你去   糖

2. 生日   做   不要用   银行卡的密码   最好

시원한 공략법
문제 풀이

1   연동문

| 你去厨房拿点儿糖过来。 | 네가 주방에 가서 설탕을 좀 가지고 와. |

 먼저 동사의 순서를 배열한다. 일단 주방에 가야(去) 설탕을 가지고(拿) 이쪽으로 올 수(过来) 있다.

 厨房 chúfáng 명 주방, 부엌

2   연동문

| 最好不要用生日做银行卡的密码。 | 가장 좋기로는 생일을 은행카드의 비밀번호로 사용하지 않는 것입니다. |

 먼저 동사의 순서를 배열한다. 일단 사용해야(用) 비밀번호를 만들 수(做) 있다. 이때 부사 '最好', '不'와 조동사 '要'는 동사1 앞에 두면 된다.

 密码 mìmǎ 명 비밀번호

시원한 02 공략법
겸어문 파악하기!

겸어문 또한 연동문과 마찬가지로 문장에 두 개 이상의 서술어가 나오는 문형이다. 연동문과 비교해서 배워보도록 한다.

연동문 他去中国学汉语。 그는 중국어를 배우러 중국에 간다.
　　　　　동사1　동사2

→ '去'의 주어와 '学'의 주어 모두 '他'로 일치됨

겸어문 他让我学汉语。 그는 나로 하여금 중국어를 배우게 했다.
　　　　　동사1 동사2

→ '让'의 주어는 '他'이지만 '学'의 주어는 '我'로 바뀜

↳ 왜 겸어문이라고 부를까? 사실 위의 겸어문 문장은 '他让我(그가 나를 시켰다)'라는 문장과 '我学汉语(나는 중국어를 배운다)'라는 문장이 하나로 연결되어 있다. 이때 '我'는 두 문장의 연결고리로써 동사1 '让'에게는 목적어, 동사2 '学'에게는 주어 역할을 겸하게 되어 '겸어'라고 불린다. 겸어문은 이러한 '겸어'가 있는 문장이라는 뜻이다.

주요 출제 방식

| 1. | 一名 | 正式成为 | 祝贺你 | 大夫 |
| 2. | 判断方向 | 能帮助 | 太阳 | 我们 |

1

祝贺你正式成为一名大夫。　　　네가 정식으로 한 명의 의사가 된 것을 축하해.

단어

祝贺 zhùhè 图 축하하다 | 正式 zhèngshì 图 정식의, 공식의

2

| 太阳能帮助我们判断方向。 | 태양은 우리가 방향 판단하는 것을 도와줄 수 있다. |

단어

太阳 tàiyáng 몡 태양 | 判断 pànduàn 동 판단하다 몡 판단 | 方向 fāngxiàng 몡 방향

문제

1. 让　　非常　　这个消息　　激动　　邻居

2. 感谢　　交流的机会　　您　　为我们　　提供

시원한 공략법 문제 풀이

1　　　　　　　　　　　　　　　　　　　　　　　　　　　　　　　겸어문

| 这个消息让邻居非常激动。 | 이 소식은 이웃 사람으로 하여금 매우 흥분하게 만들었다. |

 '邻居'는 '让邻居(이웃 사람을 ~하게 하다)'에서는 서술어1 '让'의 목적어, '邻居非常激动(이웃 사람이 매우 흥분하다)'에서는 서술어2 '激动'의 주어를 겸하고 있는 겸어이다. 따라서 전체 문장은 겸어문이 된다.

 邻居 línjū 몡 이웃집, 이웃 사람 | 激动 jīdòng 동 감격하다, 감동하다, 흥분하다

2　　　　　　　　　　　　　　　　　　　　　　　　　　　　　　　겸어문

| 感谢您为我们提供交流的机会。 | 당신이 우리에게 교류의 기회를 제공해주신 것에 감사합니다. |

 '您'은 '感谢您(당신에게 감사하다)'에서는 서술어1 '感谢'의 목적어, '您为我们提供交流的机会(당신이 우리에게 기회를 제공하다)'에서는 서술어2 '提供'의 주어를 겸하고 있는 겸어이다. 따라서 전체 문장은 겸어문이 된다.

 感谢 gǎnxiè 동 감사하다 | 提供 tígōng 동 제공하다 | 交流 jiāoliú 동 교류하다 몡 교류

시원한 03 공략법

강조문 파악하기!

강조문은 동사가 아닌 동사 앞의 시간, 장소, 방식, 원인 등을 강조하는 구문으로, 강조하고자 하는 대상 앞에 '是'를, 동사 뒤에 '的'를 사용한다.

긍정형 주어 + (是) + 시간/장소/방식/원인… + 동사 + 的。 (긍정형에서 '是'는 생략 가능)
　　　　　　　　　　강조포인트

　　他是昨天来的。 [시간 강조] 그는 어제 온 것이다.

　　他是从北京来的。 [장소 강조] 그는 베이징에서 온 것이다.

　　他是坐飞机来的。 [방식 강조] 그는 비행기를 타고 온 것이다.

　　这个病是由抽烟引起的。 [원인 강조] 이 병은 흡연 때문에 야기된 것이다.

부정형 주어 + 不是 + 시간/장소/방식/원인… + 동사 + 的。 (부정형에서 '是'는 생략 불가능)
　　　　　　　　　　강조포인트

　　他不是昨天来的。 그는 어제 온 것이 아니다.

목적어가 있을 때 '동사 + 목적어 + 的' 혹은 '동사 + 的 + 목적어'의 어순으로 모두 사용 가능하다.

　　他 是 昨天 来 中国 的。 / 他 是 昨天 来 的 中国。
　　　　　　　동사　목적어　　　　　　　　　　동사　목적어

　　그는 어제 중국에 온 것이다.

주요 출제 방식

1. 他的	输给	你是故意	吗
2. 是	从生活中	来的	艺术往往

1

你是故意输给他的吗?　　　　너는 일부러 그에게 져 준 거야?

단어

故意 gùyì 〈부〉 고의로, 일부러 | 输 shū 〈동〉 지다, 패하다

2

| 艺术往往是从生活中来的。 | 예술은 종종 생활에서 오는 것이다. |

단어

艺术 yìshù 몡 예술 휑 예술적이다 | 往往 wǎngwǎng 튀 종종, 자주

문 제

1. 找到   垃圾桶里   的   袜子是   在

2. 他的   是由   引起的   咳嗽   抽烟

문제 풀이

1   장소 강조

| 袜子是在垃圾桶里找到的。 | 양말은 쓰레기통 속에서 찾은 것이다. |

풀이 '是'는 강조 대상인 '在垃圾桶里' 앞에, '的'는 동사 뒤에 쓰여 양말을 찾은 장소를 강조하고 있다.

단어 袜子 wàzi 몡 양말 | 垃圾桶 lājītǒng 몡 쓰레기통

2   원인 강조

| 他的咳嗽是由抽烟引起的。 | 그의 기침은 담배 때문에 야기된 것이다. |

풀이 '是'는 강조 대상인 '由抽烟' 앞에, '的'는 동사 뒤에 쓰여 기침을 일으키게 된 원인을 강조하고 있다.

단어 咳嗽 késou 동 기침하다 | 抽烟 chōuyān 동 흡연하다, 담배를 피우다 | 引起 yǐnqǐ 동 불러일으키다, 야기하다

第1-7题

1. 消息后　　　这个　　　伤心地　　　她听到　　　哭了

2. 这个　　　我们　　　很吃惊　　　消息　　　让

3. 上个星期才　　　的　　　我也　　　是　　　知道

4. 查一下这趟　　　信息　　　航班的　　　你帮我

5. 从　　　哪儿　　　你究竟　　　听来的消息　　　是

6. 你们　　　完成了　　　祝贺　　　顺利　　　任务

7. 麻烦你　　　厨房　　　拿一双　　　再去　　　筷子

시원스쿨 新HSK
书写

쓰기

제 2 부분

문장 작문하기

Chapter 01   명사로 작문하기

Chapter 02   동사로 작문하기

Chapter 03   형용사로 작문하기

Chapter 04   양사로 작문하기

출제 경향 및 문제 풀이 전략

쓰기 제2부분은 주어진 사진과 제시 단어를 사용해서 한 문장을 작문하는 형태로 총 5문제가 출제된다.

1 제시된 단어가 동사로 이루어진 문제가 가장 많이 출제되고 있다.

2 명사나 형용사로 된 제시 단어도 출제되고 있다.

3 양사는 일부만 출제되고 있다.

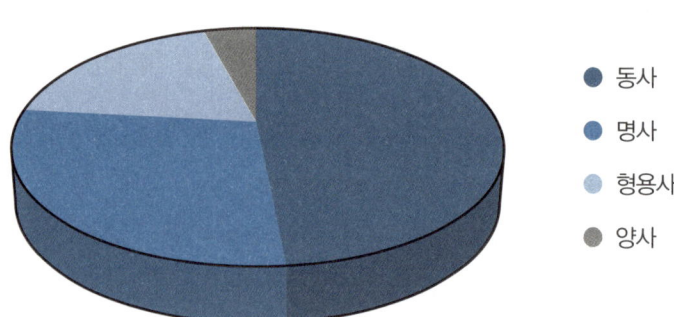

第56-65题

例如:  乒乓球　　她很喜欢打乒乓球。

96.  商量　　_____

문제 풀이 전략

1단계 제시어의 품사를 파악한다.

제시어의 품사와 뜻을 파악한 뒤, 사진과 관련이 있고 품사의 역할에 맞는 기본 문장(주어-서술어-목적어)을 생각해 본다.

2단계 기본 문장에 수식할 수 있는 표현을 추가해 본다.

기본 문장성분만 있는 문장에 4급에서 배웠던 다양한 수식 성분을 추가해서 다양한 문장을 만들면 좀 더 높은 점수를 획득할 수 있다.

3단계 작문한 문장을 다시 한번 확인한다.

잘못 적은 한자는 없는지, 문장은 어순에 잘 맞는지, 문장 부호(마침표(。), 물음표(？), 느낌표(！) 등)는 빠지지 않았는지 잘 확인한다.

Chapter 01 명사로 작문하기

她在看杂志。
그녀는 잡지를 보는 중이다.

기초 체크

+ 정답 및 해설_해설서 147쪽

☑ 第96-100题

96.　　　　　　　　　　汗　_____

시원한 01 공략법
주어나 목적어로 사용하기!

명사는 문장에서 주로 주어나 목적어 역할을 한다. 가능하다면 수식하는 표현을 좀 더 추가해본다. 특히 명사는 짝이 맞는 양사를 사용하는 것이 좋다.

주요 출제 방식

味道

这碗面条的味道又辣又咸。

이 국수의 맛은 맵기도 하고 짜기도 하다.

단어

味道 wèidao 명 ① 맛 ② 기분, 느낌 | 碗 wǎn 명 그릇 양 그릇[그릇을 세는 단위] | 面条 miàntiáo 명 국수 | 辣 là 형 맵다 | 咸 xián 형 짜다

문제

1. 现金 _____

2. 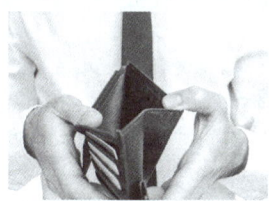 钥匙 _____

시원한 공략법
문제 풀이

1   주어로 작문하기

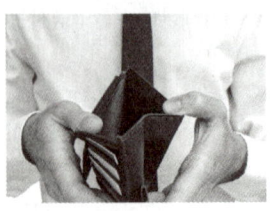
现金

我的现金不够，只能刷卡。
Wǒ de xiànjīn búgòu, zhǐnéng shuākǎ.
저의 현금이 부족해서, 카드로 결제할 수밖에 없어요.

 '现金(현금)'이라는 명사 제시어가 주어졌으므로 문장에서 주어나 목적어 역할을 할 수 있다. 사진을 보면 지갑 안에 현금이 없으므로, '没有', '不够' 등의 표현과 함께 작문할 수 있다. 좀 더 나아가 현금으로 지불할 수 없을 때 다른 지급 방식을 나타내는 '刷卡'의 표현을 추가한다면 더 좋은 문장이 된다.

 现金 xiànjīn 명 현금 | 够 gòu 동 (일정한 정도·기준·수준에) 이르다, 도달하다 형 충분하다 | 只能 zhǐnéng ~할 수밖에 없다 | 刷卡 shuākǎ 동 카드를 긁다, 결제하다

2   목적어로 작문하기

钥匙

房东给了我两把钥匙。
Fángdōng gěi le wǒ liǎng bǎ yàoshi.
집주인이 나에게 두 개의 열쇠를 주었다.

 '钥匙(열쇠)'라는 명사 제시어가 주어졌으므로 문장에서 주어나 목적어 역할을 할 수 있다. 사진을 보면 여자가 열쇠 두 개를 들고 있으므로, '给' 같은 동사와 함께 열쇠를 세는 양사 '把'를 넣어 작문한다면 좋은 문장이 될 수 있다.

 房东 fángdōng 명 집주인 | 给 gěi 동 주다 | 把 bǎ 양 손잡이가 있는 물건을 세는 단위 | 钥匙 yàoshi 명 열쇠

시원한 02 공략법
짝이 되는 서술어 찾기!

명사가 기본 문장구조에서 주어나 목적어 역할을 할 때 이에 맞는 동사나 형용사 같은 서술어를 필요로 하게 된다. 제시 단어가 명사인 경우 이에 어울리는 서술어를 찾는 것은 하나의 완벽한 문장을 만드는 데 있어 가장 중요하다.

주요 출제 방식

镜子

她正在照镜子呢。

그녀는 거울을 비춰보고 있다.

단어

正在 zhèngzài 图 ~하는 중이다 | 照 zhào 图 비치다, 비추다 | 镜子 jìngzi 명 거울

문제

1.  动作 _____

2.  长城 _____

쓰기 제2부분 **291**

문제 풀이

1 짝이 되는 형용사와 작문하기

动作

她的动作很标准。
Tā de dòngzuò hěn biāozhǔn.
그녀의 동작은 아주 표준적이다(정확하다).

풀이 '动作(동작)'라는 명사 제시어가 주어졌으므로 짝으로 쓰일 수 있는 형용사서술어에는 '标准', '精彩(뛰어나다, 훌륭하다, 멋지다)', '漂亮(예쁘다)', '美(아름답다)' 등이 있다.

단어 动作 dòngzuò 명 동작 | 标准 biāozhǔn 명 표준 형 표준적이다

2 짝이 되는 동사와 작문하기

长城

我从来没爬过长城。
Wǒ cónglái méi páguo Chángchéng.
나는 여태껏 창청(만리장성)을 오른 적이 없다.

풀이 '长城(창청(만리장성))'이라는 명사 제시어가 주어졌으므로 짝으로 쓰일 수 있는 동사서술어에는 '爬', '去(가다)' 등이 있다.

단어 从来 cónglái 부 여태껏, 지금까지 | 爬 pá 동 오르다, 기어오르다 | 过 guo 조 ~한 적이 있다 | 长城 Chángchéng 고유 창청(만리장성)

비밀 노트 — 시험에 자주 출제되는 명사 BEST 10

动作 dòngzuò 명 동작, 행동	他的动作很精彩。 그의 동작은 훌륭하다. 她的动作很标准。 그녀의 동작은 표준적이다(정확하다).
功夫 gōngfu 명 ① 무술 ② 시간	为了健康，他每天练功夫。 건강을 위해, 그는 매일 무술을 연마한다. 你有功夫吗? 너 시간 있니?
盒子 hézi 명 (작은) 상자	这个盒子很轻。 이 상자는 가볍다. 那个盒子太重了。 그 상자는 너무 무겁다.
镜子 jìngzi 명 거울	她喜欢照镜子。 그녀는 거울 보는 것을 좋아한다. 我把那个镜子挂在客厅里了。 나는 그 거울을 거실에 걸었다.
密码 mìmǎ 명 비밀번호	我输入密码取了一百块。 비밀번호를 입력해서 100위안을 찾았다. 我忘记银行卡密码了。 나는 은행카드 비밀번호를 잊어버렸다.
耐心 nàixīn 명 인내심	父母要有耐心。 부모는 인내심이 있어야 한다. 教育孩子需要有耐心。 아이를 교육하는 것은 인내심이 있어야 한다.
日记 rìjì 명 일기	我每天写日记。 나는 매일 일기를 쓴다. 我从小养成了写日记的习惯。 나는 어릴 때부터 일기 쓰는 습관을 길렀다.
味道 wèidao 명 맛	这碗汤的味道真不错。 이 탕의 맛은 정말 좋다. 你尝尝味道怎么样。 맛이 어떤지 맛 좀 봐봐.
现金 xiànjīn 명 현금	我的现金不够。 나는 현금이 충분하지 않다. 这儿只能付现金。 여기는 오직 현금만 지불할 수 있다.
牙膏 yágāo 명 치약	家里牙膏没有了。 집에 치약이 없다. 你帮我买一个牙膏，好吗? 나를 도와 치약 하나 사다 줄래?

4급 실전 테스트

+ 정답 및 해설_해설서 147~148쪽

第1-5题

例如:  乒乓球   她很喜欢打乒乓球。

1.   盒子   2.  速度

3.   密码   4.  售货员

5.   功夫

Chapter 02 동사로 작문하기

她躺着看书。

그녀는 누워서 책을 보고 있다.

기초 체크

+ 정답 및 해설_해설서 149쪽

☑ 第96-100题

96. _____ 脱 _____

시원한 01 공략법
서술어로 사용하기!

동사가 문장에서 하는 가장 대표적인 역할은 서술어가 되는 것이다. 이때 동사를 수식할 수 있는 부사, 조동사, 전치사구 등을 추가하면 더 수준 있는 문장을 작문할 수 있다.

주요 출제 방식

禁止

这里禁止抽烟。

이곳은 흡연을 금지합니다.

단어

这里 zhèlǐ 몡 이곳, 여기 | 禁止 jìnzhǐ 동 금지하다 | 抽烟 chōuyān 동 흡연하다, 담배를 피우다

문제

1.  擦 _____

2.  破 _____

시원한 공략법
문제 풀이

1 서술어로 작문하기

擦

她正在擦窗户呢。
Tā zhèngzài cā chuānghu ne.
그녀는 창문을 닦고 있는 중이다.

풀이 '擦(닦다)'라는 동사 제시어가 주어졌으므로 문장에서 서술어 역할을 할 수 있다. 사진을 보면 '窗户(창문)'를 목적어로 쓸 수밖에 없다. 이때 부사 '正在'와 어기조사 '呢'를 사용하면 지금 동작을 하는 중이라는 상태를 표현할 수 있다.

단어 正在 zhèngzài 부 ~하는 중이다 | 擦 cā 동 닦다, 비비다, 문지르다 | 窗户 chuānghu 명 창문 | 呢 ne 조 서술문 뒤에 쓰여 동작이나 상황이 지속함을 나타냄

2 서술어로 작문하기

破

这个鸡蛋已经破了。
Zhège jīdàn yǐjing pò le.
이 달걀은 이미 깨졌다.

풀이 '破(깨지다)'라는 동사 제시어가 주어졌으므로 문장에서 서술어 역할을 할 수 있다. 사진을 보면 '鸡蛋(달걀)'을 함께 사용할 수밖에 없다. 이때 부사 '已经'을 사용하면 이미 깨져있는 상태를 표현할 수 있다.

단어 鸡蛋 jīdàn 명 달걀 | 已经 yǐjing 부 이미 | 破 pò 동 파손되다, 깨지다, 망가지다 형 낡다

시원한 02 공략법
짝이 되는 명사 찾기!

대부분의 동사는 문장에서 목적어를 가지는 서술어 역할을 한다. 따라서 사진을 보고 제시된 동사와 짝으로 사용 가능한 목적어를 정확하게 적어주면 좋은 문장이 된다.

주요 출제 방식

戴

我爷爷喜欢**戴帽子**。

우리 할아버지는 모자 쓰는 것을 좋아하신다.

단어

爷爷 yéye 몡 할아버지 | 喜欢 xǐhuan 동 좋아하다 | 戴 dài 동 착용하다, 쓰다, 끼다 | 帽子 màozi 몡 모자

문제

1.    收拾 _____

2.    修理 _____

시원한 공략법
문제 풀이

1   짝이 되는 명사와 작문하기

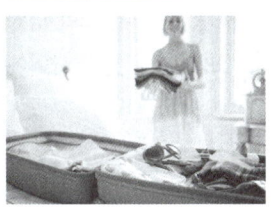

收拾

她把行李收拾得很好。
Tā bǎ xíngli shōushi de hěn hǎo.
그녀는 짐을 잘 꾸렸다.

 '收拾(꾸리다)'라는 동사 제시어가 주어졌으므로 사진을 통해 목적어는 '行李(짐)'로 정할 수 있다. 이때 목적어의 처리 방식을 강조하는 '把자문'을 쓰고 정도보어까지 사용한다면 더 좋은 문장을 만들 수 있다.

把 bǎ 전 ~을(를) | 行李 xíngli 명 짐 | 收拾 shōushi 동 정리하다, 치우다, 꾸리다

2   짝이 되는 명사와 작문하기

修理

这位师傅很会修理自行车。
Zhè wèi shīfu hěn huì xiūlǐ zìxíngchē.
이 숙련공은 자전거를 매우 잘 수리한다.

 '修理(수리하다)'라는 동사 제시어가 주어졌으므로 사진을 통해 목적어는 '自行车(자전거)'로 정할 수 있다. 여기에 '~을(를) 잘한다'라는 의미의 조동사 '会'까지 사용하면 더 좋은 문장을 만들 수 있다.

 师傅 shīfu 명 그 일에 숙달한 사람, 숙련공 | 会 huì 조동 ① ~할 수 있다, ~할 줄 안다 ② ~할 것이다 ③ ~을(를) 잘한다, ~에 뛰어나다 | 修理 xiūlǐ 동 수리하다, 고치다 | 自行车 zìxíngchē 명 자전거

시원한 03 공략법
이합동사 사용에 주의하기!

이합동사는 '동사+목적어' 구조로 이루어져 있어, 뒤에 다시 다른 목적어를 사용하여서는 안 된다. 또한 명량(个, 辆, 张, 篇……), 시량(小时, 分钟, 天, 个月, 年……), 동량(次, 遍, 趟……) 표현은 두 글자 사이에 사용해야 한다.

- **명량** 抽 + 烟 → 抽 + 一支 + 烟   한 개비의 담배를 피우다
  동사 목적어   명량

- **시량** 睡 + 觉 → 睡 + 一个小时(的) + 觉   한 시간 동안 잠을 자다
  동사 목적어   시량

- **동량** 见 + 面 → 见 + 一次 + 面   한 번 만나다
  동사 목적어   동량

주요 출제 방식

理发

他每月理两次发。

그는 매달 두 번 이발한다.

단어

理发 lǐfà 통 이발하다 | 次 cì 양 회, 번[동작의 반복 횟수를 세는 단위]

문제

1.    排队   _____

2.  干杯 _____

> ### 시원한 공략법
> # 문제 풀이

1   이합동사로 작문하기

 排队

为了坐公交车，我排了一个小时的队。
Wèile zuò gōngjiāochē, wǒ pái le yí ge xiǎoshí de duì.
버스를 타기 위해, 나는 한 시간 동안 줄을 섰다.

풀이 '排队(줄을 서다)'는 '동사＋목적어' 구조로 이루어져 있는 이합동사이므로 뒤에 다시 목적어를 사용할 수 없다. 그 대신 줄을 선 시간을 나타내는 시량보어와 함께 사용해본다. 또한 줄을 서는 목적을 추가해주면 더 좋은 문장을 만들 수 있다.

단어 为了 wèile 전 ~을(를) 하기 위해 | 坐 zuò 통 ① 타다 ② 앉다 | 公交车 gōngjiāochē 명 버스 | 排队 páiduì 통 줄을 서다

2   이합동사로 작문하기

 干杯

为我们的友谊干杯！
Wèi wǒmen de yǒuyì gānbēi!
우리의 우정을 위하여 건배!

풀이 '干杯(건배하다)'는 '동사＋목적어' 구조로 이루어져 있는 이합동사이므로 뒤에 다시 목적어를 사용할 수 없다. 그 대신 왜 건배를 제안하는지 배경을 제시해주면 더 좋은 문장을 만들 수 있다.

단어 为 wèi 전 ~을(를) 위하여 | 友谊 yǒuyì 명 우정 | 干杯 gānbēi 통 건배하다, 잔을 비우다

비밀 노트 — 시험에 자주 출제되는 이합동사 BEST 10

吃惊 chījīng
동 놀라다

这件事让我很吃惊。 이 일은 나를 놀라게 했다.
她吃惊地跑过来了。 그녀는 놀라서 뛰어왔다.

抽烟 chōuyān
동 흡연하다, 담배를 피우다

抽烟对身体不好。 흡연은 몸에 좋지 않다.
这里禁止抽烟。 이곳은 흡연을 금지한다.

出差 chūchāi
동 출장 가다

他明天去北京出差。 그는 내일 베이징으로 출장 간다.
我去出差，顺便看一个朋友。
나는 출장 가는 김에 친구 한 명을 만날 것이다.

堵车 dǔchē
동 차가 막히다

这条路总是堵车。 이 길은 항상 차가 막힌다.
这儿堵车堵得很厉害。 이곳은 차가 막히는 것이 심각하다.

干杯 gānbēi
동 건배하다, 잔을 비우다

为了我们的友谊，干杯！ 우리들의 우정을 위하여, 건배!
你也干一杯吧。 너도 한잔해.

理发 lǐfà
동 이발하다

我看，你该理发了。 내가 보기에, 너는 이발해야겠다.
他每两个月理一次发。 그는 두 달마다 한 번 이발한다.

免费 miǎnfèi
동 무료로 하다

这些都是免费的。 이것들은 모두 무료이다.
学校免费提供午饭。 학교는 무료로 점심을 제공한다.

排队 páiduì
동 줄을 서다

我在排队等公共汽车。 나는 줄을 서서 버스를 기다리고 있다.
我排了两个小时的队，才买到票。
나는 두 시간 동안 줄을 서서 겨우 표를 샀다.

散步 sànbù
동 산책하다

我们去公园散散步吧。 우리 공원에 가서 산책 좀 하자.
他每天晚上都散半个小时的步。
그는 매일 저녁 30분 동안 산책한다.

占线 zhànxiàn
동 통화 중이다

对不起，现在占线。 죄송하지만, 지금은 통화 중입니다.
我给他打了两次电话都占线。
내가 그에게 두 번 전화했지만 모두 통화 중이었다.

第1-5题

例如:  乒乓球　她很喜欢打乒乓球。

1.  占线　　2.  挂

3.  乘坐　　4.  讨论

5.  寄

Chapter 03 형용사로 작문하기

他现在特别困。

그는 지금 매우 졸리다.

기초 체크

+ 정답 및 해설_해설서 151쪽

☑ 第 96-100 题

96. _____ 甜 _____

시원한 01 공략법
서술어로 사용하기!

형용사는 서술어로 사용할 때 목적어를 가질 수 없으므로, 형용사 제시어가 나오면 사진에 제시된 사람이나 사물을 주어로 사용해서 기본 문장을 만들 수 있다. 이때 형용사를 수식할 수 있는 부사, 전치사구 등을 추가하면 더 수준 있는 문장을 작문할 수 있다.

주요 출제 방식

重

这个箱子太重了。

이 상자는 너무 무겁다.

단어

箱子 xiāngzi 명 상자, 트렁크, 여행 가방 | 太 tài 부 너무 | 重 zhòng 형 ① 무겁다 ② 중요하다

문제

1. 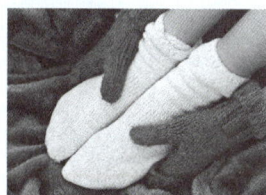　　　　暖和　_____

2. 　　　　开心　_____

시원한 공략법
문제 풀이

1 　　　　　　　　　　　　　　　　　　　　　　　　　서술어로 작문하기

暖和

这双袜子又暖和又好看。
Zhè shuāng wàzi yòu nuǎnhuo yòu hǎokàn.
이 양말은 따뜻하기도 하고 예쁘기도 하다.

 '暖和(따뜻하다)'라는 형용사 제시어가 주어졌으므로 사진을 통해 주어는 '袜子(양말)'로 정할 수 있다. 여기에 '又 A 又 B (A 하기도 하고 B 하기도 하다)'와 같은 구문을 사용하면 더 좋은 문장을 만들 수 있다.

 双 shuāng 양 쌍, 켤레[쌍을 이루는 것을 세는 단위] | 袜子 wàzi 명 양말 | 暖和 nuǎnhuo 형 따뜻하다 | 好看 hǎokàn 형 보기 좋다, 예쁘다

2 　　　　　　　　　　　　　　　　　　　　　　　　　서술어로 작문하기

开心

因为他赢了，所以很开心。
Yīnwèi tā yíng le, suǒyǐ hěn kāixīn.
그는 이겼기 때문에, 그래서 기뻐한다.

 '开心(기쁘다)'이라는 형용사 제시어가 주어졌으므로 사진을 통해 주어는 '他'로 정할 수 있다. 여기에 왜 기뻐하는지 배경을 제시해주면 더 좋은 문장을 만들 수 있다.

 因为 yīnwèi 접 왜냐하면, ~때문에 | 赢 yíng 동 이기다 | 所以 suǒyǐ 접 그래서 | 开心 kāixīn 형 기쁘다, 즐겁다

시원한 02 공략법

보어로 사용하기!

형용사는 동사 뒤에서 보어로 사용할 수 있다. 따라서 사진을 보고 동사를 파악한 뒤 그 뒤에 문제로 제시된 형용사를 보어로 사용하면 좋은 문장이 된다. 문장 작문에서 형용사로 만들기에 좋은 보어는 결과보어와 정도보어가 있다.

결과보어 看(동사) 清楚(목적어) (본 결과 정확하다 = 정확하게 봤다)

정도보어 说(동사) 得 很好(목적어) (말하는 정도가 잘한다 = 말을 잘한다)

주요 출제 방식

仔细

他**解释**得很**仔细**。

그는 자세하게 설명한다.

단어

说明 shuōmíng 〔동〕 설명하다 〔명〕 설명 | 仔细 zǐxì 〔형〕 세심하다, 꼼꼼하다, 자세하다

문 제

1.  脏 _____

2.  咸 _____

시원한 공략법
문제 풀이

1　　　　　　　　　　　　　　　　　　　　　　　　　　결과보어로 작문하기

脏

我把我的双手弄脏了。
Wǒ bǎ wǒ de shuāngshǒu nòng zāng le.
내가 내 두 손을 더럽혔다.

 '脏(더럽다)'이라는 형용사 제시어가 주어졌으므로 사진에는 손이 더러워진 모습이 있다. 먼저 동사 '弄'은 자세한 과정에 대한 설명이 어렵거나 필요성을 느끼지 못할 때 사용하는 동사로, 뒤에 결과보어를 가져 하나의 의미를 나타낸다. 예를 들어 어떤 과정을 통해 고장이 났으면 '弄坏', 어떤 과정을 통해 잃어버렸으면 '弄丢'라고 사용한다. 지금은 어떤 과정을 통해 더러워졌으므로 '弄脏'으로 사용할 수 있다. 여기에 목적어(双手)의 처리방식을 강조하는 '把자문'을 사용한다면 더 좋은 문장을 만들 수 있다.

 把 bǎ 젠 ~을(를) | 弄 nòng 동 하다, 행하다, 만들다 | 脏 zāng 형 더럽다

2　　　　　　　　　　　　　　　　　　　　　　　　　　정도보어로 작문하기

咸

这道菜做得很咸。
Zhè dào cài zuò de hěn xián.
이 요리는 짜게 만들었다.

 '咸(짜다)'이라는 형용사 제시어가 주어졌으므로 사진을 통해 음식을 만든 정도가 짜다라는 의미의 정도보어로 사용이 가능하다.

 道 dào 양 음식을 세는 단위 | 菜 cài 명 요리, 음식 | 做 zuò 동 하다, 만들다 | 咸 xián 형 짜다

비밀 노트   시험에 자주 출제되는 형용사 BEST 10

粗心 cūxīn [형] 세심하지 못하다, 부주의하다	他是个粗心的孩子。 그는 세심하지 못한 아이다. 我丢了我家大门的钥匙，太粗心了。 나는 우리 집 대문 열쇠를 잃어버렸는데, 너무 부주의했다.
厚 hòu [형] 두껍다	这本杂志很厚。 이 잡지는 두껍다. 我不喜欢看这么厚的书。 나는 이렇게나 두꺼운 책 보는 것을 좋아하지 않는다.
激动 jīdòng [형] 흥분하다, 감격하다	他们激动得抱在了一起。 그들은 함께 포옹할 정도로 흥분했다. 我实在是太激动了。 나는 정말 너무 감격했다.
开心 kāixīn [형] 기쁘다, 즐겁다	大学毕业了，真开心。 대학을 졸업해서 정말 기쁘다. 他们开心得跳了起来。 그들은 껑충 뛰어오를 정도로 기쁘다.
苦 kǔ [형] 쓰다	这道菜的味道很苦。 이 요리의 맛은 쓰다. 我不喜欢吃苦的菜。 나는 쓴 요리 먹는 것을 좋아하지 않는다.
困 kùn [형] 졸리다	我现在太困了。 나는 지금 너무 졸린다. 我困得一点儿力气都没有。 나는 조금의 힘이 없을 정도로 졸리다.
难过 nánguò [형] 괴롭다, 슬프다	他看起来很难过。 그는 괴로워 보인다. 他为什么这么难过？ 그는 왜 이렇게 슬퍼하나요?
香 xiāng [형] ① 향기롭다 ② (잠이) 달콤하다	这道菜真香啊！ 이 요리는 정말 향기롭다! 她正睡得很香呢。 그녀는 막 달콤하게 잠을 자고 있다.
脏 zāng [형] 더럽다	我把衣服弄脏了。 내가 옷을 더럽혔다. 这儿太脏了，擦一擦。 여기는 너무 더러우니, 한번 닦자.
仔细 zǐxì [형] 세심하다, 꼼꼼하다, 자세하다	他把这本书看得很仔细。 그는 이 책을 자세하게 봤다. 我们要仔细研究每一个问题。 우리는 모든 문제를 자세하게 연구해야 한다.

4급 실전 테스트

第1-5题

例如:  乒乓球　她很喜欢打乒乓球。

1. 厚

2. 无聊

3. 香

4. 激动

5. 难过

Chapter 04 양사로 작문하기

她每天跑3公里。
그녀는 매일 3킬로미터(km)를 뛴다.

기초 체크

+ 정답 및 해설_해설서 153쪽

☑ 第96-100题

96. _____ 页 _____

시원한 공략법

수량사 구조로 사용할 수 있다!

양사는 주로 '수사+양사(수량사)' 구조로 사용한다. 이때 제시된 양사가 명사를 세는 단위이면 사진에 제시된 명사와 함께 '**수사+양사+명사**' 혹은 '**지시대사(这/那)+수사+양사+명사**'의 형식으로 사용한다. 제시된 양사가 동사를 세는 단위이면 사진에 제시된 동작과 함께 '**동사+수사+양사**'의 형식으로 사용하면 된다.

명사를 세는 양사(명량사)

一 + 个 + 人 한 사람
수사 양사 명사

这 +(一)+ 个 + 人   이 (한) 사람   ★ 명량사 앞의 '一'는 생략할 수 있다.
지시대사 수사 양사 명사

동사를 세는 양사(동량사)

去 + 一 + 次   한번 가다
동사 수사 양사

看 + 一 + 遍   한 편 보다
동사 수사 양사

주요 출제 방식

台

我昨天买了一台笔记本电脑。

나는 어제 노트북 컴퓨터를 한 대 샀다.

단어

昨天 zuótiān 명 어제 | 台 tái 양 대 [기계, 차량, 설비 등을 세는 단위] | 笔记本电脑 bǐjìběn diànnǎo 명 노트북 컴퓨터

문제

1.    棵   _____

2.  趟 _____

> **시원한 공략법**
> # 문제 풀이

1 　　　　　　　　　　　　　　　　　　　　　　　　　　　　　　　　　　　　**명량사로 작문하기**

棵

这棵树又高又绿。
Zhè kē shù yòu gāo yòu lǜ.
이 나무는 크기도 하고 푸르기도 하다.

 '棵'라는 식물을 세는 양사가 제시되었고 사진에 나무가 한 그루 있으므로, '一棵树' 혹은 '这棵树'의 표현을 사용할 수 있다. 서술어에 '又 A 又 B(A 하기도 하고 B 하기도 하다)'라는 구문을 사용하여 나무를 자세하게 묘사한다면 더 좋은 문장을 만들 수 있다.

단어 棵 kē 양 그루, 포기[식물을 세는 단위] | 树 shù 명 나무 | 高 gāo 형 높다. 키가 크다 | 绿 lǜ 형 푸르다

2 　　　　　　　　　　　　　　　　　　　　　　　　　　　　　　　　　　　　**동량사로 작문하기**

趟

我坐飞机去了一趟中国。
Wǒ zuò fēijī qù le yí tàng Zhōngguó.
나는 비행기를 타고 중국에 한 번 갔다 왔다.

풀이 '趟'이라는 동작을 세는 양사가 제시되었고 사진에 비행기가 있으므로, 비행기를 타고 어디를 몇 번 갔다 왔는지 나타내 주면 된다.

단어 趟 tàng 양 번, 차례[왕복하는 횟수를 세는 단위]

비밀 노트 — 시험에 자주 출제되는 양사 BEST 10

명량사

场 chǎng
양 회, 번, 차례 (비·눈·문예·오락·체육 활동 등에 쓰임)
- 下了一场雨，凉快多了。 비가 한 번 내리니, 많이 시원해졌다.
- 我明天有一场比赛。 나는 내일 한 번의 시합이 있다.

份 fèn
양 ① 부[신문·잡지·문건 등을 세는 단위] ② 개[직업을 세는 단위]
- 经理让我复印一份材料。 사장님이 나에게 자료 한 부를 복사하라고 했다.
- 我找到了一份好工作。 나는 좋은 직업 하나를 찾았다.

棵 kē
양 그루, 포기[식물을 세는 단위]
- 这棵树又高又大。 이 나무는 높기도 하고 크기도 하다.
- 我们要保护每一棵树。 우리는 모든 나무를 보호해야 한다.

篇 piān
양 편[글을 세는 단위]
- 这篇文章写得很好。 이 글은 잘 썼다.
- 他把这篇小说看了两遍。 그는 이 소설을 두 번 봤다.

台 tái
양 대 [기계, 차량, 설비 등을 세는 단위]
- 我买了一台笔记本电脑。 나는 노트북 컴퓨터 한 대를 샀다.
- 这台电视质量不错。 이 텔레비전은 품질이 좋다.

座 zuò
양 좌, 동, 채[건축물·산·교량 등 부피가 크고 고정된 물체를 세는 단위]
- 这座楼真高。 이 건물은 정말 높다.
- 这座城市实在是太热闹了。 이 도시는 정말이지 너무 시끌벅적하다.

단위명사

公里 gōnglǐ
양 킬로미터(km)
- 我跑了两公里。 나는 2킬로미터(km)를 뛰었다.
- 我家离学校有五公里。 우리 집에서 학교까지 5킬로미터(km)다.

秒 miǎo
양 초
- 一分钟是六十秒。 1분은 60초다.
- 他一百米跑了七秒。 그는 100미터(m)를 7초에 뛰었다.

동량사

趟 tàng
양 차례, 번[왕복하는 횟수를 세는 단위]
- 我去了一趟北京。 나는 베이징에 한 번 갔다 왔다.
- 不好意思，我去趟洗手间。 실례합니다만, 화장실 좀 다녀오겠습니다.

遍 biàn
양 번, 회(동작이 시작되어 끝날 때까지의 전 과정을 나타냄)
- 请你再说一遍，可以吗？ 다시 한번 말씀해 주시겠어요?
- 这部电影我看过三遍。 이 영화를 나는 세 번 본적이 있다.

第1-5题

例如:  乒乓球　她很喜欢打乒乓球。

1.  座

2.  份

3.  篇

4.  场

5.  遍

汉语水平考试
HSK（四级）
模拟试题

注 意

一、 HSK（四级）分三部分：
   1. 听力(45题，约30分钟)
   2. 阅读(40题，40分钟)
   3. 书写(15题，25分钟)

二、 听力结束后，有5分钟填写答题卡。

三、 全部考试约105分钟(含考生填写个人信息时间5分钟)。

一、听力

第一部分

第1-10题：判断对错。

例如：我想去办个信用卡，今天下午你有时间吗？陪我去一趟银行？

　　★ 他打算下午去银行。　　　　　　　　　　　　　　　(√)

　　现在我很少看电视，其中一个原因是，广告太多了，不管什么时间，也不管什么节目，只要你打开电视，总能看到那么多的广告，浪费我的时间。

　　★ 他喜欢看电视广告。　　　　　　　　　　　　　　　(×)

1. ★ 他觉得现在回公司会来不及。　　　　　　　　　　　(　)
2. ★ 那儿的环境问题没有及时解决。　　　　　　　　　　(　)
3. ★ 表格上需要填写地址。　　　　　　　　　　　　　　(　)
4. ★ 陈老师刚才给他打过电话。　　　　　　　　　　　　(　)
5. ★ 五班在运动会上的成绩不错。　　　　　　　　　　　(　)
6. ★ 失败是成功之母。　　　　　　　　　　　　　　　　(　)
7. ★ 儿子的数学成绩非常差。　　　　　　　　　　　　　(　)
8. ★ 眼镜是打折时买的。　　　　　　　　　　　　　　　(　)
9. ★ 飞机就要起飞了。　　　　　　　　　　　　　　　　(　)
10. ★ 他想离开北京。　　　　　　　　　　　　　　　　　(　)

第二部分

第11-25题：请选出正确答案。

例如：女：该加油了，去机场的路上有加油站吗？

男：有，你放心吧。

问：男的主要是什么意思？

A 去机场 B 快到了 C 油是满的 D 有加油站 ✓

11. A 聚会地点 B 学校规定 C 寒假作业 D 出行方式

12. A 爱好太少 B 长得像 C 性格活泼 D 很节约

13. A 打印材料 B 填表 C 放弃面试 D 打电话

14. A 昨晚下雪了 B 夏天快来了 C 天阴了 D 现在是秋季

15. A 相机 B 眼镜 C 冰箱 D 洗衣机

16. A 帮他付款了 B 陪他去医院 C 允许他请假 D 帮他寄材料

17. A 男的买了包 B 女的在减肥 C 男的爱吃辣 D 女的非常瘦

18. A 擦盘子 B 理发 C 买叉子 D 扔垃圾

19. A 名字写错了 B 没带现金 C 少份证明 D 护照不见了

20. A 十分辛苦 B 很有趣 C 是正确的 D 非常奇怪

21. A 付款　　　　B 招聘　　　　C 购物　　　　D 取钱

22. A 校车上　　　B 火车站　　　C 出租车上　　D 超市

23. A 她想一起学　B 方法很关键　C 要有耐心　　D 现在学不晚

24. A 爷爷　　　　B 房东　　　　C 爸爸　　　　D 同学

25. A 盒子　　　　B 信封　　　　C 词典　　　　D 钥匙

第三部分

第26-45题：请选出正确答案。

例如：男：把这个文件复印5份，一会儿拿到会议室发给大家。

女：好的。会议是下午三点吗？

男：改了。三点半，推迟了半个小时。

女：好，六〇二会议室没变吧？

男：对，没变。

问：会议几点开始？

A 14：00   B 15：00   C 15：30 ✓   D 18：00

26. A 拿个勺子   B 饺子太酸了   C 喝点儿汤   D 让女的尝尝

27. A 公园   B 影院   C 体育馆   C 足球场

28. A 女的想换洗衣机   B 发工资了   C 电脑很便宜   D 男的很富有

29. A 叔叔   B 姐姐   C 哥哥   D 奶奶

30. A 研究失败了   B 是数学教授   C 最近很忙   D 这学期没课

31. A 很无聊   B 很轻松   C 很辛苦   D 工资高

32. A 过几天再去   B 去人少的店   C 留长头发   D 多注意打扮

33. A 流行的东西   B 浪漫的节目   C 有趣的广告   D 可爱的演员

34. A 任务没完成   B 不想上班   C 工资变少了   D 被批评了

35. A 肚子难受　　B 发烧了　　C 口渴了　　D 哭了

36. A 按时复习　　B 考试成绩　　C 积累知识　　D 预习

37. A 适应变化　　B 勇敢点儿　　C 要有自信　　D 重视整理

38. A 做过服务员　　B 有很多缺点　　C 长得很帅　　D 读法律专业

39. A 20岁　　B 45岁　　C 25岁　　D 37岁

40. A 内容吸引人　　B 消息更准确　　C 是免费的　　D 节约时间

41. A 十分普遍　　B 受年轻人欢迎　　C 科学文章多　　D 比较麻烦

42. A 散步　　B 去爬山　　C 听音乐　　D 抽烟

43. A 性格的影响　　B 工作目的　　C 运动减肥　　D 减压方式

44. A 担心堵车　　B 不允许带行李　　C 车内很黑　　D 车内太冷

45. A 有电梯　　B 票价低　　C 速度快　　D 座位多

二、阅读

第一部分

第46-50题：选词填空。

A 提前　　B 千万　　C 遍　　D 坚持　　E 相反　　F 提供

例如：她每天都（ D ）走路上下班，所以身体一直很不错。

46. 对不起，我听不懂广东话，您能用普通话再说一（　　）吗？

47. 比赛结束了，结果和他猜的正好（　　）。

48. 为顾客（　　）最好的服务，是这家公司能取得成功的关键。

49. 过几天学生就放暑假了，火车票会难买，你最好（　　）买好。

50. 那条河的水很深，你（　　）别去那儿游泳。

第51-55题：选词填空。

A 周围　　B 无聊　　C 温度　　D 误会　　E 肯定　　F 堵车

例如：A：今天真冷啊，好像白天最高（ C ）才2℃。
　　　B：刚才电视里说明天更冷。

51. A：东西太多了，一个塑料袋（　　）放不下，再买一个吧。
　　 B：不用了，我这里还有个大袋子。

52. A：感觉小王好像对我有意见，我跟他打过几次招呼他都像没看见一样。
　　 B：你们之间是不是有什么（　　）？

53. A：周日总在家看电视，多么（　　）啊，陪我去打羽毛球吧。
　　 B：不想去，上次打完到现在我胳膊还又酸又疼呢。

54. A：你怎么这么晚才来？路上（　　）了？
　　 B：别提了，我在地铁上睡着了，醒来的时候已经过5个站了。

55. A：你怎么一直低着头玩儿手机？
　　 B：周末有亲戚来看我，我想找找（　　）有什么好玩儿的地方。

第二部分

第56-65题：排列顺序。

例如：A 可是今天起晚了

　　　B 平时我骑自行车上下班

　　　C 所以就打车来公司　　　　　　　　　　　　B A C

56. A 这样不仅浪费时间，还会降低生活的幸福感

　　 B 有些人总是工作的时候想着玩儿

　　 C 到了该放松的时候又担心工作　　　　　　　_____

57. A 但都能用汉语进行正常交流

　　 B 这几个小伙子虽然国籍不同

　　 C 玩儿猜词语的游戏应该没问题　　　　　　　_____

58. A 理解就像是一座桥，如果没有桥

　　 B 同样，没有相互的理解，就无法顺利交流

　　 C 人们就无法走到对面　　　　　　　　　　　_____

59. A 这一点非常值得我们学习

　　 B 就是不管取得多好的成绩，她都不会骄傲

　　 C 我觉得李护士最大的优点　　　　　　　　　_____

60. A 因为我哭，它就哭；我笑，它也笑
    B 常常有人问我生活像什么
    C 我觉得它就像一面镜子   _____

61. A 抽烟给身体带来的坏处是一点儿一点儿积累起来的
    B 可时间长了就会引起各种病
    C 短时间内人们不会觉得有问题   _____

62. A 婚后能否过得幸福
    B 不是由房子的大小或收入的高低决定的
    C 而是要看两个人能否互相理解和支持 _____

63. A 我就给你准备了几件大衣
    B 听说你出差要去的那个地方常刮风
    C 你收拾行李的时候记得放进箱子里 _____

64. A 很多事情即使最后的结果让人不满意
    B 就没有什么好失望或后悔的
    C 但只要我们努力过了   _____

65. A 这为大家，尤其是中老年人提供了方便
    B 到超市购物的顾客可免费乘坐
    C 现在很多超市都有自己的公共汽车 _____

第三部分

第66-85题：请选出正确答案。

例如：她很活泼，说话很有趣，总能给我们带来快乐，我们都很喜欢和她在一起。

★ 她是个什么样的人？

A 幽默 ✓　　　B 马虎　　　C 骄傲　　　D 害羞

66. 不得不说，这篇文章写得真好！不仅用词准确，而且把复杂的问题都解释得很清楚，即使不是我们专业的人也能看懂。

★ 关于那篇文章，可以知道什么？

A 一共8页　　　B 有部分错误　　　C 容易理解　　　D 是博士写的

67. 这条街我太熟悉了，它是我上学的必经之路。以前街道两旁有不少小商店，现在都变成高楼了。

★ 那条街道：

A 环境很差　　　B 他很熟悉　　　C 景色一般　　　D 现在很破

68. 我弟弟在机场工作，他总能及时地给我提供一些机票打折信息，我经常会把这些信息转发给其他朋友。所以我们出行时常常可以买到便宜的机票。

★ 弟弟经常给他提供哪方面的信息？

A 飞机选座　　　B 机场招聘　　　C 航班时间　　　D 机票打折

69. 今年有100多人报考艺术学院的硕士，但是它只招收10人。竞争这么大，我们要更加努力才行。

★ 说话人为什么说要更加努力？

A 竞争大　　　B 基础不好　　　C 想拿奖学金　　　D 题很难

70. 妹妹特别自信，在任何事情面前都不会害怕，我们都觉得她很勇敢。不过，她永远认为自己是对的，从不接受别人的意见，这一点有时候让我们很烦恼。

   ★ 妹妹：

   A 爱开玩笑　　B 没有失败过　　C 没有耐心　　D 不听他人意见

71. 邻居林奶奶是个很节约的人，同时也是个让人非常尊重的人。她从参加工作起，就把自己的大部分工资都用来帮助那些生活上有困难的人。

   ★ 关于林奶奶，可以知道什么？

   A 与邻居关系不好　　B 值得尊重　　C 很可怜　　D 常常乱花钱

72. 带有故事的广告往往能给人留下很深的印象，因此很多公司的广告都是一个小故事，目的就是增加广告的吸引力，让更多的人来购买他们的东西或服务。

   ★ 带有故事的广告往往：

   A 很吸引人　　B 更专业　　C 不被重视　　D 时间更长

73. 盒子这么大，我还以为会很重，结果我一下子就抱起来了，特别轻。打开一看才发现里面是空的。

   ★ 那个盒子：

   A 被弄破了　　B 里面没东西　　C 没人抬得动　　D 是塑料的

74. 我认为一部好的小说能让读者完全进入到作者的故事之中，并且发现一个自己从来没有看到过的世界。

   ★ 一部好的小说能让读者：

   A 见到新世界　　B 养成好习惯　　C 回忆过去　　D 学会判断

75. 每当我不开心时，我就从书上或网上找笑话看，边看边大笑，坏心情就会随着笑声"跑"出来。这样不需要长时间，我的心情就变好了。

   ★ 他会在什么时候看笑话？

   A 被表扬时　　B 被人羡慕时　　C 害怕时　　D 心情不好时

76. 你这次感冒是长时间休息不好引起的，挺严重的。这是我给你开的药，你每天照着我写的要求吃。一会儿我再给你打一针。

★ 这段话最可能是谁说的？
A 校长　　　　B 科学家　　　　C 大夫　　　　D 司机

77. 研究证明，3到12岁是儿童学习语言的关键期。如果父母能在此时让孩子学一门外语，他们将来也许比同龄人说得更流利。

★ 孩子在12岁之前学外语，有什么好处？
A 说得更流利　　B 学语法更快　　C 会的词语多　　D 更聪明

78. 以前，许多大学生毕业后都想留在大城市工作，但现在有很多人选择去小城市，一是因为小城市生活压力小，二是现在不少小城市也发展得越来越好了。

★ 很多毕业生选择回小城市的原因是：
A 工作机会更多　　B 生活压力小　　C 工资更高　　D 学校的安排

79. 一个人是否真正长大，不能只看他的年龄，应该重点看他的生活态度。比如做事时是否认真努力，遇到问题时能否积极去解决。

★ 真正长大的人遇到问题时，往往会：
A 觉得自己可怜　　B 很害怕　　C 请人帮忙　　D 想办法解决

80-81.

不同年龄的儿童在语言能力发展方面有不同的特点。例如孩子在一岁左右可以听懂并会说一些简单的词语。一岁半到两岁时，他们的语言能力提高得很快，不管他们看到或听到什么，总是会问：这是什么？那是什么？到了三岁，他们记东西变得很快。父母读书给孩子听时，只要多读几遍，孩子就能完全记住。

★ 两岁的儿童有什么特点？
A 会学大人讲话　　B 总爱哭　　C 喜欢问问题　　D 容易害羞

★ 根据这段话，儿童语言能力的发展特点：
A 随年龄变化　　B 速度比较慢　　C 受父母影响　　D 由教育决定

82-83.

大多数人都记不清楚自己前一天晚上到底做了几个梦。因为多数的梦不是连着，而是一小段一小段的。如果你不是每做一个梦就醒一次，你往往不知道一共有几个。另外，梦中的时间也是不准确的。如果你在睡梦中被人用凉水弄醒，你醒来后会认为梦见下了几个小时的雨。科学家表示，人每晚大约会做5个梦，共需要一到两个小时。

★ 为什么大多数人都记不清自己做了几个梦？

　　A 梦都很短　　B 梦的数量多　　C 梦很复杂　　D 梦不连着

★ 这段话主要讲的是梦的：

　　A 顺序　　B 原因　　C 特点　　D 好处

84-85.

做子女的总是希望父母老了以后能在家中好好休息，不要那么辛苦。其实，老人喜欢热闹，害怕一个人，他们需要别人的重视和关心。所以，要多鼓励他们参加一些社会活动，这样可以让他们觉得自己仍然是对家和社会都有用的人，也会让他们有"被需要"的感觉。

★ 老人更喜欢：

　　A 吃面条　　B 获得重视　　C 照顾孩子　　D 住在郊区

★ 这段话主要谈什么？

　　A 要积累经验　　B 遇事要冷静　　C 老人需要什么　　D 要有信心

三、书写

第一部分

第86-95题：完成句子。

例如：那座桥　　　800年的　　　历史　　　有　　　了

　　　那座桥有800年的历史了。

86. 酸　　　特别　　　西红柿汤　　　今天的

87. 老师的　　　经常　　　表扬　　　受到　　　他儿子

88. 抽烟　　　允许　　　任何地方　　　都不　　　学校里

89. 她　　　厉害　　　得　　　咳嗽　　　越来越

90. 人数是　　　去年的两倍　　　报名的　　　这次

91. 什么　　　这份工作　　　没　　　他的专业和　　　关系

92. 抬到　　　吧　　　把沙发　　　我们　　　电视对面

93. 说明书　　　被　　　电子词典的　　　弟弟　　　弄丢了

94. 妹妹　　　更　　　我说的　　　流利　　　普通话比

95. 很让人羡慕　　　和妈妈　　　感情　　　的　　　爸爸

第二部分

第96-100题：看图，用词造句。

例如：  乒乓球　　她很喜欢打乒乓球。

96.  猜

97.  解释

98. 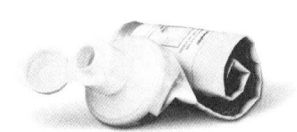 牙膏

99.  抬

100.  杂志

OMR 답안지 작성 예시

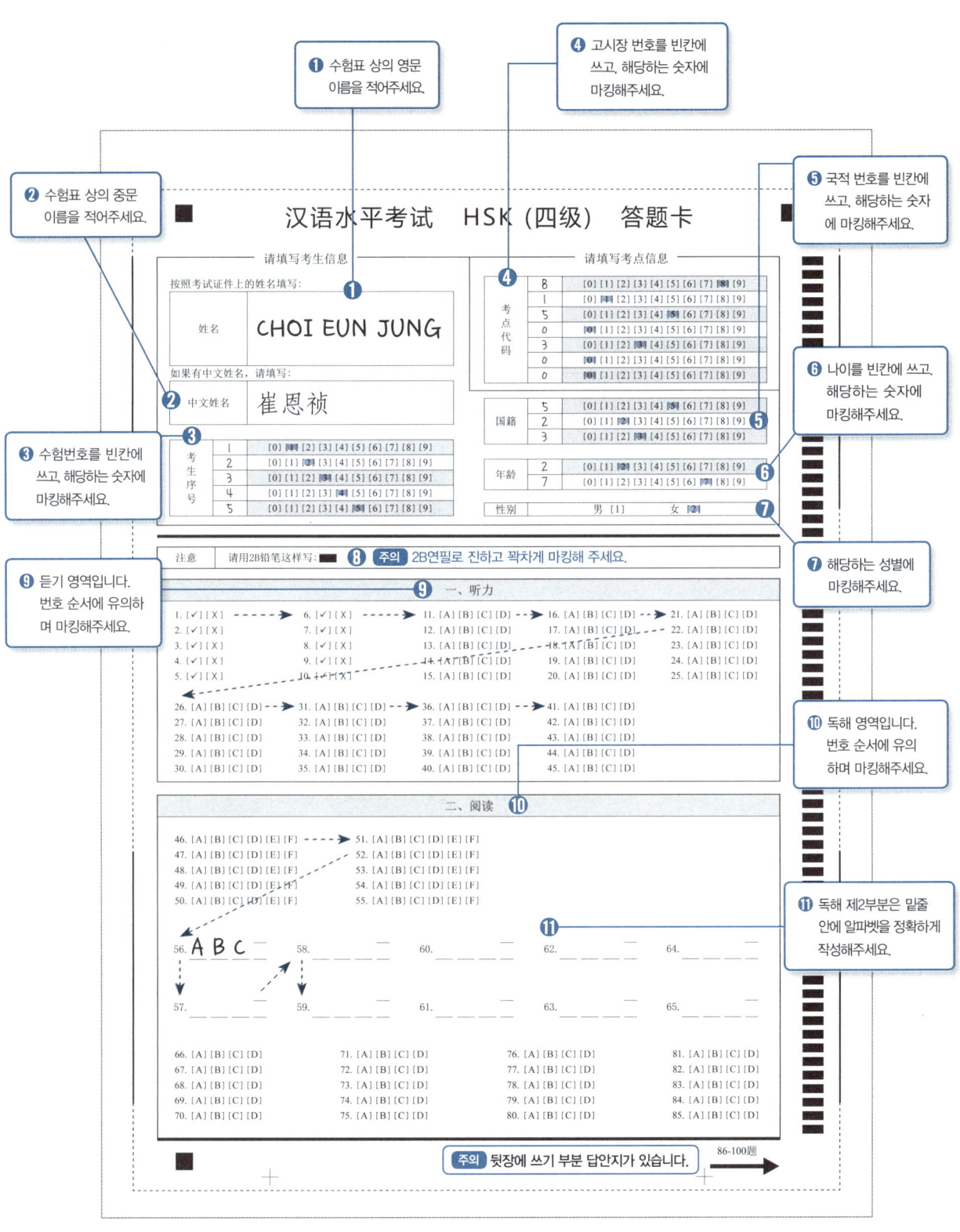

OMR 답안지 작성 예시

汉语水平考试 HSK (四级) 答题卡

请填写考生信息 ———— ———— 请填写考点信息 ————

按照考试证件上的姓名填写：

| 姓名 | |

如果有中文姓名，请填写：

| 中文姓名 | |

考点代码	[0] [1] [2] [3] [4] [5] [6] [7] [8] [9]
	[0] [1] [2] [3] [4] [5] [6] [7] [8] [9]
	[0] [1] [2] [3] [4] [5] [6] [7] [8] [9]
	[0] [1] [2] [3] [4] [5] [6] [7] [8] [9]
	[0] [1] [2] [3] [4] [5] [6] [7] [8] [9]
	[0] [1] [2] [3] [4] [5] [6] [7] [8] [9]
	[0] [1] [2] [3] [4] [5] [6] [7] [8] [9]

国籍	[0] [1] [2] [3] [4] [5] [6] [7] [8] [9]
	[0] [1] [2] [3] [4] [5] [6] [7] [8] [9]
	[0] [1] [2] [3] [4] [5] [6] [7] [8] [9]

考生序号	[0] [1] [2] [3] [4] [5] [6] [7] [8] [9]
	[0] [1] [2] [3] [4] [5] [6] [7] [8] [9]
	[0] [1] [2] [3] [4] [5] [6] [7] [8] [9]
	[0] [1] [2] [3] [4] [5] [6] [7] [8] [9]
	[0] [1] [2] [3] [4] [5] [6] [7] [8] [9]

| 年龄 | [0] [1] [2] [3] [4] [5] [6] [7] [8] [9] |
| | [0] [1] [2] [3] [4] [5] [6] [7] [8] [9] |

| 性别 | 男 [1]   女 [2] |

| 注意 | 请用2B铅笔这样写：■ |

一、听力

1. [✓] [X]   6. [✓] [X]   11. [A] [B] [C] [D]   16. [A] [B] [C] [D]   21. [A] [B] [C] [D]
2. [✓] [X]   7. [✓] [X]   12. [A] [B] [C] [D]   17. [A] [B] [C] [D]   22. [A] [B] [C] [D]
3. [✓] [X]   8. [✓] [X]   13. [A] [B] [C] [D]   18. [A] [B] [C] [D]   23. [A] [B] [C] [D]
4. [✓] [X]   9. [✓] [X]   14. [A] [B] [C] [D]   19. [A] [B] [C] [D]   24. [A] [B] [C] [D]
5. [✓] [X]   10. [✓] [X]   15. [A] [B] [C] [D]   20. [A] [B] [C] [D]   25. [A] [B] [C] [D]

26. [A] [B] [C] [D]   31. [A] [B] [C] [D]   36. [A] [B] [C] [D]   41. [A] [B] [C] [D]
27. [A] [B] [C] [D]   32. [A] [B] [C] [D]   37. [A] [B] [C] [D]   42. [A] [B] [C] [D]
28. [A] [B] [C] [D]   33. [A] [B] [C] [D]   38. [A] [B] [C] [D]   43. [A] [B] [C] [D]
29. [A] [B] [C] [D]   34. [A] [B] [C] [D]   39. [A] [B] [C] [D]   44. [A] [B] [C] [D]
30. [A] [B] [C] [D]   35. [A] [B] [C] [D]   40. [A] [B] [C] [D]   45. [A] [B] [C] [D]

二、阅读

46. [A] [B] [C] [D] [E] [F]   51. [A] [B] [C] [D] [E] [F]
47. [A] [B] [C] [D] [E] [F]   52. [A] [B] [C] [D] [E] [F]
48. [A] [B] [C] [D] [E] [F]   53. [A] [B] [C] [D] [E] [F]
49. [A] [B] [C] [D] [E] [F]   54. [A] [B] [C] [D] [E] [F]
50. [A] [B] [C] [D] [E] [F]   55. [A] [B] [C] [D] [E] [F]

56. _____   58. _____   60. _____   62. _____   64. _____

57. _____   59. _____   61. _____   63. _____   65. _____

66. [A] [B] [C] [D]   71. [A] [B] [C] [D]   76. [A] [B] [C] [D]   81. [A] [B] [C] [D]
67. [A] [B] [C] [D]   72. [A] [B] [C] [D]   77. [A] [B] [C] [D]   82. [A] [B] [C] [D]
68. [A] [B] [C] [D]   73. [A] [B] [C] [D]   78. [A] [B] [C] [D]   83. [A] [B] [C] [D]
69. [A] [B] [C] [D]   74. [A] [B] [C] [D]   79. [A] [B] [C] [D]   84. [A] [B] [C] [D]
70. [A] [B] [C] [D]   75. [A] [B] [C] [D]   80. [A] [B] [C] [D]   85. [A] [B] [C] [D]

86-100题 →

三、书写

86.
87.
88.
89.
90.
91.
92.
93.
94.
95.
96.
97.
98.
99.
100.

시원스쿨 新HSK 4급

초판 2쇄 발행 2023년 9월 1일

지은이 최은정
펴낸곳 (주)에스제이더블유인터내셔널
펴낸이 양홍걸 이시원

홈페이지 china.siwonschool.com
주소 서울시 영등포구 국회대로74길 12 시원스쿨
교재 구입 문의 02)2014-8151
고객센터 02)6409-0878

ISBN 979-11-6150-234-2
Number 1-410301-18181800-02

이 책은 저작권법에 따라 보호받는 저작물이므로 무단복제와 무단전재를 금합니다. 이 책 내용의 전부 또는 일부를 이용하려면 반드시 저작권자와 ㈜에스제이더블유인터내셔널의 서면 동의를 받아야 합니다.

시원스쿨 新HSK

4급

해설서

시원스쿨 新HSK

해 설 서

4급

시원스쿨닷컴

시원스쿨 新HSK

新HSK 4급
기본서

해 설 서

정답 및 해설

- 듣기 ·················· 4
- 독해 ·················· 83
- 쓰기 ·················· 129

듣기 제1부분

Chapter 01 서술어로 판단하기

기초 체크 | Track 01 | +본책 18쪽 | 문제 풀이

1

小许是个活泼、可爱的男孩儿。他说话的时候，总是喜欢做动作。本来很普通的事，经过他一讲，就变得非常有意思！大家都特别喜欢他这种性格。

★ 小许性格活泼。 (√)

샤오쉬는 활발하고 귀여운 남자아이다. 그는 말할 때 항상 동작하는 것을 좋아한다. 본래는 아주 평범한 일도 그의 이야기를 거치면 매우 재미있게 변한다! 모두 그의 이런 성격을 아주 좋아한다.

★ 샤오쉬의 성격은 활발하다. (√)

풀이 문제의 서술어가 지문의 내용과 일치하는지 판단하는 문제이다. 지문의 '活泼'는 문제의 서술어인 '活泼'와 완전히 일치한다. 따라서 정답은 √이다.

단어 活泼 huópō 형 활발하다 | 动作 dòngzuò 동 동작하다, 움직이다 명 동작, 행동 | 本来 běnlái 형 본래의 부 본래 | 普通 pǔtōng 형 보통이다, 평범하다 | 经过 jīngguò 동 지나다, 거치다 | 性格 xìnggé 명 성격

2

这个箱子这么重，至少得有30公斤吧。你一个人肯定搬不动，我和你一起抬吧。

★ 那个箱子不轻。 (√)

이 상자가 이렇게 무거우니, 적어도 30킬로그램(kg)은 될 것 같아. 너 혼자서는 틀림없이 옮길 수 없으니, 내가 너와 함께 들어줄게.

★ 그 상자는 가볍지 않다. (√)

풀이 문제의 서술어가 지문의 내용과 일치하는지 판단하는 문제이다. 지문의 '重'은 문제의 서술어인 '不轻'과 같은 뜻을 나타낸다. 따라서 정답은 √이다.

단어 箱子 xiāngzi 명 상자, 트렁크 | 重 zhòng 형 무겁다 | 至少 zhìshǎo 부 적어도, 최소한 | 公斤 gōngjīn 양 킬로그램(kg) | 肯定 kěndìng 동 긍정적이다 부 틀림없이, 확실히 | 抬 tái 동 들(어올리)다 | 轻 qīng 형 가볍다

실전 테스트   Track 04   ◆본책 24쪽   문제 풀이

1

我大学毕业后就做了记者，经常在全国各地到处跑。虽然有些辛苦，但这也让我积累了不少经验，所以我觉得很值得。

★ 他觉得当记者有些辛苦。 (√)

나는 대학 졸업 후 바로 기자가 되어서, 늘 전국 각지에 있는 곳곳을 뛰어다녔다. 비록 조금 힘들었지만, 그러나 그것은 나로 하여금 적지 않은 경험을 쌓도록 해주었다. 그래서 나는 가치가 있었다고 생각한다.

★ 그는 기자가 되어 조금 힘들었다고 생각한다. (√)

 문제의 서술어가 지문의 내용과 일치하는지 판단하는 문제이다. 지문의 '辛苦'는 문제의 서술어인 '辛苦'와 완전히 일치한다. 따라서 정답은 √이다.

记者 jìzhě 명 기자 | 经常 jīngcháng 부 자주, 종종 | 各地 gèdì 명 각지 | 到处 dàochù 명 도처, 곳곳 | 辛苦 xīnkǔ 형 고생스럽다, 고되다 | 积累 jīlěi 동 쌓다, 쌓이다 | 经验 jīngyàn 명 경험, 경력 | 值得 zhídé 동 ~할 만한 가치가 있다 | 当 dāng 동 ~이(가) 되다

2

第一次在这么多人面前演出，他非常紧张，唱歌时都不敢抬头看观众，几乎是低着头唱完的。

★ 他唱歌时十分开心。 (×)

처음으로 이렇게 많은 사람 앞에서 공연을 하니, 그는 아주 긴장해서, 노래 부를 때 자신 있게 고개를 들고 관중을 바라볼 수가 없어, 거의 고개를 숙이고 노래를 끝마쳤다.

★ 그는 노래 부를 때 매우 즐거웠다. (×)

 문제의 서술어가 지문의 내용과 일치하는지 판단하는 문제이다. 지문의 '紧张'은 문제에 제시된 서술어인 '开心'과 정확히 반의어는 아니지만 비교적 상반되는 뜻을 나타낸다. 따라서 정답은 X이다.

 演出 yǎnchū 동 공연하다 명 공연 | 紧张 jǐnzhāng 형 ① 긴장하다 ② 빠듯하다, 부족하다 | 敢 gǎn 동 자신 있게 ~하다, 과감하게 ~하다 | 观众 guānzhòng 명 관중, 시청자 | 几乎 jīhū 부 거의 | 低 dī 동 (머리를) 숙이다 형 낮다 | 十分 shífēn 부 매우, 아주 | 开心 kāixīn 형 기쁘다, 즐겁다

3

您看！这个房子的客厅是向阳的，而且从窗户这儿向外看，还能看到著名的香山。下午阳光照在水面上，景色美极了。

★ 窗外的景色很美。 (√)

좀 보세요! 이 집의 거실은 남향이고, 게다가 창문으로 밖을 향해 보면 유명한 샹산(향산)도 볼 수 있어요. 오후에 햇빛이 수면 위로 비치면 경치가 정말 아름다워요.

★ 창문 밖의 경치는 아름답다. (√)

문제의 서술어가 지문의 내용과 일치하는지 판단하는 문제이다. 지문의 '美'는 문제의 서술어인 '美'와 완전히 일치한다. 따라서 정답은 √이다.

 房子 fángzi 명 집 | 客厅 kètīng 명 응접실, 거실 | 向阳 xiàngyáng 동 해를 향하다, 남향이다 | 窗户 chuānghu 명 창문 | 著名 zhùmíng 형 유명하다 | 香山 Xiāng Shān 고유 샹산(향산) | 阳光 yángguāng 명 햇빛 | 照 zhào 동 비치다, 비추다 | 景色 jǐngsè 명 경치, 풍경

4

我查了汉语词典，这两个词的中文意思虽然相同，但实际用法是有区别的。按照词典的解释，第二个词更正式些。
★ 那两个词的意思相反。 (X)

내가 중국어 사전을 찾아봤는데, 이 두 단어의 중국어 뜻은 비록 서로 같지만, 실제 용법은 차이가 있어. 사전의 해설에 따르면 두 번째 단어가 좀 더 정식적이야.
★ 그 두 단어의 뜻은 상반된다. (X)

풀이 문제의 서술어가 지문의 내용과 일치하는지 판단하는 문제이다. 지문의 '相同'은 문제에 제시된 서술어인 '相反'과 상반되는 뜻을 나타낸다. 따라서 정답은 X이다.

단어 查 chá 통 찾다, 검색하다 | 词典 cídiǎn 명 사전 | 相同 xiāngtóng 형 서로 같다 | 实际 shíjì 명 실제 형 실제적이다 | 用法 yòngfǎ 명 용법 | 区别 qūbié 통 구분하다, 나누다 명 차이, 구별 | 按照 ànzhào 전 ~에 따라 | 解释 jiěshì 통 설명하다, 해명하다 명 설명, 해명 | 正式 zhèngshì 형 정식의, 공식의 | 相反 xiāngfǎn 통 상반되다, 반대되다

5

调查已经进行3个多月了，可到现在仍然没有结果。张经理有些着急，担心不能按时完成任务。
★ 调查很早以前就结束了。 (X)

조사는 이미 3개월 넘게 진행됐지만, 현재까지 여전히 결과가 없다. 장 사장은 조금 조급해서, 제시간에 임무를 완수할 수 없을까 봐 걱정한다.
★ 조사는 오래전에 끝났다. (X)

풀이 문제의 서술어가 지문의 내용과 일치하는지 판단하는 문제이다. 지문의 '没有结果'는 문제의 서술어인 '结束'와 상반되는 뜻을 나타낸다. 따라서 정답은 X이다.

단어 调查 diàochá 통 조사하다 명 조사 | 进行 jìnxíng 통 진행하다 | 仍然 réngrán 부 여전히, 아직도 | 结果 jiéguǒ 명 결과 | 着急 zháojí 통 조급해하다, 초조해하다 | 担心 dānxīn 통 걱정하다 | 按时 ànshí 부 제때에 | 完成 wánchéng 통 완성하다, 끝내다 | 任务 rènwu 명 임무 | 结束 jiéshù 통 끝나다, 종료하다

6

科学研究发现：经常笑的人，更容易感到幸福，而且更不容易生病。
★ 笑使人更健康。 (√)

과학 연구는 발견했다: 자주 웃는 사람은 더 쉽게 행복을 느끼고, 게다가 더 병이 잘 나지 않는다.
★ 웃음은 사람으로 하여금 더 건강하게 한다. (√)

풀이 문제의 서술어가 지문의 내용과 일치하는지 판단하는 문제이다. 지문의 '不容易生病'은 문제의 서술어인 '健康'과 의미상 유사한 표현이다. 따라서 정답은 √이다.

단어 科学 kēxué 명 과학 형 과학적이다 | 研究 yánjiū 통 연구하다 명 연구 | 发现 fāxiàn 통 발견하다 명 발견 | 幸福 xìngfú 명 행복 형 행복하다 | 健康 jiànkāng 명 건강 형 건강하다

7

老高这个人一直很准时，开会从来不迟到。今天到现在还没来，大概是有什么事情。你打个电话问问他吧。

★ 老高经常迟到。　　　　　　　　　(×)

라오까오는 줄곧 시간을 잘 지켰고, 회의에 여태껏 지각한 적이 없다. 오늘은 지금까지 오지 않았는데, 아마도 무슨 일이 있는 것 같아. 네가 전화해서 그에게 좀 물어봐.

★ 라오까오는 자주 지각한다.　　　　(×)

 문제의 서술어가 지문의 내용과 일치하는지 판단하는 문제이다. 지문의 '准时'는 문제의 서술어인 '迟到'와 상반되는 뜻을 나타낸다. 따라서 정답은 X이다.

准时 zhǔnshí 형 시간을 잘 지키다 부 정시에, 제때에 | 从来 cónglái 부 여태껏, 지금까지 | 迟到 chídào 동 지각하다 | 大概 dàgài 부 대강, 대충

8

弟弟！我记得昨晚把小陈的地址和手机号码写在了一张纸上，但我现在找不到那张纸了。你看见了吗？

★ 那张纸不见了。　　　　　　　　　(√)

남동생아! 내가 어제저녁에 샤오천의 주소와 휴대 전화 번호를 종이에 적었던 것으로 기억하는데, 내가 지금 그 종이를 못 찾겠어. 너는 봤니?

★ 그 종이가 보이지 않는다.　　　　　(√)

 문제의 서술어가 지문의 내용과 일치하는지 판단하는 문제이다. 지문의 '找不到'는 문제의 서술어인 '不见了'와 의미상 유사한 표현이다. 따라서 정답은 √이다.

 地址 dìzhǐ 명 주소 | 号码 hàomǎ 명 번호 | 纸 zhǐ 명 종이

Chapter 02 목적어로 판단하기

기초 체크 Track 05 ＋본책 25쪽 문제 풀이

1

我刚进来的时候，看到入口处有卖矿泉水的。我去买两瓶，你那儿有零钱吗?

★ 入口处有卖果汁的。　　　　　　(×)

내가 방금 들어올 때, 입구에 생수 파는 곳이 있는 것을 봤어. 내가 가서 두 병 살게, 너한테 잔돈 있니?

★ 입구에 과일 주스 파는 곳이 있다. 　　　(×)

 문제의 목적어가 지문의 내용과 일치하는지 판단하는 문제이다. 지문의 '卖矿泉水的'는 문제의 명사성 목적어 '卖果汁的'와 전혀 다른 표현이다. 따라서 정답은 X이다.

 入口处 rùkǒuchù 입구 | 矿泉水 kuàngquánshuǐ 명 광천수, 생수 | 瓶 píng 양 병[병을 세는 단위] | 零钱 língqián 명 ① 잔돈 ② 용돈 | 果汁 guǒzhī 명 과일 주스

2

咱们这次去北京出差，时间紧，任务重，没空儿游玩(儿)了。恐怕要辛苦大家了。

★ 他们计划去北京旅行。　　　　　(×)

우리 이번에 베이징으로 출장 가는 것은 시간이 촉박하고, 임무는 커서, 돌아다니며 놀 틈이 없을 거예요. 아마 모두를 고생시킬 것 같아요.

★ 그들은 베이징으로 여행 갈 계획이다. 　　(×)

 문제의 목적어가 지문의 내용과 일치하는지 판단하는 문제이다. 지문의 '去北京出差'는 문제의 서술성 목적어 '去北京旅行'과 전혀 다른 표현이다. 따라서 정답은 X이다.

 咱们 zánmen 대 우리 | 出差 chūchāi 동 출장 가다 | 紧 jǐn 형 촉박하다, 겨를이 없다 | 任务 rènwu 명 임무 | 重 zhòng 형 ① 무겁다 ② 중요하다 | 空儿 kòngr 명 틈, 짬 | 游玩 yóuwán 동 돌아다니며 놀다 | 恐怕 kǒngpà 부 아마 | 辛苦 xīnkǔ 형 고생스럽다, 고되다 | 计划 jìhuà 동 계획하다 명 계획 | 旅行 lǚxíng 동 여행하다 명 여행

실전 테스트 　Track 08　+ 본책 31쪽　　　문제 풀이

1

哥哥是一位著名作家，他的书很受读者欢迎。最近他几乎天天在家写书，他打算年底完成一本短篇历史小说。

형(오빠)은 유명한 작가이고, 그의 책은 매우 독자의 환영을 받는다. 최근 그는 거의 매일 집에서 책을 쓰는데, 그는 연말에 한 권의 단편 역사소설을 완성할 계획이다.

★ 哥哥最近在写爱情小说。　(✕)
★ 형(오빠)은 최근 연애소설을 쓰고 있다. (✕)

풀이 문제의 목적어가 지문의 내용과 일치하는지 판단하는 문제이다. 지문의 '历史小说'는 문제에 제시된 명사성 목적어 '爱情小说'와 전혀 다른 표현이다. 따라서 정답은 ✕이다.

단어 著名 zhùmíng 형 유명하다 | 作家 zuòjiā 명 작가, 저자 | 读者 dúzhě 명 독자 | 欢迎 huānyíng 동 환영하다 명 환영 | 最近 zuìjìn 명 최근, 요즘 | 几乎 jīhū 부 거의 | 年底 niándǐ 명 연말 | 完成 wánchéng 동 완성하다, 끝내다 | 短篇 duǎnpiān 명 단편 | 历史 lìshǐ 명 역사 | 小说 xiǎoshuō 명 소설 | 爱情 àiqíng 명 사랑, 애정

2

满天星这种植物在每年十月到十二月开花。它的花儿是白色的，十分美丽，深受大家喜爱。

만티앤싱(안개꽃)인 이 식물은 매년 10월에서 12월에 꽃이 핀다. 그것의 꽃은 흰색이고 아주 아름다워서, 모든 사람의 사랑을 받는다.

★ 满天星的花儿是白色的。　(✓)
★ 만티앤싱(안개꽃)의 꽃은 흰색이다. (✓)

풀이 문제의 목적어가 지문의 내용과 일치하는지 판단하는 문제이다. 지문의 '白色的'는 문제에 제시된 명사성 목적어 '白色的'와 완전히 일치한다. 따라서 정답은 ✓이다.

단어 满天星 Mǎntiānxīng 고유 만티앤싱(안개꽃) | 植物 zhíwù 명 식물 | 开花 kāihuā 꽃이 피다 | 十分 shífēn 부 매우, 아주 | 深 shēn 형 ① 깊다 ② (색깔이) 진하다 | 喜爱 xǐ'ài 동 좋아하다, 애호하다

3

这个房子我租了快八年了，差不多一毕业我就住在这儿。最近就要搬走了，我心里还挺难受的。

나는 이 집을 거의 8년 동안 세를 내며 살았고, 거의 졸업하자마자 바로 여기에 살았다. 최근에 곧 이사하려고 하니, 내 마음이 몹시 아프다.

★ 他打算卖掉那个房子。　(✕)
★ 그는 그 집을 팔아 버릴 계획이다. (✕)

풀이 문제의 목적어가 지문의 내용과 일치하는지 판단하는 문제이다. 지문의 '就要搬走了'는 문제에 제시된 서술성 목적어 '卖掉那个房子'와 전혀 다른 표현이다. 따라서 정답은 ✕이다.

단어 房子 fángzi 명 집 | 租 zū 동 ① 세를 주다 ② 세내다 | 差不多 chàbuduō 형 비슷하다 부 거의, 대체로 | 毕业 bìyè 동 졸업하다 | 搬 bān 동 ① 이사하다 ② 옮기다 | 挺 tǐng 부 아주, 매우 | 难受 nánshòu 형 ① (육체적·정신적으로) 괴롭다, 참을 수 없다, 견딜 수 없다 | 卖掉 màidiào 동 팔아 버리다

4

我刚听广播里说，现在去图书馆的那条路堵车特别严重。我们别开车了，坐地铁去吧。

★ 他决定继续等公共汽车。 (X)

내가 방금 라디오 방송에서 말하는 것을 들었는데, 지금 도서관 가는 그 길이 교통 체증이 매우 심각하다고 했어. 우리 차를 운전해서 가지 말고, 지하철 타고 가자.

★ 그는 계속해서 버스를 기다리기로 결정했다. (X)

풀이 문제의 목적어가 지문의 내용과 일치하는지 판단하는 문제이다. 지문의 '坐地铁'는 문제에 제시된 서술성 목적어 '继续等公共汽车'와 전혀 다른 표현이다. 따라서 정답은 X이다.

단어 刚 gāng 児 방금, 막 | 广播 guǎngbō 동 방송하다 명 라디오 방송 | 堵车 dǔchē 동 차가 막히다 | 严重 yánzhòng 형 심각하다 | 地铁 dìtiě 명 지하철 | 继续 jìxù 동 계속하다 명 계속

5

我刚看了一部爱情电影，两个年轻人好不容易走到了一起，没想到最后因为一个小小的误会，男孩儿竟然离开了女孩儿，我觉得很难过。

★ 那部电影是关于爱情的。 (√)

내가 방금 멜로 영화를 봤는데, 두 명의 젊은이가 가까스로 함께하게 됐는데, 생각지도 못하게 마지막에 아주 사소한 오해 때문에 남자가 결국 여자를 떠나서, 나는 정말 슬펐어.

★ 그 영화는 사랑에 관한 것이다. (√)

풀이 문제의 목적어가 지문의 내용과 일치하는지 판단하는 문제이다. 지문의 '爱情电影'은 문제에 제시된 명사성 목적어 '关于爱情的'와 같은 의미이다. 따라서 정답은 √이다.

단어 刚 gāng 児 방금, 막 | 爱情 àiqíng 명 사랑, 애정 | 好不容易 hǎo bù róngyì 가까스로, 간신히, 겨우 | 没想到 méi xiǎngdào 생각지도 못하다 | 误会 wùhuì 동 오해하다 명 오해 | 竟然 jìngrán 児 뜻밖에, 의외로, 결국 | 离开 líkāi 동 떠나다 | 难过 nánguò 형 괴롭다, 슬프다

6

他学的是法律，但他却不想成为一名律师。他说他喜欢写文章，将来想当一位作家。

★ 他学的是中文专业。 (X)

그가 배운 것은 법률이다. 그러나 그는 변호사가 되고 싶어 하지 않는다. 그는 글 쓰는 것을 좋아해서, 장래에 작가가 되고 싶다고 말한다.

★ 그가 배우는 것은 중국어 전공이다. (X)

풀이 문제의 목적어가 지문의 내용과 일치하는지 판단하는 문제이다. 지문의 '法律'는 문제에 제시된 명사성 목적어 '中文专业'와 전혀 다른 표현이다. 따라서 정답은 X이다.

단어 法律 fǎlǜ 명 법률 | 却 què 児 ~하지만, 그러나 | 成为 chéngwéi 동 ~이(가) 되다 | 律师 lǜshī 명 변호사 | 文章 wénzhāng 명 글, 문장 | 将来 jiānglái 명 장래, 미래 | 当 dāng 동 ~이(가) 되다 | 作家 zuòjiā 명 작가, 저자 | 专业 zhuānyè 명 전공 형 전문의

7

毕业后他 没有留在北京, 而是去了一个小城市。他认为大城市虽然工作机会多, 但是经济压力也大, 而他更喜欢轻松的生活。

★ 他选择在北京发展。　　　　　　(✗)

졸업 후에 그는 베이징에 남지 않고, 작은 도시로 갔다. 그는 대도시는 비록 일자리는 많지만, 경제 스트레스도 많다고 생각했다. 그는 부담 없는 생활을 더 좋아한다.

★ 그는 베이징에 남아 발전하는 것을 선택했다. (✗)

풀이 문제의 목적어가 지문의 내용과 일치하는지 판단하는 문제이다. 지문의 '没有留在北京'은 문제의 서술성 목적어 '在北京发展'과 전혀 다른 표현이다. 따라서 정답은 X이다.

단어 毕业 bìyè 동 졸업하다 | 留 liú 동 남다, 남기다 | 城市 chéngshì 명 도시 | 机会 jīhuì 명 기회 | 经济 jīngjì 명 경제 | 压力 yālì 명 ① 스트레스 ② 압력 | 轻松 qīngsōng 형 수월하다, 홀가분하다, 부담이 없다 | 生活 shēnghuó 동 살다, 생활하다 명 생활 | 选择 xuǎnzé 동 선택하다 명 선택 | 发展 fāzhǎn 동 발전하다 명 발전

8

学校旁边新开了一家卖眼镜的商店, 眼镜价格普遍都很便宜, 而且学生购买还能打七折。所以, 那家店的生意非常好。

★ 学校附近有一家眼镜店。　　　　(✓)

학교 옆쪽에 안경을 파는 상점이 하나 새로 개업했는데, 안경 가격이 보편적으로 모두 싸고, 게다가 학생들이 구입하면 30% 세일도 해준다. 그래서 그 상점의 장사는 매우 잘된다.

★ 학교 근처에는 안경점이 하나 있다. (✓)

풀이 목적어가 지문의 내용과 일치하는지 판단하는 문제이다. 지문의 '一家卖眼镜的商店'은 문제의 명사성 목적어 '一家眼镜店'과 같은 의미이다. 따라서 정답은 ✓이다.

단어 眼镜 yǎnjìng 명 안경 | 价格 jiàgé 명 가격 | 普遍 pǔbiàn 형 보편적이다, 일반적이다 | 购买 gòumǎi 동 구입하다, 구매하다 | 打折 dǎzhé 동 할인하다, 세일하다 | 生意 shēngyi 명 장사, 영업 | 附近 fùjìn 명 부근, 근처

Chapter 03 수식어로 판단하기

기초 체크 Track 09 + 본책 32쪽   문제 풀이

1

那里的工作条件很好，以后很难再遇到这样的机会啦，你再认真考虑一下吧。

★ 以后会有许多这样的机会。　　　　（ × ）

그곳의 업무 조건은 좋아서, 이후에 이러한 기회를 다시 만나기는 어려울 거야. 너는 다시 진지하게 고려를 좀 해봐.

★ 이후에도 많은 이러한 기회가 있을 것이다. 　（ × ）

 문제의 관형어가 지문의 내용과 일치하는지 판단하는 문제이다. 지문의 '很难再遇到'는 문제에 제시된 형용사 관형어 '许多'와 의미상 상반되는 표현이다. 따라서 정답은 X이다.

 条件 tiáojiàn 몡 조건 | 遇到 yùdào 동 만나다 | 机会 jīhuì 몡 기회 | 认真 rènzhēn 혱 진지하다, 착실하다 | 考虑 kǎolǜ 동 고려하다, 생각하다 | 许多 xǔduō 혱 대단히 많은

2

我的房东不仅对汉语感兴趣，甚至对中国京剧也很有研究。他以前还专门到中国学习过呢。

★ 房东从来没去过中国。　　　　　（ × ）

나의 집주인은 중국어에 흥미가 있을 뿐만 아니라, 심지어는 중국 경극에 대해서도 연구해 왔다. 그는 이전에 일부러 중국에 가서 공부한 적도 있다.

★ 집주인은 여태껏 중국에 가본 적이 없다. 　（ × ）

 문제의 부사어가 지문의 내용과 일치하는지 판단하는 문제이다. 지문의 '以前还专门到中国'라는 표현은 문제에 제시된 부사로로 이루어진 부사어 '从来没'와 일치하지 않는다. 따라서 정답은 X이다.

 房东 fángdōng 몡 집주인 | 不仅 bùjǐn 접 ~할 뿐만 아니라 | 感兴趣 gǎn xìngqù 관심이 있다, 흥미가 있다 | 甚至 shènzhì 부 심지어 | 京剧 jīngjù 고유 경극 | 研究 yánjiū 동 연구하다 몡 연구 | 专门 zhuānmén 혱 전문적이다 부 전문적으로, 특별히, 일부러 | 从来 cónglái 부 여태껏, 지금까지

실전 테스트 Track 12 +본책 39쪽   문제 풀이

1

你翻译好这份材料之后，马上交给王经理，顺便提醒他参加今天下午三点的会议。

당신은 이 자료를 번역한 후에, 바로 왕 사장님께 제출하세요. 그러는 김에 그에게 오늘 오후 3시의 회의에 참가해달라고 알려주세요.

★ 王经理下午三点要开会。 (√)

★ 왕 사장은 오후 3시에 회의해야 한다. (√)

풀이 문제의 부사어가 지문의 내용과 일치하는지 판단하는 문제이다. 지문의 '今天下午三点'은 문제에 제시된 시간명사 부사어 '下午三点'과 일치한다. 따라서 정답은 √이다.

단어 翻译 fānyì 동 번역하다 명 번역가, 통역원 | 材料 cáiliào 명 ① 재료 ② 자료 | 交 jiāo 동 건네주다, 제출하다, 지불하다 | 顺便 shùnbiàn 부 ~하는 김에 | 提醒 tíxǐng 동 일깨우다, 깨우치다, 상기시키다 | 会议 huìyì 명 회의

2

由于您提交的材料信息有误，因此您的申请无法通过，请您按照规定重新填写。

당신이 제출한 자료 정보에 오류가 있기 때문에, 그래서 당신의 신청은 통과할 수 없습니다. 규정에 따라 새로 기입해주세요.

★ 那个人的申请没有通过。 (√)

★ 그 사람의 신청은 통과되지 않았다. (√)

풀이 문제의 부사어가 지문의 내용과 일치하는지 판단하는 문제이다. 지문의 '无法'는 문제에 제시된 부정부사 부사어 '没有'와 의미상 같은 뜻을 나타낸다. 따라서 정답은 √이다.

단어 由于 yóuyú 접 ~때문에 | 提交 tíjiāo 동 제출하다 | 材料 cáiliào 명 ① 재료 ② 자료 | 信息 xìnxī 명 정보 | 申请 shēnqǐng 동 신청하다 명 신청 | 无法 wúfǎ 동 ~할 방법이 없다, ~할 수 없다 | 通过 tōngguò 동 통과하다, 통과되다 전 ~을(를) 통해 | 按照 ànzhào 전 ~에 따라 | 规定 guīdìng 동 규정하다 명 규정 | 重新 chóngxīn 부 ① 다시, 재차 ② 새로이

3

去年刚认识小李的时候，他的普通话还不是很流利，但是现在已经说得很标准了。他的学习能力真让我吃惊。

작년에 막 샤오리를 알게 됐을 때는, 그의 표준어는 아직 유창하지 않았다. 그러나 지금은 이미 표준으로(정확하게) 말하게 되었다. 그의 공부 능력은 정말 나로 하여금 깜짝 놀라게 했다.

★ 小李不会说普通话。 (✕)

★ 샤오리는 표준어를 말할 줄 모른다. (✕)

풀이 문제의 부사어가 지문의 내용과 일치하는지 판단하는 문제이다. 지문의 '说得很标准'은 문제에 제시된 부사와 조동사로 이루어진 부사어 '不会'와 의미상 일치하지 않는다. 따라서 정답은 ✕이다.

단어 刚 gāng 부 방금, 막 | 普通话 pǔtōnghuà 명 푸통화(현대 표준 중국어) | 流利 liúlì 형 유창하다 | 标准 biāozhǔn 명 기준 형 표준적이다 | 吃惊 chījīng 동 놀라다

4

陈经理，我查过了，<u>明天</u>飞往上海的航班中，这个最合适。6点起飞，<u>8点</u>降落，然后从机场坐出租车回公司，时间不会很紧张。您觉得呢？

천 사장님, 제가 검색해봤는데, <u>내일</u> 상하이로 가는 항공편 중 이것이 가장 적합합니다. 6시에 이륙해서 <u>8시</u>에 착륙하고, 그런 다음 공항에서 택시를 타고 회사로 돌아가시면 시간이 빠듯하시지는 않을 것 같습니다. 어떻게 생각하세요?

★ 陈经理乘坐的航班<u>刚</u>降落。　　(✗)

★ 천 사장님이 탑승한 항공편이 <u>막</u> 착륙했다. (✗)

문제의 부사어가 지문의 내용과 일치하는지 판단하는 문제이다. 지문의 '明天'과 '8点'은 문제에 제시된 부사 부사어 '刚'과 의미상 일치하지 않는다. 따라서 정답은 ✗이다.

查 chá 통 검색하다, 찾다 | 航班 hángbān 명 (비행기나 배의) 항공편, 운항편 | 合适 héshì 형 적합하다, 알맞다 | 起飞 qǐfēi 통 이륙하다 | 降落 jiàngluò 통 착륙하다 | 然后 ránhòu 접 그런 다음 | 紧张 jǐnzhāng 형 ① 긴장하다 ② 빠듯하다, 부족하다 | 乘坐 chéngzuò 통 (자동차·배·비행기 등을) 타다 | 刚 gāng 부 방금, 막

5

同学们，今天我们要学习<u>关于太阳</u>的知识。太阳距离地球有多远？太阳的温度究竟有多高？学完这节课大家就会知道答案了。

여러분, 오늘 우리는 <u>태양에 관한</u> 지식을 배우려고 해요. 태양은 지구에서 얼마나 멀리 떨어져 있을까요? 태양의 온도는 도대체 얼마나 높을까요? 이 수업을 배우고 나면 여러분은 답을 알게 될 거예요.

★ 这节课讲<u>关于太阳</u>的知识。　　(✓)

★ 이 수업은 <u>태양에 관한</u> 지식을 강의한다. (✓)

문제의 관형어가 지문의 내용과 일치하는지 판단하는 문제이다. 지문의 '关于太阳'은 문제에 제시된 전치사구 관형어 '关于太阳'과 완전히 일치한다. 따라서 정답은 ✓이다.

太阳 tàiyáng 명 태양 | 知识 zhīshi 명 지식 | 距离 jùlí 통 ~로부터 떨어지다 명 거리 | 地球 dìqiú 명 지구 | 温度 wēndù 명 온도 | 究竟 jiūjìng 부 도대체 | 答案 dá'àn 명 답안 | 节 jié 양 수업[수업의 교시를 세는 단위]

6

我是南方人，喜欢吃甜的东西，但北京菜很多都是咸的。刚到北京时我很不习惯，<u>后来才慢慢适应</u>的。

나는 남방 사람이라 단것 먹는 것을 좋아한다. 그러나, 베이징 음식은 짠 것이 많다. 막 베이징에 왔을 때 나는 익숙하지 않았지만, <u>이후에 천천히 적응했다</u>.

★ 他<u>现在仍然不</u>习惯吃中国菜。　　(✗)

★ 그는 <u>현재 여전히</u> 중국 음식에 적응하지 <u>못한다</u>. (✗)

문제의 부사어가 지문의 내용과 일치하는지 판단하는 문제이다. 지문의 '适应'은 문제에 제시된 시간명사와 부사들로 이루어진 부사어 '现在仍然不'와 의미상 일치하지 않는다. 따라서 정답은 ✗이다.

南方 nánfāng 명 남방 | 甜 tián 형 달다 | 咸 xián 형 짜다 | 刚 gāng 부 방금, 막 | 习惯 xíguàn 통 습관이 되다, 익숙해지다 명 습관 | 后来 hòulái 부 그 후, 그다음 | 适应 shìyìng 통 적응하다 | 仍然 réngrán 부 여전히, 아직도

7

小马民族舞跳得特别棒。学校网站上就有他的表演，非常精彩。你可以找来看看。

★ 小马会跳民族舞。　　　　　　　　　(√)

샤오마는 민족 춤을 매우 수준 높게 춰. 학교 웹사이트에 그의 공연이 있는데, 아주 멋져. 네가 찾아봐도 돼.

★ 샤오마는 민족 춤을 출 줄 안다.　　　(√)

 문제의 부사어가 지문의 내용과 일치하는지 판단하는 문제이다. 지문의 '跳得特别棒'은 문제에 제시된 조동사 부사어 '会'와 의미상 일치한다. 따라서 정답은 √이다.

 民族 mínzú 명 민족 | 棒 bàng 형 좋다. 대단하다. (수준이) 높다 | 网站 wǎngzhàn 명 웹사이트 | 表演 biǎoyǎn 동 공연하다 명 공연 | 精彩 jīngcǎi 형 뛰어나다. 훌륭하다. 멋지다

8

这条购物街很有名，不仅东西多，而且价格也不高。不少店为了吸引顾客一到周末或者节假日就会打折。

★ 那条街上的东西几乎不打折。　　　　(×)

이 쇼핑 거리는 유명하다. 물건이 많을 뿐만 아니라, 게다가 가격 또한 높지 않다. 적지 않은 가게들이 고객을 끌기 위해 주말 혹은 명절과 휴일만 되면 할인을 한다.

★ 그 거리의 물건은 거의 할인하지 않는다.　(×)

문제의 부사어가 지문의 내용과 일치하는지 판단하는 문제이다. 지문의 '一到周末或者节假日就会打折'라는 표현은 문제에 제시된 부사들로 이루어진 부사어 '几乎不'와 의미상 일치하지 않는다. 따라서 정답은 X이다.

购物 gòuwù 명 물건을 구입하다 | 街 jiē 명 거리 | 不仅 bùjǐn 접 ~할 뿐만 아니라 | 价格 jiàgé 명 가격 | 吸引 xīyǐn 동 끌어당기다. 매료시키다 | 顾客 gùkè 명 고객 | 周末 zhōumò 명 주말 | 或者 huòzhě 접 혹은, 아니면 | 节假日 jiéjiàrì 명 명절과 휴일 | 打折 dǎzhé 동 할인하다. 세일하다 | 几乎 jīhū 부 거의

Chapter 04 전체로 판단하기

기초 체크 | Track 13 | + 본책 40쪽 | 문제 풀이

1

我孩子其实很爱说话，可能是刚跟你们认识不久，他还有点儿害羞，等熟悉了就好了。

★ 他孩子平时很爱说话。　　　　(　√　)

내 아이는 사실 말하는 것을 좋아하는데, 아마 너희들과 안 지 오래되지 않아서 그는 좀 부끄러워하는 거야. 익숙해지면 곧 좋아질 거야.

★ 그의 아이는 평소 말하는 것을 좋아한다.　　(　√　)

[풀이] 문제 전체가 지문의 내용과 일치하는지 판단하는 문제이다. 지문의 '我孩子其实很爱说话'는 문제에 제시된 문장과 거의 일치한다. 따라서 정답은 √이다.

[단어] 其实 qíshí 🅟 사실은 | 久 jiǔ 🅗 오래다, 시간이 길다 | 害羞 hàixiū 🅣 부끄러워하다 | 熟悉 shúxī 🅣 잘 알다 🅗 익숙하다 | 平时 píngshí 🅝 평소, 평상시

2

我觉得这条裤子很适合儿子，现在穿肯定特别凉快，正好又打折，咱们就买这条吧。

★ 他对那条裤子很满意。　　　　(　√　)

제 생각에 이 바지는 아들에게 매우 잘 어울릴 것 같아요. 지금 입으면 분명히 아주 시원할 거예요. 마침 할인도 하는데, 우리 이거 사요.

★ 그는 그 바지에 대해 만족한다.　　(　√　)

[풀이] 문제가 지문 전체의 내용과 부합하는지 유추하여 판단하는 문제이다. 지문의 '这条裤子很适合儿子'와 '咱们就买这条吧'를 같은 표현들로 볼 때 정답은 √이다.

[단어] 裤子 kùzi 🅝 바지 | 适合 shìhé 🅣 적합하다, 알맞다, 어울리다 | 肯定 kěndìng 🅣 긍정적이다 🅟 틀림없이, 확실히 | 凉快 liángkuai 🅣 더위를 식히다 🅗 시원하다 | 正好 zhènghǎo 🅗 딱 맞다 🅟 마침, 때마침 | 打折 dǎzhé 🅣 할인하다, 세일하다 | 满意 mǎnyì 🅗 만족하다

실전 테스트 　Track 16 　+본책 45쪽 　　　문제 풀이

1

我们爬山时，经常是前面的人拉着后面的，后面的人推着前面的一起向上爬。因为大家都知道，只有<u>互相帮助</u>，<u>才能共同向前</u>。

우리는 등산을 할 때, 늘 앞쪽의 사람은 뒤쪽의 사람을 끌어주고, 뒤쪽의 사람은 앞쪽의 사람을 밀어주며 함께 위를 향해 오른다. 왜냐하면 모두 오직 <u>서로 도와야만 비로소 함께 앞으로 나아갈 수 있다</u>는 것을 알기 때문이다.

★ 互相帮助才能共同前进。　　　　(√)

★ 서로 도와야만 함께 전진할 수 있다.　　　　(√)

풀이 문제 전체가 지문의 내용과 일치하는지 판단하는 문제이다. 지문의 '只有互相帮助，才能共同向前'은 문제에 제시된 문장과 거의 일치한다. 따라서 정답은 √이다.

단어 爬山 páshān 图 등산하다 | 拉 lā 图 끌다, 당기다 | 推 tuī 图 밀다 | 互相 hùxiāng 图 서로 | 共同 gòngtóng 图 공통의 图 함께, 다 같이 | 向前 xiàngqián 图 앞으로 나아가다 | 前进 qiánjìn 图 전진하다, 앞으로 나아가다

2

小姐，您好，我们想<u>了解一下顾客对我们餐厅的服务是否满意</u>。所以想请您填写一份调查表，不知您方不方便。

아가씨, 안녕하세요. <u>저희는 고객님께서 우리 식당의 서비스에 만족하시는지 여부를 알고 싶습니다</u>. 그래서 당신께 조사표를 기입해주시길 부탁드리고 싶은데, 편하실지 모르겠습니다.

★ 那家餐厅服务质量很差。　　　　(X)

★ 그 식당의 서비스 품질은 나쁘다.　　　　(X)

풀이 문제가 지문 전체의 내용과 부합하는지 유추하여 판단하는 문제이다. 지문의 '我们想了解一下顾客对我们餐厅的服务是否满意'라는 표현으로 볼 때 아직 서비스의 좋고 나쁨을 판단할 수 없음을 알 수 있다. 따라서 정답은 X이다.

단어 了解 liǎojiě 图 자세하게 알다, 이해하다 | 顾客 gùkè 图 고객 | 餐厅 cāntīng 图 식당 | 服务 fúwù 图 서비스 | 满意 mǎnyì 图 만족하다 | 填写 tiánxiě 图 써넣다, 기입하다 | 调查 diàochá 图 조사하다 图 조사 | 表 biǎo 图 표 | 方便 fāngbiàn 图 편리하다 | 质量 zhìliàng 图 품질

3

小姐，这个是取款机，不能存钱。<u>你想存钱的话</u>，往前走300米左右，右转<u>有个工商银行</u>。

아가씨, 이것은 현금 인출기라서, 입금은 하실 수 없습니다. 입금하고 싶으시면 앞으로 300미터(m)쯤 가셔서 우회전하시면 공상은행이 있습니다.

★ 小姐忘记了取款密码。　　　　(X)

★ 아가씨는 인출 비밀번호를 잊어버렸다.　　　　(X)

풀이 문제가 지문 전체의 내용과 부합하는지 유추하여 판단하는 문제이다. 지문의 '你想存钱的话'와 '有个工商银行'을 같은 표현들로 볼 때 정답은 X이다.

단어 取款机 qǔkuǎnjī 현금 인출기, ATM기 | 存钱 cúnqián 图 저금하다, 예금하다 | 米 mǐ 图 미터(m) | 左右 zuǒyòu 图 가량, 안팎, 내외 | 右转 yòuzhuǎn 오른쪽으로 돌다 | 忘记 wàngjì 图 잊(어버리)다 | 密码 mìmǎ 图 비밀번호

듣기 제1부분 **17**

4

保护环境可以从小事做起。例如少用塑料袋，将垃圾丢进垃圾桶，夏天把空调的温度开得高一点等等，这些是我们每个人都能够做到的。

★ 环保要从身边小事做起。 (√)

환경보호는 작은 일부터 시작해도 좋다. 예를 들어 비닐봉지를 적게 사용하고, 쓰레기를 쓰레기통에 버리고, 여름에 에어컨 온도를 조금 높이 켜기 등등. 이런 것은 우리 모두가 할 수 있는 것이다.

★ 환경보호는 주위의 작은 일부터 하기 시작해야 한다. (√)

풀이 문제 전체가 지문의 내용과 일치하는지 판단하는 문제이다. 지문의 '保护环境可以从小事做起'는 문제에 제시된 문장과 거의 일치한다. 따라서 정답은 √이다.

단어 保护 bǎohù 동 보호하다 명 보호 | 环境 huánjìng 명 환경 | 例如 lìrú 동 예를 들다 | 塑料袋 sùliàodài 비닐봉지 | 垃圾 lājī 명 쓰레기 | 垃圾桶 lājītǒng 명 쓰레기통 | 空调 kōngtiáo 명 에어컨 | 温度 wēndù 명 온도 | 能够 nénggòu 조동 ~할 수 있다

5

非常感谢你们为年轻作家提供了这么好的交流机会。最后祝你们的网站越办越好。

★ 那个网站在招聘护士。 (×)

당신들이 젊은 작가를 위해 이렇게나 좋은 교류기회를 제공해 준 것에 매우 감사합니다. 마지막으로 당신들의 웹사이트가 하면 할수록 더 잘 되길 기원합니다.

★ 그 웹사이트는 간호사를 채용하고 있다. (×)

풀이 문제가 지문 전체의 내용과 부합하는지 유추하여 판단하는 문제이다. 지문의 '为年轻作家提供了这么好的交流机会'라는 표현으로 볼 때 '招聘护士'와는 전혀 관계가 없다. 따라서 정답은 X이다.

단어 感谢 gǎnxiè 동 감사하다 | 提供 tígōng 동 제공하다 | 交流 jiāoliú 동 교류하다 명 교류 | 祝 zhù 동 축복하다, 기원하다 | 网站 wǎngzhàn 명 웹사이트 | 招聘 zhāopìn 동 모집하다, 채용하다 | 护士 hùshi 명 간호사

6

随着互联网的发展，买火车票、找宾馆等事情都可以在网上完成了。出去旅行也不怕找不到路，手机地图可以带你去任何地方。

★ 互联网让旅行变得十分方便。 (√)

인터넷의 발전에 따라, 기차표를 사고 호텔을 찾는 등의 일은 모두 인터넷에서 끝낼 수 있게 되었다. 여행을 가서도 길을 찾지 못하는 것을 걱정하지 않아도 된다. 휴대 전화 지도는 당신이 가려는 어떤 곳이든 데려갈 수 있다.

★ 인터넷은 여행이 아주 편리해지게 했다. (√)

풀이 문제가 지문 전체의 내용과 부합하는지 유추하여 판단하는 문제이다. 지문의 '随着互联网的发展……都可以在网上完成了……出去旅行也不怕找不到路'와 같은 표현들로 볼 때 정답은 √이다.

단어 随着 suízhe 전 ~에 따라 | 互联网 hùliánwǎng 명 인터넷 | 发展 fāzhǎn 동 발전하다 명 발전 | 宾馆 bīnguǎn 명 호텔 | 旅行 lǚxíng 동 여행하다 명 여행 | 怕 pà 동 ① 두려워하다 ② 걱정하다 | 地图 dìtú 명 지도 | 任何 rènhé 대 어떠한 | 地方 dìfang 명 장소, 곳, 부분 | 十分 shífēn 부 매우, 아주 | 方便 fāngbiàn 형 편리하다

7

世界上有多种职业。在实际生活中，我们不可能都经历一遍。但演员却可以在表演中去做各种工作，这就是我选择当演员的原因。

★ 他对表演不感兴趣。　　　　　　　(✕)

세상에는 많은 종류의 직업이 있다. 실제 생활에서, 우리는 한 번 경험하는 것도 불가능하다. 그러나 오히려 연기자는 연기 중에 다양한 직업을 해보는데, 이것이 바로 내가 연기자가 되겠다고 선택한 이유이다.

★ 그는 연기에 관심이 없다.　　　　　　　(✕)

 문제가 지문 전체의 내용과 부합하는지 유추하여 판단하는 문제이다. 지문의 '这就是我选择当演员的原因'이라는 표현으로 볼 때 연기를 좋아한다는 것을 알 수 있다. 따라서 정답은 ✕이다.

 世界 shìjiè 〈명〉 세계, 세상 | 职业 zhíyè 〈명〉 직업 | 实际 shíjì 〈명〉 실제 〈형〉 실제적이다 | 生活 shēnghuó 〈동〉 살다, 생활하다 〈명〉 생활 | 经历 jīnglì 〈동〉 겪다, 경험하다 〈명〉 경험, 경력 | 遍 biàn 〈양〉 번, 회(동작이 시작되어 끝날 때까지의 전 과정을 나타냄) | 演员 yǎnyuán 〈명〉 연기자 | 表演 biǎoyǎn 〈동〉 공연하다 〈명〉 공연, 연기 | 选择 xuǎnzé 〈동〉 선택하다 〈명〉 선택 | 原因 yuányīn 〈명〉 원인, 이유 | 感兴趣 gǎn xìngqù 관심이 있다, 흥미가 있다

8

不好意思，由于现在用餐人数较多，麻烦大家先取号。我们会按照号码的先后顺序给大家安排座位。

★ 现在用餐的人很多。　　　　　　　(✓)

죄송합니다. 현재 식사하는 사람 수가 비교적 많기 때문에, 번거로우시겠지만 모두 먼저 번호를 뽑아 주세요. 저희는 번호의 선착순에 따라 여러분에게 자리를 배정해드릴 것입니다.

★ 현재 식사하는 사람이 많다.　　　　　　　(✓)

 문제 전체가 지문의 내용과 일치하는지 판단하는 문제이다. 지문의 '现在用餐人数较多'는 문제에 제시된 문장과 거의 일치한다. 따라서 정답은 ✓이다.

 由于 yóuyú 〈접〉 ~때문에 | 用餐 yòngcān 〈동〉 식사를 하다 | 人数 rénshù 〈명〉 사람 수, 인원 | 麻烦 máfan 〈동〉 폐를 끼치다, 귀찮게 하다 〈명〉 말썽, 골칫거리 〈형〉 귀찮다, 번거롭다 | 取 qǔ 〈동〉 가지다, 취하다, 찾다 | 按照 ànzhào 〈전〉 ~에 따라 | 号码 hàomǎ 〈명〉 번호 | 顺序 shùnxù 〈명〉 순서 | 安排 ānpái 〈동〉 배치하다, 안배하다, 준비하다 | 座位 zuòwèi 〈명〉 좌석, 자리

듣기 제2, 3부분

Chapter 01 숫자·시간

기초 체크 　 Track 17　+ 본책 50쪽　　　　문제 풀이

11

女: 小伙子, 这是你要的笔记本和橡皮, 一共10块8毛钱。
男: 好的, 我没带零钱。给您一百, 麻烦您找一下。
问: 那些东西花了多少钱?
A 10元8角　B 4元8角　C 40元8角　D 100元

여: 젊은이, 이것이 당신이 원하는 노트와 지우개예요. 모두 10위안(콰이) 8마오입니다.
남: 네. 제가 잔돈을 안 가져왔어요. 100위안 드릴 테니, 번거롭겠지만 거슬러 주세요.
질문: 그 물건들은 얼마인가?
A 10위안 8자오　B 4위안 8자오
C 40위안 8자오　D 100위안

 보기를 통해 돈과 관련된 질문을 예상할 수 있다. 지문에서 여자의 '一共10块8毛钱'이라는 말을 통해 정답이 A임을 알 수 있다.

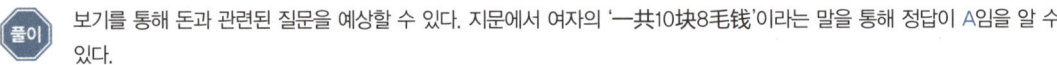 小伙子 xiǎohuǒzi 명 젊은이 | 笔记本 bǐjìběn 명 노트북 | 橡皮 xiàngpí 명 지우개 | 零钱 língqián 명 ① 잔돈 ② 용돈 | 麻烦 máfan 동 폐를 끼치다, 귀찮게 하다 명 말썽, 골칫거리 형 귀찮다, 번거롭다

26

男: 张教授, 这几篇文章您什么时候要?
女: 不急, 你自己安排。只要在暑假前交给我就行。
男: 没问题。我肯定会提前完成的。
女: 那样更好。
问: 张教授什么时候要那几篇文章?
A 月底　B 中午　C 周末　D 暑假前

남: 장 교수님, 이 몇 편의 글은 언제까지 필요하세요?
여: 급하지 않으니, 알아서 준비해주세요. 여름방학 전에만 나에게 건네주면 돼요.
남: 문제없습니다. 저는 틀림없이 앞당겨 완성할 수 있습니다.
여: 그럼 더 좋죠.
질문: 장 교수는 언제 그 몇 편의 글을 원하는가?
A 월말　B 정오　C 주말　D 여름방학 전

보기를 통해 시간과 관련된 질문을 예상할 수 있다. 지문에서 여자의 '只要在暑假前交给我就行'이라는 말을 통해 정답이 D임을 알 수 있다.

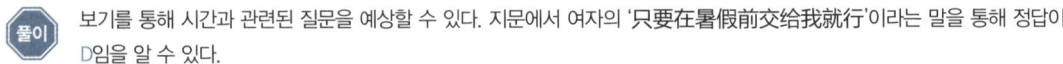 教授 jiàoshòu 명 교수 | 文章 wénzhāng 명 글, 문장 | 急 jí 형 급하다 | 安排 ānpái 동 배치하다, 안배하다, 준비하다 | 暑假 shǔjià 명 여름방학 | 肯定 kěndìng 동 긍정적이다 부 틀림없이, 확실히 | 提前 tíqián 동 앞당기다 | 月底 yuèdǐ 명 월말 | 周末 zhōumò 명 주말

실전 테스트　Track 20　+ 본책 56쪽　　문제 풀이

1

女: 我这周末想搬家，最近一直在整理东西。
男: 需要我帮忙吗?

问: 说话人准备什么时候搬家?
A 下周六　B 下学期　C 今晚　D 这周末

여: 저는 이번 주말에 이사하려고, 요즘 계속해서 물건을 정리하고 있어요.
남: 제 도움이 필요하신가요?

질문: 화자는 언제 이사하려고 준비 중인가?
A 다음 주 토요일　B 다음 학기　C 오늘 저녁　D 이번 주말

풀이 보기를 통해 시간과 관련된 질문을 예상할 수 있다. 지문에서 여자의 '我这周末想搬家'라는 말을 통해 정답이 D임을 알 수 있다.

단어 整理 zhěnglǐ 통 정리하다 | 帮忙 bāngmáng 통 일을 돕다, 일을 거들어 주다 | 学期 xuéqī 명 학기

2

男: 这个礼拜天的同学聚会你参加吗?
女: 当然参加了! 这可是毕业之后咱们班第一次聚会。

问: 同学聚会什么时候举行?
A 明天中午　　　　B 这个星期日
C 两个星期后　　　D 下周日

남: 이번 주 일요일 동창 모임에 너는 참가할 거니?
여: 당연히 참가해야지! 이것이 아마 졸업 후 우리 반이 처음으로 모이는 걸 거야.

질문: 동창 모임은 언제 열리는가?
A 내일 정오　　　　B 이번 주 일요일
C 2주 후　　　　　 D 다음 주 일요일

풀이 보기를 통해 시간과 관련된 질문을 예상할 수 있다. 지문에서 남자의 '这个礼拜天的同学聚会你参加吗'라는 말을 통해 정답이 B임을 알 수 있다.

단어 礼拜天 lǐbàitiān 명 일요일 | 聚会 jùhuì 통 모이다 명 모임 | 毕业 bìyè 통 졸업하다 | 咱们 zánmen 대 우리 | 举行 jǔxíng 통 열다, 거행하다, 개최하다

3

女: 现在联系爷爷会不会打扰到他?
男: 这个时间他可能在午休。咱们三点再给他打电话吧。

问: 男的建议几点联系爷爷?
A 12:00　B 13:00　C 15:00　D 20:00

여: 지금 할아버지께 연락 드리면 폐 끼치는 걸까?
남: 이 시간이면 할아버지께서는 아마도 점심 휴식을 취하고 계실 거야. 우리 3시 되면 할아버지에게 전화하자.

질문: 남자는 몇 시에 할아버지께 연락 드리자고 건의했나?
A 12:00　B 13:00　C 15:00　D 20:00

풀이 보기를 통해 시간과 관련된 질문을 예상할 수 있다. 지문에서 남자의 '咱们三点再给他打电话吧'라는 말을 통해 정답이 C임을 알 수 있다.

단어 联系 liánxì 통 연락하다, 연결하다 명 연락 | 打扰 dǎrǎo 통 방해하다, 폐를 끼치다 | 午休 wǔxiū 통 점심 휴식을 취하다 | 咱们 zánmen 대 우리 | 建议 jiànyì 통 건의하다 명 건의

4

男: 咱们快点儿出发吧。别再赶不上火车。
女: 不用着急，从这儿去火车站，只要半个小时。<u>十点走完全来得及</u>。

问: 女的想<u>几点出发</u>?
A 9:00   B 10:00   C 6:30   D 11:30

남: 우리 빨리 출발하자. 또 기차를 놓치지 말고.
여: 조급해할 필요 없어. 여기에서 기차역까지는 30분이면 돼. <u>10시에 가도 절대로 늦지 않아</u>.

질문: 여자는 <u>몇 시에 출발하려 하나</u>?
A 9:00   B 10:00   C 6:30   D 11:30

풀이 보기를 통해 시간과 관련된 질문을 예상할 수 있다. 지문에서 여자의 '十点走完全来得及'라는 말을 통해 정답이 B임을 알 수 있다.

단어 咱们 zánmen 대 우리 | 出发 chūfā 동 출발하다 | 赶不上 gǎnbushàng 따라가지 못하다, 따라잡을 수 없다 | 着急 zháojí 동 조급해하다 | 完全 wánquán 형 완전하다 부 완전히, 전혀, 절대로 | 来得及 láidejí 늦지 않다, 제시간에 댈 수 있다

5

女: 请问，<u>下周末的读书交流会</u>是在这儿报名吗?
男: 对不起。参加活动的人数已经满了。

问: 读书交流会<u>什么时候举行</u>?
A 下月底   B 星期四   C 下学期   D <u>下周末</u>

여: 말씀 좀 여쭙겠습니다. <u>다음 주말의 독서교류회</u>는 여기에서 등록하나요?
남: 죄송합니다. 활동에 참가하는 인원수가 이미 찼어요.

질문: 독서교류회는 <u>언제 열리는가</u>?
A 다음 달 말   B 목요일   C 다음 학기   D 다음 주말

풀이 보기를 통해 시간과 관련된 질문을 예상할 수 있다. 지문에서 여자의 '下周末的读书交流会'라는 말을 통해 정답이 D임을 알 수 있다.

단어 交流 jiāoliú 동 교류하다 명 교류 | 报名 bàomíng 동 신청하다, 등록하다 | 满 mǎn 형 가득하다, 가득 차다 | 举行 jǔxíng 동 열다, 거행하다, 개최하다 | 月底 yuèdǐ 명 월말 | 学期 xuéqī 명 학기

6

男: 这是你新买的笔记本电脑?
女: 对。你肯定猜不到我花了多少钱。
男: 至少得三千块吧。
女: 最近电脑降价了。<u>我只花了一千八</u>。

问: 那台电脑<u>多少钱</u>?
A <u>1800元</u>   B 2800元   C 3900元   D 4700元

남: 이것이 네가 새로 산 노트북 컴퓨터니?
여: 맞아. 너는 틀림없이 내가 얼마를 썼는지 알아맞히지 못할 거야.
남: 최소한 3000위안은 들었겠지.
여: 요즘 컴퓨터가 값이 내려갔어. 나는 겨우 <u>1800위안</u> 썼어.

질문: 그 컴퓨터는 <u>얼마인가</u>?
A 1800위안   B 2800위안   C 3900위안   D 4700위안

풀이 보기를 통해 돈과 관련된 질문을 예상할 수 있다. 지문에서 여자의 '我只花了一千八'라는 말을 통해 정답이 A임을 알 수 있다.

단어 笔记本电脑 bǐjìběn diànnǎo 명 노트북 컴퓨터 | 肯定 kěndìng 형 긍정적이다 부 틀림없이, 확실히 | 猜 cāi 동 추측하다, 알아맞히다 | 至少 zhìshǎo 부 최소한, 적어도 | 降价 jiàngjià 동 가격을 낮추다, 할인하다

7

女: 你家人爱看京剧吗?
男: 除了奶奶，其他人都不是特别感兴趣。
女: 我有一张礼拜日下午国家大剧院京剧演出的票，送给你奶奶吧。
男: 太好啦，她一定会很开心。

问: 演出是哪天的?
A 周五上午   B 礼拜一早上
C 周六中午   D 星期天下午

여: 너희 가족들은 경극 보는 것을 좋아하니?
남: 할머니를 제외하고, 다른 사람들은 모두 특별히 흥미 있어 하지는 않아.
여: 내가 일요일 오후 국가 대극장 경극 공연 표가 한 장 있는데, 할머니에게 드려.
남: 너무 좋네. 할머니는 반드시 기뻐하실 거야.

질문: 공연은 어느 날인가?
A 금요일 오전   B 월요일 아침
C 토요일 정오   D 일요일 오후

보기를 통해 시간과 관련된 질문을 예상할 수 있다. 지문에서 여자의 '我有一张礼拜日下午国家大剧院京剧演出的票' 라는 말을 통해 정답이 D임을 알 수 있다.

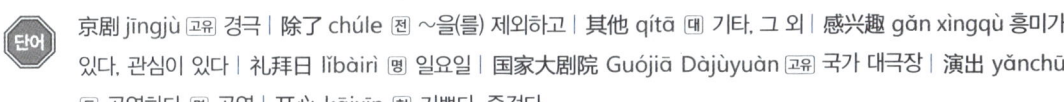

京剧 jīngjù 고유 경극 | 除了 chúle 전 ~을(를) 제외하고 | 其他 qítā 대 기타, 그 외 | 感兴趣 gǎn xìngqù 흥미가 있다, 관심이 있다 | 礼拜日 lǐbàirì 명 일요일 | 国家大剧院 Guójiā Dàjùyuàn 고유 국가 대극장 | 演出 yǎnchū 동 공연하다 명 공연 | 开心 kāixīn 형 기쁘다, 즐겁다

8

男: 对不起，经理。我又迟到了。
女: 小李，这个星期你可是每天都迟到呀。
男: 我的车坏了，所以我是坐公共汽车来的。
女: 明天星期五有一个重要会议，不能迟到。
男: 不会的，我的车已经修好了。

问: 男的这个星期迟到几次了?
A 两次   B 三次   C 四次   D 五次

남: 죄송합니다. 사장님. 제가 또 지각했습니다.
여: 샤오리, 이번 주에 당신 정말 매일 지각하는군요.
남: 제 차가 고장이 나서, 그래서 버스 타고 왔습니다.
여: 내일 금요일에 중요한 회의가 있으니, 지각하면 안 됩니다.
남: 안 그러겠습니다. 제 차는 이미 수리했습니다.

질문: 남자는 이번 주에 몇 번 지각했는가?
A 2번   B 3번   C 4번   D 5번

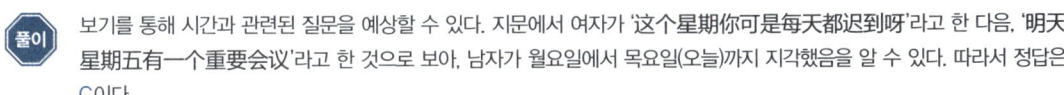

보기를 통해 시간과 관련된 질문을 예상할 수 있다. 지문에서 여자가 '这个星期你可是每天都迟到呀'라고 한 다음, '明天星期五有一个重要会议'라고 한 것으로 보아, 남자가 월요일에서 목요일(오늘)까지 지각했음을 알 수 있다. 따라서 정답은 C이다.

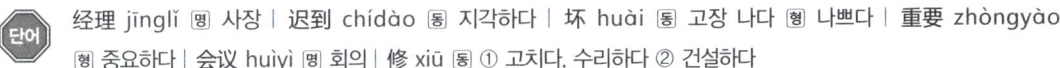

经理 jīnglǐ 명 사장 | 迟到 chídào 동 지각하다 | 坏 huài 동 고장 나다 형 나쁘다 | 重要 zhòngyào 형 중요하다 | 会议 huìyì 명 회의 | 修 xiū 동 ① 고치다, 수리하다 ② 건설하다

Chapter 02 장소

기초 체크 Track 21 + 본책 57쪽 　　　　　　　　　　　　　　　문제 풀이

11

男: 你去图书馆的路上是不是经过邮局？能顺便帮我把这封信寄了吗？
女: 行，你交给我吧。

问: 女的要去哪儿?
A 图书馆　　B 餐厅　　C 洗手间　　D 超市

남: 너는 도서관 가는 길에 우체국 지나가지? 가는 김에 나 대신 이 편지 한 통 좀 붙여줄 수 있니?
여: 그래. 나한테 줘.

질문: 여자는 어디에 가려고 하나?
A 도서관　　B 식당　　C 화장실　　D 슈퍼마켓

 보기를 통해 장소와 관련된 질문을 예상할 수 있다. 지문에서 남자의 '你去图书馆的路上是不是经过邮局'라는 말을 통해 정답이 A임을 알 수 있다.

图书馆 túshūguǎn 명 도서관 | 经过 jīngguò 통 지나다, 거치다 | 邮局 yóujú 명 우체국 | 顺便 shùnbiàn 부 ~하는 김에 | 寄 jì 통 (우편으로) 부치다 | 交 jiāo 통 건네주다, 제출하다, 지불하다 | 餐厅 cāntīng 명 식당 | 洗手间 xǐshǒujiān 명 화장실 | 超市 chāoshì 명 슈퍼마켓, 마트

26

女: 先生，非常抱歉。我们的刷卡机坏了。您能付现金吗?
男: 我身上钱不够，这附近有取款机吗？
女: 有的。您出门左转就能看到。
男: 好的。那我取完钱再回来付款。

问: 男的接下来要去哪儿?
A 宾馆　　B 银行　　C 卫生间　　D 地铁站

여: 선생님. 정말 죄송합니다. 저희의 카드 단말기가 고장 났습니다. 현금으로 지불하실 수 있을까요?
남: 제가 지닌 돈이 부족한데, 이 근처에 현금 인출기가 있나요?
여: 있습니다. 나가서 좌회전하시면 바로 보일 거예요.
남: 네. 그럼 제가 돈을 인출하고 다시 돌아와서 지불하겠습니다.

질문: 남자는 이어서 어디에 가려고 하는가?
A 호텔　　B 은행　　C 화장실　　D 지하철역

 보기를 통해 장소와 관련된 질문을 예상할 수 있다. 지문에서 남자의 '这附近有取款机吗'라는 말을 통해 정답이 B임을 알 수 있다.

抱歉 bàoqiàn 형 미안해하다 | 刷卡机 shuākǎjī 카드 단말기 | 坏 huài 통 고장 나다 형 나쁘다 | 付 fù 통 지불하다 | 够 gòu 통 (일정한 정도·기준·수준에) 이르다, 도달하다 형 충분하다 | 取款机 qǔkuǎnjī 현금 인출기, ATM기 | 转 zhuǎn 통 돌다, 회전하다 | 取 qǔ 통 가지다, 취하다, 찾다 | 付款 fùkuǎn 통 돈을 지불하다 | 接下来 jiē xiàlai 이어서, 뒤이어 | 卫生间 wèishēngjiān 명 화장실 | 地铁站 dìtiězhàn 지하철역

실전 테스트　Track 23　+본책 61쪽　문제 풀이

1

男: 你从哪儿看到的？消息准确吗？
女: 在学校网站上，我把网址发给你，你自己看看吧。

问: 女的在哪儿看到的消息？

A 杂志上　B 网站上　C 报纸上　D 电视上

남: 너는 어디에서 본 거니? 정보가 정확한 거야?
여: 학교 웹사이트에서. 내가 웹사이트 주소를 보내줄 테니, 네가 직접 봐봐.

질문: 여자는 어디에서 정보를 봤는가?

A 잡지 상에서　B 웹사이트상에서
C 신문상에서　D 텔레비전상에서

 보기를 통해 장소와 관련된 질문을 예상할 수 있다. 지문에서 여자의 '在学校网站上'이라는 말을 통해 정답이 B임을 알 수 있다.

 消息 xiāoxi 몡 정보, 소식 | 准确 zhǔnquè 톙 정확하다 | 网站 wǎngzhàn 몡 웹사이트 | 网址 wǎngzhǐ 몡 웹사이트 주소 | 杂志 zázhì 몡 잡지 | 报纸 bàozhǐ 몡 신문

2

女: 到哪儿了？我刚才太困了，都睡着了。
男: 我们快下高速了，估计再走8公里就到了。

问: 他们现在在哪儿？

A 高速公路上　B 船上　C 地铁上　D 火车上

여: 어디쯤이야? 나는 방금 너무 졸려서, 잠들었었어.
남: 우리는 곧 고속도로를 벗어나. 아마 8킬로미터(km) 더 가면 바로 도착할 거야.

질문: 그들은 지금 어디에 있는가?

A 고속도로 위　B 배 위　C 지하철 안　D 기차 안

 보기를 통해 장소와 관련된 질문을 예상할 수 있다. 지문에서 남자의 '我们快下高速了'라는 말을 통해 정답이 A임을 알 수 있다.

 刚才 gāngcái 몡 방금, 막 | 困 kùn 톙 졸리다 | 估计 gūjì 통 추측하다, 예측하다 | 公里 gōnglǐ 얭 킬로미터(km) | 高速公路 gāosù gōnglù 고속도로 | 船 chuán 몡 배 | 地铁 dìtiě 몡 지하철

3

男: 小王，帮我把这两页材料传真给马记者。他下周的一篇报道里要用这些数字。
女: 好。他的传真号码是多少？

问: 对话最可能发生在哪儿？

A 商店　B 宾馆　C 教室　D 办公室

남: 샤오왕, 나를 도와서 이 두 페이지의 자료를 팩스로 마 기자에게 보내주세요. 그는 다음 주 보도에 이 숫자들을 사용하려고 해요.
여: 네. 그의 팩스 번호는 어떻게 되나요?

질문: 대화는 어디에서 발생했을 가능성이 가장 큰가?

A 상점　B 호텔　C 교실　D 사무실

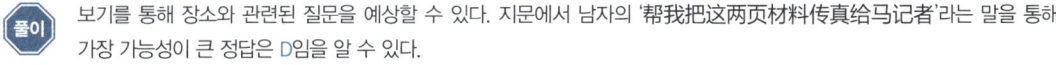 보기를 통해 장소와 관련된 질문을 예상할 수 있다. 지문에서 남자의 '帮我把这两页材料传真给马记者'라는 말을 통해, 가장 가능성이 큰 정답이 D임을 알 수 있다.

 页 yè 얭 쪽, 페이지[페이지를 세는 단위] | 传真 chuánzhēn 몡 팩스 | 记者 jìzhě 몡 기자 | 报道 bàodào 통 보도하다 몡 보도 | 数字 shùzì 몡 숫자 | 号码 hàomǎ 몡 번호 | 办公室 bàngōngshì 몡 사무실

4

女: 你今天怎么这么积极？提前一小时就来了。
男: 别提了，下午的社会课我还没预习呢。
问: 他们现在最可能在哪儿？
A 出租车上   B 宾馆   C 公园   D 教室

여: 너는 오늘 왜 이렇게 적극적이야? 한 시간 일찍 왔네.
남: 말도 마, 오후의 사회 과목을 나는 아직 예습하지도 못했어.
질문: 그들은 지금 어디에 있을 가능성이 가장 큰가?
A 택시 안   B 호텔   C 공원   D 교실

풀이 보기를 통해 장소와 관련된 질문을 예상할 수 있다. 지문에서 남자의 '下午的社会课我还没预习呢'라는 말을 통해 정답이 D임을 알 수 있다.

단어 积极 jījí 형 ① 적극적이다 ② 긍정적이다 | 提前 tíqián 동 앞당기다 | 别提了 bié tí le 말도 마라 | 社会 shèhuì 명 사회 | 预习 yùxí 동 예습하다

5

男: 都在家一天了，咱们去羽毛球场打会儿羽毛球吧。
女: 现在估计没地方了。就在楼下散散步吧。
问: 对话可能发生在哪儿？
A 家里   B 国家公园   C 羽毛球场   D 海洋馆

남: 이미 집에 있은지 하루가 되었어. 우리 배드민턴장에 가서 잠깐 배드민턴 치자.
여: 지금 추측하기에는 자리가 없을 거야. 그냥 건물 아래에서 산책이나 하자.
질문: 대화는 어디에서 발생했을 가능성이 가장 큰가?
A 집 안   B 국가 공원   B 배드민턴   D 아쿠아리움

풀이 보기를 통해 장소와 관련된 질문을 예상할 수 있다. 지문에서 남자의 '都在家一天了'라는 말을 통해, 정답이 A임을 알 수 있다.

단어 咱们 zánmen 대 우리 | 羽毛球 yǔmáoqiú 명 배드민턴 | 估计 gūjì 동 추측하다, 예측하다 | 散步 sànbù 동 산책하다 명 산책 | 海洋馆 hǎiyángguǎn 아쿠아리움

6

女: 儿子呢？周末也不在家好好休息。
男: 他回学校了。上午接到了学校的电话去填表了。
女: 填什么表？
男: 留学申请表。
问: 儿子去哪儿了？
A 超市   B 大使馆   C 学校   D 亲戚家

여: 아들은요? 주말에도 집에서 잘 쉬지를 않네요.
남: 그는 학교로 돌아갔어요. 오전에 학교의 전화를 받고 표를 작성하러 갔어요.
여: 무슨 표를 작성하나요?
남: 유학 신청서요.
질문: 아들은 어디 갔는가?
A 슈퍼마켓   B 대사관   C 학교   D 친척 집

풀이 보기를 통해 장소와 관련된 질문을 예상할 수 있다. 지문에서 남자의 '他回学校了'라는 말을 통해 정답이 C임을 알 수 있다.

단어 周末 zhōumò 명 주말 | 填 tián 동 써넣다, 기입하다 | 表 biǎo 명 표 | 留学 liúxué 동 유학하다 | 申请 shēnqǐng 동 신청하다 명 신청 | 大使馆 dàshǐguǎn 명 대사관 | 亲戚 qīnqi 명 친척

7

男: 不好意思，能让我先取一下票吗? 女: 大家都是排队取票的。 男: 实在抱歉。我乘坐的<u>那趟火车马上停止检票了</u>。 女: 这样啊，那你快取票吧。 问: 对话最可能发生<u>在哪儿</u>? A 地铁站　B 学校　<u>C 火车站</u>　D 登机口	남: 죄송합니다. 제가 먼저 표를 좀 받을 수 있을까요? 여: 모두 줄 서서 표를 받는 거예요. 남: 정말 죄송합니다. 제가 탈 <u>기차가 곧 검표를 마치거든요</u>. 여: 그렇군요. 그럼 어서 표를 받아 가세요. 질문: 대화는 <u>어디에서</u> 발생했을 가능성이 가장 큰가? A 지하철역　B 학교　<u>C 기차역</u>　D 탑승구

풀이 보기를 통해 장소와 관련된 질문을 예상할 수 있다. 지문에서 남자의 '我乘坐的那趟火车马上停止检票了'라는 말을 통해 정답이 C임을 알 수 있다.

단어 取 qǔ 통 가지다, 취하다, 찾다 | 票 piào 명 표 | 排队 páiduì 통 줄을 서다 | 实在 shízài 부 확실히, 정말 | 抱歉 bàoqiàn 형 미안해하다 | 乘坐 chéngzuò 통 (자동차·배·비행기 등을) 타다 | 马上 mǎshàng 부 곧, 즉시, 바로 | 停止 tíngzhǐ 통 멈추다, 정지하다 | 检票 jiǎnpiào 통 검표하다 | 地铁站 dìtiězhàn 지하철역 | 登机口 dēngjīkǒu 탑승구

8

女: <u>购物车</u>满了。我们去付款吧。 男: 今天超市做活动。我还有很多东西想买。 女: 那你在这儿等我一下。我再推辆购物车过来。 男: 好的。 问: 他们现在最可能<u>在哪儿</u>? A 体育馆　<u>B 超市</u>　C 银行　D 饭店	여: <u>쇼핑 카트가</u> 가득 찼어. 우리 계산하러 가자. 남: 오늘 슈퍼마켓에서 이벤트를 해. 나는 아직 사고 싶은 것이 많아. 여: 그러면 여기에서 나를 좀 기다려줘. 내가 다시 쇼핑 카트를 밀어서 올게. 남: 그래. 질문: 그들은 지금 <u>어디에 있을</u> 가능성이 가장 큰가? A 체육관　<u>B 슈퍼마켓</u>　C 은행　D 호텔

풀이 보기를 통해 장소와 관련된 질문을 예상할 수 있다. 지문에서 여자의 '购物车满了'라는 말을 통해 정답이 B임을 알 수 있다.

단어 购物车 gòuwùchē 쇼핑 카트 | 满 mǎn 형 가득하다, 가득 차다 | 付款 fùkuǎn 통 돈을 지불하다 | 推 tuī 통 밀다 | 体育馆 tǐyùguǎn 명 체육관 | 银行 yínháng 명 은행

Chapter 03 신분·관계

기초 체크   Track 24   +본책 62쪽   문제 풀이

11

女: 如果李大夫回来，请你马上通知我。 男: 好的，她一回来我就跟您联系。 问: 女的在找谁？ A 周律师　B 王医生　C 马护士　D 李大夫	여: 만약 이 의사 선생님이 돌아오시면, 바로 저에게 알려주세요. 남: 네. 그녀가 돌아오면 제가 바로 당신에게 연락 드리겠습니다. 질문: 여자는 누구를 찾는가? A 주 변호사　B 왕 의사　C 마 간호사　D 이 의사

풀이 보기를 통해 신분과 관련된 질문을 예상할 수 있다. 지문에서 여자의 '如果李大夫回来，请你马上通知我'라는 말을 통해 정답이 D임을 알 수 있다.

단어 大夫 dàifu 명 의사 | 通知 tōngzhī 동 통지하다, 알리다 명 통지 | 联系 liánxì 동 연락하다, 연결하다 명 연락 | 律师 lǜshī 명 변호사 | 医生 yīshēng 명 의사 | 护士 hùshi 명 간호사

26

男: 喂，请问，夏校长在吗？ 女: 我爸出去散步了。您找他有什么事儿吗？ 男: 我是三年级的老师，我有急事找他商量。刚才打他手机一直占线。 女: 您别着急，我现在出去找他。 问: 男的和夏校长最可能是什么关系？ A 师生　B 同事　C 亲戚　D 夫妻	남: 여보세요. 말씀 좀 여쭐게요. 하 교장 선생님 계신가요? 여: 저희 아빠께서는 산책하러 나가셨어요. 무슨 일로 그를 찾으시나요? 남: 저는 3학년 선생님이고, 제가 그와 급하게 상의할 것이 있어서요. 방금 그의 휴대 전화로 전화했는데 줄곧 통화 중이시네요. 여: 조급해하지 마세요. 제가 지금 나가서 그를 찾아볼게요. 질문: 남자는 하 교장 선생님과 무슨 관계인가? A 선생과 학생　B 동료　C 친척　D 부부

풀이 보기를 통해 관계와 관련된 질문을 예상할 수 있다. 지문에서 남자의 '夏校长在吗'와 '我是三年级的老师'라는 두 가지 말을 통해 정답이 B임을 알 수 있다.

단어 校长 xiàozhǎng 명 교장 | 散步 sànbù 동 산책하다 명 산책 | 年级 niánjí 명 학년 | 商量 shāngliang 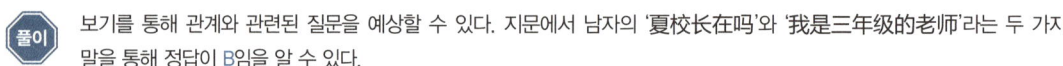 동 상의하다 | 刚才 gāngcái 명 방금, 막 | 一直 yìzhí 부 계속, 줄곧 | 占线 zhànxiàn 동 통화 중이다 | 着急 zháojí 동 조급해하다, 초조해하다 | 师生 shīshēng 명 선생과 학생(사제) | 亲戚 qīnqi 명 친척 | 夫妻 fūqī 명 부부

실전 테스트   Track 27   + 본책 68쪽   문제 풀이

1

女: 这封信是谁寄来的呀？信封上竟然没写寄信人的名字。
男: 不知道，房东上午拿上来的，我还没来得及看。

问: 信是谁拿上来的？
A 售货员   B 妈妈   C 司机   D 房东

여: 이 편지는 누가 보낸 거야? 편지 봉투 위에 뜻밖에 발신자의 이름이 쓰여 있지 않아.
남: 모르겠어. 집주인이 오전에 가져온 건데, 나는 아직 볼 겨를이 없었어.

질문: 편지는 누가 가져왔는가?
A 점원   B 엄마   C 기사   D 집주인

풀이 보기를 통해 신분과 관련된 질문을 예상할 수 있다. 지문에서 남자의 '房东上午拿上来的'라는 말을 통해 정답이 D임을 알 수 있다.

단어 封 fēng 양 통[봉투를 세는 단위] | 寄 jì 통 (우편으로) 부치다 | 信封 xìnfēng 명 편지 봉투 | 寄信人 jìxìnrén 발신자 | 房东 fángdōng 명 집주인 | 来得及 láidejí 늦지 않다, 시간이 있다 | 售货员 shòuhuòyuán 명 판매원, 점원 | 司机 sījī 명 기사, 운전사

2

男: 对不起，会议还在进行中，您不能进去。
女: 可是，我现在有重要的事情要跟张律师谈。

问: 女的要找谁？
A 李博士   B 张校长   C 张律师   D 王教授

남: 죄송합니다. 회의가 아직 진행 중이라서 당신은 들어가실 수 없어요.
여: 하지만, 저는 지금 장 변호사님과 이야기해야 할 중요한 일이 있습니다.

질문: 여자는 누구를 찾는가?
A 이 박사   B 장 교장   C 장 변호사   D 왕 교수

풀이 보기를 통해 신분과 관련된 질문을 예상할 수 있다. 지문에서 여자의 '我现在有重要的事情要跟张律师谈'이라는 말을 통해 정답이 C임을 알 수 있다.

단어 会议 huìyì 명 회의 | 进行 jìnxíng 통 진행하다 | 重要 zhòngyào 형 중요하다 | 律师 lǜshī 명 변호사 | 博士 bóshì 명 박사 | 校长 xiàozhǎng 명 교장 | 教授 jiàoshòu 명 교수

3

女: 高经理刚才来找过你，他好像想向你要一份
　　材料。
男: 我知道了。我马上给他送过去。
问: 他们最可能是什么关系？
A 父女　　B 同事　　C 网友　　D 姐弟

여: 까오 사장님께서 방금 당신을 찾아오셨는데, 그는 마치
　　당신에게 자료 한 부를 요구하고 싶어 하는 것 같았어요.
남: 알겠습니다. 제가 바로 그에게 보낼게요.
질문: 그들은 무슨 관계일 가능성이 가장 큰가？
A 부녀　　B 동료　　C 인터넷 친구　　D 누나와 남동생

풀이 보기를 통해 관계와 관련된 질문을 예상할 수 있다. 지문에서 여자가 '高经理刚才来找过你，他好像想向你要一份材料'라고 한 말에 남자가 '我马上给他送过去'라고 대답하는 것으로 보아 정답이 B임을 알 수 있다.

단어 经理 jīnglǐ 명 사장 | 刚才 gāngcái 명 방금, 막 | 好像 hǎoxiàng 부 마치 ~와(과) 같다 | 材料 cáiliào 명 ① 재료 ② 자료 | 网友 wǎngyǒu 명 인터넷 친구, 네티즌

4

男: 你看，前面戴眼镜的那个人是不是王校长？
女: 是他，走，我们过去打个招呼吧。
问: 他们遇到了谁？
A 李大夫　　B 万教授　　C 王校长　　D 王博士

남: 네가 봐봐. 앞에 안경 쓴 저 사람이 왕 교장 선생님 아니야？
여: 그가 맞아. 가자. 우리 가서 인사드리자.
질문: 그들은 누구를 만났는가？
A 이 의사　　B 완 교수　　C 왕 교장　　D 왕 박사

풀이 보기를 통해 신분과 관련된 질문을 예상할 수 있다. 지문에서 남자가 '前面戴眼镜的那个人是不是王校长'이라고 묻는 말에 여자가 '是他'라고 대답하는 것으로 보아 정답이 C임을 알 수 있다.

단어 戴 dài 동 착용하다, 쓰다, 끼다 | 眼镜 yǎnjìng 명 안경 | 校长 xiàozhǎng 명 교장 | 打招呼 dǎ zhāohu 인사하다 | 遇到 yùdào 동 만나다 | 大夫 dàifu 명 의사 | 教授 jiàoshòu 명 교수 | 博士 bóshì 명 박사

5

女: 小马，你今天怎么还来办公室？不是要出差吗？
男: 你记错时间了吧。我下星期才走。
问: 他们最可能是什么关系？
A 夫妻　　B 邻居　　C 母子　　D 同事

여: 샤오마, 당신은 오늘 왜 사무실에 왔어요? 출장 간다고 하지 않았나요?
남: 당신이 시간을 잘못 기억하셨어요. 저는 다음 주에 가요.
질문: 그들은 무슨 관계일 가능성이 가장 큰가?
A 부부　　B 이웃　　C 모자　　D 동료

풀이 보기를 통해 관계와 관련된 질문을 예상할 수 있다. 지문에서 여자의 '你今天怎么还来办公室'라는 말을 통해 정답이 D임을 알 수 있다.

단어 办公室 bàngōngshì 명 사무실 | 出差 chūchāi 동 출장 가다 | 记 jì 동 ① 기록하다 ② 기억하다 | 夫妻 fūqī 명 부부 | 邻居 línjū 명 이웃 | 母子 mǔzǐ 명 모자

6

男: 请问，是长城租车公司吗？我想租一辆15座的车，周五晚上用。
女: 您从哪儿出发？去什么地方？
男: 从和平桥出发，到首都体育馆。
女: 您稍等，我查一下。
问: 男的在给谁打电话？
A 租车公司　　B 母亲　　C 导游　　D 警察

남: 실례합니다만, 창청(만리장성) 렌터카 회사인가요? 제가 15인승 차 한 대를 빌리고 싶은데, 금요일 저녁에 사용할 것입니다.
여: 어디에서 출발하시나요? 어디로 가시죠?
남: 허핑교로부터 출발해서 수도 체육관까지요.
여: 잠시만 기다려 주세요. 제가 찾아볼게요.
질문: 남자는 누구에게 전화하고 있는가?
A 렌터카 회사　　B 어머니　　C 가이드　　D 경찰

풀이 A를 제외한 세 개의 보기를 통해 신분과 관련된 질문을 예상할 수 있다. 지문에서 남자의 '是长城租车公司吗'라는 말을 통해 정답이 A임을 알 수 있다.

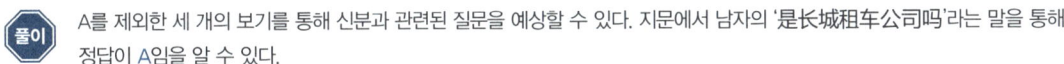
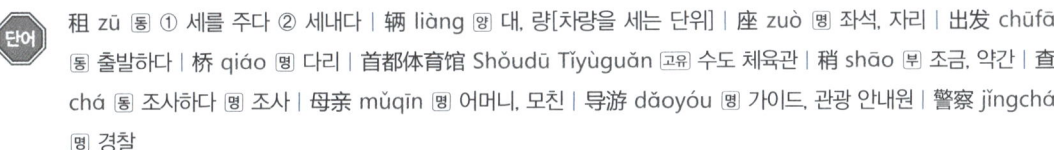

단어 租 zū 동 ① 세를 주다 ② 세내다 | 辆 liàng 양 대, 량[차량을 세는 단위] | 座 zuò 명 좌석, 자리 | 出发 chūfā 동 출발하다 | 桥 qiáo 명 다리 | 首都体育馆 Shǒudū Tǐyùguǎn 고유 수도 체육관 | 稍 shāo 부 조금, 약간 | 查 chá 동 조사하다 명 조사 | 母亲 mǔqīn 명 어머니, 모친 | 导游 dǎoyóu 명 가이드, 관광 안내원 | 警察 jǐngchá 명 경찰

7

女: 你觉得怎样才能成为一名合格的律师?
男: 首先必须要有较好的法律基础知识，其次遇事要冷静。
女: 除了这些呢?
男: 对人热情也很重要，要懂得乐于助人。

问: 他们谈什么职业?
A 售货员　　B 记者　　C 医生　　D 律师

여: 너는 어떻게 해야 자격 있는 변호사가 될 수 있다고 생각하니?
남: 첫째로 반드시 비교적 좋은 법률기초 지식을 가지고 있어야 하고, 그다음으로는 사건과 마주쳤을 때 침착해야 한다고 생각해.
여: 이것들 이외에는?
남: 사람들에게 친절한 것도 중요하고, 다른 사람을 기꺼이 도울 줄 알아야 해.

질문: 그들은 무슨 직업을 이야기하고 있나?
A 점원　　B 기자　　C 의사　　D 변호사

풀이 보기를 통해 신분과 관련된 질문을 예상할 수 있다. 지문에서 여자의 '你觉得怎样才能成为一名合格的律师'라는 말을 통해 정답이 D임을 알 수 있다.

단어 合格 hégé 형 표준에 맞다, 합격이다 | 律师 lǜshī 명 변호사 | 首先 shǒuxiān 부 우선, 먼저 대 첫째로 | 必须 bìxū 부 반드시 | 法律 fǎlǜ 명 법률 | 基础 jīchǔ 명 기초 | 知识 zhīshi 명 지식 | 其次 qícì 대 그다음 | 冷静 lěngjìng 형 냉정하다, 침착하다 | 除了 chúle 전 ~을(를) 제외하고 | 热情 rèqíng 명 열정 형 열정적이다, 친절하다 | 懂得 dǒngde 동 알다, 이해하다 | 乐于 lèyú 동 (어떤 일을) 기꺼이 하다 | 职业 zhíyè 명 직업 | 售货员 shòuhuòyuán 명 판매원, 점원 | 记者 jìzhě 명 기자

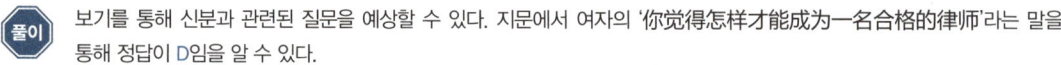

8

男: 你刚才在跟谁打招呼呢?
女: 我们学校的一位教授，怎么了?
男: 没事，我还以为是你的学生呢。
女: 我的学生年龄没有这么大。

问: 女的和谁打招呼了?
A 一位作家　B 一个小伙子　C 一位教授　D 司机

남: 너는 방금 누구와 인사했니?
여: 우리 학교의 교수님 한 분이랑. 왜?
남: 그냥. 나는 또 네 학생인 줄 알았지.
여: 내 학생은 나이가 이렇게 많지 않아.

질문: 여자는 누구와 인사했는가?
A 한 명의 작가　B 한 명의 젊은이　C 한 명의 교수　D 기사

풀이 보기를 통해 신분과 관련된 질문을 예상할 수 있다. 지문에서 여자의 '我们学校的一位教授'라는 말을 통해 정답이 C임을 알 수 있다.

단어 刚才 gāngcái 명 방금, 막 | 打招呼 dǎ zhāohu 인사하다 | 教授 jiàoshòu 명 교수 | 年龄 niánlíng 명 연령, 나이 | 作家 zuòjiā 명 작가, 저자 | 小伙子 xiǎohuǒzi 명 젊은이 | 司机 sījī 명 기사, 운전사

Chapter 04 평가

기초 체크 Track 28 + 본책 69쪽   문제 풀이

11

男: 看你信心满满的样子，这次一定能拿第一吧?
女: 第一不敢说，进前三名应该没问题。

问: 女的看起来怎么样?
A 十分失望　　　B 很吃惊
C 很有信心　　　D 可怜极了

남: 네가 자신감이 가득한 모습을 보니, 이번에는 반드시 1등을 할 수 있겠지?
여: 1등은 감히 말할 수 없고, 3등 안에 들어가는 것은 아마 문제없을 거예요.

질문: 여자는 보기에 어떠한가?
A 아주 실망하다　　　B 놀라다
C 매우 자신감이 있다　　　D 매우 불쌍하다

 형용사로 이루어진 보기를 통해 평가형 질문을 예상할 수 있다. 지문에서 남자의 '看你信心满满的样子'라는 말을 통해 정답이 C임을 알 수 있다.

 信心 xìnxīn 명 자신(감) | 满 mǎn 형 가득하다, 가득 차다 | 样子 yàngzi 명 모양, 모습 | 敢 gǎn 동 자신 있게 ~하다, 과감하게 ~하다 | 十分 shífēn 부 매우, 아주 | 失望 shīwàng 동 실망하다, 낙담하다 | 吃惊 chījīng 동 놀라다 | 可怜 kělián 동 동정하다 형 불쌍하다

26

女: 这次来应聘的几乎都是刚毕业的年轻人。
男: 这不是挺好的吗?
女: 我担心他们缺少经验和耐心。
男: 我觉得没关系，至少年轻人有热情，愿意努力工作。

问: 男的觉得年轻人怎么样?
A 有热情　　　B 爱好多
C 很诚实　　　D 害怕失败

여: 이번에 지원하러 온 사람들은 거의 다 막 졸업한 젊은이들이에요.
남: 이러면 아주 좋은 거 아닌가요?
여: 저는 그들이 경험과 인내심이 부족할까 걱정돼요.
남: 제 생각에는 괜찮을 것 같아요. 적어도 젊은 사람들은 열정이 있고, 열심히 일하길 원하잖아요.

질문: 남자는 젊은이들이 어떻다고 생각하는가?
A 열정이 있다　　　B 취미가 많다
C 성실하다　　　D 실패를 두려워한다

 형용사로 이루어진 보기를 통해 평가형 질문을 예상할 수 있다. 지문에서 남자의 '至少年轻人有热情'이라는 말을 통해 정답이 A임을 알 수 있다.

 应聘 yìngpìn 동 지원하다 | 几乎 jīhū 부 거의 | 刚 gāng 부 방금, 막 | 挺 tǐng 부 아주, 매우 | 担心 dānxīn 동 걱정하다 | 缺少 quēshǎo 동 부족하다, 모자라다 | 经验 jīngyàn 명 경험, 경력 | 耐心 nàixīn 명 인내심 형 인내심이 강하다 | 至少 zhìshǎo 부 적어도, 최소한 | 热情 rèqíng 명 열정 형 열정적이다, 친절하다 | 爱好 àihào 명 취미 | 诚实 chéngshí 형 진실하다, 성실하다 | 害怕 hàipà 동 두려워하다, 무서워하다 | 失败 shībài 동 실패하다 명 실패

실전 테스트 Track 30 + 본책 73쪽   문제 풀이

1

男: 小王做事很有能力，只是还缺少经验。
女: 已经不错了，他还年轻呢。经验可以慢慢积累。

问: 男的认为小王怎么样?
A 有点儿粗心   B 不够自信
C 很聪明   D 缺少经验

남: 샤오왕은 일할 때 아주 능력이 있는데, 단지 아직 경험이 부족할 뿐이야.
여: 이미 잘한 거야. 그는 아직 젊어. 경험은 천천히 쌓아갈 수 있어.

질문: 남자는 샤오왕이 어떻다고 여기는가?
A 조금 세심하지 못하다   B 자신감이 충분하지 않다
C 똑똑하다   D 경험이 부족하다

 형용사로 이루어진 보기를 통해 평가형 질문을 예상할 수 있다. 지문에서 남자의 '只是还缺少经验'이라는 말을 통해 정답이 D임을 알 수 있다.

 能力 nénglì 명 능력 | 缺少 quēshǎo 동 부족하다, 모자라다 | 经验 jīngyàn 명 경험, 경력 | 积累 jīlěi 동 쌓다, 쌓이다 | 粗心 cūxīn 형 세심하지 못하다, 부주의하다 | 够 gòu 동 (일정한 정도, 기준, 수준에) 이르다, 도달하다 형 충분하다 | 自信 zìxìn 명 자신감 형 자신감 있다

2

女: 你手都出汗了，放松点儿。
男: 终于能和这本小说的作者对话了。我现在是既紧张又激动。

问: 男的现在心情怎么样?
A 特别激动   B 感觉无聊
C 伤心极了   D 很害怕

여: 네 손에서 땀까지 나, 긴장 좀 풀어.
남: 드디어 이 소설의 작가와 대화할 수 있게 되었어. 나는 지금 긴장되기도 하고 흥분되기도 해.

질문: 남자는 지금 마음이 어떠한가?
A 아주 흥분된다   B 무료하다고 느낀다
C 매우 상심한다   D 매우 두려워한다

형용사로 이루어진 보기를 통해 평가형 질문을 예상할 수 있다. 지문에서 남자의 '我现在是既紧张又激动'이라는 말을 통해 정답이 A임을 알 수 있다.

汗 hàn 명 땀 | 放松 fàngsōng 동 (정신적) 긴장을 풀다 | 终于 zhōngyú 부 마침내, 드디어, 결국 | 作者 zuòzhě 명 작가, 저자 | 对话 duìhuà 동 대화하다 명 대화 | 既 A 又 B jì A yòu B A 하기도 하고 B 하기도 하다 | 紧张 jǐnzhāng 형 ① 긴장하다 ② 빠듯하다, 부족하다 | 激动 jīdòng 동 흥분하다, 감격하다 | 心情 xīnqíng 명 심정, 마음 | 感觉 gǎnjué 동 여기다, 생각하다 명 감각, 느낌 | 无聊 wúliáo 형 무료하다, 심심하다 | 伤心 shāngxīn 동 상심하다, 슬퍼하다 | 害怕 hàipà 동 두려워하다, 무서워하다

3

男: 听说，你选了张老师的课。你觉得他上课怎么样?
女: 挺有趣的。不过他对作业要求很严格。
问: 女的认为张老师的课怎么样?
A 不受重视 B 很有趣 C 作业简单 D 内容很难

남: 듣자 하니, 네가 장 선생님 수업을 선택했다고 하더라. 네 생각에 그가 수업하는 것이 어떤 것 같아?
여: 아주 재미있어. 그러나 그는 숙제에 대해 요구가 엄격해.
질문: 여자는 장 선생님의 수업이 어떻다고 여기는가?
A 중시 받지 않는다   B 재미있다
C 숙제가 간단하다   D 내용이 어렵다

 형용사로 이루어진 보기를 통해 평가형 질문을 예상할 수 있다. 지문에서 여자의 '挺有趣的'라는 말을 통해 정답이 B임을 알 수 있다.

 听说 tīngshuō 동 듣자 하니 ~라고 한다 | 挺 tǐng 부 아주, 매우 | 有趣 yǒuqù 형 재미있다 | 严格 yángé 형 엄격하다 | 重视 zhòngshì 동 중시하다, 중요시하다 | 内容 nèiróng 명 내용

4

女: 怎么样? 水温可以吗?
男: 稍微有点儿凉，再加点儿热水吧。
问: 男的觉得水温怎么样?
A 正合适 B 太高了 C 有些低 D 有点儿高

여: 어때? 물 온도가 괜찮아?
남: 약간 차가워. 뜨거운 물을 조금 더 넣자.
질문: 남자는 물 온도가 어떻다고 생각하는가?
A 딱 적합하다 B 너무 높다 C 조금 낮다 D 조금 높다

 형용사로 이루어진 보기를 통해 평가형 질문을 예상할 수 있다. 지문에서 남자의 '稍微有点儿凉'이라는 말을 통해 정답이 C임을 알 수 있다.

 水温 shuǐwēn 명 수온, 물 온도 | 稍微 shāowēi 부 조금, 약간 | 凉 liáng 형 서늘하다, 차갑다 | 合适 héshì 형 적합하다, 알맞다 | 低 dī 동 (머리를) 숙이다 형 낮다

5

男: 饺子味道怎么样?
女: 很香，不过盐好像放多了。给我来碗饺子汤吧。
问: 女的觉得饺子怎么样?
A 有点儿咸   B 肉不多
C 不好吃   D 不够酸

남: 자오쯔(교자) 맛은 어떠니?
여: 향기가 좋아. 그러나 소금을 많이 넣은 것 같아. 나에게 만둣국 한 그릇 줘.
질문: 여자는 자오쯔(교자)가 어떻다고 생각하는가?
A 조금 짜다   B 고기가 많지 않다
C 맛없다   D 충분히 시지 않다

 형용사로 이루어진 보기를 통해 평가형 질문을 예상할 수 있다. 지문에서 여자의 '盐好像放多了'라는 말을 통해 정답이 A임을 알 수 있다.

 饺子 jiǎozi 명 자오쯔(교자) | 味道 wèidao 명 맛 | 香 xiāng 형 ① 향기롭다 ② (잠이) 달콤하다 | 不过 búguò 접 그러나 | 盐 yán 명 소금 | 好像 hǎoxiàng 부 마치 ~와(과) 같다 | 碗 wǎn 명 그릇 양 그릇[그릇을 세는 단위] | 咸 xián 형 짜다 | 够 gòu 동 (일정한 정도, 기준, 수준에) 이르다, 도달하다 형 충분하다 | 酸 suān 형 시다

6

女: 这条新买的裤子穿上不合适，<u>有点儿小</u>。	여: 새로 산 바지는 입으니까 어울리지 않고, <u>조금 작아</u>.
男: 没关系，你可以拿去店里换。	남: 괜찮아, 너는 매장에 가지고 가서 바꾸면 돼.
女: 换不了了，我当时买回来就洗了。	여: 바꿀 수가 없어, 내가 사 온 즉시 바로 빨았어.
男: 那你只能送人了。	남: 그러면 다른 사람에게 선물할 수밖에 없겠네.
问: 女的觉得那条裤子<u>怎么样</u>?	질문: 여자는 그 바지가 <u>어떻다고</u> 생각하는가?
A 质量很好　　　B 看着很旧	A 품질이 좋다　　　B 보기에 낡았다
C <u>有点儿小</u>　　D 不太正式	C <u>조금 작다</u>　　　D 그다지 정식적이지 않다

풀이 형용사로 이루어진 보기를 통해 평가형 질문을 예상할 수 있다. 지문에서 여자의 '有点儿小'라는 말을 통해 정답이 C임을 알 수 있다.

단어 裤子 kùzi 명 바지 | 合适 héshì 형 적합하다, 알맞다 | 换 huàn 동 바꾸다, 교환하다 | 质量 zhìliàng 명 질, 품질 | 旧 jiù 형 낡다, 오래다 | 正式 zhèngshì 형 정식의, 공식의

7

男: 我虽然在这儿出生，可八岁就搬走了。	남: 나는 비록 여기에서 태어났지만, 8살에 이사 갔어.
女: 你觉得这儿变化大吗?	여: 네 생각에 이곳의 변화가 크니?
男: 挺大的，以前这条街道很破，商场也少。你看<u>现在多热闹</u>。	남: 아주 커. 이전에 이 거리는 낡았었고, 백화점도 적었어. <u>지금은 얼마나 시끌벅적한지 봐봐</u>.
女: 那你还能找到当时住的地方吗?	여: 그럼 너는 여전히 당시에 살던 곳을 찾을 수 있니?
男: 能，我带你去看看。	남: 응. 내가 너를 데리고 가서 보여줄게.
问: 男的觉得那儿现在<u>怎么样</u>?	질문: 남자는 그곳이 지금 <u>어떻다고</u> 생각하는가?
A <u>很热闹</u>　　B 很富	A <u>시끌벅적하다</u>　　B 부유하다
C 交通不便　　D 污染严重	C 교통이 불편하다　　D 오염이 심각하다

풀이 형용사로 이루어진 보기를 통해 평가형 질문을 예상할 수 있다. 지문에서 남자의 '现在多热闹'라는 말을 통해 정답이 A임을 알 수 있다.

단어 出生 chūshēng 동 출생하다, 태어나다 | 变化 biànhuà 동 변화하다, 바뀌다 명 변화 | 挺 tǐng 부 아주, 매우 | 街道 jiēdào 명 거리, 도로 | 破 pò 동 파손되다, 깨지다, 망가지다 형 낡다 | 热闹 rènao 형 번화하다, 떠들석하다, 시끌벅적하다 | 当时 dāngshí 명 당시에, 그때 | 地方 dìfang 명 장소, 곳, 부분 | 富 fù 형 부유하다 | 交通 jiāotōng 명 교통 | 污染 wūrǎn 동 오염시키다, 오염되다 명 오염 | 严重 yánzhòng 형 심각하다

8

女: 把你的电话号码告诉我一下。
男: 你不是有吗?
女: 别提了。我的手机丢了,存的号码都没了。
男: 你真是粗心,总是丢东西。

问: 男的认为女的怎么样?
A 太骄傲　　　　B 太懒了
C 爱打扮　　　　D 很粗心

여: 네 휴대 전화 번호를 나에게 알려줘.
남: 너 가지고 있지 않아?
여: 말도 마. 휴대 전화를 잃어버려서, 저장된 번호가 모두 없어졌어.
남: 너는 정말 부주의해서, 항상 물건을 잃어버리네.

질문: 남자는 여자가 어떻다고 여기는가?
A 너무 거만하다　　　　B 너무 게으르다
C 치장하는 것을 좋아한다　　D 세심하지 못하다

 형용사로 이루어진 보기를 통해 평가형 질문을 예상할 수 있다. 지문에서 남자의 '你真是粗心'이라는 말을 통해 정답이 D임을 알 수 있다.

 号码 hàomǎ 몡 번호 | 别提了 bié tí le 말도 마라 | 丢 diū 동 잃(어버리)다, 분실하다 | 存 cún 동 저장하다, 보존하다 | 粗心 cūxīn 형 세심하지 못하다, 부주의하다 | 骄傲 jiāo'ào 몡 자랑(거리), 긍지 형 ① 오만하다, 거만하다 ② 자랑스럽다 | 懒 lǎn 형 게으르다 | 打扮 dǎban 동 치장하다, 꾸미다

Chapter 05 동작

기초 체크   Track 31   + 본책 74쪽   문제 풀이

11

男：李师傅，您每天都坚持看书和<u>练字</u>吗?
女：对啊! 有句话说得好，叫"活到老学到老"。

问：李师傅每天坚持<u>做什么</u>?
A 练字   B 散步   C 写日记   D 跳舞

남: 이 선생님, 당신은 매일 꾸준히 책 보는 것과 <u>글자 연습</u>을 하시나요?
여: 맞아요! 이런 좋은 말도 있잖아요. '배움에는 끝이 없다'.

질문: 이 선생님은 매일 <u>무엇 하는 것</u>을 꾸준히 하는가?
A 글자 연습   B 산책   C 일기 쓰는 것   D 춤추는 것

풀이 동사로 이루어진 보기를 통해 동작을 묻는 질문을 예상할 수 있다. 지문에서 남자의 '您每天都坚持看书和练字吗'라는 말을 통해 정답이 A임을 알 수 있다.

단어 师傅 shīfu 몡 그 일에 숙달한 사람. 숙련공 | 坚持 jiānchí 동 단호히 지키다. 꾸준하게 지속하다 | 练 liàn 동 연습하다 명 연습 | 散步 sànbù 동 산책하다 명 산책 | 日记 rìjì 명 일기

26

女：我们坐出租车去火车站?
男：现在路上堵车，坐出租车去恐怕时间会来不及。
女：那怎么办? 坐地铁去?
男：还有一个多小时，<u>坐地铁应该来得及</u>。

问：男的打算<u>怎么去火车站</u>?
A 坐出租车   B 坐公共汽车
C 坐地铁   D 自己开车

여: 우리는 택시를 타고 기차역에 가나요?
남: 지금은 길이 막혀서, 택시 타고 가면 아마 늦을 거예요.
여: 그럼 어떡하죠? 지하철을 타고 가나요?
남: 한 시간 넘게 남았으니까, <u>지하철을 타면 아마 늦지 않을</u> 거예요.

질문: 남자는 어떻게 기차역에 갈 계획인가?
A 택시를 탄다   B 버스를 탄다
C 지하철을 탄다   D 스스로 운전한다

풀이 동사로 이루어진 보기를 통해 동작을 묻는 질문을 예상할 수 있다. 지문에서 남자의 '坐地铁应该来得及'라는 말을 통해 정답이 C임을 알 수 있다.

단어 堵车 dǔchē 동 차가 막히다 | 恐怕 kǒngpà 부 아마 | 来不及 láibují 시간이 없다. 늦다 | 地铁 dìtiě 명 지하철 | 来得及 láidejí 늦지 않다. 시간이 있다

실전 테스트   Track 33   + 본책 78쪽   문제 풀이

1

男: 我需要换个眼镜啦。我现在戴的这个有点儿看不清楚了。
女: 你得注意保护眼睛，不要长时间玩儿手机游戏。
问: 女的让男的怎么做?
A 少玩儿游戏   B 去打针
C 少抽烟   D 多游泳

남: 저는 안경을 바꿔야 해요. 제가 지금 쓴 이것은 약간 정확하게 볼 수가 없어요.
여: 눈을 보호하는 것에 주의해야 해요. 오랜 시간 동안 휴대전화 게임을 하지 말고요.
질문: 여자는 남자에게 어떻게 하라고 시켰나?
A 게임을 적게 한다   B 주사를 맞으러 간다
C 흡연을 적게 한다   D 수영을 많이 한다

 동사로 이루어진 보기를 통해 동작을 묻는 질문을 예상할 수 있다. 지문에서 여자의 '不要长时间玩儿手机游戏'라는 말을 통해 정답이 A임을 알 수 있다.

 换 huàn 동 바꾸다, 교환하다 | 眼镜 yǎnjìng 명 안경 | 戴 dài 동 착용하다, 쓰다, 끼다 | 注意 zhùyì 동 주의하다 | 保护 bǎohù 동 보호하다 명 보호 | 眼睛 yǎnjing 명 눈 | 游戏 yóuxì 명 게임 | 打针 dǎzhēn 동 주사를 놓다, 주사를 맞다 | 抽烟 chōuyān 동 흡연하다, 담배를 피우다

2

女: 这张报名表上的信息一定要填准确，交上来之后就不能改了。
男: 谢谢提醒，那我再检查一遍。
问: 男的接下来可能要做什么?
A 检查报名表   B 交费
C 改密码   D 打印表格

여: 이 신청 표 상의 정보는 반드시 정확하게 기입해야 합니다. 제출한 후에는 고칠 수 없어요.
남: 일깨워 주셔서 감사합니다. 그럼 제가 다시 한 번 검사할게요.
질문: 남자는 이어서 아마 무엇을 하려고 하는가?
A 신청 표를 검사한다   B 비용을 낸다
C 비밀번호를 고친다   D 표를 프린트한다

 동사로 이루어진 보기를 통해 동작을 묻는 질문을 예상할 수 있다. 지문에서 남자의 '那我再检查一遍'이라는 말을 통해 정답이 A임을 알 수 있다.

 报名 bàomíng 동 신청하다, 등록하다 | 信息 xìnxī 명 정보 | 填 tián 동 써넣다, 기입하다 | 准确 zhǔnquè 형 정확하다 | 提醒 tíxǐng 동 일깨우다, 깨우치다, 상기시키다 | 检查 jiǎnchá 동 검사하다 명 검사 | 遍 biàn 양 번, 회(동작이 시작되어 끝날 때까지의 전 과정을 나타냄) | 接下来 jiē xiàlai 이어서, 뒤이어 | 交费 jiāofèi 동 비용을 지불하다 | 密码 mìmǎ 명 비밀번호 | 打印 dǎyìn 동 프린트하다, 인쇄하다 | 表格 biǎogé 명 표, 서식, 양식

3

男: 出了这么多汗，来喝杯果汁凉快凉快。
女: 好的，我先洗一下脸。

问: 女的洗完脸后，可能会做什么？
A 弹钢琴 B 跳舞
C 看小说 D 喝果汁

남: 이렇게 많은 땀을 흘렸으니, 와서 과일 주스 한 잔 마시고 조금 식혀요.
여: 네. 저는 먼저 세수 좀 할게요.

질문: 여자는 세수한 후에, 아마 무엇을 할 것인가？
A 피아노를 친다 B 춤을 춘다
C 소설을 본다 D 과일 주스를 마신다

 동사로 이루어진 보기를 통해 동작을 묻는 질문을 예상할 수 있다. 지문에서 남자의 '来喝杯果汁凉快凉快'라는 말을 통해 정답이 D임을 알 수 있다.

 汗 hàn 몡 땀 | 果汁 guǒzhī 몡 과일 주스 | 凉快 liángkuai 몡 더위를 식히다 । 혱 시원하다 | 脸 liǎn 몡 얼굴 | 弹钢琴 tán gāngqín 피아노를 치다 | 小说 xiǎoshuō 몡 소설

4

女: 我总是跟不上老师讲语法的速度，一节课下来，感觉什么都没学到。
男: 语法本来就难，你课前一定要认真预习。

问: 男的建议女的怎么做？
A 按时到校 B 加倍努力
C 提前预习 D 总结错误

여: 나는 항상 선생님의 어법 강의 속도를 따라갈 수가 없어. 1교시 수업이 끝난 후, 어떤 것도 배우지 못한 느낌이 들어.
남: 어법이 본래 어려우니. 너는 수업 전에 반드시 열심히 예습해야 해.

질문: 남자는 여자에게 어떻게 하자고 건의했나？
A 제때 학교에 온다 B 배로 더 노력한다
C 미리 예습한다 D 틀린 것을 정리한다

 동사로 이루어진 보기를 통해 동작을 묻는 질문을 예상할 수 있다. 지문에서 남자의 '你课前一定要认真预习'라는 말을 통해 정답이 C임을 알 수 있다.

 跟不上 gēnbushàng 따라갈 수 없다 | 讲 jiǎng 동 말하다, 이야기하다 | 语法 yǔfǎ 몡 어법 | 速度 sùdù 몡 속도 | 本来 běnlái 혱 본래의 । 뷔 본래 | 认真 rènzhēn 혱 진지하다, 착실하다 | 预习 yùxí 동 예습하다 | 按时 ànshí 뷔 제때에 | 提前 tíqián 동 앞당기다 | 总结 zǒngjié 동 총정리하다, 총결산하다 । 몡 총정리, 총결산 | 错误 cuòwù 몡 잘못, 실수, 착오 । 혱 잘못된, 틀린

5

男: 许医生，你还记得我吗？咱们去年在一次聚会上见过。
女: 我想起来了，刚才你一进来我就觉得很眼熟。

问: 他们是怎么认识的？

A 网上聊天儿　　　　B 聚会时见过
C 一起旅行　　　　　D 亲戚介绍

남: 쉬 의사 선생님, 저를 아직 기억하시나요? 우리는 작년 모임에서 한 번 만난 적이 있어요.
여: 생각났어요. 방금 당신이 들어오자마자 낯이 익다고 생각했어요.

질문: 그들은 어떻게 알게 됐는가?

A 인터넷에서 채팅했다　　B 모임 때 만난 적이 있다
C 함께 여행했다　　　　　D 친척이 소개했다

풀이 동사로 이루어진 보기를 통해 동작을 묻는 질문을 예상할 수 있다. 지문에서 남자의 '在一次聚会上见过'라는 말을 통해 정답이 B임을 알 수 있다.

단어 记得 jìde 통 기억하고 있다 | 咱们 zánmen 대 우리 | 聚会 jùhuì 통 모이다 명 모임 | 刚才 gāngcái 명 방금, 막 | 眼熟 yǎnshú 형 낯익다, 눈에 익다 | 聊天儿 liáotiānr 통 잡담을 하다, 이야기하다, 수다 떨다 | 旅行 lǚxíng 통 여행하다 명 여행 | 亲戚 qīnqi 명 친척

6

女: 爸，你店里的生意真好。
男: 是啊。下午的时候我都忙不过来。
女: 实在不行，你请个店员吧。
男: 我也这样想的，所以今早在网上发了招聘信息。

问: 男的想要做什么？

A 招聘店员　　　　B 卖包子
C 复印材料　　　　D 开宾馆

여: 아빠, 가게 장사가 정말 잘되네요.
남: 맞아. 오후 때 나는 대단히 바빴어.
여: 정말 안 되겠으면, 점원을 쓰세요.
남: 나도 그렇게 생각해. 그래서 오늘 아침 인터넷에 모집 정보를 올렸어.

질문: 남자는 무엇을 하려고 하는가?

A 점원을 모집한다　　B 바오쯔(찐빵)를 판다
C 자료를 복사한다　　D 호텔을 연다

풀이 동사로 이루어진 보기를 통해 동작을 묻는 질문을 예상할 수 있다. 지문에서 여자의 '你请个店员吧'라는 말에 남자가 '今早在网上发了招聘信息'라고 대답한 것을 통해 정답이 A임을 알 수 있다.

단어 生意 shēngyi 명 장사, 영업 | 实在 shízài 부 확실히, 정말 | 店员 diànyuán 명 점원 | 招聘 zhāopìn 통 모집하다, 채용하다 | 信息 xìnxī 명 정보 | 包子 bāozi 명 바오쯔(찐빵) | 复印 fùyìn 통 복사하다 | 材料 cáiliào 명 ① 재료 ② 자료

7

男: 您好，请问北京饭店是不是在这条街上？
女: 以前是，不过现在搬走了。
男: 啊？搬去哪儿了？
女: 我也不清楚。不过他们有网站，<u>你可以上网查查</u>。

问: 女的建议男的<u>怎么做</u>？

A 搬到附近住　　　　B 问其他路人
C <u>上网查地址</u>　　　　D 重新找宾馆

남: 안녕하세요. 말씀 좀 여쭙겠습니다. 베이징호텔이 이 거리에 있나요?
여: 이전에는 있었지만 지금은 이사 갔어요.
남: 네? 어디로 이사 갔나요?
여: 저도 정확히 모르겠어요. 그러나 그들은 웹사이트가 있으니, <u>인터넷에 들어가서 검색하실 수 있어요</u>.

질문: 여자는 남자에게 <u>어떻게 하라고</u> 건의했는가?

A 부근으로 이사 가서 살다　　B 다른 행인에게 물어보다
C <u>인터넷으로 주소를 검색하다</u>　D 호텔을 새로 찾다

 동사로 이루어진 보기를 통해 동작을 묻는 질문을 예상할 수 있다. 지문에서 여자의 '<u>你可以上网查查</u>'라는 말을 통해 정답이 C임을 알 수 있다.

 不过 búguò 젭 그러나 | 搬 bān 동 ① 이사하다 ② 옮기다 | 网站 wǎngzhàn 명 웹사이트 | 上网 shàngwǎng 동 인터넷을 하다 | 查 chá 동 찾다, 검색하다 | 建议 jiànyì 동 건의하다 명 건의, 제안 | 附近 fùjìn 명 부근, 근처 | 地址 dìzhǐ 명 주소 | 重新 chóngxīn 부 ① 다시, 재차 ② 새로이

8

女: 你好，请问，<u>马律师的办公室在几层</u>？
男: 我们这儿有好几位姓马的律师。请问，你要找的是哪位？
女: 她叫马林，是一位女律师。
男: 她在五层。508办公室。

问: 女的在<u>做什么</u>？

A 购物　　B 找人　　C 等电梯　　D 应聘

여: 안녕하세요. 말씀 좀 여쭐게요. <u>마 변호사님의 사무실은 몇 층에 있나요</u>?
남: 우리 이곳에는 몇 분의 성이 마 씨인 변호사가 있습니다. 죄송하지만, 당신은 어떤 분을 찾으시나요?
여: 그분 성함은 마린이고요, 여자 변호사입니다.
남: 그녀는 5층에 있어요. 508호 사무실입니다.

질문: 여자는 무엇을 하고 있는가?

A 쇼핑을 하다　　　　　　B 사람을 찾다
C 엘리베이터를 기다리다　D 지원하다

 동사로 이루어진 보기를 통해 동작을 묻는 질문을 예상할 수 있다. 지문에서 여자의 '<u>马律师的办公室在几层</u>'이라는 말을 통해 정답이 B임을 알 수 있다.

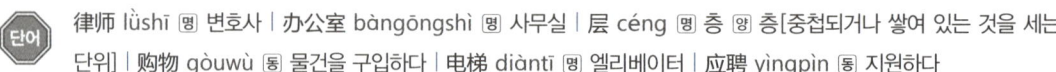 律师 lǜshī 명 변호사 | 办公室 bàngōngshì 명 사무실 | 层 céng 명 층 양 층[중첩되거나 쌓여 있는 것을 세는 단위] | 购物 gòuwù 동 물건을 구입하다 | 电梯 diàntī 명 엘리베이터 | 应聘 yìngpìn 동 지원하다

Chapter 06 열거

기초 체크   Track 34   + 본책 79쪽   문제 풀이

11

女: 爷爷，对不起。这个花瓶是我打破的。我刚才害怕，不敢说。
男: 没关系，花瓶破了可以再买。你能这么诚实，爷爷很高兴。
问: 女的打破了什么？
A 花瓶   B 垃圾桶   C 碗   D 盘子

여: 할아버지 죄송해요. 이 꽃병은 제가 깨뜨린 거예요. 제가 방금 두려워서 자신 있게 말하지 못했어요.
남: 괜찮아. 꽃병은 깨지면 다시 사면 돼. 네가 이렇게나 진실해서 할아버지는 기쁘구나.
질문: 여자는 무엇을 깨뜨렸는가?
A 꽃병   B 쓰레기통   C 그릇   D 접시

 모두 사물을 나타내는 단어들로 나열된 보기를 통해 열거형 문제임을 예상할 수 있다. 지문에서 여자의 '这个花瓶是我打破的'라는 말을 통해 정답이 A임을 알 수 있다.

단어) 花瓶 huāpíng 꽃병 | 打破 dǎpò 통 깨다 | 刚才 gāngcái 명 방금, 막 | 害怕 hàipà 통 두려워하다, 무서워하다 | 敢 gǎn 통 자신 있게 ~하다, 과감하게 ~하다 | 诚实 chéngshí 형 진실하다, 성실하다 | 垃圾桶 lājītǒng 명 쓰레기통 | 碗 wǎn 명 그릇 양 그릇[그릇을 세는 단위] | 盘子 pánzi 명 쟁반

26

男: 教师节快到了，我们去看看王老师吧。
女: 好啊！我再问问其他同学去不去。
男: 这个主意不错。对了，王老师是不是很爱喝葡萄酒？
女: 是的，我们这次给他带几瓶过去。
问: 他们打算今年教师节送什么给王老师？
A 巧克力   B 葡萄酒   C 饼干   D 蛋糕

남: 스승의 날이 곧 다가오는데, 우리 왕 선생님 뵈러 가자.
여: 좋아! 내가 또 다른 친구들에게 갈 건지 물어볼게.
남: 이 생각 좋다. 맞아, 왕 선생님 포도주 드시는 거 좋아하지 않으셨어?
여: 응, 우리 이번에 그에게 몇 병 가지고 가자.
질문: 그들은 올해 스승의 날에 왕 선생님께 무엇을 드릴 계획인가?
A 초콜릿   B 포도주   C 과자   D 케이크

 모두 음식과 관련된 단어들로 나열된 보기를 통해 열거형 문제임을 예상할 수 있다. 지문에서 남자의 '王老师是不是很爱喝葡萄酒'라는 말에 여자가 '我们这次给他带几瓶过去'라고 대답하는 것으로 보아 정답이 B임을 알 수 있다.

 教师节 Jiàoshījié 스승의 날 | 其他 qítā 대 기타, 그 외 | 主意 zhǔyi 명 생각, 아이디어 | 葡萄 pútao 명 포도 | 瓶 píng 양 병[병을 세는 단위] | 巧克力 qiǎokèlì 명 초콜릿 | 饼干 bǐnggān 명 비스킷, 과자 | 蛋糕 dàngāo 명 케이크

실전 테스트 　Track 36 　+ 본책 82쪽 　　　　문제 풀이

1

女: 这是我自己做的烤鸭, 带来大家尝尝。
男: 您能来我们已经很开心了, 怎么还带礼物啊!

问: 女的带了什么礼物?

A 饼干　　B 包子　　C 巧克力　　D 烤鸭

여: 이것은 제가 직접 만든 오리구이인데, 모두 맛보시라고 가져왔어요.
남: 오실 수 있어서 우리는 이미 기쁜데, 어떻게 선물까지 가져오셨어요!

질문: 여자는 무슨 선물을 가져왔나?

A 비스킷　　B 바오쯔(찐빵)　　C 초콜릿　　D 오리구이

풀이 모두 음식과 관련된 단어들로 나열된 보기를 통해 열거형 문제임을 예상할 수 있다. 지문에서 여자의 '这是我自己做的烤鸭'라는 말을 통해 정답이 D임을 알 수 있다.

단어 烤鸭 kǎoyā 몡 오리구이 | 尝 cháng 동 맛보다, 시식하다 | 开心 kāixīn 형 기쁘다, 즐겁다 | 礼物 lǐwù 몡 선물 | 包子 bāozi 몡 바오쯔(찐빵) | 巧克力 qiǎokèlì 몡 초콜릿

2

男: 你想喝什么? 牛奶还是咖啡?
女: 我现在很渴, 你帮我拿瓶矿泉水吧。

问: 女的想喝什么?

A 矿泉水　　B 绿茶　　C 果汁　　D 啤酒

남: 너는 무엇을 마시고 싶니? 우유 아니면 커피?
여: 나는 지금 목이 마르니, 나를 도와 광천수 한 병을 갖다 줘.

질문: 여자는 무엇을 마시고 싶어하는가?

A 광천수　　B 녹차　　C 과일 주스　　D 맥주

풀이 모두 음료와 관련된 단어들로 나열된 보기를 통해 열거형 문제임을 예상할 수 있다. 지문에서 여자의 '你帮我拿瓶矿泉水吧'라는 말을 통해 정답이 A임을 알 수 있다.

단어 渴 kě 형 목마르다 | 瓶 píng 양 병[병을 세는 단위] | 矿泉水 kuàngquánshuǐ 몡 광천수, 생수 | 绿茶 lǜchá 몡 녹차 | 果汁 guǒzhī 몡 과일 주스 | 啤酒 píjiǔ 몡 맥주

3

女: 苹果洗好了, 但我现在找不到水果刀。
男: 我昨天用完后, 忘了放回厨房。我去拿给你。

问: 女的在找什么?

A 塑料袋　　B 水果刀　　C 鞋盒　　D 牙膏

여: 사과 잘 씻었어. 그러나 나는 지금 과도를 못 찾겠어.
남: 내가 어제 다 사용하고 주방에 가져다 놓는 것을 잊었어. 내가 가서 너한테 줄게.

질문: 여자는 무엇을 찾고 있는가?

A 비닐봉지　　B 과도　　C 신발 상자　　D 치약

풀이 모두 사물을 나타내는 단어들로 나열된 보기를 통해 열거형 문제임을 예상할 수 있다. 지문에서 여자의 '我现在找不到水果刀'라는 말을 통해 정답이 B임을 알 수 있다.

단어 刀 dāo 몡 칼 | 忘 wàng 동 잊(어버리)다 | 厨房 chúfáng 몡 주방, 부엌 | 塑料袋 sùliàodài 비닐봉지 | 盒 hé 몡 (작은) 상자 | 牙膏 yágāo 몡 치약

4

男: 祝贺您成为我们店的第一万名顾客，这个蛋糕是送给您的。
女: 真的吗? 那太谢谢了。

问: 女的收到了什么礼物?

A 蛋糕　　B 游戏机　　C 手表　　D 笔记本

남: 우리 가게의 만 번째 손님이 되신 것을 축하드려요. 이 케이크는 당신께 선물로 드리는 거예요.
여: 정말요? 너무 감사드립니다.

질문: 여자는 무슨 선물을 받았는가?

A 케이크　　B 게임기　　C 손목시계　　D 노트북

풀이 모두 사물을 나타내는 단어들로 나열된 보기를 통해 열거형 문제임을 예상할 수 있다. 지문에서 남자의 '这个蛋糕是送给您的'라는 말을 통해 정답이 A임을 알 수 있다.

단어 祝贺 zhùhè 동 축하하다 | 成为 chéngwéi 동 ~이(가) 되다 | 顾客 gùkè 명 고객, 손님 | 蛋糕 dàngāo 명 케이크 | 收 shōu 동 받다 | 礼物 lǐwù 명 선물 | 游戏机 yóuxìjī 게임기

5

女: 这个塑料袋破了。
男: 那就扔了吧。我再去厨房拿一个新的。

问: 男的要去拿什么?

A 旧报纸　　B 毛巾　　C 垃圾桶　　D 塑料袋

여: 이 비닐봉지가 찢어졌어.
남: 그럼 버리자. 내가 다시 주방 가서 새것 하나 가져올게.

질문: 남자는 무엇을 가지러 가려고 하는가?

A 오래된 신문　　B 수건　　C 쓰레기통　　D 비닐봉지

풀이 모두 사물을 나타내는 단어들로 나열된 보기를 통해 열거형 문제임을 예상할 수 있다. 지문에서 여자가 '这个塑料袋破了'라고 한 말에 남자가 '我再去厨房拿一个新的'라고 대답하는 것을 통해 정답이 D임을 알 수 있다.

단어 破 pò 동 파손되다, 깨지다, 망가지다 형 낡다 | 扔 rēng 동 내버리다 | 厨房 chúfáng 명 주방 | 旧 jiù 형 낡다, 오래다 | 报纸 bàozhǐ 명 신문 | 毛巾 máojīn 명 수건, 타월 | 垃圾桶 lājītǒng 명 쓰레기통

6

男: 经理，我刚给您发了一份传真。您收到了吗?
女: 已经收到了，我正在看呢。
男: 您看完后，如果有什么意见麻烦告诉我。
女: 好的。

问: 男的给女的发什么了?

A 邀请卡　　B 成绩单　　C 传真　　D 电子邮件

남: 사장님, 제가 방금 팩스 한 부를 보냈습니다. 받으셨나요?
여: 이미 받아서, 보는 중이에요.
남: 다 보신 후에, 만약 의견 있으시면 번거로우시겠지만 제게 알려주세요.
여: 알겠습니다.

질문: 남자는 여자에게 무엇을 보냈는가?

A 초대카드　　B 성적표　　C 팩스　　D 이메일

풀이 모두 사물을 나타내는 단어들로 나열된 보기를 통해 열거형 문제임을 예상할 수 있다. 지문에서 남자의 '我刚给您发了一份传真'이라는 말을 통해 정답이 C임을 알 수 있다.

단어 经理 jīnglǐ 명 사장 | 刚 gāng 부 방금, 막 | 份 fèn 양 부[신문·잡지·문건 등을 세는 단위] | 传真 chuánzhēn 명 팩스 | 收 shōu 동 받다 | 意见 yìjiàn 명 ① 의견 ② 불만 | 邀请 yāoqǐng 동 초청하다, 초대하다 명 초청, 초대 | 成绩单 chéngjìdān 성적표 | 电子邮件 diànzǐ yóujiàn 이메일, 전자 우편

7

女: 看什么呢? 这么认真, 叫你很多次都没听见。
男: 新买的杂志里面有篇文章写得很好, 有时间你也看看。
女: 是吗? 关于什么的?
男: 是谈<u>人的性格</u>的, 有些说法很新鲜。
问: 那篇文章是<u>关于哪方面的</u>?
A 汉语语法　　　B 人的性格
C 中国京剧　　　D 民族文化

여: 무엇을 보고 있니? 이렇게나 열심히 보니. 내가 여러 번 불렀는데도 못 듣지.
남: 새로 산 잡지에 잘 쓴 글이 한 편 있어. 시간 되면 너도 좀 봐봐.
여: 그래? 무엇에 관한 거야?
남: <u>사람의 성격</u>을 이야기하는 건데, 어떤 견해들은 신선해.
질문: 그 글은 <u>어느 방면에 관한 것</u>인가?
A 중국어 어법　　　B 사람의 성격
C 중국 경극　　　D 민족 문화

 모두 사물을 나타내는 단어들로 나열된 보기를 통해 열거형 문제임을 예상할 수 있다. 지문에서 남자의 '是谈人的性格的' 라는 말을 통해 정답이 B임을 알 수 있다.

 杂志 zázhì 몡 잡지 | 篇 piān 양 편[글을 세는 단위] | 文章 wénzhāng 몡 글, 문장 | 谈 tán 동 이야기하다, 말하다 | 性格 xìnggé 몡 성격 | 说法 shuōfǎ 몡 의견, 견해 | 新鲜 xīnxiān 혱 신선하다 | 语法 yǔfǎ 몡 어법 | 民族 mínzú 몡 민족 | 文化 wénhuà 몡 문화

8

男: 学校通知下个月举办新年晚会。咱们班出什么节目呢?
女: 唱歌或跳舞吧。
男: 总是这些, 太没意思了。想想别的吧。
女: 那来段<u>京剧表演</u>怎么样? 咱们班不少同学会唱京剧呢。
问: 女的最后建议<u>表演什么节目</u>?
A 跳舞　　B 中国功夫　　C 唱歌　　D 京剧

남: 학교에서 다음 달에 신년 파티를 연다고 통지했어. 우리 반은 어떤 프로그램을 낼까?
여: 노래 부르거나 혹은 춤을 추자.
남: 항상 이런 것들이라 너무 재미없어. 다른 것 좀 생각해 보자.
여: 그럼 <u>경극 공연</u>은 어떠니? 우리 반에 경극 할 줄 아는 친구들이 적지 않잖아.
질문: 여자는 <u>무슨 공연을 하자고</u> 건의했는가?
A 춤을 추다　B 중국 무술　C 노래를 부르다　D 경극

 모두 프로그램의 내용이 될만한 단어들로 나열된 보기를 통해 열거형 문제임을 예상할 수 있다. 지문에서 여자의 '那来段京剧表演怎么样'이라는 말을 통해 정답이 D임을 알 수 있다.

 通知 tōngzhī 동 통지하다, 알리다 몡 통지 | 举办 jǔbàn 동 열다, 거행하다 | 晚会 wǎnhuì 몡 이브닝 파티 | 节目 jiémù 몡 프로그램 | 京剧 jīngjù 고유 경극 | 表演 biǎoyǎn 동 공연하다 몡 공연, 연기 | 咱们 zánmen 대 우리 | 建议 jiànyì 동 건의하다 몡 건의, 제안 | 功夫 gōngfu 몡 ① 무술 ② 시간

Chapter 07 화제·사건

기초 체크 Track 37 +본책 83쪽   문제 풀이

11

男: 你知道这个表格该怎么填吗?	남: 당신은 이 표를 어떻게 채워야 하는지 알아요?
女: 我也不太清楚。小陈刚发给我，我还没来得及看呢。	여: 저도 잘 몰라요. 샤오천이 방금 나에게 보내줬는데, 저는 아직 볼 시간이 없었어요.
问: 他们在讨论什么?	질문: 그들은 무엇을 논의하고 있는가?
A 怎么开证明 B 怎么填表格	A 어떻게 증명서를 떼는지 B 어떻게 표를 써넣는지
C 招聘要求 D 数学作业	C 채용 요구 D 수학 숙제

 보기로는 문제 유형을 정확하게 알 수 없고, 질문의 '讨论什么'를 통해 화제형임을 알 수 있다. 지문에서 남자의 '你知道这个表格该怎么填吗'라는 말을 통해 정답은 B이다.

 表格 biǎogé 몡 표, 서식, 양식 | 填 tián 동 써넣다, 기입하다 | 刚 gāng 튄 방금, 막 | 来得及 láidejí 늦지 않다, 시간이 있다 | 讨论 tǎolùn 동 토론하다 몡 토론 | 证明 zhèngmíng 동 증명하다 몡 증명(서) | 招聘 zhāopìn 동 모집하다, 채용하다 | 数学 shùxué 몡 수학

26

女: 怎么突然停下来不走了?	여: 왜 갑자기 멈춰서 가지를 않니?
男: 我脚有点儿疼，想休息一下。	남: 나는 발이 조금 아파서, 휴식 좀 하고 싶어.
女: 严重吗? 把鞋脱下来看看。	여: 심각하니? 신발을 벗고 좀 보자.
男: 好。	남: 응.
问: 男的怎么了?	질문: 남자는 어떻게 된 건가?
A 没力气了 B 胳膊累	A 힘이 없어졌다 B 팔이 힘들다
C 脚疼 D 肚子难受	C 발이 아프다 D 배가 불편하다

보기로는 문제 유형을 정확하게 알 수 없으나, 단 모두 사람의 상태를 묘사하고 있는 것은 분명하다. 질문의 '怎么了'를 통해 사건형임을 알 수 있다. 지문에서 남자의 '我脚有点儿疼'이라는 말을 통해 정답은 C이다.

突然 tūrán 형 갑작스럽다 튄 갑자기 | 停 tíng 동 정지하다, 멈추다 | 脚 jiǎo 몡 발 | 疼 téng 동 아프다 | 严重 yánzhòng 형 심각하다 | 脱 tuō 동 벗다 | 力气 lìqi 몡 힘, 기력 | 胳膊 gēbo 몡 팔 | 肚子 dùzi 몡 배 | 难受 nánshòu 형 (육체적·정신적으로) 괴롭다, 참을 수 없다, 견딜 수 없다

듣기 제2, 3부분 **47**

실전 테스트 Track 40 +본책 88쪽   문제 풀이

1

男: 你怎么发烧烧得这么厉害? 吃药了吗?
女: 吃了, 但没什么效果。我下午再去趟医院。

问: 女的怎么了?

A 咳嗽很厉害   B 心情不好
C 太累了   D 发烧了

남: 너는 어떻게 이렇게 심하게 열이 나니? 약 먹었어?
여: 먹었는데 효과가 없어. 나는 오후에 다시 병원에 갔다 오려고.

질문: 여자는 어떻게 된 건가?

A 기침이 심하다   B 기분이 안 좋다
C 너무 피곤하다   D 열이 난다

 보기로는 문제 유형을 정확하게 알 수 없으나, 단 모두 사람의 상태를 묘사하고 있는 것은 분명하다. 질문의 '怎么了'를 통해 사건형임을 알 수 있다. 지문에서 남자의 '你怎么发烧烧得这么厉害'라는 말을 통해 정답은 D이다.

 发烧 fāshāo 동 열이 나다 | 厉害 lìhai 형 ① 사납다, 무섭다 ② 대단하다, 심각하다 | 效果 xiàoguǒ 명 효과 | 趟 tàng 양 번, 차례[왕복하는 횟수를 세는 단위] | 咳嗽 késou 동 기침하다 | 心情 xīnqíng 명 심정, 마음, 기분

2

女: 你的眼睛怎么红了? 发生什么事儿了?
男: 没事儿, 估计是因为我昨天晚上没有休息好。

问: 男的怎么了?

A 眼睛红了   B 没带签证
C 学习压力大 D 胳膊很疼

여: 너의 눈이 왜 빨개졌어? 무슨 일 생겼니?
남: 괜찮아. 추측하기로는 내가 어제저녁에 휴식을 잘 못 해서 그럴 거야.

질문: 남자는 어떻게 된 건가?

A 눈이 빨갛다   B 비자를 가져오지 않았다
C 공부 스트레스가 크다 D 팔이 아프다

 보기로는 문제 유형을 정확하게 알 수 없으나, 단 모두 사람의 상태나 상황을 묘사하고 있는 것은 분명하다. 질문의 '怎么了'를 통해 사건형임을 알 수 있다. 지문에서 여자의 '你的眼睛怎么红了'라는 말을 통해 정답은 A이다.

 眼睛 yǎnjing 명 눈 | 发生 fāshēng 동 발생하다 | 估计 gūjì 동 추측하다, 예측하다 | 签证 qiānzhèng 명 비자 | 压力 yālì 명 ① 스트레스 ② 압력 | 胳膊 gēbo 명 팔

3

男: 再过几天就要放寒假了，你有什么安排吗？
女: 我报了一个游泳班，打算假期好好练练游泳。

问: 他们在谈论什么？

A 假期安排　　B 一份通知
C 互联网　　　D 放假天数

남: 며칠 더 지나면 겨울방학을 하는데, 너는 무슨 계획이 있니?
여: 나는 수영반을 등록했어. 방학 기간에 수영을 잘 연습할 계획이야.

질문: 그들은 무엇을 논의하고 있는가?

A 방학 계획　　B 통지
C 인터넷　　　D 방학 일수

 보기로는 문제 유형을 정확하게 알 수 없고, 질문의 '谈论什么'를 통해 화제형임을 알 수 있다. 지문에서 남자의 '再过几天就要放寒假了, 你有什么安排吗'라는 말을 통해 정답은 A이다.

 寒假 hánjià 명 겨울방학 | 安排 ānpái 통 배치하다, 안배하다, 준비하다 | 报 bào 통 신청하다, 등록하다 | 练 liàn 통 연습하다 명 연습 | 谈论 tánlùn 통 논의하다 | 份 fèn 양 부[신문·잡지·문건 등을 세는 단위] | 通知 tōngzhī 통 통지하다, 알리다 명 통지 | 互联网 hùliánwǎng 명 인터넷

4

女: 最近总是咳嗽，吃了几天药也没什么效果。
男: 你去看看大夫吧。小心变得更严重了。

问: 女的怎么了？

A 脚疼　　　　B 总是咳嗽
C 肚子不舒服　D 经常发烧

여: 최근에 줄곧 기침을 해서. 며칠 동안 약을 먹어도 별 효과가 없어.
남: 너는 의사 선생님께 진찰받으러 가봐. 더 심각해지지 않게 조심해야 해.

질문: 여자는 어떻게 된 건가?

A 발이 아프다　　B 항상 기침한다
C 배가 불편하다　D 자주 열이 난다

 보기로는 문제 유형을 정확하게 알 수 없으나, 단 모두 사람의 신체 상태를 묘사하고 있는 것은 분명하다. 질문의 '怎么了'를 통해 사건형임을 알 수 있다. 지문에서 여자의 '最近总是咳嗽'라는 말을 통해 정답은 B이다.

 最近 zuìjìn 명 최근, 요즘 | 咳嗽 késou 통 기침하다 | 效果 xiàoguǒ 명 효과 | 大夫 dàifu 명 의사 | 小心 xiǎoxīn 통 조심하다 | 严重 yánzhòng 형 심각하다 | 脚 jiǎo 명 발 | 肚子 dùzi 명 배 | 舒服 shūfu 형 (몸이나 마음이) 편안하다 | 发烧 fāshāo 통 열이 나다

5

男: 快放假了，我想找份短期工作。你有什么计划吗?
女: 李教授说假期有个国际交流活动，希望我留下来帮忙。

问: 他们在谈什么?
A 假期计划　　B 理想
C 教育方式　　D 同学聚会

남: 곧 방학이어서, 나는 단기적인 일을 찾고 싶어. 너는 무슨 계획 있니?
여: 이 교수님께서 방학 때 국제 교류 활동이 있다고, 내게 남아서 돕기를 바란다고 하셨어.

질문: 그들은 무엇을 이야기하고 있는가?
A 방학 계획　　B 이상　　C 교육 방식　　D 동창 모임

풀이 보기로는 문제 유형을 정확하게 알 수 없고, 질문의 '谈什么'를 통해 화제형임을 알 수 있다. 지문에서 남자의 '快放假了'와 '你有什么计划吗'라는 말을 통해 정답은 A이다.

단어 放假 fàngjià 통 방학하다 | 短期 duǎnqī 명 단기(간) | 计划 jìhuà 통 계획하다 명 계획 | 教授 jiàoshòu 명 교수 | 假期 jiàqī 명 휴가 기간, 휴가 때 | 国际 guójì 명 국제 형 국제적인 | 交流 jiāoliú 통 교류하다 명 교류 | 留 liú 통 남다, 남기다 | 帮忙 bāngmáng 일을 돕다, 일을 거들어 주다 | 理想 lǐxiǎng 명 이상 | 教育 jiàoyù 통 교육하다 명 교육 | 方式 fāngshì 명 방식, 방법 | 聚会 jùhuì 통 모이다 명 모임

6

女: 我们骑多远了?
男: 大概八九公里吧。怎么了?
女: 我没力气了，腿和脚也有点儿疼。
男: 那我们停下来休息一下吧。一会儿再接着骑。

问: 女的怎么了?
A 迷路了　　B 累了　　C 肚子饿了　　D 很后悔

여: 우리는 얼마쯤 자전거를 탔니?
남: 대략 8, 9킬로미터(km) 정도, 왜?
여: 나는 힘이 없고, 다리와 발도 조금 아파.
남: 그럼 우리 멈춰서 좀 쉬자. 조금 있다가 다시 이어서 타자.

질문: 여자는 어떻게 된 건가?
A 길을 잃었다　　B 힘들다　　C 배가 고프다　　D 후회한다

풀이 보기로는 문제 유형을 정확하게 알 수 없으나, 단 모두 사람의 상태나 상황을 묘사하고 있는 것은 분명하다. 질문의 '怎么了'를 통해 사건형임을 알 수 있다. 지문에서 여자의 '我没力气了, 腿和脚也有点儿疼'이라는 말을 통해 정답은 B이다.

단어 骑 qí 통 (동물이나 자전거 등에) 타다 | 大概 dàgài 부 대강, 대충 | 公里 gōnglǐ 양 킬로미터(km) | 力气 lìqi 명 힘, 기력 | 腿 tuǐ 명 다리 | 脚 jiǎo 명 발 | 停 tíng 통 멈추다, 정지하다 | 接着 jiēzhe 부 이어서, 잇따라 | 迷路 mílù 통 길을 잃다 | 肚子 dùzi 명 배 | 后悔 hòuhuǐ 통 후회하다

7

男: 你申请奖学金了吗?
女: 申请了。不过竞争挺大的，不一定能拿到。
男: 别担心，以你的条件肯定没问题。
女: 谢谢。

问: 他们在谈什么?
A 护照　B 留学　C 申请奖学金　D 增加收入

남: 너는 장학금을 신청했니?
여: 신청했어. 하지만 경쟁이 매우 세서, 반드시 받을 수 있는 것은 아니야.
남: 걱정하지 마. 네 조건이면 분명 문제없을 거야.
여: 고마워.

질문: 그들은 무엇을 이야기하고 있는가?
A 여권　B 유학하다　C 장학금을 신청하다　D 수입을 늘리다

풀이 보기로는 문제 유형을 정확하게 알 수 없고, 질문의 '谈什么'를 통해 화제형임을 알 수 있다. 지문에서 남자의 '你申请奖学金了吗'라는 말을 통해 정답은 C이다.

단어 申请 shēnqǐng 동 신청하다 명 신청 | 奖学金 jiǎngxuéjīn 명 장학금 | 不过 búguò 접 그러나 | 竞争 jìngzhēng 동 경쟁하다 명 경쟁 | 挺 tǐng 부 아주, 매우 | 担心 dānxīn 동 걱정하다 | 以 yǐ 전 ~로써, ~을(를) 근거로 | 条件 tiáojiàn 명 조건 | 护照 hùzhào 명 여권 | 增加 zēngjiā 동 증가하다, 더하다, 늘리다 | 收入 shōurù 명 수입

8

女: 你腿怎么了?
男: 昨天骑自行车的时候不小心擦破了皮。
女: 严重吗? 会不会影响下周的足球比赛?
男: 不会的，不用担心。过两天就会好。

问: 男的怎么了?
A 不愿学开车　　B 感冒了
C 要去打针　　　D 腿破皮了

여: 너는 다리가 어떻게 된 거야?
남: 어제 자전거를 탈 때 조심하지 못해서 피부가 벗겨졌어.
여: 심각하니? 다음 주 축구시합에 영향을 주는 거 아니니?
남: 아닐 거야. 걱정할 필요 없어. 이틀 지나면 좋아질 거야.

질문: 남자는 어떻게 된 건가?
A 운전을 배우고 싶지 않다　　B 감기 걸렸다
C 주사를 맞으러 가야 한다　　D 다리 피부가 벗겨졌다

풀이 보기로는 문제 유형을 정확하게 알 수 없으나, 단 모두 사람의 상황을 묘사하고 있는 것은 분명하다. 질문의 '怎么了'를 통해 사건형임을 알 수 있다. 지문에서 여자의 '你腿怎么了'라는 질문에 남자가 '擦破了皮'라고 대답하는 것을 통해 정답은 D이다.

단어 腿 tuǐ 명 다리 | 骑 qí 동 (동물이나 자전거 등에) 타다 | 小心 xiǎoxīn 동 조심하다 | 擦 cā 동 닦다, 비비다, 문지르다 | 破 pò 동 파손되다, 깨지다, 망가지다 형 낡다 | 严重 yánzhòng 형 심각하다 | 影响 yǐngxiǎng 동 영향을 주다 명 영향 | 比赛 bǐsài 명 시합, 경기 | 担心 dānxīn 동 걱정하다 | 打针 dǎzhēn 동 주사를 놓다, 주사를 맞다

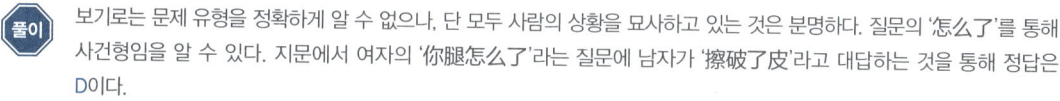

Chapter 08 원인

기초 체크 Track 41 +본책 89쪽   문제 풀이

11

女: 你怎么这么开心? 是不是店里的生意很好?
男: 对，今天卖了八台冰箱。平时一天才卖一两台。

问: 男的为什么开心?
A 赢了比赛   B 拿到了签证
C 放暑假了   D 生意好

여: 당신 왜 그렇게 기뻐해요? 가게 장사가 잘된 건가요?
남: 맞아요. 오늘 냉장고 8대를 팔았거든요. 평소에는 하루에 겨우 한두 대 팔았어요.

질문: 남자는 왜 기쁜가?
A 시합에서 이겼다   B 비자를 받았다
C 여름방학을 했다   D 장사가 잘됐다

풀이 보기로는 문제 유형을 정확하게 알 수 없으나, 질문의 '为什么'를 통해 원인형임을 알 수 있다. 지문에서 여자가 '是不是店里的生意很好'라고 묻는 말에 남자가 '对'라고 답한 것을 통해 정답은 D이다.

단어 开心 kāixīn 형 기쁘다, 즐겁다 | 生意 shēngyi 명 장사, 영업 | 台 tái 양 대[기계, 차량, 설비 등을 세는 단위] | 冰箱 bīngxiāng 명 냉장고 | 平时 píngshí 명 평소, 평상시 | 赢 yíng 동 이기다 | 比赛 bǐsài 명 경기, 시합 | 签证 qiānzhèng 명 비자 | 暑假 shǔjià 명 여름방학

26

男: 导游，咱们中午还有活动安排吗?
女: 今天中午我带大家去逛一条小吃街。
男: 我不去了。我肚子有点儿疼，想早点儿休息。
女: 行，那你有什么事情打电话给我。

问: 男的为什么不参加中午的活动?
A 有约会   B 不饿   C 不舒服   D 头疼

남: 가이드님. 우리 정오에도 준비된 활동이 있나요?
여: 오늘 정오에 제가 여러분을 데리고 먹자골목을 갈 거예요.
남: 저는 안 갈게요. 배가 좀 아파서, 일찍 휴식하고 싶어요.
여: 네. 그럼 무슨 일 있으면 저에게 전화 주세요.

질문: 남자는 왜 정오 활동에 참가하지 않는가?
A 데이트 약속이 있다   B 배고프지 않다
C 불편하다   D 머리가 아프다

풀이 보기로는 문제 유형을 정확하게 알 수 없고, 단 모두 사람의 상태나 상황을 묘사하고 있는 것은 분명하다. 질문의 '为什么'를 통해 원인형임을 알 수 있다. 지문에서 남자의 '我肚子有点儿疼'이라는 말을 통해 정답은 C이다.

단어 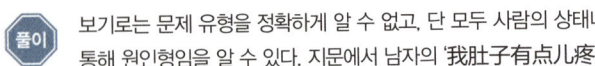 导游 dǎoyóu 명 가이드, 관광 안내원 | 咱们 zánmen 대 우리 | 活动 huódòng 동 (몸을) 움직이다 명 활동, 행사, 이벤트 | 安排 ānpái 동 배치하다, 안배하다, 준비하다 | 逛街 guàngjiē 동 아이쇼핑하다 | 小吃 xiǎochī 명 간단한 음식, 간식, 스낵 | 肚子 dùzi 배 | 约会 yuēhuì 동 만날 약속을 하다 명 데이트, 약속 | 饿 è 형 배고프다 | 舒服 shūfu 형 (몸이나 마음이) 편안하다

실전 테스트   Track 43   +본책 92쪽   문제 풀이

1

女: 这家咖啡店杂志上介绍过，要不要进去喝一杯？
男: 下次吧，现在排队的人太多了。
问: 男的为什么不想进那家店？
A 太困了 　　　　B 肚子疼
C 来不及了 　　　D 人太多了

여: 이 커피숍은 잡지에서 소개한 적이 있어. 들어가서 한 잔 마시지 않을래?
남: 다음에. 지금 줄 서 있는 사람이 너무 많아.
질문: 남자는 왜 그 가게에 들어가고 싶지 않은가?
A 너무 졸리다 　　B 배가 아프다
C 늦었다 　　　　D 사람이 너무 많다

 보기로는 문제 유형을 정확하게 알 수 없으나, 질문의 '为什么'를 통해 원인형임을 알 수 있다. 지문에서 남자의 '现在排队的人太多了'라는 말을 통해 정답은 D이다.

 杂志 zázhì 명 잡지 | 排队 páiduì 동 줄을 서다 | 困 kùn 형 졸리다 | 肚子 dùzi 명 배 | 来不及 láibují 시간이 없다, 늦다

2

男: 打网球真累。我才打了二十分钟，胳膊就又酸又疼。
女: 那是因为你的动作还不标准，否则不会这样。
问: 女的认为男的会累的原因是什么？
A 太看重输赢 　　B 力气小
C 动作不标准 　　D 没休息好

남: 테니스 치는 것은 정말 힘들다. 나는 겨우 20분 쳤는데 팔이 쑤시고 아파.
여: 그건 네 동작이 아직 표준적이지 않아서 그래. 만약 그렇지 않으면 안 그럴 거야.
질문: 여자는 남자가 힘든 원인이 무엇이라 여기는가?
A 지고 이기는 것을 너무 중시한다 　B 힘이 작다
C 동작이 표준적이지 않다 　　　　 D 휴식을 잘하지 못했다

 보기로는 문제 유형을 정확하게 알 수 없으나, 단 모두 사람의 상태나 상황을 묘사하고 있는 것은 분명하다. 질문의 '原因是什么'를 통해 원인형임을 알 수 있다. 지문에서 여자의 '那是因为你的动作还不标准'이라는 말을 통해 정답은 C이다.

 网球 wǎngqiú 명 테니스 | 胳膊 gēbo 명 팔 | 又A又B yòu A yòu B A 하기도 하고 B 하기도 하다 | 酸 suān 형 ① (맛·냄새 등이) 시다, 시큼하다 ② (과로하거나 병에 걸려서) 몸이 시큰하다 | 动作 dòngzuò 동 동작하다, 움직이다 명 동작, 행동 | 标准 biāozhǔn 명 표준 형 표준적이다 | 否则 fǒuzé 접 만약 그렇지 않으면 | 看重 kànzhòng 동 중시하다 | 输 shū 동 지다, 패하다 | 赢 yíng 동 이기다 | 力气 lìqi 명 힘, 기력

3

女: 你学的是法律，却<u>不去当律师</u>，真可惜。
男: 也许以后会考虑，不过现在我有更感兴趣的事要做。

问: 女的为什么觉得男的可惜？

A 不当记者　　　B 没考硕士
C 不当律师　　　D 不去留学

여: 네가 공부한 것이 법률인데 <u>변호사를 안 하다니</u>, 너무 아깝다.
남: 아마 이후에 고려할 수도 있어. 그러나 지금은 하려고 하는 더 관심 있는 일이 있어.

질문: 여자는 왜 남자가 아깝다고 생각하는가?

A 기자를 안 한다　　　B 석사 시험을 치지 않았다
C 변호사를 안 한다　　　D 유학을 가지 않는다

 보기로는 문제 유형을 정확하게 알 수 없으나, 단 모두 사람의 상황을 묘사하고 있는 것은 분명하다. 질문의 '为什么'를 통해 원인형임을 알 수 있다. 지문에서 여자의 '不去当律师, 真可惜'라는 말을 통해 정답은 C이다.

 法律 fǎlǜ 몡 법률 | 却 què 튀 ~하지만, 그러나 | 当 dāng 동 ~이(가) 되다 | 律师 lǜshī 몡 변호사 | 可惜 kěxī 혱 섭섭하다, 아쉽다, 유감스럽다 | 也许 yěxǔ 튀 어쩌면, 아마도 | 考虑 kǎolǜ 동 고려하다, 생각하다 | 不过 búguò 접 그러나 | 感兴趣 gǎn xìngqù 관심이 있다, 흥미가 있다 | 记者 jìzhě 몡 기자 | 硕士 shuòshì 몡 석사 | 留学 liúxué 동 유학하다

4

男: 晚饭后一起去散步，顺便逛逛超市怎么样？
女: 不去了，我昨天爬长城了，<u>现在脚疼着呢</u>。

问: 女的为什么不去散步？

A 要去打针　B 脚疼　C 准备出差　D 有约会

남: 저녁 식사 후 함께 산책하러 가는 김에 슈퍼마켓 좀 둘러보는 것이 어때?
여: 안 갈래. 나는 어제 만리장성에 가서, 지금 <u>발이 아파</u>.

질문: 여자는 왜 산책하러 가지 않는가?

A 주사 맞으러 가려고 한다　　B 발이 아프다
C 출장 갈 준비를 한다　　D 데이트가 있다

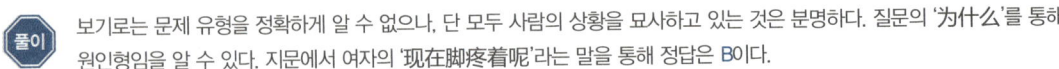 보기로는 문제 유형을 정확하게 알 수 없으나, 단 모두 사람의 상황을 묘사하고 있는 것은 분명하다. 질문의 '为什么'를 통해 원인형임을 알 수 있다. 지문에서 여자의 '现在脚疼着呢'라는 말을 통해 정답은 B이다.

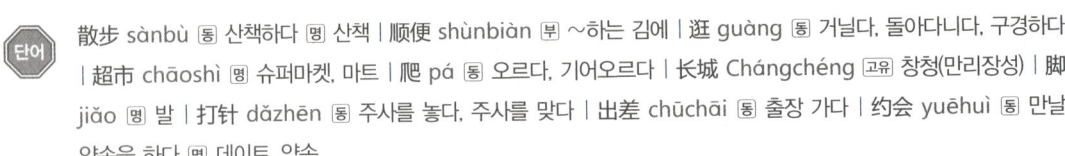 散步 sànbù 동 산책하다 몡 산책 | 顺便 shùnbiàn 튀 ~하는 김에 | 逛 guàng 동 거닐다, 돌아다니다, 구경하다 | 超市 chāoshì 몡 슈퍼마켓, 마트 | 爬 pá 동 오르다, 기어오르다 | 长城 Chángchéng 고유 창청(만리장성) | 脚 jiǎo 몡 발 | 打针 dǎzhēn 동 주사를 놓다, 주사를 맞다 | 出差 chūchāi 동 출장 가다 | 约会 yuēhuì 동 만날 약속을 하다 몡 데이트, 약속

5

女: 你的手机响了，怎么不接呢?
男: <u>这个号码太奇怪了</u>。不知道是从哪儿打来的，我不想接。

问: 男的<u>为什么</u>不想接电话?

A 正在打游戏 B 心情不好
C 号码奇怪   D 还没睡醒

여: 너의 휴대 전화가 울렸는데 왜 받지 않니?
남: <u>이 번호는 너무 이상해</u>. 어디에서 걸려 온 건지 모르겠으니까, 나는 받고 싶지 않아.

질문: 남자는 <u>왜</u> 전화를 받고 싶지 않은가?

A 게임을 하는 중이다   B 기분이 좋지 않다
C 번호가 이상하다   D 아직 잠에서 깨지 못했다

 보기로는 문제 유형을 정확하게 알 수 없으나, 단 모두 사람의 상태나 상황을 묘사하고 있는 것은 분명하다. 질문의 '为什么'를 통해 원인형임을 알 수 있다. 지문에서 남자의 '这个号码太奇怪了'라는 말을 통해 정답은 C이다.

 响 xiǎng 동 소리가 나다. 울리다 | 接 jiē 동 ① 마중하다 ② (전화를) 받다 | 号码 hàomǎ 명 번호 | 奇怪 qíguài 형 이상하다 | 游戏 yóuxì 명 게임 | 心情 xīnqíng 명 심정, 마음, 기분 | 醒 xǐng 동 깨다

6

男: 你眼睛怎么红了? 没休息好?
女: 我昨晚梦见自己一直在跑步。起床后感觉特别累。
男: 一定是你最近太辛苦，压力太大了，才会做这种梦。
女: 也许吧。<u>我打算过段时间请几天假，好好休息一下</u>。

问: 女的<u>为什么</u>要请几天假?

A 想好好休息   B 要照顾儿子
C 对工资不满   D 想去体检

남: 너는 눈이 왜 빨개졌어? 쉬지를 못했니?
여: 나는 어제저녁에 내가 줄곧 달리는 꿈을 꿨어. 일어난 후에 느낌이 너무 피곤하더라.
남: 분명 네가 최근에 너무 고되고, 스트레스가 너무 커서 이런 꿈을 꾸는 걸 거야.
여: 아마 그럴 거야. 나는 좀 지나고 휴가를 며칠 내서 <u>잘 휴식할 계획이야</u>.

질문: 여자는 <u>왜</u> 휴가를 며칠 내려고 하는가?

A 잘 휴식하고 싶다   B 아들을 돌보려고 한다
C 월급에 만족하지 않는다   D 신체검사 하러 가고 싶다

 보기로는 문제 유형을 정확하게 알 수 없으나, 단 모두 사람의 상태나 상황을 묘사하고 있는 것은 분명하다. 질문의 '为什么'를 통해 원인형임을 알 수 있다. 지문에서 여자의 '我打算过段时间请几天假，好好休息一下'라는 말을 통해 정답은 A이다.

 眼睛 yǎnjing 명 눈 | 梦见 mèngjiàn 동 꿈꾸다 | 一直 yìzhí 부 계속, 줄곧 | 感觉 gǎnjué 동 여기다, 생각하다 명 감각, 느낌 | 最近 zuìjìn 명 최근, 요즘 | 辛苦 xīnkǔ 형 고생스럽다, 고되다 | 压力 yālì 명 ① 스트레스 ② 압력 | 也许 yěxǔ 부 어쩌면, 아마도 | 请假 qǐngjià 동 휴가를 신청하다 | 照顾 zhàogù 동 돌보다 | 工资 gōngzī 명 월급 | 不满 bùmǎn 형 불만이다 | 体检 tǐjiǎn 동 신체 검사하다 명 신체검사

7

女: 我们来不及了，还有十分钟电影就开始了。 男: 没关系，我们可以看下一场。 女: 好吧。只能这样了。 男: 那我们先找个地方吃饭吧。	여: 우리 늦었어. 10분만 더 있으면 영화가 곧 시작해. 남: 괜찮아. 우린 다음 것으로 보면 돼. 여: 좋아. 그렇게 할 수밖에 없겠다. 남: 그럼 우리 먼저 장소를 찾아서 밥 먹자.
问: 男的为什么建议看下一场电影? A 突然有急事　　B 时间来不及 C 没有座位　　　D 朋友还没来	질문: 남자는 왜 다음 영화를 보길 건의하는가? A 갑자기 급한 일이 있다　B 시간이 늦다 C 좌석이 없다　　　　　D 친구가 아직 안 왔다

 보기로는 문제 유형을 정확하게 알 수 없으나, 질문의 '为什么'를 통해 원인형임을 알 수 있다. 지문에서 여자의 '我们来不及了'라는 말을 통해 정답은 B이다.

 来不及 láibují 시간이 없다, 늦다 | 建议 jiànyì 통 건의하다 명 건의, 제안 | 突然 tūrán 형 갑작스럽다 부 갑자기 | 座位 zuòwèi 명 좌석, 자리

8

男: 对不起，我不该对你乱发脾气。请你原谅我。 女: 没关系。我知道你最近心情不太好。 男: 这次没考上硕士，我真的很难过。 女: 没事的，失败一次没什么。明年还可以再考。	남: 죄송합니다. 제가 당신에게 함부로 성질부리면 안 되는 거였는데. 저를 용서해 주세요. 여: 괜찮아요. 당신이 최근에 기분이 별로 안 좋은 거 알고 있어요. 남: 이번에 석사 시험에 합격하지 못해서, 저는 정말 슬퍼요. 여: 괜찮아요. 한 번 실패하는 것은 별거 아니에요. 내년에 다시 시험 보면 되죠.
问: 男的为什么难过? A 减肥没成功　　B 任务太重 C 被批评了　　　D 没考上硕士	질문: 남자는 왜 슬픈가? A 다이어트에 성공하지 못했다　B 임무가 너무 무겁다 C 혼났다　　　　　　　　　　D 석사 시험에 합격하지 못했다

 보기로는 문제 유형을 정확하게 알 수 없으나, 단 모두 사람의 상태나 상황을 묘사하고 있는 것은 분명하다. 질문의 '为什么'를 통해 원인형임을 알 수 있다. 지문에서 남자의 '这次没考上硕士'라는 말을 통해 정답은 D이다.

 乱 luàn 형 어지럽다, 무질서하다 부 마구, 함부로, 제멋대로 | 发脾气 fā píqi 화내다, 성질부리다 | 原谅 yuánliàng 통 용서하다 | 最近 zuìjìn 명 최근, 요즘 | 心情 xīnqíng 명 심정, 마음, 기분 | 硕士 shuòshì 명 석사 | 难过 nánguò 형 괴롭다, 슬프다 | 失败 shībài 통 실패하다 명 실패 | 减肥 jiǎnféi 통 다이어트 하다, 살을 빼다 | 任务 rènwu 명 임무 | 重 zhòng 형 ① 무겁다 ② 중요하다 | 批评 pīpíng 통 비판하다, 꾸짖다 명 비판

Chapter 09 판단

기초 체크 Track 44 + 본책 93쪽   문제 풀이

11

男: 我学习中国功夫已经有十来年了，偶尔也会参加一些演出。
女: 好羡慕你呀！你说我现在学还来得及吗?

问: 关于男的，下列哪个正确?
A 会功夫　B 害怕输　C 很年轻　D 爱看电影

남: 내가 중국 무술을 배운지 이미 십여 년이 됐어. 가끔 일부 공연에 참가하기도 해.
여: 정말 부럽다! 네 생각에 내가 지금 배워도 늦지 않을까?

질문: 남자에 관해, 다음 중 어느 것이 옳은가?
A 무술을 할 줄 안다　B 지는 것을 두려워한다
C 젊다　D 영화 보는 것을 좋아한다

풀이 보기로는 문제 유형을 정확하게 알 수 없다. 질문의 '下列哪个正确'를 통해 판단형임을 알 수 있다. 지문에서 남자의 '我学习中国功夫已经有十来年了'라는 말을 통해 정답은 A이다.

단어 功夫 gōngfu 명 ① 무술 ② 시간 | 偶尔 ǒu'ěr 부 가끔, 이따금 | 演出 yǎnchū 동 공연하다 명 공연 | 羡慕 xiànmù 동 부러워하다 | 来得及 láidejí 늦지 않다, 시간이 있다 | 害怕 hàipà 동 두려워하다, 무서워하다 | 输 shū 동 지다

26

女: 小伙子，这些旧书怎么卖?
男: 厚的九元一本，剩下的都是六元。
女: 你这儿有旧杂志吗?
男: 有，不过今天卖光了。您要是想买后天再过来吧。

问: 根据对话，下列哪个正确?
A 厚书5块一本　　B 女的买报纸
C 男的没零钱　　D 杂志卖完了

여: 젊은이, 이 오래된 책들은 어떻게 파나요?
남: 두꺼운 것은 한 권에 9위안이고, 나머지는 모두 6위안입니다.
여: 여기에 오래된 잡지가 있나요?
남: 있어요. 그러나 오늘 다 팔렸어요. 만약 사고 싶으시다면 모레 다시 오세요.

질문: 대화에 근거하여, 다음 중 어느 것이 옳은가?
A 두꺼운 책은 한 권에 5위안이다　B 여자는 신문을 산다
C 남자는 잔돈이 없다　D 잡지가 다 팔렸다

풀이 보기로는 문제 유형을 정확하게 알 수 없다. 질문의 '下列哪个正确'를 통해 판단형임을 알 수 있다. 지문에서 남자의 '今天卖光了'라는 말을 통해 정답은 D이다.

단어 小伙子 xiǎohuǒzi 명 젊은이 | 旧 jiù 형 낡다, 오래다 | 厚 hòu 형 두껍다 | 剩 shèng 동 남다, 남기다 | 杂志 zázhì 명 잡지 | 不过 búguò 접 그러나 | 报纸 bàozhǐ 명 신문 | 零钱 língqián 명 ① 잔돈 ② 용돈

실전 테스트 〔Track 46 ✚ 본책 96쪽〕   문제 풀이

1

男: 你的头发真长。你是艺术专业的学生吗?
女: 不是。留长头发是我们民族的习惯。

问: 关于女的, 下列哪个正确?
A 爱打扮   B 讨厌理发
C 是学音乐的   D 头发长

남: 당신은 머리가 정말 기네요. 예술 전공하는 학생이세요?
여: 아니요. 머리를 기르는 것은 우리 민족의 습관이에요.

질문: 여자에 관해, 다음 중 어느 것이 옳은가?
A 꾸미는 것을 좋아한다   B 이발을 싫어한다
C 음악을 배운다   D 머리가 길다

 보기로는 문제 유형을 정확하게 알 수 없다. 질문의 '下列哪个正确'를 통해 판단형임을 알 수 있다. 지문에서 남자의 '你的头发真长'이라는 말을 통해 정답은 D이다.

 头发 tóufa 명 머리카락 | 艺术 yìshù 명 예술 형 예술적이다 | 专业 zhuānyè 명 전공 형 전문의 | 民族 mínzú 명 민족 | 习惯 xíguàn 동 습관이 되다, 익숙해지다 명 습관 | 打扮 dǎban 동 치장하다, 꾸미다 | 讨厌 tǎoyàn 동 싫어하다, 미워하다 | 理发 lǐfà 동 이발하다

2

女: 我要为昨天的事向你道歉。我那时太激动了。
男: 没关系, 我理解。而且我早就原谅你了。

问: 根据对话, 下列哪个正确?
A 他们不认识   B 女的在道歉
C 男的不开心   D 男的很生气

여: 어제의 일 때문에 너에게 사과하려고 해. 내가 그때 너무 흥분했어.
남: 괜찮아, 나는 이해해. 게다가 나는 벌써 너를 용서했어.

질문: 대화에 근거하여, 다음 중 어느 것이 옳은가?
A 그들은 모른다   B 여자는 사과를 하고 있다
C 남자는 기쁘지 않다   D 남자는 화가 났다

 보기로는 문제 유형을 정확하게 알 수 없다. 질문의 '下列哪个正确'를 통해 판단형임을 알 수 있다. 지문에서 여자의 '我要为昨天的事向你道歉'이라는 말을 통해 정답은 B이다.

 道歉 dàoqiàn 동 사과하다 | 激动 jīdòng 동 흥분하다, 감격하다 | 理解 lǐjiě 동 이해하다 명 이해 | 早就 zǎojiù 부 벌써, 일찌감치 | 原谅 yuánliàng 동 양해하다, 용서하다 명 용서 | 开心 kāixīn 형 기쁘다, 즐겁다

3

男: 这个饼干真好吃, 多少钱一盒?
女: 没花钱, 这是我买东西时免费送的。

问: 根据对话, 下列哪个正确?
A 男的过生日　　B 饼干是免费的
C 蛋糕在打折　　D 女的不吃甜的

남: 이 과자 정말 맛있다. 한 상자에 얼마니?
여: 돈을 쓰지 않았어. 이것은 내가 물건을 살 때 공짜로 준 거야.

질문: 대화에 근거하여, 다음 중 어느 것이 옳은가?
A 남자는 생일을 지낸다　　B 과자는 공짜이다
C 케이크가 할인하고 있다　　D 여자는 단것을 먹지 않는다

 보기로는 문제 유형을 정확하게 알 수 없다. 질문의 '下列哪个正确'를 통해 판단형임을 알 수 있다. 지문에서 여자의 '这是我买东西时免费送的'라는 말을 통해 정답은 B이다.

 饼干 bǐnggān 몡 비스킷, 과자 | 盒 hé 몡 (작은) 상자 | 花 huā 동 (돈·시간을) 쓰다 | 免费 miǎnfèi 동 무료로 하다 | 蛋糕 dàngāo 몡 케이크 | 打折 dǎzhé 동 할인하다, 세일하다 | 甜 tián 형 달다

4

女: 小陈, 邀请信发出去了吗?
男: 暂时还没发。发之前还得让经理看一下。

问: 关于邀请信, 下列哪个正确?
A 还没发出去　　B 有语法错误
C 与奖金有关　　D 一共三夜

여: 샤오천, 초대장 보냈니?
남: 잠시 아직 보내지 않았어요. 보내기 전에 사장님께 한번 보여 드려야 해요.

질문: 초대장에 관해, 다음 중 어느 것이 옳은가?
A 아직 보내지 못했다　　B 어법 실수가 있다
C 보너스와 관련이 있다　　D 전부 3박이다

 보기로는 문제 유형을 정확하게 알 수 없다. 질문의 '下列哪个正确'를 통해 판단형임을 알 수 있다. 지문에서 남자의 '暂时还没发'라는 말을 통해 정답은 A이다.

 邀请信 yāoqǐngxìn 몡 초대장, 초청장 | 暂时 zànshí 몡 잠시, 당분간 | 经理 jīnglǐ 몡 사장 | 语法 yǔfǎ 몡 어법 | 错误 cuòwù 몡 잘못, 실수, 착오 톙 잘못된, 틀린 | 奖金 jiǎngjīn 몡 상여금, 보너스

5

男: 厨房里怎么有一种奇怪的味道?
女: 啊, 不好了。我刚才做完菜后忘记关火了。

问: 关于女的, 下列哪个正确?
A 在找勺子　　B 肚子很饿
C 刚才做菜了　　D 忘了做汤

남: 주방 안에 왜 이상한 냄새가 나지?
여: 아, 큰일 났다. 내가 방금 요리를 만든 후 불 끄는 것을 잊었어.

질문: 여자에 관해, 다음 중 어느 것이 옳은가?
A 숟가락을 찾고 있다　　B 배가 고프다
C 방금 요리를 했다　　D 탕 만드는 것을 잊었다

보기로는 문제 유형을 정확하게 알 수 없다. 질문의 '下列哪个正确'를 통해 판단형임을 알 수 있다. 지문에서 여자의 '我刚才做完菜后忘记关火了'라는 말을 통해 정답은 C이다.

厨房 chúfáng 몡 주방 | 奇怪 qíguài 혱 이상하다 | 味道 wèidao 몡 ① 맛 ② 기분, 느낌 | 刚才 gāngcái 몡 방금, 막 | 忘记 wàngjì 동 잊(어버리)다 | 勺子 sháozi 몡 숟가락 | 汤 tāng 몡 국물, 탕

6

女: 你平时喜欢听什么音乐?
男: 流行的、民族的我都爱听。有时也听听京剧。
女: 你还喜欢听京剧?
男: 对。其实,京剧很有意思。可惜我不能完全听懂。<u>我想以后专门去学</u>。
问: 关于男的,<u>下列哪个正确</u>?
A 想当作家　　　B 唱歌好听
C 想学京剧　　　D 很会打扮

여: 너는 평소에 어떤 음악 듣는 것을 좋아하니?
남: 유행하는 노래, 민족 노래를 나는 모두 듣기 좋아해. 때로는 경극을 듣기도 해.
여: 너는 경극 듣는 것도 좋아하니?
남: 응. 사실 경극은 재미있어. 내가 완전히 알아듣지 못하는 것이 쉬워. <u>나는 이후에 전문적으로 배워 볼 생각이야</u>.
질문: 남자에 관해, <u>다음 중 어느 것이 옳은가</u>?
A 작가가 되고 싶다　　　B 노래 부르는 것이 듣기 좋다
C 경극을 배우고 싶다　　　D 치장을 잘한다

 보기로는 문제 유형을 정확하게 알 수 없다. 질문의 '下列哪个正确'를 통해 판단형임을 알 수 있다. 지문에서 남자의 '我想以后专门去学'라는 말을 통해 정답은 C이다.

 平时 píngshí 명 평소, 평상시 | 流行 liúxíng 동 유행하다 형 유행하는 | 民族 mínzú 명 민족 | 京剧 jīngjù 고유 경극 | 其实 qíshí 부 사실은 | 可惜 kěxī 형 섭섭하다, 아쉽다, 유감스럽다 | 完全 wánquán 형 완전하다 부 완전히, 전혀, 절대로 | 专门 zhuānmén 형 전문적이다 부 전문적으로, 특별히, 일부러 | 作家 zuòjiā 명 작가, 저자 | 打扮 dǎban 동 치장하다, 꾸미다

7

男: 小刘,<u>你来公司已经半个月了</u>,感觉怎么样?
女: 工作都熟悉了,就是偶尔还会有不明白的地方。
男: 有什么问题可以多和同事交流,也可以来问我。
女: 好的,谢谢经理。
问: 关于女的,<u>下列哪个正确</u>?
A 主意多　　　B 留学多年
C 不受重视　　　D 来公司不久

남: 샤오리우, <u>당신이 회사에 온 지 이미 반 개월이 됐는데</u>, 느낌이 어때요?
여: 일은 모두 익숙해졌는데, 단지 아직 가끔 이해 못 하는 부분이 있어요.
남: 무슨 문제가 있으면 동료들과 많이 교류하고, 나에게 와서 물어봐도 돼요.
여: 네. 감사합니다 사장님.
질문: 여자에 관해, <u>다음 중 어느 것이 옳은가</u>?
A 아이디어가 많다　　　B 오랫동안 유학했다
C 중시를 받지 못한다　　　D 회사에 온 지 오래되지 않았다

 보기로는 문제 유형을 정확하게 알 수 없다. 질문의 '下列哪个正确'를 통해 판단형임을 알 수 있다. 지문에서 남자의 '你来公司已经半个月了'라는 말을 통해 정답은 D이다.

 感觉 gǎnjué 동 여기다, 생각하다 명 감각, 느낌 | 熟悉 shúxī 동 잘 알다 형 익숙하다 | 偶尔 ǒu'ěr 부 가끔, 이따금 | 明白 míngbai 동 알다, 이해하다 | 交流 jiāoliú 동 교류하다 명 교류 | 主意 zhǔyi 명 생각, 아이디어 | 重视 zhòngshì 동 중시하다, 중요시하다 | 久 jiǔ 형 오래다, 시간이 길다

8

女: 半只烤鸭、两份饺子，还需要别的吗?
男: 暂时先这些。不够我再点。
女: 好的。我们餐厅今天饮料免费。您想喝点儿什么?
男: 一杯苹果汁。谢谢。
问: 根据对话，下列哪个正确?
A 汤是甜的　　　B 饮料免费
C 餐厅顾客少　　D 烤鸭5折

여: 오리구이 반 마리, 자오쯔(교자) 2인분. 더 필요한 것 있으신가요?
남: 일단 이렇게 할게요. 부족하면 또 주문할게요.
여: 네. 우리 식당은 오늘 음료가 무료예요. 어떤 음료를 드시고 싶으세요?
남: 사과 주스 한 잔이요. 감사합니다.
질문: 대화에 근거하여, 다음 중 어느 것이 옳은가?
A 탕이 달다　　　B 음료가 무료다
C 식당 손님이 적다　D 오리구이가 50% 할인한다

풀이　보기로는 문제 유형을 정확하게 알 수 없다. 질문의 '下列哪个正确'를 통해 판단형임을 알 수 있다. 지문에서 여자의 '我们餐厅今天饮料免费'라는 말을 통해 정답은 B이다.

단어　烤鸭 kǎoyā 명 오리구이 | 饺子 jiǎozi 명 자오쯔(교자) | 需要 xūyào 동 필요하다 명 필요, 수요 | 暂时 zànshí 명 잠시, 당분간 | 够 gòu 동 (일정한 정도·기준·수준에) 이르다, 도달하다 형 충분하다 | 点 diǎn 동 주문하다 | 餐厅 cāntīng 명 식당 | 饮料 yǐnliào 명 음료 | 免费 miǎnfèi 동 무료로 하다 | 苹果汁 píngguǒzhī 사과 주스 | 汤 tāng 명 국물, 탕 | 甜 tián 형 달다 | 顾客 gùkè 명 고객, 손님

Chapter 10 함의

기초 체크 Track 47 + 본책 97쪽 문제 풀이

11

女: 看，是李老师，咱们过去打个招呼？
男: 等会儿吧。他正在跟别人谈事情呢。我们先别去打扰他。

问: 男的是什么意思？
A 发信息 B 要准时 C 认错人了 D 先别打招呼

여: 봐, 이 선생님이잖아. 우리 가서 인사할까?
남: 잠깐 기다려봐. 그가 다른 사람과 이야기 중이잖아. 우리 우선 그를 방해하지 말자.

질문: 남자는 무슨 뜻인가?
A 메시지를 보내다   B 제시간에 해야 한다
C 사람을 잘못 알아봤다   D 우선 인사를 하지 말자

풀이 보기로는 문제 유형을 정확하게 알 수 없으나, 질문의 '什么意思'를 통해 함의형임을 알 수 있다. 지문에서 여자의 '咱们过去打个招呼'라는 말에 남자의 '我们先别去打扰他'라는 말을 통해 우선 인사를 하지 말자는 뜻이 함축되어 있다. 따라서 정답은 D이다.

단어 咱们 zánmen 대 우리 | 打招呼 dǎ zhāohu 인사하다 | 打扰 dǎrǎo 동 방해하다, 폐를 끼치다 | 信息 xìnxī 명 정보 | 准时 zhǔnshí 형 시간을 잘 지키다 부 정시에, 제때에

26

男: 你几点到？我去机场接你。
女: 不用麻烦，我自己回去就可以了。
男: 你不是带行李箱了吗？
女: 没关系，没多少东西，很轻。我自己拿得动。

问: 关于女的，可以知道什么？
A 很瘦 B 有行李 C 在船上 D 要加班

남: 너는 몇 시에 도착하니? 내가 공항에 마중 나갈게.
여: 귀찮게 그럴 필요 없어. 내가 스스로 집으로 가면 돼.
남: 너는 트렁크 갖고 있지 않아?
여: 괜찮아. 물건이 얼마 없어서, 가벼워. 내가 스스로 들어 옮길 수 있어.

질문: 여자에 관해, 무엇을 알 수 있나?
A 말랐다 B 짐이 있다 C 배에 있다 D 야근을 해야 한다

풀이 보기로는 문제 유형을 정확하게 알 수 없으나, 질문의 '可以知道什么'를 통해 함의형임을 알 수 있다. 지문에서 남자의 '你不是带行李箱了吗'라는 질문에 여자의 '没多少东西'라는 말을 통해 짐이 있다는 뜻이 함축되어 있다. 따라서 정답은 B이다.

단어 麻烦 máfan 동 폐를 끼치다. 귀찮게 하다 명 말썽, 골칫거리 형 귀찮다. 번거롭다 | 行李箱 xínglǐxiāng 트렁크, 여행용 가방 | 轻 qīng 형 가볍다 | 瘦 shòu 형 마르다, 여위다 | 行李 xíngli 명 짐 | 船 chuán 명 배 | 加班 jiābān 동 야근하다, 초과 근무를 하다

실전 테스트 　Track 49　+ 본책 101쪽　　　문제 풀이

1

女: 客人今晚暂时住咱们家, 我出去给他们买毛巾和牙刷。
男: 不用买, 家里有新的。我去拿。
问: 根据对话, 可以知道什么?
A 他们在宾馆　　　B 家里有客人
C 需要洗毛巾　　　D 牙刷换好了

여: 손님이 오늘 저녁 잠시 우리 집에 머물 거라서, 내가 나가서 그들을 위해 수건과 칫솔을 사 올게요.
남: 살 필요 없어요. 집에 새것이 있어요. 제가 가져올게요.
질문: 대화에 근거하여, 무엇을 알 수 있나?
A 그들은 호텔에 있다　　　B 집에 손님이 있다
C 수건을 세탁해야 한다　　D 칫솔을 다 바꿨다

 보기로는 문제 유형을 정확하게 알 수 없으나, 질문의 '可以知道什么'를 통해 함의형임을 알 수 있다. 지문에서 여자의 '客人今晚暂时住咱们家'라는 말을 통해 오늘 손님이 있다는 뜻이 함축되어 있다. 따라서 정답은 B이다.

 客人 kèrén 몡 손님 | 暂时 zànshí 몡 잠시, 당분간 | 毛巾 máojīn 몡 수건, 타월 | 牙刷 yáshuā 몡 칫솔

2

男: 去看熊猫的人太多了。我们恐怕要排队排很久。
女: 那我们先去其他动物馆看看, 一会儿人少了再过来。
问: 女的是什么意思?
A 先不看熊猫　　　B 不愿意逛街
C 忘了打招呼　　　D 在入口见

남: 판다 보러 가는 사람이 너무 많네. 우리는 아마 줄을 오래 서야 할 것 같아.
여: 그럼 우리 먼저 다른 동물관에 가서 좀 보고, 잠시 후 사람이 줄면 다시 오자.
질문: 여자는 무슨 뜻인가?
A 우선 판다를 보지 않는다　　　B 아이쇼핑을 하고 싶지 않다
C 인사하는 것을 잊었다　　　　D 입구에서 만난다

보기로는 문제 유형을 정확하게 알 수 없으나, 질문의 '什么意思'를 통해 함의형임을 알 수 있다. 지문에서 남자의 '去看熊猫的人太多了'라는 말에 여자의 '那我们先去其他动物馆看看'이라는 말을 통해 우선 판다를 보지 말자는 뜻이 함축되어 있다. 따라서 정답은 A이다.

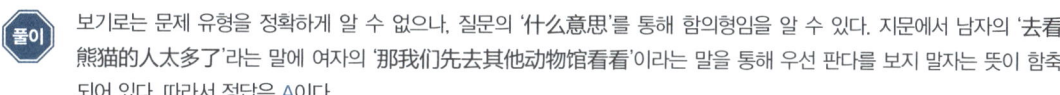 恐怕 kǒngpà 튀 아마 | 排队 páiduì 통 줄을 서다 | 久 jiǔ 혱 오래다, 시간이 길다 | 其他 qítā 대 기타, 그 외 | 逛街 guàngjiē 통 아이쇼핑하다 | 打招呼 dǎ zhāohu 인사하다 | 入口 rùkǒu 몡 입구

3

女: 你喝什么? 果汁还是热巧克力?
男: 有没有矿泉水? 我最近在减肥, 要少喝甜的。

问: 关于男的, 可以知道什么?

A 皮肤不好　　　B 现在不渴
C 出了很多汗　　D 在减肥

여: 너는 뭐 마실래? 과일 주스 아니면 핫초코?
남: 광천수 없어? 나는 최근에 다이어트 하고 있어서, 단 것을 적게 마셔야 해.

질문: 남자에 관해, 무엇을 알 수 있나?

A 피부가 좋지 않다　　B 지금 목이 마르지 않다
C 많은 땀을 흘렸다　　D 다이어트를 하는 중이다

 보기로는 문제 유형을 정확하게 알 수 없으나, 질문의 '可以知道什么'를 통해 함의형임을 알 수 있다. 지문에서 남자의 '我最近在减肥'라는 말을 통해 비교적 직접적으로 정답이 D임을 알 수 있다.

 果汁 guǒzhī 몡 과일 주스 | 巧克力 qiǎokèlì 몡 초콜릿 | 矿泉水 kuàngquánshuǐ 몡 광천수, 생수 | 减肥 jiǎnféi 동 다이어트 하다, 살을 빼다 | 甜 tián 혱 달다 | 皮肤 pífū 몡 피부 | 渴 kě 혱 목마르다 | 汗 hàn 몡 땀

4

男: 这个房子的厨房太小了。你真的要租吗?
女: 对。我平时不做饭, 所以厨房大小对我来说没有影响。

问: 关于那个房子, 可以知道什么?

A 没有客厅　　　B 房租便宜
C 厨房太小　　　D 家具很旧

남: 이 집은 주방이 너무 작아. 너는 정말 세낼 거야?
여: 응. 나는 평소에 밥을 안 해. 그래서 주방의 크기는 나한테 영향이 없어.

질문: 그 집에 관해, 무엇을 알 수 있나?

A 거실이 없다　　　B 집세가 싸다
C 주방이 너무 작다　D 가구가 낡았다

 보기로는 문제 유형을 정확하게 알 수 없으나, 질문의 '可以知道什么'를 통해 함의형임을 알 수 있다. 지문에서 남자의 '这个房子的厨房太小了'라는 말을 통해 비교적 직접적으로 정답이 C임을 알 수 있다.

 房子 fángzi 몡 집 | 厨房 chúfáng 몡 주방 | 租 zū 동 ① 세를 주다 ② 세내다 | 平时 píngshí 몡 평소, 평상시 | 影响 yǐngxiǎng 동 영향을 주다 몡 영향 | 客厅 kètīng 몡 응접실, 거실 | 房租 fángzū 몡 집세, 임대료 | 家具 jiājù 몡 가구 | 旧 jiù 혱 낡다, 오래다

5

女: 你认识律师吗？我有几个法律上的问题想找人问问。

男: 对不起，我很想帮你。可惜我不认识这方面的人。

问: 男的是什么意思？

A 不认识律师　　B 没时间帮忙
C 问一下教授　　D 她学过法律

여: 당신은 변호사를 아시나요? 제가 몇 가지 법률상의 문제를 찾아가서 좀 물어보고 싶어요.

남: 죄송해요. 도와드리고 싶은데 안타깝게도 제가 이 방면에 아는 분이 없어요.

질문: 남자는 무슨 뜻인가?

A 변호사를 모른다　　B 도와줄 시간이 없다
C 교수에게 물어보겠다　　D 그녀는 법을 배운 적이 있다

 보기로는 문제 유형을 정확하게 알 수 없으나, 질문의 '什么意思'를 통해 함의형임을 알 수 있다. 지문에서 여자의 '你认识律师吗'라는 질문에 남자의 '我不认识这方面的人'이라는 말을 통해 변호사를 모른다는 뜻이 함축되어 있다. 따라서 정답은 A이다.

 律师 lǜshī 명 변호사 | 法律 fǎlǜ 명 법률 | 可惜 kěxī 형 섭섭하다. 아쉽다. 유감스럽다 | 方面 fāngmiàn 명 방면 | 帮忙 bāngmáng 동 일을 돕다. 일을 거들어 주다 | 教授 jiàoshòu 명 교수

6

男: 你好，我什么时候可以办入住？

女: 抱歉，先生。现在才两点。我们规定三点以后才可以入住。

男: 那我先把行李箱存放在这里吧。

女: 好的。麻烦您填一下这张表。

问: 根据对话，可以知道什么？

A 女的在付款　　B 男的想存行李
C 男的来应聘　　D 男的迟到了

남: 안녕하세요. 제가 체크인할 수 있을까요?

여: 죄송합니다. 선생님. 지금은 겨우 2시예요. 저희는 3시 이후에야 체크인할 수 있도록 규정되어 있습니다.

남: 그럼 제가 먼저 트렁크를 이곳에 보관할게요.

여: 네. 죄송합니다만 이 표를 좀 기입해 주세요.

질문: 대화에 근거하여, 무엇을 알 수 있나?

A 여자는 돈을 지불하고 있다　　B 남자는 짐을 보관하고 싶다
C 남자는 지원하러 왔다　　D 남자는 지각했다

 보기로는 문제 유형을 정확하게 알 수 없으나, 질문의 '可以知道什么'를 통해 함의형임을 알 수 있다. 지문에서 남자의 '那我先把行李箱存放在这里吧'라는 말을 통해 비교적 직접적으로 정답이 B임을 알 수 있다.

 入住 rùzhù 동 숙박하다 | 抱歉 bàoqiàn 형 미안해하다 | 规定 guīdìng 동 규정하다 명 규정 | 行李箱 xínglǐxiāng 트렁크, 여행용 가방 | 存放 cúnfàng 동 맡기다. 보관해 두다 | 麻烦 máfan 동 폐를 끼치다. 귀찮게 하다 명 말썽. 골칫거리 형 귀찮다. 번거롭다 | 填 tián 동 써넣다. 기입하다 | 表 biǎo 명 표 | 付款 fùkuǎn 동 돈을 지불하다 | 应聘 yìngpìn 동 지원하다 | 迟到 chídào 동 지각하다

7

女: 我今天在火车站遇到一个特别有名的女演员。
男: 谁呀?
女: 你猜猜看。你经常看她演的电影。
男: 我看过那么多电影，你让我怎么猜呀?

问: 男的是什么意思?

A 猜不出来　　　　　B 知道答案
C 会认真考虑　　　　D 感觉很好玩儿

여: 나는 오늘 기차역에서 아주 유명한 여배우를 만났어.
남: 누구?
여: 네가 맞춰 봐. 너는 그녀가 연기한 영화를 자주 봤어.
남: 내가 그렇게나 많은 영화를 봤는데, 나더러 어떻게 맞추라는 거야?

질문: 남자는 무슨 뜻인가?

A 맞출 수 없다　　　　B 답을 안다
C 진지하게 고려할 것이다　D 느낌이 재미있다

 보기로는 문제 유형을 정확하게 알 수 없으나, 질문의 '什么意思'를 통해 함의형임을 알 수 있다. 지문에서 남자의 '我看过那么多电影, 你让我怎么猜呀'라는 말을 통해 맞추기 힘들다는 뜻이 함축되어 있다. 따라서 정답은 A이다.

 遇到 yùdào 통 만나다 | 演员 yǎnyuán 명 연기자, 배우 | 猜 cāi 통 추측하다, 알아맞히다 | 答案 dá'àn 명 답안 | 考虑 kǎolǜ 통 고려하다, 생각하다 | 感觉 gǎnjué 통 여기다, 생각하다 명 감각, 느낌 | 好玩儿 hǎowánr 형 재미있다

8

男: 你打算留在天津发展吗?
女: 我很想留下来，不过我的家人希望我回去。
男: 为什么呢?
女: 他们担心我一个人在外面生活会很辛苦。

问: 关于女的，可以知道什么?

A 想读硕士　　　　B 还没毕业
C 想留在天津　　　D 不想出差

남: 당신은 톈진(천진)에 남아서 발전을 할 생각이세요?
여: 저는 매우 남고 싶은데, 그러나 우리 가족이 제가 집으로 돌아오길 바라요.
남: 왜요?
여: 그들은 저 혼자 밖에서 생활하는 것이 힘들까 봐 걱정해요.

질문: 여자에 관해, 무엇을 알 수 있나?

A 석사를 하고 싶다　　　B 아직 졸업하지 않았다
C 톈진에 남고 싶어 한다　D 출장 가고 싶지 않다

 보기로는 문제 유형을 정확하게 알 수 없으나, 질문의 '可以知道什么'를 통해 함의형임을 알 수 있다. 지문에서 남자의 '你打算留在天津发展吗'라는 질문에 여자의 '我很想留下来'라는 말을 통해 톈진(천진)에 남고 싶다는 뜻이 함축되어 있다. 따라서 정답은 C이다.

 打算 dǎsuàn 통 ~할 계획이다 | 留 liú 통 남다, 남기다 | 天津 Tiānjīn 고유 톈진(천진) | 发展 fāzhǎn 통 발전하다 명 발전 | 不过 búguò 접 그러나 | 希望 xīwàng 통 희망하다, 바라다 명 희망 | 担心 dānxīn 통 걱정하다 | 辛苦 xīnkǔ 형 고생스럽다, 고되다 | 硕士 shuòshì 명 석사 | 毕业 bìyè 통 졸업하다 | 出差 chūchāi 통 출장 가다

듣기 제3부분

Chapter 01 이야기

기초 체크 Track 50 + 본책 106쪽

본문 해석

이야기

女儿对我说:"妈妈，玩个游戏吧。看你能不能把我骗出门。"我想了想说:"外面太冷了，你肯定不愿意出去。但如果你在外面，我有办法让你进来。""不可能。"说完女儿得意地走了出去，一出门才发现自己被骗了。

딸이 나에게 말했다. "엄마, 우리 게임 하나 해요. 저를 속여서 문밖으로 나가게 할 수 있는지 없는지 해보세요." 나는 생각을 좀 해보고 말했다. "밖은 너무 추워서, 너는 분명히 나가고 싶지 않을 거야. 그러나 만약 네가 밖에 있으면, 나는 너를 들어오게 할 방법이 있어." "그럴 리 없어요." 딸은 말을 마치자 의기양양하게 걸어 나갔고, 나가자마자 그제야 스스로가 속았다는 것을 발견했다.

단어

玩游戏 wán yóuxì 게임하다 | 骗 piàn 동 속이다 | 肯定 kěndìng 형 긍정적이다 부 틀림없이, 확실히 | 办法 bànfǎ 명 방법 | 得意 déyì 형 의기양양하다, 대단히 만족하다 | 发现 fāxiàn 동 발견하다 명 발견

36

问: 关于那个游戏，可以知道什么?

A 出门就输了   B 不能出声
C 需要三个人   D 要坐着不动

질문: 그 게임에 관해, 무엇을 알 수 있나?

A 문을 나가면 진다   B 소리를 내면 안 된다
C 세 사람이 필요하다   D 앉아서 움직이지 않아야 한다

 이야기의 세부 내용을 묻는 질문이다. 지문의 '看你能不能把我骗出门'이라는 말을 통해 정답이 A임을 알 수 있다. 지문과 보기가 거의 일치하는 문제이다.

 输 shū 동 지다, 패하다 | 出声 chūshēng 동 소리를 내다 | 需要 xūyào 동 필요하다 명 필요, 수요

37

问: 根据这段话，可以知道什么?

A 母亲很伤心   B 母亲特别笨
C 天气很热   D 女儿被骗了

질문: 이 단락의 말에 근거하여, 무엇을 알 수 있나?

A 엄마는 상심했다   B 엄마는 매우 어리석다
C 날씨가 덥다   D 딸이 속았다

 이야기의 결과를 묻는 질문이다. 지문의 '发现自己被骗了'라는 말을 통해 정답이 D임을 알 수 있다. 지문과 보기가 거의 일치하는 문제이다.

 母亲 mǔqīn 명 어머니, 모친 | 伤心 shāngxīn 동 상심하다, 슬퍼하다 | 笨 bèn 형 멍청하다, 어리석다

실전 테스트   Track 52   +본책 110쪽   문제 풀이

본문 해석   이야기

| 昨天我陪爷爷逛街，他看上了一个帽子，试戴完后正打算买。售货员说："老爷爷，您真会选。这是我们店里最好看的帽子了。您戴上它至少年轻了十岁呢。"爷爷听到后突然不太开心，把帽子放回原来的地方，并说："我才不会买一个一取下来就让我老十岁的帽子。" | 어제 나는 할아버지를 모시고 쇼핑을 했는데, 그는 모자 하나가 마음에 들었고, 한번 써본 후 막 사려고 했다. 판매원이 말했다. "할아버지, 정말 고를 줄 아시네요. 이 모자가 우리 가게에서 가장 멋진 모자예요. 할아버지가 이 모자를 쓰시니 적어도 10년은 젊어 보이세요." 할아버지는 들은 후 갑자기 그다지 기뻐하지 않았고, 모자를 원래 자리에 되돌려 놓으며 "나는 벗기만 하면 나를 10년 늙게 만드는 모자는 안 사겠소."라고 말씀하셨다. |

단어

陪 péi 동 모시다, 동반하다 | 逛街 guàngjiē 동 아이쇼핑하다 | 帽子 màozi 명 모자 | 戴 dài 동 착용하다, 쓰다, 끼다 | 售货员 shòuhuòyuán 명 판매원, 점원 | 选 xuǎn 동 선택하다 | 至少 zhìshǎo 부 적어도, 최소한 | 突然 tūrán 형 갑작스럽다 부 갑자기 | 开心 kāixīn 형 기쁘다, 즐겁다 | 并 bìng 부 결코, 전혀(부정을 강조) 접 또, 게다가 | 取下来 qǔ xiàlai 떼어 내다

1

问: 爷爷本来想买什么?	질문: 할아버지는 본래 무엇을 사고 싶어 했나?
A 毛巾 B 帽子 C 裙子 D 衬衫	A 수건 B 모자 C 치마 D 와이셔츠

 이야기의 세부 사항을 묻는 질문이다. 지문의 '他看上了一个帽子，试戴完后正打算买'라는 말을 통해 정답이 B임을 알 수 있다. 지문의 일부와 보기가 일치하는 문제이다.

 本来 běnlái 형 본래의 부 본래 | 毛巾 máojīn 명 수건, 타월 | 裙子 qúnzi 명 치마 | 衬衫 chènshān 명 셔츠, 블라우스

2

问: 听了售货员的话后爷爷变得怎么样?	질문: 판매원의 말을 듣고 할아버지는 어떻게 변했나?
A 很吃惊 B 非常难过 C 不高兴 D 很得意	A 놀랐다 B 매우 슬퍼했다 C 기쁘지 않았다 D 의기양양했다

 이야기의 세부 내용을 묻는 질문이다. 지문의 '爷爷听到后突然不太开心'이라는 말을 통해 정답이 C임을 알 수 있다. 지문의 '开心'이 보기에는 유사한 뜻의 '高兴'으로 바뀌어 제시된 문제이다.

 吃惊 chījīng 동 놀라다 | 难过 nánguò 형 괴롭다, 슬프다 | 得意 déyì 형 의기양양하다, 대단히 만족하다

본문 해석　　　　　　　　　　　　　　　　　　　　　　　　　　　　　　　　이야기

她能成为一名作家完全是受父母的影响。她父母很爱阅读，因此，她从小就跟着父母一起看各种书。慢慢地，她开始边看边写。十七岁那年她在网上写的第一本小说的阅读量就超过了五百万。她也因那本小说出名了。	그녀가 작가가 될 수 있었던 것은 완전히 부모의 영향을 받은 것이다. 그녀의 부모님은 책 읽는 것을 좋아하셨고, 따라서 그녀는 어릴 때부터 부모님을 따라 함께 각종 책을 읽었다. 점점 그녀는 책을 읽으며 글을 쓰기 시작했다. 17살이 되던 해 그녀가 인터넷에 쓴 첫 번째 소설의 조회 수는 500만을 넘었다. 그녀 또한 이 소설 때문에 유명해졌다.

단어

成为 chéngwéi 통 ~이(가) 되다 | 作家 zuòjiā 명 작가, 저자 | 完全 wánquán 형 완전하다 부 완전히, 전혀, 절대로 | 受 shòu 통 받다 | 影响 yǐngxiǎng 통 영향을 주다 명 영향 | 父母 fùmǔ 명 부모 | 阅读 yuèdú 통 (책·신문 등을) 읽다 | 因此 yīncǐ 접 이 때문에, 따라서 | 跟着 gēnzhe 전 ~와(과) 함께, ~에 따라 | 超过 chāoguò 통 초과하다, 넘다 | 小说 xiǎoshuō 명 소설 | 出名 chūmíng 통 유명해지다

3

问: 根据这段话, 谁对她的影响大? A 中学老师　B 一位外国作家　C 父母　D 朋友	질문: 이 단락의 말에 근거하여, 누가 그녀에 대한 영향이 가장 컸나? A 중고등학교 선생님　B 한 외국 작가　C 부모　D 친구

 이야기의 세부 사항을 묻는 질문이다. 지문의 '她能成为一名作家完全是受父母的影响'이라는 말을 통해 정답이 C임을 알 수 있다. 지문의 일부와 보기가 일치하는 문제이다.

단어 外国 wàiguó 명 외국

4

问: 关于她的第一本小说, 可以知道什么? A 有一千万字　　　B 获了很多奖 C 语言很幽默　　　D 17岁时写的	질문: 그녀의 첫 번째 소설에 관해, 무엇을 알 수 있나? A 천만 자가 있다　　　B 많은 상을 탔다 C 언어가 유머러스하다　D 17살 때 쓴 것이다

 이야기의 세부 내용을 묻는 질문이다. 지문의 '十七岁那年她在网上写的第一本小说的阅读量'이라는 말을 통해 정답이 D임을 알 수 있다. 지문의 일부와 보기가 일치하는 문제이다.

 获奖 huòjiǎng 통 상을 받다 | 语言 yǔyán 명 언어 | 幽默 yōumò 형 유머러스하다

본문 해석 — 이야기

小时候父母每天都让我练习跳舞。当时, 我特别不理解他们的做法, 所以没过多久我就放弃了。现在每当看到跳舞表演, 我都很羡慕那些在台上跳舞的人, 也很后悔自己当时的决定。因此, 我打算重新去学跳舞, 希望还来得及。。

어릴 때 부모님은 매일 나에게 춤을 추는 것을 연습하게 시켰다. 당시, 나는 그들의 방법을 매우 이해하지 못했고, 그래서 얼마 지나지 않아 나는 포기했다. 현재 매번 춤 공연을 볼 때마다, 나는 그러한 무대에서 춤추는 사람들을 부러워하고, 또한 스스로 당시의 결정을 매우 후회한다. 따라서 나는 다시 춤을 배울 계획인데, 늦지 않았기를 희망한다.

단어

练习 liànxí 통 연습하다 명 연습 | 当时 dāngshí 명 당시에, 그때 | 理解 lǐjiě 통 이해하다 명 이해 | 做法 zuòfǎ 명 (일을 처리하는) 방법 | 放弃 fàngqì 통 포기하다 | 表演 biǎoyǎn 통 공연하다 명 공연, 연기 | 羡慕 xiànmù 통 부러워하다 | 台 tái 명 무대 | 后悔 hòuhuǐ 통 후회하다 | 因此 yīncǐ 접 이 때문에, 따라서 | 重新 chóngxīn 부 ① 다시, 재차 ② 새로이 | 来得及 láidejí 늦지 않다, 시간이 있다

5

问: 她小时候对于父母的做法是什么态度?
A 非常感谢   B 无法理解
C 感到怀疑   D 完全同意

질문: 그녀는 어릴 때 부모의 방법에 어떤 태도였나?
A 매우 감사했다   B 이해할 수 없었다
C 의심을 느꼈다   D 완전히 동의했다

 이야기의 세부 내용을 묻는 질문이다. 지문의 '当时, 我特别不理解他们的做法'라는 말을 통해 정답이 B임을 알 수 있다. 지문과 보기가 거의 일치하는 문제이다.

 态度 tàidu 명 태도 | 感谢 gǎnxiè 통 감사하다 | 怀疑 huáiyí 통 의심하다 | 完全 wánquán 형 완전하다 부 완전히, 전혀, 절대로 | 同意 tóngyì 통 동의하다

6

问: 她现在有什么打算?
A 学中国功夫   B 准备演出
C 继续学弹钢琴   D 重新学跳舞

질문: 그녀는 현재 무슨 계획이 있는가?
A 중국 무술을 배운다   B 공연을 준비한다
C 피아노 배우는 것을 계속한다   D 다시 춤을 배운다

 이야기의 세부 내용을 묻는 질문이다. 지문의 '我打算重新去学跳舞'라는 말을 통해 정답이 D임을 알 수 있다. 지문과 보기가 거의 일치하는 문제이다.

 功夫 gōngfu 명 ① 무술 ② 시간 | 演出 yǎnchū 통 공연하다 명 공연 | 继续 jìxù 통 계속하다 명 계속

Chapter 02 논설문

기초 체크 Track 53 + 본책 111쪽   문제 풀이

본문 해석   논설문

迟到是一件很普通的事，但有时却会带来严重的影响。比如，你赶飞机迟到了，即使只晚了一分钟，也无法登机，而你接下来的安排也不得不因此而推迟。所以，养成准时的习惯会为我们减少很多麻烦。

지각은 일반적인 일이다. 그러나 때로는 심각한 영향을 가져오기도 한다. 예를 들어, 당신이 비행기를 타려다 지각한다면, 설령 1분 밖에 늦지 않을 지라도 탑승할 수 없을 것이고, 당신의 이어지는 계획도 어쩔 수 없이 이로 인해 미뤄야 한다. 그래서 시간을 지키는 습관을 기르는 것은 우리에게 많은 번거로움을 줄여줄 것이다.

단어

迟到 chídào 통 지각하다 | 普通 pǔtōng 형 보통이다, 평범하다 | 却 què 부 ~하지만, 그러나 | 严重 yánzhòng 형 심각하다 | 比如 bǐrú 접 예를 들어 | 赶 gǎn 통 ① 서두르다 ② 쫓아내다 | 即使 jíshǐ 접 설령(설사) ~하더라도(할지라도) | 登机 dēngjī 통 (비행기에) 탑승하다 | 安排 ānpái 통 배치하다, 안배하다, 준비하다 | 不得不 bùdébù 부득이하게, 어쩔 수 없이 | 推迟 tuīchí 통 미루다, 연기하다 | 养成 yǎngchéng 통 기르다 | 准时 zhǔnshí 형 시간을 잘 지키다 부 정시에, 제때에 | 减少 jiǎnshǎo 통 감소하다, 줄다, 줄이다 | 麻烦 máfan 통 폐를 끼치다, 귀찮게 하다 형 말썽, 골칫거리 형 귀찮다, 번거롭다

36

问: 举航班的例子是为了说明什么?
A 要提前买票   B 要少带行李
C 迟到很普遍   D 迟到的坏处

질문: 항공편으로 예를 든 것은 무엇을 설명하기 위함인가?
A 미리 표를 사야한다   B 짐을 적게 휴대해야 한다
C 지각은 보편적이다   D 지각의 나쁜 점

 지문에서 언급된 예시에 대한 질문이다. 지문에서 지각에 대해 '有时却会带来严重的影响'이라고 말한 뒤 예를 들고 있으므로 정답이 D임을 알 수 있다. 지문과 보기가 거의 일치하지 않는 유추형 문제이다.

 航班 hángbān 명 (비행기나 배의) 항공편, 운항편 | 举例子 jǔ lìzi 예를 들다 | 说明 shuōmíng 통 설명하다 명 설명 | 提前 tíqián 통 앞당기다 | 普遍 pǔbiàn 형 보편적이다, 일반적이다 | 坏处 huàichu 명 나쁜 점

37

问: 这段话主要告诉我们什么?
A 要准时   B 粗心坏大事
C 要懂得节约   D 少乘坐飞机

질문: 이 단락의 말이 우리에게 알려주고 싶어 하는 것이 무엇인가?
A 시간을 지켜야한다   B 세심하지 못하면 큰일을 망친다
C 절약을 알아야 한다   D 비행기를 적게 타야 한다

 지문 전체의 핵심적인 관점을 묻는 질문이다. 이런 경우 마지막 문장에서 화자의 관점을 알 수 있는 경우가 많다. 지문의 '养成准时的习惯会为我们减少很多麻烦'이라는 말을 통해 정답이 A임을 알 수 있다.

 粗心 cūxīn 형 세심하지 못하다, 부주의하다 | 坏 huài 통 고장 나다 형 나쁘다 | 懂得 dǒngde 통 알다, 이해하다 | 节约 jiéyuē 통 절약하다 형 검소하다 | 乘坐 chéngzuò 통 (자동차·배·비행기 등을) 타다

실전 테스트 Track 55 + 본책 116쪽   문제 풀이

본문 해석   논설문

很多人会把 "懒是一种病" 当成笑话，实际上懒真的会使人生出病来。因为懒得锻炼，你的运动量减少了；因为懒得联系，你和亲戚朋友的关系变远了。而这些都会影响你的身心健康。因此，我们最好让自己动起来，拒绝做病人。

많은 사람은 '게으름은 일종의 병이다'라는 말을 농담이라고 생각하는데, 사실 게으름은 정말 사람을 병을 나게 할 수 있다. 운동하기를 귀찮아하기 때문에, 당신의 운동량을 감소하게 한다. 연락하기 귀찮아하기 때문에, 당신과 친척, 친구들과의 관계가 멀어지게 된다. 그러므로 우리가 가장 바람직한 것은 스스로 하여금 움직이게 하고, 환자가 되길 거절하는 것이다.

단어

懒 lǎn 형 게으르다 | 笑话 xiàohua 동 비웃다, 조롱하다 명 우스운 이야기, 농담 | 实际 shíjì 명 실제 형 실제적이다 | 懒得 lǎnde 동 ~하기 귀찮아하다 | 减少 jiǎnshǎo 동 감소하다, 줄다, 줄이다 | 联系 liánxì 동 연락하다, 연결하다 명 연락 | 亲戚 qīnqi 명 친척 | 影响 yǐngxiǎng 동 영향을 주다 명 영향 | 最好 zuìhǎo 부 가장 바람직한 것은, 제일 좋기는 | 拒绝 jùjué 동 거절하다 | 病人 bìngrén 명 환자, 병자

1

问：很多人把什么当成笑话?

A 睡觉让人变美
B 懒是种病
C 花钱买开心
D 懒人更幸福

질문: 많은 사람들이 무엇을 농담으로 여기는가?

A 잠을 자는 것은 사람을 아름답게 변하게 한다
B 게으름은 일종의 병이다
C 돈을 써서 즐거움을 산다
D 게으른 사람이 더 행복하다

 지문의 세부 내용을 묻는 질문이다. 지문의 '很多人会把 "懒是一种病" 当成笑话'라는 말을 통해 정답이 B임을 알 수 있다. 지문과 보기가 거의 일치하는 문제이다.

 花 huā 동 (돈·시간을) 쓰다 | 开心 kāixīn 형 기쁘다, 즐겁다 | 幸福 xìngfú 명 행복 형 행복하다

2

问：根据这段话，我们应该怎么做?

A 互相尊重 B 多锻炼 C 接受批评 D 要诚实

질문: 이 단락의 말에 근거하여, 우리는 어떻게 해야 하는가?

A 서로 존중한다
B 단련을 많이 한다
C 비판을 받아들인다
D 성실해야 한다

 지문 전체의 핵심적인 관점을 묻는 질문이다. 이런 경우 마지막 문장에서 화자의 관점을 알 수 있는 경우가 많다. 특히 결론을 나타내는 접속사 '因此' 뒤의 '我们最好让自己动起来'라는 말을 통해 정답이 B임을 알 수 있다.

 互相 hùxiāng 부 서로 | 尊重 zūnzhòng 동 존중하다 명 존중 | 接受 jiēshòu 동 받아들이다, 수락하다 | 批评 pīpíng 동 비판하다, 꾸짖다 명 비판 | 诚实 chéngshí 형 진실하다, 성실하다

본문 해석 　　　　　　　　　　　　　　　　　　　　　　　　　　　　　　　논설문

羡慕，有时候能让我们看到别人的优点，发现自己需要提高的地方，让自己变得更积极。但有时候它也会让我们怀疑自己，甚至因此丢掉信心。所以向别人学习很重要，但我们也要有自信。	부러움은 때로는 우리로 하여금 다른 사람의 장점을 보게 하고, 스스로 향상시킬 필요가 있는 점을 발견하게 해주며, 스스로를 더 적극적으로 변하게 한다. 그러나 때로는 그것이 우리로 하여금 자신을 의심하게 하고, 심지어는 이로 인해 자신감을 잃어버린다. 그래서 다른 사람에게 배우는 것은 중요하지만, 그러나 우리는 자신감도 있어야 한다.

단어

羡慕 xiànmù 동 부러워하다 | 优点 yōudiǎn 명 장점 | 发现 fāxiàn 동 발견하다 | 需要 xūyào 동 필요하다 명 필요, 수요 | 提高 tígāo 동 향상시키다, 높이다 | 地方 dìfang 명 장소, 곳, 부분 | 积极 jījí 형 적극적이다, 긍정적이다 | 怀疑 huáiyí 동 의심하다 | 甚至 shènzhì 부 심지어 | 丢 diū 동 잃(어버리)다, 분실하다 | 信心 xìnxīn 명 자신(감) | 重要 zhòngyào 형 중요하다 | 自信 zìxìn 명 자신감 형 자신만만하다

3

问: 当我们羡慕别人而怀疑自己时会怎么样？ A 变得积极　　　B 丢掉自信 C 得到肯定　　　D 不懂礼貌	질문: 우리가 다른 사람을 부러워하고 스스로를 의심할 때 어떻게 되는가? A 적극적으로 변한다　　B 자신감을 잃는다 C 확신을 얻는다　　　　D 예의가 없어진다

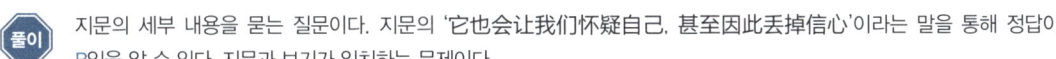
지문의 세부 내용을 묻는 질문이다. 지문의 '它也会让我们怀疑自己, 甚至因此丢掉信心'이라는 말을 통해 정답이 B임을 알 수 있다. 지문과 보기가 일치하는 문제이다.

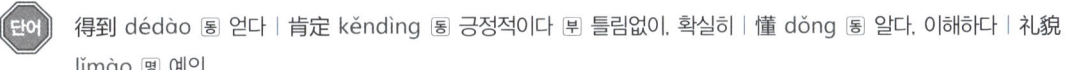
得到 dédào 동 얻다 | 肯定 kěndìng 동 긍정적이다 부 틀림없이, 확실히 | 懂 dǒng 동 알다, 이해하다 | 礼貌 lǐmào 명 예의

4

问: 这段话主要谈的是什么？ A "羡慕"的影响　　B 学会原谅 C 失败的作用　　　D 别随便生气	질문: 이 단락의 말이 이야기하고자 하는 것은? A '부러움'의 영향　　B 용서를 배우자 C 실패의 작용　　　　D 함부로 화를 내지 마라

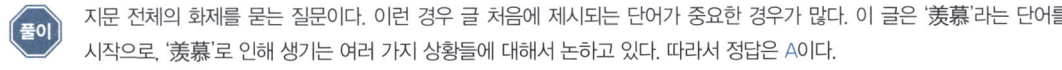
지문 전체의 화제를 묻는 질문이다. 이런 경우 글 처음에 제시되는 단어가 중요한 경우가 많다. 이 글은 '羡慕'라는 단어를 시작으로, '羡慕'로 인해 생기는 여러 가지 상황들에 대해서 논하고 있다. 따라서 정답은 A이다.

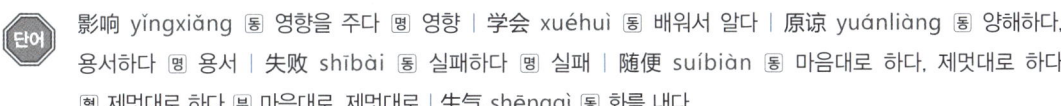
影响 yǐngxiǎng 동 영향을 주다 명 영향 | 学会 xuéhuì 동 배워서 알다 | 原谅 yuánliàng 동 양해하다, 용서하다 명 용서 | 失败 shībài 동 실패하다 명 실패 | 随便 suíbiàn 동 마음대로 하다, 제멋대로 하다 형 제멋대로 하다 부 마음대로, 제멋대로 | 生气 shēngqì 동 화를 내다

본문 해석   논설문

　　许多人认为自己应该感谢生命中遇到的困难。因为那些困难锻炼了他们，使他们变得更加优秀。但其实他们真正应该感谢的是在困难面前还很勇敢的自己，是即使失败了也会继续努力不放弃希望的自己。

　　많은 사람은 자신이 생명 중 마주치는 어려움에 감사해야 한다고 생각한다. 왜냐하면 그러한 어려움이 그들을 단련시키고, 그들로 하여금 더 우수하게 변하게 하기 때문이다. 그러나 사실 그들이 진정으로 감사해야 하는 것은 어려움 앞에서도 여전히 용감했던 자신이며, 설령 실패할지라도 계속해서 노력하고 희망을 버리지 않는 자기 자신이다.

단어

许多 xǔduō 형 대단히 많은 | 应该 yīnggāi 조동 ~해야 한다 | 感谢 gǎnxiè 동 감사하다 | 生命 shēngmìng 명 생명 | 遇到 yùdào 동 만나다 | 困难 kùnnan 명 어려움 형 어렵다, 곤란하다 | 更加 gèngjiā 부 더욱 | 优秀 yōuxiù 형 우수하다 | 其实 qíshí 부 사실은 | 真正 zhēnzhèng 형 진정 부 진짜로, 참으로 | 勇敢 yǒnggǎn 형 용감하다 | 即使 jíshǐ 접 설령(설사) ~하더라도(할지라도) | 失败 shībài 동 실패하다 명 실패 | 继续 jìxù 동 계속하다 명 계속 | 放弃 fàngqì 동 포기하다 | 希望 xīwàng 동 희망하다, 바라다 명 희망

5

问: 很多人认为困难会让他们变得怎么样?
A 更优秀　　　　B 不自信
C 要冷静　　　　D 很兴奋

질문: 많은 사람이 어려움이 그들로 하여금 어떻게 변하게 한다고 생각하는가?
A 더 우수하다　B 자신이 없다　C 침착해야 한다　D 흥분하다

 지문의 세부 내용을 묻는 질문이다. 지문의 '使他们变得更加优秀'라는 말을 통해 정답이 A임을 알 수 있다. 지문과 보기가 일치하는 문제이다.

 自信 zìxìn 명 자신감 형 자신만만하다 | 冷静 lěngjìng 형 냉정하다, 침착하다 | 兴奋 xīngfèn 형 흥분하다

6

问: 根据这段话, 人们真正应该感谢的是什么?
A 理想　　B 友谊　　C 爱人　　D 自己

질문: 이 단락의 말에 근거하여 사람들이 진정으로 감사해야 하는 것은 무엇임을 알 수 있는가?
A 이상　　B 우정　　C 배우자　　D 자신

 지문 전체의 핵심적인 관점을 묻는 질문이다. 이런 경우 마지막 문장에서 화자의 관점을 알 수 있는 경우가 많다. 지문의 '他们真正应该感谢的是在困难面前还很勇敢的自己'라는 말을 통해 정답이 D임을 알 수 있다.

 理想 lǐxiǎng 명 이상 | 友谊 yǒuyì 명 우정 | 爱人 àiren 명 남편 혹은 아내

Chapter 03 설명문

기초 체크 Track 56 + 본책 117쪽 문제 풀이

본문 해석 / 설명문

干杯的意思是说，大家一起举杯，喝完杯中的酒。最开始人们是用右手举杯，同时高高举起自己的胳膊，为的是让别人看到自己身上没有带危险的东西，以此表示友好。后来人们用干杯表示祝贺，举杯时还会说一些祝贺的话。

건배하는 것의 의미는, 모두 함께 잔을 들고 잔 안의 술을 다 마시는 것이다. 처음에 사람들은 오른손으로 잔을 들고, 동시에 자신의 팔을 높게 들어 올렸는데, 다른 사람들로 하여금 자신의 몸에 위험한 것이 없음을 보게 하기 위한 것이었다. 이로써 우호적임을 나타냈다. 후에 사람들은 건배로 축하의 의미를 나타내는데, 잔을 들어 올릴 때 약간의 축하의 말을 더하기도 한다.

단어

干杯 gānbēi 동 건배하다, 잔을 비우다 | 意思 yìsi 명 의미, 뜻 | 举 jǔ 동 들다 | 胳膊 gēbo 명 팔 | 危险 wēixiǎn 명 위험 형 위험하다 | 以此 yǐcǐ 이로써 | 表示 biǎoshì 동 나타내다, 표시하다 | 友好 yǒuhǎo 형 우호적이다 | 祝贺 zhùhè 동 축하하다 명 축하

36

问: 过去人们干杯时会怎么做?
A 双手举杯   B 脱鞋
C 高举胳膊   D 边喝边唱

질문: 과거 사람들은 건배 할 때 어떻게 했는가?
A 두 손으로 잔을 든다   B 신발을 벗는다
C 팔을 높게 든다   D 마시면서 노래를 부른다

 지문에서 언급된 세부 내용을 묻는 질문이다. 지문의 '最开始人们是用右手举杯，同时高高举起自己的胳膊'라는 말을 통해 정답이 C임을 알 수 있다. 지문과 보기가 거의 일치하는 문제이다.

 双手 shuāngshǒu 명 양손 | 脱 tuō 동 벗다 | 边 A 边 B biān A biān B A 하면서 B 하다

37

问: 现在干杯主要表示什么?
A 祝贺   B 同情
C 尊重   D 希望被原谅

질문: 현재 건배는 무엇을 나타내는가?
A 축하한다   B 동정한다
C 존중한다   D 용서받길 희망한다

 지문에서 언급된 세부 내용을 묻는 질문이다. 지문의 '后来人们用干杯表示祝贺'라는 말을 통해 정답이 A임을 알 수 있다. 지문과 보기가 일치하는 문제이다.

 同情 tóngqíng 동 동정하다 | 尊重 zūnzhòng 동 존중하다 명 존중 | 原谅 yuánliàng 동 양해하다, 용서하다 명 용서

실전 테스트   Track 58   ╋본책 122쪽   문제 풀이

본문 해석   설명문

汉语中很多带颜色的词语都有特别的意思。例如，红包不是普通的红色的包，而是专门指包着钱的红纸包。在中国，红色常用来表示好的、开心的事。所以红包就有了希望别人幸福快乐的意思。结婚时，人们最常送的礼物就是红包。	중국어에서 색이 들어간 많은 단어는 모두 특별한 의미가 있다. 예를 들면, 훙빠오는 일반적인 빨간 봉투가 아니라, 돈을 담고 있는 빨간 종이봉투를 전문적으로 가리키는 것이다. 중국에서 빨간색은 종종 좋은 것, 즐거운 일을 나타내는 데 사용한다. 그래서 훙빠오는 다른 사람이 행복하고 즐겁길 바라는 의미를 갖게 되었다. 결혼할 때 사람들이 가장 자주 주는 선물이 바로 훙빠오이다.

단어

颜色 yánsè 명 색, 색깔 | 词语 cíyǔ 명 어휘, 단어와 어구 | 特别 tèbié 부 특히, 아주 | 例如 lìrú 동 예를 들다 | 红包 hóngbāo 명 훙빠오(돈을 담고 있는 빨간 종이봉투) | 普通 pǔtōng 형 보통이다, 평범하다 | 包 bāo 명 싸다, 가방, 봉투 | 专门 zhuānmén 형 전문적이다 부 전문적으로, 특별히, 일부러 | 指 zhǐ 동 가리키다, 지적하다 | 表示 biǎoshì 동 나타내다, 표시하다 | 开心 kāixīn 형 기쁘다, 즐겁다 | 幸福 xìngfú 명 행복 형 행복하다 | 结婚 jiéhūn 동 결혼하다 | 礼物 lǐwù 명 선물

1

问: 红色常用来表示什么样的事情?	질문: 빨간색은 어떤 일을 나타낼 때 자주 사용하는가?
A 感动 B 高兴 C 有名 D 伤心	A 감동하다 B 기쁘다 C 유명하다 D 상심하다

 지문에서 언급된 세부 내용을 묻는 질문이다. 지문의 '红色常用来表示好的、开心的事'라는 말을 통해 정답이 B임을 알 수 있다. 지문의 '开心'이 보기에는 유사한 뜻을 가진 '高兴'으로 바뀌어 제시된 문제이다.

단어 感动 gǎndòng 동 감동하다, 감동시키다 | 有名 yǒumíng 형 유명하다 | 伤心 shāngxīn 동 상심하다, 슬퍼하다

2

问: 关于红包，下列哪个正确?	질문: 훙빠오에 관해, 다음 중 어느 것이 옳은가?
A 过生日时送 B 是黑色的 C 里面会放钱 D 送给老人的	A 생일을 지낼 때 준다 B 검은색이다 C 안에 돈을 넣는다 D 노인에게 드리는 것이다

 지문에서 언급된 세부 내용을 묻는 질문이다. 지문의 '而是专门指包着钱的红纸包'라는 말을 통해 정답이 C임을 알 수 있다. 지문과 보기가 거의 일치하지 않는 유추형 문제이다.

단어 过生日 guò shēngrì 생일을 지내다 | 黑色 hēisè 명 검은색 | 放 fàng 동 놓다, 두다

본문 해석   설명문

茶叶最早出现的时候，人们根据它的味道认为它是一种苦菜，但又觉得它与一般的苦菜不同。后来人们发现，喝茶对身体有很多好处。于是茶开始被越来越多的人接受，喝茶也成为了很多中国人的一种生活习惯。

찻잎이 최초에 나타났을 때, 사람들은 그것의 맛을 근거로 그것이 쓴 채소라고 생각했다. 그러나 또한 그것이 일반적인 쓴 채소와는 다르다고 느꼈다. 후에 사람들은 차를 마시면 몸에 좋은 점이 많다는 것을 발견했다. 그래서 차는 점점 더 많은 사람에게 받아들여지기 시작했고, 차를 마시는 것 또한 많은 중국인의 일종의 생활 습관이 되었다.

단어

茶叶 cháyè 명 찻잎 | 出现 chūxiàn 동 나타나다, 출현하다 | 味道 wèidao 명 ① 맛 ② 기분, 느낌 | 苦 kǔ 형 ① (맛이) 쓰다 ② 힘들다, 고생스럽다 | 一般 yìbān 형 보통이다, 일반적이다 | 后来 hòulái 명 그 후, 그다음 | 发现 fāxiàn 동 발견하다 명 발견 | 好处 hǎochu 명 좋은 점, 장점 | 于是 yúshì 접 그래서 | 接受 jiēshòu 동 받아들이다, 수락하다 | 成为 chéngwéi 동 ~이(가) 되다 | 生活 shēnghuó 동 살다, 생활하다 명 생활 | 习惯 xíguàn 동 습관이 되다, 익숙해지다 명 습관

3

问: 茶叶刚开始被认为是苦菜的根据是什么?
A 效果   B 样子   C 味道   D 颜色

질문: 찻잎이 처음에 쓴 채소라고 여겨진 근거는 무엇인가?
A 효과   B 모습   C 맛   D 색깔

 지문에서 언급된 세부 내용을 묻는 질문이다. 지문의 '人们根据它的味道认为它是一种苦菜'라는 말을 통해 정답이 C임을 알 수 있다. 지문과 보기가 일치하는 문제이다.

 刚 gāng 부 방금, 막 | 效果 xiàoguǒ 명 효과 | 样子 yàngzi 명 모양, 모습 | 颜色 yánsè 명 색, 색깔

4

问: 茶后来被人们接受的原因是什么?
A 对皮肤好   B 有助于减肥
C 容易买到   D 对健康有好处

질문: 차가 후에 사람들에게 받아들여진 원인을 무엇인가?
A 피부에 좋다   B 다이어트에 도움이 된다
C 쉽게 살 수 있다   D 건강에 좋은 점이 있다

 지문에서 언급된 세부 내용을 묻는 질문이다. 지문의 '喝茶对身体有很多好处'라는 말이 있고, 그 뒤에 '그래서 받아들여지기 시작했다'라는 문장이 이어짐으로 정답이 D임을 알 수 있다. 지문과 보기가 거의 일치하는 문제이다.

 原因 yuányīn 명 원인, 이유 | 皮肤 pífū 명 피부 | 有助于 yǒuzhùyú ~에 도움이 되다 | 健康 jiànkāng 명 건강 형 건강하다

본문 해석　　　　　　　　　　　　　　　　　　　　　　　　　　　　　　　　　　　　　설명문

　　许鲜网是一家专门卖水果的网站，<u>顾客可以自己在网上选水果并完成付款</u>，然后在规定的时间内到网站安排的提货点取货即可。这样一方面能保证水果新鲜，另一方面又能节约时间。因此，<u>很受顾客的欢迎</u>。

　　쉬씨앤왕은 전문적으로 과일을 파는 웹사이트로, <u>고객은 스스로 인터넷에서 과일을 고르고 지불을 끝내며</u>, 그런 다음 규정된 시간 안에 사이트가 준비한 출고지에서 물품을 찾기만 하면 된다. 이렇게 하면 한편으로는 과일의 신선함을 보증할 수 있고, 또 다른 한편으로는 시간도 절약할 수 있다. 그래서 <u>고객들의 환영을 받는다</u>.

단어

专门 zhuānmén [형] 전문적이다 [부] 전문적으로, 특별히, 일부러 | 水果 shuǐguǒ [명] 과일 | 网站 wǎngzhàn [명] 웹사이트 | 顾客 gùkè [명] 손님 | 选 xuǎn [동] 선택하다 [명] 선택 | 并 bìng [접] 또, 게다가 | 完成 wánchéng [동] 완성하다, 끝내다 | 付款 fùkuǎn [동] 돈을 지불하다 | 然后 ránhòu [접] 그런 다음 | 规定 guīdìng [동] 규정하다 [명] 규정 | 安排 ānpái [동] 배치하다, 안배하다, 준비하다 | 提货 tíhuò [동] (물건을) 출고하다 | 取货 qǔhuò [동] (물품을) 넘겨받다 | 即可 jíkě [부] ~하면 바로 ~할 수 있다 | 保证 bǎozhèng [동] 보증하다, 확실히 책임지다 | 新鲜 xīnxiān [형] 신선하다 | 另 lìng [부] 따로, 별도로 [대] 다른, 그 밖의 | 节约 jiéyuē [동] 절약하다 [형] 검소하다 | 受 shòu [동] 받다 | 欢迎 huānyíng [동] 환영하다 [명] 환영

5

问: 通过许鲜网, 人们可以做什么?
A 邀请名人　　　B 寄衣服
C 免费阅读　　　D <u>购买水果</u>

질문: 쉬씨앤왕을 통해, 사람들은 무엇을 할 수 있는가?
A 유명한 사람을 초대한다　　B 옷을 부친다
C 무료로 책을 읽는다　　　　<u>D 과일을 구매한다</u>

 지문에서 언급된 세부 내용을 묻는 질문이다. 지문의 '顾客可以自己在网上选水果并完成付款'이라는 말을 통해 정답이 D임을 알 수 있다. 지문과 보기가 거의 일치하지 않는 유추형 문제이다.

 通过 tōngguò [동] 통과하다, 통과되다 [전] ~을(를) 통해 | 邀请 yāoqǐng [동] 초청하다, 초대하다 [명] 초청, 초대 | 寄 jì [동] (우편으로) 부치다 | 免费 miǎnfèi [동] 무료로 하다 | 阅读 yuèdú [동] (책·신문 등을) 읽다

6

问: 关于许鲜网, 下列哪个正确?
A <u>很受欢迎</u>　　　B 允许货到付款
C 管理严格　　　　D 只收现金

질문: 쉬씨앤왕에 관해, 다음 중 어느 것이 옳은가?
<u>A 매우 환영을 받는다</u>
B 물건이 도착한 후 돈을 지불하는 것을 허락한다
C 관리가 엄격하다　　　D 현금만 받는다

 지문에서 언급된 세부 내용을 묻는 질문이다. 지문의 '很受顾客的欢迎'이라는 말을 통해 정답이 A임을 알 수 있다. 지문과 보기가 거의 일치하는 문제이다.

 允许 yǔnxǔ [동] 허가하다, 허락하다 | 管理 guǎnlǐ [동] 관리하다 [명] 관리 | 严格 yángé [형] 엄격하다 | 收 shōu [동] 받다 | 现金 xiànjīn [명] 현금

Chapter 04 실용문

기초 체크 Track 59 + 본책 123쪽 문제 풀이

본문 해석 실용문

조사指出，男性和女性减压的方式大不相同。女性更愿意用哭、聊天儿、逛街等方式来减轻压力，而男性更喜欢通过运动、玩儿游戏等方法来放松。这可能与男女性格的不同有直接关系。

조사에서는 남성과 여성의 스트레스를 줄이는 방식이 크게 다르다고 지적했다. 여성은 울고, 수다 떨고, 아이쇼핑을 하는 등의 방식으로 스트레스를 줄이길 더 원했고, 반면 남성은 운동, 게임 하기 등의 방식을 통해 긴장을 푸는 것을 더 좋아했다. 이것은 아마도 남자와 여자의 성격이 다른 것과 직접적인 관계가 있을 것이다.

단어

调查 diàochá 동 조사하다 명 조사 | 指出 zhǐchū 동 밝히다, 가리키다, 지적하다 | 减压 jiǎnyā 동 스트레스를 줄이다 | 方式 fāngshì 명 방식, 방법 | 相同 xiāngtóng 형 서로 같다 | 哭 kū 동 울다 | 聊天儿 liáotiānr 동 잡담을 하다, 이야기하다, 수다 떨다 | 逛街 guàngjiē 동 아이쇼핑하다 | 减轻 jiǎnqīng 동 경감하다, 줄다 | 压力 yālì 명 ① 스트레스 ② 압력 | 通过 tōngguò 동 통과하다, 통과되다 전 ~을(를) 통해 | 玩游戏 wán yóuxì 게임하다 | 放松 fàngsōng 동 (정신적) 긴장을 풀다 | 性格 xìnggé 명 성격 | 直接 zhíjiē 형 직접적인

36

问: 那份调查是关于什么的?
A 交友特点   B <u>减压方式</u>
C 学习兴趣   D 锻炼方法

질문: 그 조사는 무엇에 관한 것인가?
A 친구를 사귀는 특징   B <u>스트레스를 줄이는 방식</u>
C 학습의 흥미   D 단련 방법

 실용문의 목적을 묻는 질문이다. 지문의 '调查指出, 男性和女性减压的方式大不相同'이라는 말을 통해 정답이 B임을 알 수 있다. 지문과 보기가 거의 일치하는 문제이다.

 交友 jiāoyǒu 동 친구를 사귀다 | 特点 tèdiǎn 명 특징 | 兴趣 xìngqù 명 흥미

37

问: 压力大时，男性往往会通过什么方式来放松?
A 睡觉   B 抽烟   C <u>玩游戏</u>   D 旅行

질문: 스트레스가 많을 때, 남자들은 종종 어떤 방식을 통해 긴장을 푸는가?
A 잠을 잔다   B 흡연을 한다   C <u>게임을 한다</u>   D 여행한다

 실용문의 세부 내용을 묻는 질문이다. 지문의 '男性更喜欢通过运动、玩儿游戏等方法来放松'이라는 말을 통해 정답이 C임을 알 수 있다. 지문과 보기가 일치하는 문제이다.

 睡觉 shuìjiào 동 잠을 자다 | 抽烟 chōuyān 동 흡연하다, 담배를 피우다 | 旅行 lǚxíng 동 여행하다 명 여행

실전 테스트 Track 61 + 본책 128쪽   문제 풀이

본문 해석   실용문

最近杭州出现了一家无人超市，<u>超市内只有顾客没有售货员</u>。顾客可以按照自己的需要拿取东西，然后用手机付款，十分方便。可以说，就像这家无人超市一样，<u>科技已经极大地改变了我们的生活方式</u>。	최근 항저우(항주)에 무인 슈퍼마켓이 나타났는데, 슈퍼마켓 내에는 오직 고객만 있고 점원은 없다. 고객은 자신의 필요에 따라 물건을 가져가고, 그런 다음 휴대전화로 돈을 지불해서 아주 편리하다. 이 무인 슈퍼마켓과 마찬가지로, 과학기술은 이미 우리들의 생활 방식을 크게 바꿔놓았다고 말할 수 있다.

단어

最近 zuìjìn 명 최근, 요즘 | 杭州 Hángzhōu 고유 항저우(항주) | 出现 chūxiàn 동 출현하다, 나타나다 | 无 wú 동 없다 | 超市 chāoshì 명 슈퍼마켓 | 顾客 gùkè 명 고객 | 售货员 shòuhuòyuán 명 판매원, 점원 | 按照 ànzhào 전 ~에 따라 | 需要 xūyào 동 필요하다 명 수요, 필요 | 拿取 náqǔ 동 취하다, 가지다, 수취하다 | 然后 ránhòu 접 그런 다음 | 付款 fùkuǎn 동 돈을 지불하다 | 十分 shífēn 부 매우, 아주 | 方便 fāngbiàn 형 편리하다 | 科技 kējì 명 과학기술 | 极大 jídà 부 크게, 최대한도로 | 改变 gǎibiàn 동 바꾸다 | 生活 shēnghuó 동 생활하다 명 생활 | 方式 fāngshì 명 방식

1

问: 那家超市有什么特点?	질문: 그 슈퍼마켓은 어떤 특징이 있는가?
A 不提供袋子　　B 只收现金 C 周末关门　　　D <u>无售货员</u>	A 봉지를 제공하지 않는다　B 현금만 받는다 C 주말에 문을 닫는다　　D <u>점원이 없다</u>

 실용문의 세부 내용을 묻는 질문이다. 지문의 '超市内只有顾客没有售货员'이라는 말을 통해 정답이 D임을 알 수 있다. 지문과 보기가 거의 일치하는 문제이다.

단어 特点 tèdiǎn 명 특징 | 提供 tígōng 동 제공하다 | 袋子 dàizi 명 주머니, 자루 | 现金 xiànjīn 명 현금

2

问: 这段话主要想告诉我们什么?	질문: 이 단락의 말은 주로 우리에게 무엇을 알려주는가?
A 信息的作用　　B <u>科技改变生活</u> C 要重视顾客　　D 质量最重要	A 정보의 작용　　　　B <u>과학기술이 생활을 바꾸다</u> C 손님을 중시해야 한다　D 품질이 가장 중요하다

풀이 실용문의 목적, 즉 주제를 묻는 질문이다. 마지막의 '科技已经极大地改变了我们的生活方式'라는 말을 통해 정답이 B임을 알 수 있다. 지문과 보기가 거의 일치하는 문제이다.

단어 信息 xìnxī 명 정보 | 作用 zuòyòng 명 작용 | 重视 zhòngshì 동 중시하다 | 质量 zhìliàng 명 품질 | 重要 zhòngyào 형 중요하다

본문 해석   실용문

| 很多老人离开工作了几十年的环境后往往不知道该做些什么，没有了生活热情。为此，不少地方办了老年大学。在那里老人们不仅可以学习唱歌、跳舞等等，还可以交到很多新朋友。老年大学为老人提供了一个可以重新学习与交流的地方，让他们的生活变得更加丰富。 | 많은 노인은 몇십 년 동안 일한 환경을 떠난 후 종종 무엇을 해야 할지 모르고, 생활의 열정이 없어진다. 이 때문에 적지 않은 곳에서 노인 대학을 운영한다. 그곳에서 노인들은 노래 부르고 춤추는 것 등을 배울 수 있을 뿐만 아니라, 많은 새로운 친구들도 사귈 수 있다. 노인대학은 노인을 위해 새로 공부하고 교류할 수 있는 장소를 제공해 주었고, 그들의 생활이 더 풍부해질 수 있도록 했다. |

단어

离开 líkāi 동 떠나다 | 环境 huánjìng 명 환경 | 往往 wǎngwǎng 부 자주, 종종 | 热情 rèqíng 형 열정적이다, 친절하다 명 열정 | 为此 wèicǐ 접 이 때문에, 이를 위해서 | 办 bàn 동 운영하다, 경영하다 | 不仅 bùjǐn 접 ~뿐만 아니라 | 交 jiāo 동 사귀다 | 提供 tígōng 동 제공하다 | 重新 chóngxīn 부 새로, 다시 | 交流 jiāoliú 명 교류 동 교류하다 | 更加 gèngjiā 부 더욱 | 丰富 fēngfù 동 풍부하게 하다 형 풍부하다

3

问：很多老人离开工作环境后往往会怎么样？	질문: 많은 노인이 직업 환경을 떠난 후 종종 어떠한가?
A 容易变兴奋　　B 脾气变坏 C 不愿睡觉　　　D 不知该干什么	A 쉽게 흥분하게 변한다　　B 성격이 나쁘게 변한다 C 잠을 자길 원하지 않는다　D 무엇을 해야 할 지 모른다

 실용문의 세부 내용을 묻는 질문이다. 지문의 '很多老人离开工作了几十年的环境后往往不知道该做些什么'라는 말을 통해 정답이 D임을 알 수 있다. 지문과 보기가 거의 일치하는 문제이다.

 兴奋 xīngfèn 형 흥분하다 | 脾气 píqi 명 성격, 성질 | 坏 huài 동 나쁘게 하다, 망치다 형 나쁘다 | 干 gàn 동 하다

4

问：老人在老年大学可以做什么？	질문: 노인은 노인대학에서 무엇을 할 수 있는가?
A 交新朋友　　　B 举办演出 C 参加招聘　　　D 读硕士	A 새로운 친구를 사귄다　　B 공연을 연다 C 채용에 참가한다　　　　D 석사 과정을 공부한다

 실용문의 세부 내용을 묻는 질문이다. 지문의 '还可以交到很多新朋友'라는 말을 통해 정답이 A임을 알 수 있다. 지문과 보기가 거의 일치하는 문제이다.

 举办 jǔbàn 동 개최하다, 열다 | 演出 yǎnchū 동 공연하다 명 공연 | 招聘 zhāopìn 동 모집하다, 채용하다 | 读 dú 동 공부하다, 학교를 다니다 | 硕士 shuòshì 명 석사

본문 해석	실용문
研究发现，窗户的大小能影响人的心情。人在窗户大的房间里心情会更好，工作起来也会更认真，这是因为窗户大的房间里阳光更多。所以研究者建议，最好在窗户大的房间里工作或者学习，并且让座位离窗户近一些。	연구에서 창문의 크기가 사람의 기분에 영향을 끼칠 수 있다는 것을 발견했다. 사람은 창문이 큰 방에 있을 때 기분이 더 좋고, 일할 때도 더 열심히 하는데, 이것은 창문이 큰 방에 햇빛이 더 많기 때문이다. 그래서 연구자들은 창문이 큰 방에서 일하거나 공부하고, 게다가 자리를 창문에서 좀 가깝게 하는 것이 가장 좋다고 건의한다.

단어

研究 yánjiū 동 연구하다 명 연구 | 发现 fāxiàn 동 발견하다 명 발견 | 窗户 chuānghu 명 창문 | 影响 yǐngxiǎng 동 영향을 주다 명 영향 | 心情 xīnqíng 명 심정, 마음, 기분 | 房间 fángjiān 명 방 | 认真 rènzhēn 형 진지하다, 착실하다 | 阳光 yángguāng 명 햇빛 | 建议 jiànyì 동 건의하다 명 건의, 제안 | 最好 zuìhǎo 부 가장 바람직한 것은, 제일 좋기는 | 并且 bìngqiě 접 게다가 | 座位 zuòwèi 명 좌석, 자리 | 离 lí 전 ~에서, ~로부터 | 近 jìn 형 가깝다

5

问: 窗户大小会影响人的什么?	질문: 창문의 크기는 사람의 무엇에 영향을 줄 수 있나?
A 心情　　　　B 健康	A 기분　　　　B 건강
C 睡觉时长　　D 生活质量	C 수면 시간　　D 생활의 질

 실용문의 세부 내용을 묻는 질문이다. 지문의 '窗户的大小能影响人的心情'이라는 말을 통해 정답이 A임을 알 수 있다. 지문과 보기가 일치하는 문제이다.

 生活 shēnghuó 동 살다, 생활하다 명 생활 | 质量 zhìliàng 명 질, 품질

6

问: 研究者建议人们学习时怎么做?	질문: 연구자는 사람들이 공부할 때 어떻게 하라고 건의했나?
A 多看外面景色　　B 离窗户近些	A 바깥의 풍경을 많이 본다　　B 창문에서 좀 가깝게 한다
C 多运动　　　　　D 到室外去	C 운동을 많이 한다　　　　　D 실외로 나간다

 실용문의 세부 내용을 묻는 질문이다. 지문의 '让座位离窗户近一些'라는 말을 통해 정답이 B임을 알 수 있다. 지문과 보기가 거의 일치하는 문제이다.

 景色 jǐngsè 명 경치, 풍경 | 室外 shìwài 명 실외

독해 제1부분

Chapter 01 명사 채우기

기초 체크 ➕본책 134쪽 문제 풀이

❖ 보기 단어

A 动作 dòngzuò 명 동작   B 麻烦 máfan 명 말썽, 골칫거리   C 重点 zhòngdiǎn 명 중점

46

胳膊再抬高一点儿，好，现在（ A 动作 ）很标准，15秒钟后再放下。

팔을 조금 더 들어 올려. 좋아. 지금 (A 동작)이 정확해. 15초 후에 내려.

 주어 자리가 비어 있으므로, 명사 어휘가 정답임을 알 수 있다. 형용사서술어 '标准'과 호응할 수 있는 명사는 A밖에 없다.

 胳膊 gēbo 명 팔 | 抬 tái 동 들(어올리)다 | 标准 biāozhǔn 형 표준적이다 명 기준 | 秒钟 miǎozhōng 양 초 (시량)

51

A: 经理，新的计划发到您邮箱了，您看了吗?
B: 内容太简单，不详细，没有（ C 重点 ）。明天我们得继续讨论。

A: 사장님, 새로운 계획을 당신의 이메일로 보냈어요. 보셨나요?
B: 내용이 너무 간단하며 상세하지 않고, (C 중점)이 없어요. 내일 우리 계속 토론해야 해요.

목적어 자리가 비어 있으므로, 명사 어휘가 정답임을 알 수 있다. 동사서술어 '没有'와 호응하고 계획서의 내용을 설명할 수 있는 명사는 C밖에 없다.

经理 jīnglǐ 명 사장 | 计划 jìhuà 동 계획하다 명 계획 | 邮箱 yóuxiāng 명 이메일, 우편함 | 内容 nèiróng 명 내용 | 简单 jiǎndān 형 간단하다 | 详细 xiángxì 형 상세하다 | 继续 jìxù 동 계속하다 | 讨论 tǎolùn 동 토론하다 명 토론

실전 테스트 〔+ 본책 144~145쪽〕 　　　　　　　　　　　　　문제 풀이

❖ 보기 단어

A 污染 wūrǎn 명 오염
B 消息 xiāoxi 명 정보, 소식
C 科学 kēxué 명 과학
D 坚持 jiānchí 동 단호히 지키다, 꾸준하게 지속하다
E 方向 fāngxiàng 명 방향
F 总结 zǒngjié 명 총정리, 총결산

1

| 大力发展公共交通能减轻环境（ A 污染 ）。 | 대중교통을 크게 발전시키면 환경(A 오염)을 줄일 수 있다. |

풀이 목적어 자리가 비어 있으므로, 명사 어휘가 정답임을 알 수 있다. 동사서술어 '减轻'과 호응하고, '环境'과 함께 사용할 수 있는 명사는 A밖에 없다.

단어 发展 fāzhǎn 동 발전하다 명 발전 | 公共交通 gōnggòng jiāotōng 대중교통 | 减轻 jiǎnqīng 동 경감하다, 줄다 | 环境 huánjìng 명 환경

2

| 他的（ C 科学)基础很好，学起来自然要比其他人轻松许多。 | 그의 (C 과학) 기초가 좋으니, 배울 때 당연히 다른 사람들보다 훨씬 수월하다. |

풀이 빈칸에는 명사 '基础'를 수식할 수 있는 관형어가 필요하다. 수식이 가능한 명사는 의미상 C밖에 없다.

단어 基础 jīchǔ 명 기초 | 自然 zìrán 명 자연 형 ① 천연의, 자연의 ② 당연하다 | 其他 qítā 대 기타, 그 외 | 轻松 qīngsōng 형 수월하다, 홀가분하다, 부담이 없다 | 许多 xǔduō 형 대단히 많은

3

| 最后，我们请李教授为今天的会议做个（ F 总结)。 | 마지막으로 우리는 이 교수님께서 오늘의 회의에 대하여 (F 총정리) 해주시기를 부탁드립니다. |

풀이 목적어 자리가 비어 있으므로, 명사 어휘가 정답임을 알 수 있다. 동사서술어 '做'와 호응할 수 있는 명사는 F밖에 없다.

단어 最后 zuìhòu 명 최후, 제일 마지막 | 教授 jiàoshòu 명 교수 | 会议 huìyì 명 회의

4

| 这个（B 消息）实在太突然了，我现在很难接受。 | 이 (B 소식)은 정말 너무 갑작스러워서, 나는 지금 받아들이기 어렵다. |

풀이 '지시대사(这)+양사(个)' 뒤에 빈칸이 있으므로, 명사 어휘가 정답임을 알 수 있다. 빈칸의 명사는 뒤의 형용사서술어 '突然', 동사서술어 '接受'와 의미상 모두 맞아야 하는데, 모두와 맞는 명사는 B밖에 없다.

단어 实在 shízài 분 확실히, 정말 | 突然 tūrán 형 갑작스럽다 분 갑자기 | 接受 jiēshòu 동 받아들이다, 수락하다

5

| 你想去图书馆的话，应该向大使馆（E 方向）走，10分钟就能到。 | 네가 도서관에 가고 싶다면, 대사관 (E 방향)으로 가야 해. 10분이면 바로 도착할 거야. |

풀이 '向'은 '~을(를) 향해'라는 뜻의 전치사로, 빈칸에 방향이나 대상을 나타내는 명사가 와야 한다. 따라서 의미상 E밖에 없다.

단어 大使馆 dàshǐguǎn 명 대사관 | 分钟 fēnzhōng 명 분(시량)

❖ **보기 단어**

| A 袜子 wàzi 명 양말 | B 结果 jiéguǒ 명 결과 | C 温度 wēndù 명 온도 |
| D 教授 jiàoshòu 명 교수 | E 果汁 guǒzhī 명 과일 주스 | F 演出 yǎnchū 명 공연 |

6

| A: 你怎么买了这么多（A 袜子）？
B: 商场在做活动，10块钱3双，我就多买了些。 | A: 너는 왜 이렇게 많은 (A 양말)을 샀어?
B: 백화점에서 이벤트를 하고 있어. 10위안(콰이)에 3켤레라서, 조금 많이 샀어. |

풀이 목적어 자리가 비어 있으므로, 명사 어휘가 정답임을 알 수 있다. 동사서술어 '买'와 호응하고 뒤에 나오는 양사 '双'으로 셀 수 있는 명사는 A밖에 없다.

단어 商场 shāngchǎng 명 백화점, 쇼핑센터 | 活动 huódòng 동 (몸을) 움직이다 명 활동, 행사, 이벤트

7

A: 你最好吃点儿东西，只喝一杯（E 果汁），下午肯定会饿的。
B: 可是我早上吃太饱了，现在实在吃不下。

A: 너는 뭘 좀 먹는 것이 좋겠어. 오직 (E 주스) 한 잔만 마시면 오후에 틀림없이 배가 고플 거야.
B: 그러나 나는 아침에 너무 배부르게 먹어서, 지금 정말 먹을 수가 없어.

풀이 목적어 자리가 비어 있으므로, 명사 어휘가 정답임을 알 수 있다. 동사서술어 '喝'와 호응하고 앞의 수량사 '一杯'로 셀 수 있는 명사는 E밖에 없다.

단어 最好 zuìhǎo 부 가장 바람직한 것은, 제일 좋기는 | 肯定 kěndìng 형 긍정적이다 부 틀림없이, 확실히 | 饱 bǎo 형 배부르다 | 实在 shízài 부 확실히, 정말

8

A: （F 演出）快开始了，你还要多久能过来?
B: 我在入口呢，正在存包，马上进去。

A: (F 공연)이 곧 시작해. 너는 얼마나 지나야 올 수 있니?
B: 나는 입구에 있어. 지금 가방 맡기고 있으니까, 바로 들어갈게.

풀이 주어 자리가 비어 있으므로, 명사 어휘가 정답임을 알 수 있다. 동사서술어 '开始'와 호응할 수 있는 명사는 F밖에 없다.

단어 久 jiǔ 형 오래다, 시간이 길다 | 入口 rùkǒu 명 입구 | 存 cún 동 맡기다, 보관하다

9

A: 这道题太难了，你做了吗?
B: 我也没做，咱们去听听（D 教授）的解释。

A: 이 문제는 너무 어려운데, 너는 풀었니?
B: 나도 못 풀겠어. 우리 (D 교수님)의 설명을 들으러 가자.

풀이 빈칸에는 명사 '解释'를 수식할 수 있는 관형어가 필요하다. 수식이 가능한 명사는 의미상 D밖에 없다.

단어 道 dào 양 문제를 세는 단위 | 解释 jiěshì 동 설명하다, 해명하다 명 설명, 해명

10

A: 爷爷体检完了?（B 结果）怎么样?
B: 还不知道，半个小时后才会出结果。

A: 할아버지는 신체검사를 다 하셨니? (B 결과)는 어때?
B: 아직 몰라요. 30분 후에야 결과가 나올 거예요.

풀이 주어 자리가 비어 있으므로 명사 어휘가 정답임을 알 수 있다. 서술어 '怎么样'과 호응할 수 있는 명사는 많지만, 신체검사에 대해 이야기하고 있으므로 의미상 B밖에 없다.

단어 体检 tǐjiǎn 동 신체 검사하다 명 신체검사

Chapter 02 형용사 채우기

기초 체크   + 본책 146쪽   문제 풀이

❖ 보기 단어

| A 苦 kǔ 형 (맛이) 쓰다 | B 著名 zhùmíng 형 유명하다 | C 帅 shuài 형 잘생기다, 멋지다 |

46

获奖者不但能得到奖品，而且还有机会到这家 (B 著名)的广告公司上班。

수상자는 트로피를 받을 뿐 아니라, 게다가 (B 유명한) 광고회사에 출근할 기회도 가지게 된다.

풀이 빈칸 뒤에 명사 '广告公司'가 있는 것으로 보아, 빈칸에는 회사를 수식할 관형어가 필요하다. 의미상 B가 가장 적합하다.

단어 获奖者 huòjiǎngzhě 수상자 | 奖品 jiǎngpǐn 명 상품, 트로피 | 机会 jīhuì 명 기회 | 广告 guǎnggào 명 광고

51

A: 这杯咖啡太(A 苦)了。
B: 抱歉，我光想着加牛奶，忘记放糖了。

A: 이 커피가 너무 (A 써요).
B: 죄송합니다. 제가 우유 넣는 것만 생각하다, 설탕 넣는 것을 잊어버렸어요.

풀이 빈칸의 단어는 주어 '咖啡'와 의미상 맞아야 하며, 정도부사 '太'의 수식을 받는 형용사여야 한다. 의미상 A가 가장 적합하다.

단어 咖啡 kāfēi 명 커피 | 抱歉 bàoqiàn 형 미안해하다 | 光 guāng 부 오직, 단지 | 牛奶 niúnǎi 명 우유 | 忘记 wàngjì 동 잊(어버리)다 | 糖 táng 명 사탕, 설탕

실전 테스트

+ 본책 154~155쪽

문제 풀이

❖ 보기 단어

A 仔细 zǐxì 형 세심하다, 꼼꼼하다, 자세하다
B 辛苦 xīnkǔ 형 고생스럽다, 고되다
C 正确 zhèngquè 형 정확하다, 올바르다
D 坚持 jiānchí 동 단호히 지키다, 꾸준하게 지속하다
E 复杂 fùzá 형 복잡하다
F 许多 xǔduō 형 대단히 많은

1

虽然她做事没有你那么(A 仔细), 但至少在大事上面一点儿也不马虎。

비록 그녀가 일하는 것이 너만큼 그렇게 (A 꼼꼼하지는) 않지만, 그러나 적어도 큰일에 있어서는 조금도 대충하지 않는다.

풀이 빈칸의 단어는 주어 '她做事'와 의미상 맞아야 하며, 다음 문장에 나오는 형용사 '马虎'와 상반되는 뜻을 가져야 한다. 의미상 A가 가장 적합하다.

단어 至少 zhìshǎo 부 적어도, 최소한 | 马虎 mǎhu 형 적당히 하다, 대충하다

2

《小狗钱钱》是一本很有趣的书, 它教了我(C 正确)认识金钱的方法。

《강아지 치앤치앤》은 재미있는 책이다. 이것은 나에게 (C 정확하게) 금전적인 방법을 알게 가르쳐주었다.

풀이 빈칸 뒤에 동사 '认识'가 있는 것으로 보아 앞에는 동사를 수식할 부사어가 필요하다. 의미상 C가 가장 적합하다.

단어 有趣 yǒuqù 형 재미있다 | 金钱 jīnqián 명 금전, 돈 | 方法 fāngfǎ 명 방법

3

这家广播电视公司很有名, (F 许多)我们从小看到的节目都是出自这里。

이 방송국은 유명하다. 우리가 어렸을 때부터 봤던 (F 대단히 많은) 프로그램들이 모두 여기에서 나왔다.

풀이 빈칸의 단어는 문장의 주어 '节目'를 수식할 관형어가 필요하다. 의미상 F가 가장 적합하다.

단어 广播 guǎngbō 동 방송하다 명 라디오 방송 | 有名 yǒumíng 형 유명하다 | 节目 jiémù 명 프로그램

4

| 事情越（E 复杂），你越要耐心去解决，千万不能着急。 | 일이 (E 복잡해)질수록, 당신은 인내심을 가지고 해결해야 해요. 절대로 조급해하면 안 돼요. |

> 풀이　빈칸의 단어는 주어 '事情'과 의미상 맞아야 하며, 부사 '越'의 수식을 받는 형용사여야 한다. 의미상 E가 가장 적합하다.

> 단어　事情 shìqing 명 일, 사건 | 越 yuè 부 ~하면 할수록 | 耐心 nàixīn 명 인내심 형 인내심이 강하다 | 解决 jiějué 동 해결하다 | 千万 qiānwàn 부 절대로, 반드시, 제발 | 着急 zháojí 형 조급해하다, 초조해하다

5

| 他虽然工作很（B 辛苦），但从来不说自己累。 | 그는 비록 일이 (B 고생스럽)지만, 그러나 지금까지 자신이 지쳤다고 말한 적이 없다 |

> 풀이　빈칸의 단어는 주어 '工作'와 의미상 맞아야 하며, 정도부사 '很'의 수식을 받는 형용사여야 한다. 의미상 B가 가장 적합하다.

> 단어　从来 cónglái 부 여태껏, 지금까지

❖ **보기 단어**

A 辣 là 형 맵다　　　　　　　B 详细 xiángxì 형 상세하다
C 温度 wēndù 명 온도　　　　D 厉害 lìhai 형 ① 사납다, 무섭다 ② 대단하다, 심각하다
E 开心 kāixīn 형 기쁘다, 즐겁다　F 流行 liúxíng 형 유행하다

6

| A: 你好像很不（E 开心），我给你讲个笑话吧。
B: 我没事，谢谢你的关心。 | A: 당신은 마치 기분이 (E 즐겁지) 않은 것 같아요. 제가 재미있는 이야기 해줄게요.
B: 저는 괜찮아요. 관심을 가져주셔서 고맙습니다. |

> 풀이　빈칸의 단어는 주어 '你'와 의미상 맞아야 하며, 부정부사 '不'의 수식을 받는 형용사여야 한다. 뒤 문장에서 재미있는 이야기를 해주겠다고 한 것으로 보아 E가 가장 적합하다.

> 단어　好像 hǎoxiàng 부 마치 ~와(과) 같다 | 笑话 xiàohua 동 비웃다, 조롱하다 명 우스운 이야기, 농담 | 关心 guānxīn 동 관심을 갖다

7

A: 最近街上很多人穿这种裤子，挺好看的。
B: 是啊，这是今年最(F 流行)的衣服，我们也去买一条吧。

A: 최근 거리에 많은 사람이 이런 바지를 입고 다니는데, 아주 보기 좋다.
B: 맞아, 이것이 올해 가장 (F 유행하는) 옷이야. 우리도 한 벌 사러 가자.

풀이 빈칸의 단어는 정도부사 '最'와 함께 명사 '样子'를 수식하는 형용사여야 한다. 앞에서 바지를 언급하고 있으므로, 의미상 F가 가장 적합하다.

단어 最近 zuìjìn 몡 최근, 요즘 | 街 jiē 몡 거리 | 裤子 kùzi 몡 바지 | 挺 tǐng 부 아주, 매우

8

A: 你说一遍我记不住，你还是把(B 详细)地址写给我吧。
B: 那我一会儿给你发短信吧。

A: 네가 한번 말하면 나는 기억 못 해. 네가 그냥 (B 상세하게) 주소를 적어 내게 줘.
B: 그럼 내가 잠시 후에 너에게 문자 메시지를 보낼게.

풀이 빈칸 뒤에 명사 '地址'가 있는 것으로 보아, 빈칸에는 주소를 수식할 관형어가 필요하다. 의미상 B가 가장 적합하다.

단어 遍 biàn 양 번, 회(동작이 시작되어 끝날 때까지의 전 과정을 나타냄) | 记住 jìzhù 동 기억하다 | 地址 dìzhǐ 몡 주소 | 一会儿 yíhuìr 잠시 후 | 发 fā 보내다 | 短信 duǎnxìn 몡 문자 메시지

9

A: 最近堵车堵得很(D 厉害)，你知道为什么吗?
B: 我也不知道到底是怎么回事。

A: 최근 차가 막히는 것이 아주 (D 심각해). 너는 왜 그런지 아니?
B: 나도 도대체 어떻게 된 일인지 모르겠어.

풀이 빈칸에는 동사 '堵车' 뒤에 차가 막히는 정도가 어느 정도인지를 나타내는 정도보어가 될 형용사가 필요하다. 의미상 D가 가장 적합하다.

단어 堵车 dǔchē 동 차가 막히다 | 到底 dàodǐ 부 도대체

10

A: 公司对面新开了一家餐厅，咱们明天一起去尝尝。
B: 我去过了，那儿的菜太(A 辣)了，你可能吃不了。

A: 회사 맞은편에 식당 하나가 새로 열었어. 우리 내일 함께 맛보러 가자.
B: 나는 가봤어. 그곳의 음식은 너무 (A 매워서), 너는 아마 먹을 수 없을 거야.

풀이 빈칸의 단어는 주어 '菜'와 의미상 맞아야 하며, 정도부사 '太'의 수식을 받는 형용사여야 한다. 의미상 A가 가장 적합하다.

단어 对面 duìmiàn 몡 맞은편 | 餐厅 cāntīng 몡 식당 | 尝 cháng 동 맛보다, 시식하다

Chapter 03 동사 채우기

기초 체크 + 본책 156쪽   문제 풀이

❖ 보기 단어

> A 填 tián 동 써넣다, 기입하다   B 戴 dài 동 착용하다, 쓰다, 끼다   C 翻译 fānyì 동 번역하다

46

我今天忘(B 戴)眼镜了，看不清楚黑板。 | 나는 오늘 안경 (B 쓰는) 것을 잊어서, 칠판이 잘 안 보인다.

 빈칸 뒤에 목적어 '眼镜'이 있는 것으로 보아 빈칸에 동사서술어가 들어가야 한다는 것을 알 수 있다. 의미상 B가 가장 적합하다.

 眼镜 yǎnjìng 명 안경 | 清楚 qīngchu 형 분명하다, 뚜렷하다 | 黑板 hēibǎn 명 칠판

51

A: 你这句话里有两个词的意思恐怕(C 翻译)得不对。
B: 哪两个词？让我看看。

A: 너의 이 말에서 두 개의 단어 뜻이 아마도 (C 번역)이 틀린 것 같아.
B: 어느 두 단어야? 내가 좀 볼게.

 빈칸 앞에는 주어 '意思'가 있고, 뒤에는 '不对'라는 형용사로 이루어진 정도보어가 있으므로, 빈칸에 동사가 들어가야 한다는 것을 알 수 있다. 의미상 C가 가장 적합하다.

 词 cí 명 단어 | 恐怕 kǒngpà 부 아마

실전 테스트 ✚ 본책 164~165쪽   문제 풀이

❖ 보기 단어

A 流行 liúxíng 동 유행하다
B 解释 jiěshì 동 설명하다, 해명하다
C 咳嗽 késou 동 기침하다
D 坚持 jiānchí 동 단호히 지키다, 꾸준하게 지속하다
E 吃惊 chījīng 동 놀라다
F 保护 bǎohù 동 보호하다

1

歌词如果太长了，会很难被记住，也很难（A 流行）起来。 | 가사가 만약 너무 길면, 기억하기도 어렵고, (A 유행)하기도 어렵다.

풀이 빈칸 앞에는 주어 '歌词'가 있고 뒤에는 방향보어 '起来'가 있으므로, 빈칸에 동사가 들어가야 한다는 것을 알 수 있다. 의미상 A가 가장 적합하다

단어 歌词 gēcí 명 가사 | 如果 rúguǒ 접 만약 ~한다면 | 记住 jìzhù 동 기억하다

2

你今天一直在（C 咳嗽），不能吃辣的。 | 너는 오늘 계속 (C 기침하고) 있어서, 매운 것을 먹지 마라.

풀이 빈칸 앞에 주어 '你'가 있고 부사 '一直'와 '在(~하는 중이다)'의 수식을 받고 있으므로, 빈칸에 동사가 들어가야 한다는 것을 알 수 있다. 뒤의 매운 것을 먹으면 안 된다는 내용과 연결해볼 때 의미상 C가 가장 적합하다.

단어 一直 yìzhí 부 계속, 줄곧 | 辣 là 형 맵다

3

夏天外出时，很多人都会戴太阳镜，因为这样可以有效地（F 保护）眼睛。 | 여름에는 외출할 때, 많은 사람이 선글라스를 착용하는데, 이렇게 하면 효과적으로 눈을 (F 보호할) 수 있기 때문이다.

풀이 빈칸 뒤에 목적어 '眼睛'이 있는 것으로 보아 빈칸에 동사서술어가 들어가야 한다는 것을 알 수 있다. 의미상 F가 가장 적합하다.

단어 太阳镜 tàiyángjìng 명 선글라스 | 有效 yǒuxiào 형 효과가 있다

4

你听我（B 解释），我真的不是故意骗你的。

내가 (B 해명하는 것)을 들어봐. 나는 정말 일부러 너를 속인 것이 아니야.

 빈칸 앞에 주어 '我'가 있고, 빈칸에 들어갈 동사와 함께 '听'의 목적어가 되고 있다. 뒤에서 자신의 입장을 설명하는 것으로 보아 의미상 B가 가장 적합하다.

 故意 gùyì 부 고의로, 일부러 | 骗 piàn 동 속이다

5

对于我的突然出现，母亲非常（E 吃惊）。

나의 갑작스러운 출현에 대해, 어머니는 아주 (E 놀라셨다).

 빈칸 앞에 주어 '母亲'이 있고, 동사로는 드물게 정도부사 '非常'의 수식을 받고 있다. 동사가 정도부사의 수식을 받는 경우는 대부분 심리적 동사이므로, 의미상 가장 적합한 것은 E이다.

 突然 tūrán 형 갑작스럽다 부 갑자기 | 出现 chūxiàn 동 나타나다, 출현하다 | 母亲 mǔqīn 명 어머니, 모친

❖ 보기 단어

A 停 tíng 동 멈추다, 정지하다　　B 羡慕 xiànmù 동 부러워하다
C 温度 wēndù 명 온도　　　　　　D 参观 cānguān 동 참관하다
E 后悔 hòuhuǐ 동 후회하다　　　　F 提前 tíqián 동 앞당기다

6

A: 晚上有什么安排吗？我想到处走走。
B: 我们去（D 参观）长江大桥吧，听说那儿景色不错。

A: 저녁에 무슨 계획 있니? 나는 곳곳을 조금 걷고 싶어.
B: 우리 창장대교를 (D 참관하러) 가자. 듣자니 그곳의 경치가 좋대.

 빈칸 뒤에 목적어 '长江大桥'가 있는 것으로 보아 빈칸에 동사서술어가 들어가야 한다는 것을 알 수 있다. 의미상 D가 가장 적합하다.

 安排 ānpái 동 배치하다, 안배하다, 준비하다 | 到处 dàochù 명 도처, 곳곳 | 长江大桥 Cháng Jiāng Dàqiáo 고유 창장대교(장강대교) | 听说 tīngshuō 동 듣자 하니 ~라고 한다 | 景色 jǐngsè 명 경치, 풍경

7

A: 校长不是刚出院吗？怎么就来学校了？	A: 교장 선생님 방금 퇴원하시지 않았어? 어떻게 바로 학교에 오셨대?
B: 他说下周要参加一个特别重要的教育讨论会，要（F 提前）准备材料。	B: 그는 다음 주에 아주 중요한 교육 토론회에 참가해야 해서, （F 앞당겨서） 자료를 준비해야 한다고 하셨어.

풀이 빈칸 뒤의 '准备材料'가 목적어 역할을 하고 있고, 목적어 속에 동사 '准备'가 들어있는 서술성 목적어이다. 의미상 F가 가장 적합하다.

단어 校长 xiàozhǎng 명 교장 | 刚 gāng 부 방금, 막 | 出院 chūyuàn 동 퇴원하다 | 教育 jiàoyù 동 교육하다 명 교육 | 讨论会 tǎolùnhuì 명 토론회, 세미나 | 材料 cáiliào 명 ① 재료 ② 자료

8

A: 你们俩没开车来呀？	A: 너희 둘은 차를 몰고 오지 않았어?
B: 对，这附近没有（A 停）车的地方，我们坐公共汽车来的。	B: 응. 여기 근처에 차를 （A 세울） 장소가 없어서, 우리는 버스를 타고 왔어.

풀이 빈칸에는 목적어 '车'와 어울리는 동사가 필요하다. 의미상 A가 가장 적합하다.

단어 俩 liǎ 수 두 개, 두 사람 | 附近 fùjìn 명 부근, 근처 | 地方 dìfang 명 장소, 곳, 부분

9

A: 我觉得汉语很难学，你怎么能说得这么流利？真让人（B 羡慕）!	A: 내 생각에 중국어는 배우기 어려운 것 같은데, 너는 어떻게 이렇게나 유창하게 말하니? 정말 사람으로 하여금 （B 부럽게） 한다.
B: 其实学汉语是一件很有趣的事，没那么难。	B: 사실 중국어 배우는 것은 재미있는 일이고, 그렇게 어렵지 않아.

풀이 빈칸에는 앞의 사동사 '让'의 흐름에 맞게 사람을 어떻게 만드는지 나타내는 형용사나 동사가 필요하다. 전체적인 의미상 B가 가장 적합하다.

단어 流利 liúlì 형 유창하다 | 其实 qíshí 부 사실은 | 有趣 yǒuqù 형 재미있다

10

A: 只剩最后两排的座位了，真（E 后悔）没有早点儿买票。	A: 겨우 마지막 두 줄의 좌석만 남았어. 조금 일찍 표를 사지 않은 것이 정말 （E 후회돼）.
B: 没关系，只要能看清楚就行，坐哪儿其实影响不大。	B: 괜찮아. 잘 보이기만 하면 되니, 어디에 앉든 사실 영향이 크지 않아.

풀이 빈칸 뒤의 '没有早点儿买票'가 목적어 역할을 하고 있고, 목적어 속에 동사 '买'가 들어있는 서술성 목적어이다. 의미상 E가 가장 적합하다.

단어 剩 shèng 동 남다, 남기다 | 排 pái 동 배열하다 명 열, 줄 | 座位 zuòwèi 명 좌석, 자리 | 影响 yǐngxiǎng 동 영향을 주다 명 영향

Chapter 04 부사 · 접속사 채우기

기초 체크 　+본책 166쪽　　　　　　　　　　　　　　　　　　　　문제 풀이

❖ 보기 단어

| A 并且 bìngqiě 웹 게다가　　B 刚刚 gānggāng 伊 방금, 막　　C 永远 yǒngyuǎn 伊 영원히 |

46

来，让我们一起干杯！祝这对新人（C 永远）幸福！

자, 우리 다 함께 건배하자! 이 신혼부부가 (C 영원히) 행복하길 바라며!

풀이 빈칸 뒤에 '幸福'라는 형용사술어가 있으므로, 빈칸에는 형용사를 수식하는 부사가 필요하다. 의미상 C가 가장 적합하다.

단어 干杯 gānbēi 통 건배하다, 잔을 비우다 | 祝 zhù 통 축복하다, 기원하다 | 对 duì 양 짝, 쌍[짝을 이룬 것을 세는 단위] | 幸福 xìngfú 명 행복 혱 행복하다

51

A: 这种花好特别啊！
B: 你不知道吧，这种花只开在晚上，（A 并且）只开一两个小时。

A: 이 꽃은 정말 특별하네!
B: 너는 모르겠지만, 이 꽃은 오직 저녁에만 피고 (A 또한) 한두 시간만 피어.

풀이 빈칸의 앞 문장과 뒤 문장은 꽃에 대한 설명을 나열하고 있으므로, 병렬이나 점층을 나타내는 접속사가 필요하다. 의미상 A가 가장 적합하다.

단어 特别 tèbié 혱 특별하다 伊 특별히, 아주 | 开 kāi 통 (꽃이) 피다

실전 테스트 ➕본책 172~173쪽   문제 풀이

❖ 보기 단어

A 实在 shízài 🟦 확실히, 정말
B 十分 shífēn 🟦 매우, 아주
C 却 què 🟦 ~하지만, 그러나
D 坚持 jiānchí 🟩 단호히 지키다, 꾸준하게 지속하다
E 顺便 shùnbiàn 🟦 ~하는 김에
F 无论 wúlùn 🟧 ~에 관계없이

1

专业运动员跑完100米大约只需要10秒，速度（A 实在）太快了！

프로 운동선수는 100미터(m)를 완주하는데 대략 10초만 필요하다. 속도가 (A 정말) 너무 빨라!

풀이 빈칸 뒤에 '快'라는 형용사서술어가 있으므로, 빈칸에는 정도부사 '太'와 함께 형용사를 수식하는 부사가 필요하다. 의미상 A가 가장 적합하다.

단어 专业 zhuānyè 🟩 전공 🟨 전문의 | 运动员 yùndòngyuán 🟩 운동선수 | 米 mǐ 🟨 미터(m) | 大约 dàyuē 🟦 대략 | 需要 xūyào 🟩 필요하다 🟩 필요, 수요 | 秒 miǎo 🟨 초 | 速度 sùdù 🟩 속도

2

（F 无论）你最后做出什么决定，我都会支持你。

네가 마지막에 무슨 결정을 하든지 (F 관계없이), 나는 너를 지지할 거야.

풀이 내용상 빈칸에는 부사 '都'와 함께 쓰는 조건을 나타내는 접속사가 필요하다. 의미상 F가 가장 적합하다.

단어 最后 zuìhòu 🟩 최후, 제일 마지막 | 决定 juédìng 🟩 결정하다 🟩 결정 | 支持 zhīchí 🟩 지지하다 🟩 지지

3

真奇怪，我从来没有来过这儿，（C 却）对这里有种熟悉的感觉。

정말 이상하다. 나는 여태껏 이곳에 와본 적이 없는데, (C 그러나) 이곳에 익숙한 느낌이 있어.

풀이 빈칸의 앞 문장과 뒤 문장은 내용상 전환의 의미를 나타내는 접속사나 부사가 필요하다. 의미상 C가 가장 적합하다.

단어 奇怪 qíguài 🟨 이상하다 | 从来 cónglái 🟦 여태껏, 지금까지 | 熟悉 shúxī 🟩 잘 알다 🟨 익숙하다 | 感觉 gǎnjué 🟩 여기다, 생각하다 🟩 감각, 느낌

4

你去超市的时候（E 顺便）把垃圾扔了。 | 네가 슈퍼마켓에 가는 (E 김에) 쓰레기를 버려줘.

 빈칸 뒤에 전치사구 '把垃圾'가 있으므로, 빈칸에는 부사가 들어갈 가능성이 가장 크다. 의미상 E가 가장 적합하다.

 超市 chāoshì 명 슈퍼마켓, 마트 | 垃圾 lājī 명 쓰레기 | 扔 rēng 동 버리다

5

对于我们来说，您的肯定（B 十分）重要，谢谢您。 | 우리에게 있어서, 당신의 긍정적인 평가는 (B 매우) 중요합니다. 당신에게 감사합니다.

 빈칸 뒤에 '重要'라는 형용사서술어가 있으므로, 빈칸에는 형용사를 수식하는 부사가 필요하다. 의미상 B가 가장 적합하다.

 对于 duìyú 전 ~에 대해 | 肯定 kěndìng 동 긍정적으로 평가하다 부 틀림없이, 확실히 | 重要 zhòngyào 형 중요하다

❖ 보기 단어

A 随便 suíbiàn 부 마음대로, 제멋대로
B 甚至 shènzhì 부 심지어
C 温度 wēndù 명 온도
D 既然 jìrán 접 ~된 바에야, ~인 이상
E 光 guāng 부 오직, 단지
F 竟然 jìngrán 부 뜻밖에, 의외로, 결국

6

A: 你怎么（E 光）吃鸡蛋，不吃西红柿呢？
B: 太酸了，我尝了一口，实在是吃不下。

A: 너는 어떻게 (E 오직) 달걀만 먹고 토마토는 안 먹니?
B: 너무 셔. 내가 한 입 맛봤는데, 정말 못 먹겠어.

 빈칸 뒤에 '吃'라는 동사서술어가 있으므로, 빈칸에는 동사를 수식하는 부사가 필요하다. 뒤에 토마토를 먹지 않는다는 말로 볼 때, 의미상 E가 가장 적합하다.

 鸡蛋 jīdàn 명 달걀 | 西红柿 xīhóngshì 명 토마토 | 酸 suān 형 ① (맛·냄새 등이) 시다, 시큼하다 ② (과로하거나 병에 걸려서) 몸이 시큰하다 | 尝 cháng 동 맛보다, 시식하다 | 实在 shízài 부 확실히, 정말

독해 제1부분 **97**

7

A: 你怎么穿这么厚的衣服？
B: 早上起床晚了，(A 随便)穿了一件，我中午回家换。

A: 너는 왜 이렇게 두꺼운 옷을 입었어?
B: 아침에 늦게 일어나서 (A 아무렇게나) 한 벌 입었어. 정오에 집에 가서 갈아입을 거야.

풀이 빈칸 뒤에 '穿'이라는 동사서술어가 있으므로, 빈칸에는 동사를 수식하는 부사가 필요하다. 전체적인 내용상 A가 가장 적합하다.

단어 厚 hòu 형 두껍다 | 换 huàn 동 바꾸다, 교환하다

8

A: 你们太棒了，最后5分钟(F 竟然)又进了两球。
B: 是啊，不过这场比赛踢得很辛苦。

A: 너희들 정말 대단하다. 마지막 5분에 (F 뜻밖에도) 두 골이 또 들어갔어.
B: 그러게, 그러나 이 시합은 고생스럽게 했어.

풀이 빈칸 뒤에 '进'이라는 동사서술어가 있으므로, 빈칸에는 부사 '又'와 함께 동사를 수식하는 부사가 필요하다. 전체적인 내용상 예상치 못했음을 나타내는 F가 가장 적합하다.

단어 棒 bàng 형 좋다, 대단하다, (수준이) 높다 | 不过 búguò 접 그러나 | 辛苦 xīnkǔ 형 고생스럽다, 고되다

9

A: 你(D 既然)已经醒了，就别躺着了，起来洗脸刷牙吧。
B: 我昨天睡得不好，想睡懒觉。

A: 너는 이미 일어난 (D 이상) 누워있지 말고, 일어나서 세수하고 이를 닦아.
B: 나는 어제 잠을 자지 못해서, 늦잠을 자고 싶어.

풀이 내용상 빈칸에는 부사 '就'와 함께 쓰여 이미 일어난 일을 나타내는 접속사가 필요하다. 의미상 D가 가장 적합하다.

단어 醒 xǐng 동 깨다 | 躺 tǎng 동 눕다 | 刷牙 shuāyá 동 이를 닦다, 양치질하다 | 睡懒觉 shuì lǎnjiào 늦잠을 자다

10

A: 这是什么茶？苦死了。
B: 第一口觉得苦，但过会儿就好了，(B 甚至)还会觉得有点儿甜呢。

A: 이것은 무슨 차니? 써 죽겠다.
B: 첫맛은 쓴데, 조금 지나면 괜찮아지고, (B 심지어) 좀 달다고 느낄 거야.

풀이 빈칸의 앞 문장과 뒤 문장은 내용이 더 발전되는 흐름의 접속사나 부사가 필요하다. 따라서 정도가 더 심해졌을 때의 상황을 나타내는 B가 가장 적합하다.

단어 茶 chá 명 차 | 苦 kǔ 형 ① (맛이) 쓰다 ② 힘들다, 고생스럽다 | 甜 tián 형 달다

Chapter 05 양사 · 전치사 채우기

기초 체크 ➕본책 174쪽   문제 풀이

❖ 보기 단어

A 页 yè 양 쪽, 페이지[페이지를 세는 단위]
B 台 tái 양 대[기계, 차량, 설비 등을 세는 단위]
C 份 fèn 양 개[직업을 세는 단위]

46

等这个月的工资发了以后，我想买(B 台)新空调。 | 이번 달 월급이 나온 후, 나는 새 에어컨 한 (B 대)를 사고 싶다.

풀이 수사가 '一'일 때는 생략이 가능하므로 '空调'를 셀 수 있는 양사인 B가 정답이다.

단어 工资 gōngzī 명 월급 | 空调 kōngtiáo 명 에어컨

51

A: 我们差不多半年没见吧？听说你今年特别忙。
B: 对，我换了一(C 份)工作，事情比较多。

A: 우리 거의 반년 동안 못 봤지? 듣자 하니 너는 올해 아주 바빴더라.
B: 맞아. 내가 직업을 한 (C 개) 바꿔서, 일이 비교적 많았어.

풀이 빈칸 앞에 수사 '一'가 있고 뒤에는 '工作'라는 명사가 있으므로 직업을 셀 수 있는 양사인 C가 정답이다.

단어 差不多 chàbuduō 형 비슷하다 부 거의, 대체로 | 换 huàn 동 바꾸다, 교환하다 | 比较 bǐjiào 동 비교하다 명 비교 부 비교적

실전 테스트 ➕본책 180~181쪽   문제 풀이

❖ 보기 단어

A 棵 kē 양 그루, 포기[식물을 세는 단위]
B 遍 biàn 양 번, 회(동작이 시작되어 끝날 때까지의 전 과정을 나타냄)
C 场 chǎng 양 회, 번, 차례(문예 · 오락 · 체육 활동 등에 쓰임)
D 坚持 jiānchí 동 단호히 지키다, 꾸준하게 지속하다
E 由 yóu 전 ① ~로부터 ② ~이(가)[동작의 주체를 강조]
F 页 yè 양 쪽, 페이지[페이지를 세는 단위]

1

| 都一个月了，这本书我才看了二十几（F 页）。 | 이미 한 달이나 됐는데, 이 책을 나는 겨우 이십 몇 (F 페이지) 밖에 못 봤어. |

풀이 빈칸 앞에 어림수를 나타내는 수사 '二十几'가 있고 내용상 '书'와 관련이 있으므로, 페이지를 세는 양사인 F가 정답이다.

단어 才 cái 🖳 겨우, 고작

2

| 奶奶家有（A 棵）葡萄树，每到秋天它就会长满又大又甜的葡萄。 | 할머니 댁에는 포도나무 한 (A 그루)가 있는데, 매년 가을이면 크고 달콤한 포도들이 가득하다. |

풀이 수사가 '一'일 때는 생략이 가능하므로 '树'를 셀 수 있는 양사인 A가 정답이다.

단어 葡萄 pútao 🖳 포도 | 树 shù 🖳 나무 | 秋天 qiūtiān 🖳 가을 | 长 zhǎng 🖳 자라다 | 满 mǎn 🖳 가득하다, 가득 차다 | 甜 tián 🖳 달다

3

| 这（C 场）比赛对我十分重要，我一定要赢。 | 이 한 (C 차례)의 경기는 나에게 아주 중요해서, 나는 반드시 이길 것이다. |

풀이 빈칸 앞에 지시대사 '这'가 있고 뒤에는 '比赛'라는 명사가 있으므로 경기의 횟수를 셀 수 있는 양사인 C가 정답이다.

단어 十分 shífēn 🖳 매우, 아주 | 赢 yíng 🖳 이기다

4

| 这次作业实在是太难了，你能帮我看一（B 遍）吗？ | 이번 숙제 정말 너무 어려운데, 네가 나를 도와 한 (B 번) 봐주겠니? |

풀이 빈칸 앞에 수사 '一'가 있으므로 빈칸에는 양사가 들어가야 한다. 동사 '看'과 맞고 시작부터 끝까지의 과정을 강조하는 B가 정답이다.

단어 实在 shízài 🖳 확실히, 정말

5

| 这篇文章是(E 由)张教授和他的学生一起写的。 | 이 글은 장 교수와 그의 학생(E 이) 함께 쓴 것이다. |

 빈칸 뒤에 명사구 '张教授和他的学生'이 있고 이어서 동사 '写'가 나오는 것으로 보아 빈칸은 전치사 자리임을 알 수 있다. 또한 여기서 전치사구는 부사어(서술어 수식)로 사용되고 있다. 전체적인 내용상 '写'의 주체를 강조하는 전치사 E가 정답이다.

 篇 piān 양 편[글을 세는 단위] | 文章 wénzhāng 명 글, 문장 | 教授 jiàoshòu 명 교수

❖ 보기 단어

A 趟 tàng 양 차례, 번[왕복한 횟수를 세는 단위] B 根据 gēnjù 전 ~에 근거하여
C 温度 wēndù 명 온도 D 份 fèn 양 개[직업을 세는 단위]
E 倍 bèi 양 배, 곱절 F 公里 gōnglǐ 양 킬로미터(km)

6

| A: 明天上午有个招聘会，你去吗？ | A: 내일 오전에 채용박람회가 있는데, 너는 가니? |
| B: 我得先去(A 趟)银行办点儿事。招聘会大概几点开始？ | B: 나는 먼저 은행에 일을 좀 하러 한(A 번) 갔다 와야 해. 채용박람회는 대략 몇 시에 시작하니? |

 빈칸에는 동사 '去'의 횟수를 나타낼 수 있는 '一'가 생략된 양사가 필요하다. 내용상 왕복한 횟수를 나타내는 양사인 A가 정답이다.

 招聘会 zhāopìnhuì 명 채용박람회 | 大概 dàgài 부 대략, 대강, 대충

7

| A: 超市入口怎么排了这么长的队？有什么活动吗？ | A: 슈퍼마켓 입구에 왜 이렇게나 긴 줄을 섰지? 오늘 무슨 이벤트 있어? |
| B: 今天买东西满100元会送一(D 份)小礼物，还有机会抽奖呢。 | B: 오늘 물건을 사서 100위안을 채우면 한(D 개)의 작은 선물을 주고, 또 추첨할 기회도 있대. |

빈칸 앞에 수사 '一'가 있고 뒤에는 '礼物'라는 명사가 있으므로 선물을 셀 수 있는 양사인 D가 정답이다.

超市 chāoshì 명 슈퍼마켓, 마트 | 入口 rùkǒu 명 입구 | 排队 páiduì 동 줄을 서다 | 活动 huódòng 동 (몸을) 움직이다 명 활동, 행사, 이벤트 | 满 mǎn 형 가득하다, 가득 차다 | 机会 jīhuì 명 기회 | 抽奖 chōujiǎng 동 추첨하다

8

A: 车快没油了，可是我们离目的地还有十多（F 公里）呢。

B: 别担心，我知道附近有个加油站，我们去那儿加点儿油。

A: 차가 곧 기름이 떨어지려고 해. 그러나 우리는 목적지로부터 아직 십여 (F 킬로미터(km)) 남았어.

B: 걱정하지 마. 나는 근처에 주유소가 있는 것을 알고 있어. 우리 그곳에 가서 기름 좀 넣자.

풀이 빈칸 앞에 어림수를 나타내는 수사 '十多'가 있으므로 양사가 들어가야 한다. 빈칸 앞의 내용상 거리를 나타내는 양사인 F가 정답이다.

단어 油 yóu 몡 기름 | 目的地 mùdìdì 몡 목적지 | 担心 dānxīn 동 걱정하다 | 附近 fùjìn 몡 부근, 근처 | 加油站 jiāyóuzhàn 몡 주유소 | 加油 jiāyóu 동 ① 기름을 넣다 ② 힘을 내다

9

A: 你说这件事我到底该听谁的意见?

B: 很难说哪一个人的意见更好，你得（B 根据）实际的情况来选择。

A: 네가 말해 봐. 이 일은 내가 도대체 누구의 의견을 들어야 하는 거니?

B: 어느 한 사람의 의견이 더 좋다고 말하기 힘들어. 너는 실제 상황에 (B 근거하여) 선택해야 해.

풀이 빈칸 뒤에 명사 '情况'이 있고 이어서 동사 '选择'가 나오는 것으로 보아 빈칸은 전치사 자리임을 알 수 있다. 또한 여기에서 전치사구는 부사어(서술어 수식)로 사용되고 있다. 의미상 선택의 근거를 나타내는 전치사인 B가 정답이다.

단어 到底 dàodǐ 부 도대체 | 意见 yìjiàn 몡 ① 의견 ② 불만 | 实际 shíjì 몡 실제 형 실제적이다 | 情况 qíngkuàng 몡 상황 | 选择 xuǎnzé 동 선택하다 몡 선택

10

A: 现在的年轻人都喜欢信用卡，我儿子就有两张。

B: 我看过一个新闻报道，说使用信用卡的人数在10年内已经增加了90（E 倍）。

A: 지금 젊은 사람들은 신용카드 사용하는 것을 좋아해서, 제 아들도 두 장 있어요.

B: 제가 뉴스 보도를 본 적이 있는데, 신용카드를 사용하는 사람 수가 10년 이내에 이미 90(E 배) 증가했다고 했어요.

풀이 빈칸 앞에 수사 '90'이 있으므로 양사가 들어갈 자리임을 알 수 있다. 앞에 증가했다는 내용이 있는 것으로 보아 증가의 양을 나타낼 수 있는 양사 E가 정답이다.

단어 信用卡 xìnyòngkǎ 몡 신용카드 | 新闻 xīnwén 몡 뉴스 | 报道 bàodào 동 보도하다 몡 보도 | 使用 shǐyòng 동 사용하다 | 增加 zēngjiā 동 증가하다, 더하다, 늘리다

독해 제2부분

Chapter 01 관련사·중요구문으로 나열하기

기초 체크 (본책 186쪽) — 문제 풀이

56

A 你就永远无法真正理解书中的内容
B 如果读书只看数量
C 而不重视质量

A 당신은 그럼 영원히 진정으로 책의 내용을 이해할 수 없을 것이다
B 만약 책을 읽을 때 수량만 보고
C 반면 질을 중시하지 않으면

 '如果 A, 就 B(만약 A라면 B 하다)'라는 관련사 흐름이 보인다. C의 접속사 '而'은 첫 번째 문장이 될 수 없으므로, B가 첫 문장이 된다. 의미상 C 또한 '만약 ~라면'이라는 가정의 흐름에 들어가므로 정답은 B C A이다.

 永远 yǒngyuǎn 閈 영원히 | 无法 wúfǎ ~할 방법이 없다, ~할 수 없다 | 真正 zhēnzhèng 혱 진정한 閈 진짜로, 참으로 | 理解 lǐjiě 동 이해하다 명 이해 | 内容 nèiróng 명 내용 | 数量 shùliàng 명 수량 | 重视 zhòngshì 동 중시하다, 중요시하다 | 质量 zhìliàng 명 질, 품질

실전 테스트 (본책 192쪽) — 문제 풀이

1

A 而且对自己要求十分严格
B 这是她取得成功的主要原因
C 我妻子不仅对弹钢琴有着很高的热情

A 게다가 자신에 대한 요구가 아주 엄격하다
B 이것이 그녀가 성공한 주요 원인이다
C 나의 아내는 피아노 치는 것에 대해 아주 큰 열정을 가지고 있을 뿐만 아니라

 '不仅 A, 而且 B(A 뿐만 아니라 게다가 B 하다)'라는 관련사 흐름이 보인다. B의 지시대사 '这'는 첫 번째 문장이 될 수 없으므로, C가 첫 문장이 된다. 따라서 정답은 C A B이다.

 要求 yāoqiú 동 요구하다 명 요구 | 十分 shífēn 閈 매우, 아주 | 严格 yángé 혱 엄격하다 | 取得 qǔdé 동 얻다, 취득하다 | 成功 chénggōng 동 성공하다 명 성공 혱 성공적이다 | 主要 zhǔyào 혱 주요한 閈 주로, 대부분 | 原因 yuányīn 명 원인, 이유 | 妻子 qīzi 명 아내 | 弹钢琴 tán gāngqín 피아노를 치다 | 热情 rèqíng 명 열정 혱 열정적이다, 친절하다

2

A 尽管还没有看到人
B 因为在房间里已经听到了他的笑声
C 但我知道肯定是哥哥来了

A 비록 아직 사람을 못 봤다 하더라도
B 왜냐하면 방안에서 이미 그의 웃음소리를 들었기 때문이다
C 그러나 나는 확실히 형(오빠)이 왔다는 것을 안다

> 풀이 '尽管 A, 但 B(비록 A 하더라도, 그러나 B 하다)'라는 관련사 흐름이 보인다. 원인을 나타내는 B는 뒤에 '他'가 있어 첫 번째 문장이 될 수 없으므로, 정답은 A C B이다.

> 단어 笑声 xiàoshēng 명 웃음소리 | 肯定 kěndìng 동 긍정적이다 부 틀림없이, 확실히

3

A 空气也特别好
B 黄山不但景色很美
C 因此每年都有很多人专门从外省来这儿旅游

A 공기 또한 아주 좋다
B 황산은 경치가 아름다울 뿐만 아니라
C 이 때문에 매년 많은 사람이 일부러 다른 성에서 이곳으로 여행하러 온다

> 풀이 '不但 A, 也 B(A 뿐만 아니라 또한 B 하다)'라는 관련사 흐름이 보인다. B의 접속사 '因此'는 첫 번째 문장이 될 수 없으므로, 정답은 B A C이다.

> 단어 空气 kōngqì 명 공기 | 黄山 Huáng Shān 고유 황산 | 景色 jǐngsè 명 경치, 풍경 | 因此 yīncǐ 접 이 때문에, 따라서 | 专门 zhuānmén 형 전문적이다 부 전문적으로, 특별히, 일부러 | 外省 wàishěng 명 다른 성 | 旅游 lǚyóu 동 여행하다

4

A 就不会有这么大的误会
B 事情也不会变得这么复杂了
C 要是你俩早点儿解释清楚

A 그럼 이렇게나 큰 오해가 없었을 것이고
B 일 또한 이렇게 복잡하게 변하진 않았을 거야
C 만약 너희 둘이 일찍 분명하게 설명했다면

> 풀이 '要是 A, 就 B(만약 A라면 B 하다)'라는 관련사 흐름이 보인다. B의 부사 '也'는 첫 번째 문장이 될 수 없으므로, 정답은 C A B이다.

> 단어 误会 wùhuì 동 오해하다 명 오해 | 复杂 fùzá 형 복잡하다 | 俩 liǎ 수 두 개, 두 사람 | 解释 jiěshì 동 설명하다, 해명하다 명 설명, 해명 | 清楚 qīngchu 형 분명하다, 뚜렷하다

5

A 我们明天去爬长城
B 所以早上6点就必须出发
C 因为距离目的地比较远

A 우리는 내일 창청(만리장성)에 올라간다
B 그래서 아침 6시에 반드시 출발해야 해
C 목적지와의 거리가 비교적 멀기 때문에

> 풀이 '因为 A, 所以 B(A 하기 때문에 그래서 B 하다)'라는 관련사 흐름이 보인다. 의미상 A를 먼저 배경으로 얘기하고, 정확한 제안을 하는 흐름이므로 정답은 A C B이다.

> 단어 爬 pá 동 오르다, 기어오르다 | 长城 Chángchéng 고유 창청(만리장성) | 必须 bìxū 부 반드시 | 距离 jùlí 동 (~로부터) 떨어지다, 사이를 두다 명 거리, 격차 | 目的地 mùdìdì 명 목적지 | 比较 bǐjiào 동 비교하다 명 비교 부 비교적

Chapter 02 대사로 나열하기

기초 체크 ✚ 본책 193쪽 　　　　　　　　　　　　　　　　문제 풀이

56

A 儿子，我没跟你开玩笑
B 我在车上等你
C 你再不起床就真来不及了

A 아들아, 나는 너와 농담하는 것이 아니란다
B 나는 차에서 너를 기다릴 게
C 네가 더 이상 일어나지 않으면 정말 늦을 거야

 B와 C에 있는 '你'는 A의 '아들'을 대신하는 인칭대사이므로 A가 첫 문장이 된다. B와 C 중에서는 A의 흐름에 이어 상황을 설명하는 C가 먼저 와야 한다. 따라서 정답은 A C B이다.

 开玩笑 kāi wánxiào 농담하다 | 来不及 láibují 동 시간이 없다. 늦다

실전 테스트 ✚ 본책 198쪽 　　　　　　　　　　　　　　　　문제 풀이

1

A 我很喜欢那儿的环境，房子旁边有个公园
B 公园里面还有一条小河
C 我现在暂时住在公司安排的房子里

A 나는 그곳의 환경을 좋아하는데, 집 옆에 공원이 있고
B 공원 안에는 작은 강도 하나 있다
C 나는 지금 잠시 회사가 마련해준 집에 살고 있다

 A에 있는 '那儿'은 C의 '회사가 마련해준 집'을 대신하는 지시대사이고, A에서 '공원'을 제시한 뒤 B에서 공원에 대해 자세하게 설명을 하는 흐름으로 이어지고 있다. 따라서 정답은 C A B이다.

 环境 huánjìng 명 환경 | 房子 fángzi 명 집 | 暂时 zànshí 명 잠시, 당분간 | 安排 ānpái 동 배치하다, 안배하다, 준비하다

2

A 我今天在路边发现了一个迷路的孩子
B 找了半天，最后在路上遇到了他的妈妈
C 于是就陪着他一起找回家的路

A 나는 오늘 길에서 길 잃은 아이를 한 명 발견했다
B 한참을 찾았고, 마지막에 길에서 그의 엄마를 만났다
C 그래서 그를 데리고 함께 집에 돌아가는 길을 찾았다

 B와 C에 있는 '他'는 A의 '길 잃은 아이 한 명'을 대신하는 인칭대사이므로 A가 첫 문장이 된다. B와 C 중에서는 B에서 '마지막에' 일어난 결과를 언급하므로 정답은 A C B이다.

 路边 lùbiān 명 길가 | 发现 fāxiàn 동 발견하다 명 발견 | 迷路 mílù 동 길을 잃다 | 半天 bàntiān 명 한참 | 最后 zuìhòu 명 최후, 제일 마지막 | 遇到 yùdào 동 만나다 | 于是 yúshì 접 그래서 | 陪 péi 동 모시다, 동반하다

3

A 其实，他们才是我们最应该感谢的人	A 사실, 그들이야말로 우리가 가장 감사해야 할 사람이다
B 我们很容易记住别人给过的帮助	B 우리는 다른 사람이 주었던 도움을 쉽게 기억한다
C 却常常忘记父母为我们做的一切	C 그러나 자주 부모가 우리를 위해 한 것을 일체 잊는다

풀이 A에 있는 '他们'은 C의 '부모'를 대신하는 인칭대사이고, C의 부사 '却'는 첫 번째 문장이 될 수 없다. 따라서 정답은 B C A이다.

단어 其实 qíshí 🖊 사실은 | 感谢 gǎnxiè 🖊 감사하다 | 记住 jìzhù 🖊 기억하다 | 却 què 🖊 ~하지만, 그러나 | 忘记 wàngjì 🖊 잊(어버리)다 | 父母 fùmǔ 🖊 부모 | 一切 yíqiè 🖊 일체, 모든

4

A 这样效果也许会要好	A 이렇게 하면 아마 효과가 더 좋을 것이다
B 有些时候应该降低些要求	B 어떨 때는 요구를 낮춰야 한다
C 教育孩子并不是越严格越好	C 아이를 교육하는 것은 결코 엄격하면 할수록 좋은 것이 아니다

풀이 A에 있는 '这样'은 B의 '어떨 때는 요구를 낮춰야 한다'를 대신하는 지시대사이다. C가 주제 문장 역할을 하고, B와 A는 그에 대한 구체적 설명을 하는 흐름으로 이어지므로, 정답은 C B A이다.

단어 效果 xiàoguǒ 🖊 효과 | 也许 yěxǔ 🖊 어쩌면, 아마도 | 降低 jiàngdī 🖊 내리다, 내려가다 | 教育 jiàoyù 🖊 교육하다 🖊 교육 | 并 bìng 🖊 결코, 전혀(부정 강조) 🖊 또, 게다가 | 严格 yángé 🖊 엄격하다

5

A 她打算花一年的时间去中国各地旅行	A 그녀는 일 년이란 시간을 써서 중국 각지로 여행을 갈 계획이다
B 姐姐在她29岁生日那天	B 누나(언니)는 그녀의 29살 생일날
C 做了一个十分重要的决定	C 하나의 아주 중요한 결정을 내렸다

풀이 A에 있는 '她'는 B의 '누나(언니)'를 대신하는 인칭대사이고, B와 C는 하나로 연결되는 문장이다. 따라서 정답은 B C A이다.

단어 打算 dǎsuàn 🖊 ~할 계획이다 | 旅行 lǚxíng 🖊 여행하다 🖊 여행 | 重要 zhòngyào 🖊 중요하다 | 决定 juédìng 🖊 결정하다 🖊 결정

Chapter 03 순서로 나열하기

기초 체크 ＋본책 199쪽   문제 풀이

56

A 另外这样学校管理起来也不方便
B 学校不鼓励学生在外面租房住
C 一方面是考虑到学生的安全

A 이외에 이렇게 하면 학교가 관리하기에도 불편하다
B 학교는 학생들이 밖에서 세내어 사는 것을 격려하지 않는다
C 한 방면으로는 학생의 안전을 고려하는 것이고

 C의 순서 표현 '一方面'과 A의 순서 표현 '另外'를 통해 C와 A가 이어짐을 쉽게 알 수 있다. B는 이러한 나열식의 설명을 이끌어 내는 첫 번째 문장이다. 따라서 정답은 B C A이다.

 另外 lìngwài 접 이외에, 이 밖에 | 管理 guǎnlǐ 동 관리하다 명 관리 | 方便 fāngbiàn 형 편리하다 | 鼓励 gǔlì 동 격려하다 | 租房 zūfáng 동 집을 세내다 | 方面 fāngmiàn 명 방면 | 考虑 kǎolǜ 동 고려하다, 생각하다 | 安全 ānquán 명 안전 형 안전하다

실전 테스트 ＋본책 202쪽   문제 풀이

1

A 今天早上醒来觉得特别难受
B 我昨天晚上喝了好几瓶啤酒
C 真后悔，下次再也不敢喝这么多了

A 오늘 아침에 깨서 아주 불편하다고 느꼈다
B 나는 어제저녁에 여러 병의 맥주를 마셨다
C 정말 후회된다. 다음에 다시는 이렇게 많이 감히 못 마시겠다

풀이 B의 시간 표현 '昨天晚上'과 A의 시간 표현 '今天早上'을 통해 B와 A가 이어짐을 쉽게 알 수 있다. C는 전체 글을 마무리 짓는 표현이므로, 정답은 B A C이다.

단어 醒 xǐng 동 깨다 | 难受 nánshòu 형 (육체적·정신적으로) 괴롭다, 참을 수 없다, 견딜 수 없다 | 啤酒 píjiǔ 명 맥주 | 后悔 hòuhuǐ 동 후회하다 | 敢 gǎn 동 감히 ~하다

2

A 最后，我认为最关键的，就是服务要好
B 首先饭菜的味道要好，其次价格不要太贵
C 餐馆怎样才能吸引顾客呢

A 마지막으로 내가 가장 중요하게 생각하는 것은 바로 서비스가 좋아야 한다는 것이다
B 첫 번째로 음식의 맛이 좋아야 하고, 두 번째로 가격이 너무 비싸면 안 된다
C 식당은 어떻게 해야 비로소 고객을 끌 수 있을까

풀이 B의 순서 표현 '首先', '其次'와 A의 순서 표현 '最后'를 통해 B와 A가 이어짐을 쉽게 알 수 있다. C는 이러한 나열식의 설명을 이끌어내는 첫 번째 문장이다. 따라서 정답은 C B A이다.

단어 最后 zuìhòu 명 최후, 제일 마지막 | 关键 guānjiàn 명 관건, 키포인트, 열쇠 형 매우 중요한 | 首先 shǒuxiān 부 우선, 먼저 대 첫 번째 | 味道 wèidao 명 ① 맛 ② 기분, 느낌 | 其次 qícì 대 그다음, 두 번째 | 价格 jiàgé 명 가격 | 餐馆 cānguǎn 명 식당 | 吸引 xīyǐn 동 끌어당기다, 매료시키다 | 顾客 gùkè 명 고객

3

A 我弟弟小时候很想当律师	A 내 남동생은 어릴 때는 변호사가 되고 싶어 했다
B 最后他却成为了一名记者	B 마지막에 그는 뜻밖에도 기자가 되었다
C 大一点儿的时候又想做警察	C 조금 컸을 때는 또 경찰을 되길 원했다.

 A의 시간 표현 '小时候', C의 시간 표현 '大一点儿的时候', B의 시간 표현 '最后'를 통해 A C B가 이어짐을 쉽게 알 수 있다. 따라서 정답은 A C B이다.

 律师 lǜshī 몡 변호사 | 最后 zuìhòu 몡 최후, 제일 마지막 | 却 què 뮈 뜻밖에도, 의외로 | 成为 chéngwéi 동 ~이(가) 되다 | 记者 jìzhě 몡 기자 | 警察 jǐngchá 몡 경찰

4

A 进园后请大家跟着我，不要走丢了	A 공원 내에 들어간 후 모두 저를 따라오세요. 길을 잃으시면 안 됩니다
B 拿到票后我会带大家在公园里参观	B 표를 가지신 후에 제가 여러분을 모시고 공원 안에서 참관하겠습니다
C 大家先在入口处排队，我进去买票	C 모두 우선 입구에서 줄을 서 주시면, 제가 들어가서 표를 살게요

 C의 '我进去买票', B의 '拿到票后', A의 '进园后'를 통해 시간 순서가 C B A로 이어짐을 쉽게 알 수 있다. 따라서 정답은 C B A이다.

 跟着 gēnzhe 동 (뒤) 따르다 | 丢 diū 동 잃다 | 参观 cānguān 동 참관하다 | 排队 páiduì 동 줄 서다

5

A 一种总是看别人怎么生活	A 한 종류는 항상 다른 사람이 어떻게 생활하는지 본다
B 另一种喜欢生活给别人看	B 다른 한 종류는 생활을 다른 사람에게 보여주는 것을 좋아한다
C 生活中有这样两种人	C 생활 중에는 이러한 두 종류의 사람이 있다

 A의 '一种'과 B의 '另一种'으로 이어지는 연결을 통해 A와 B가 이어짐을 쉽게 알 수 있다. C는 이러한 나열식의 설명을 이끌어내는 첫 번째 문장이다. 따라서 정답은 C A B이다.

 总是 zǒngshì 뮈 항상 | 别人 biéren 대 다른 사람 | 另 lìng 대 다른, 그 밖의

Chapter 04 의미로 나열하기

기초 체크 ➕ 본책 203쪽 　　　　　　　　　　　　　　　　　　　　문제 풀이

56

A 记得给我打个电话
B 估计三天左右就能到，你等收到后
C 你要的裙子我给你寄过去了

A 저에게 전화 주는 것을 기억해주세요
B 3일쯤이면 도착할 거라 예상해요. 당신이 받은 후
C 당신이 원한 치마는 제가 당신께 부쳤어요

 C에서 '寄过去(부치다)', B에서 '收到(받다)', 그리고 그 이후 A의 '打个电话(전화하다)'로 흐름이 이어지고 있다. 따라서 정답은 C B A이다.

 记得 jìde 동 기억하다 | 估计 gūjì 동 추측하다, 예측하다 | 裙子 qúnzi 명 치마 | 寄 jì 동 (우편으로) 부치다

실전 테스트 ➕ 본책 206쪽 　　　　　　　　　　　　　　　　　　　문제 풀이

1

A 请到一层服务大厅来取
B 下面广播一条消息
C 哪位顾客在超市丢了钥匙

A 1층의 서비스 홀로 오셔서 찾아가세요
B 다음으로 한 가지 소식을 방송하겠습니다
C 어떤 고객님께서 슈퍼마켓에서 열쇠를 잃어버리셨다면

 B에서 '广播(방송하다)'라고 말을 한 뒤, C에서 '잃어버린' 고객에게 A에서 '찾아가세요'라고 흐름이 이어지고 있다. 따라서 정답은 B C A이다.

 层 céng 양 층[중첩되거나 쌓여 있는 것을 세는 단위] | 大厅 dàtīng 명 홀, 로비 | 取 qǔ 동 가지다, 취하다, 찾다 | 广播 guǎngbō 동 방송하다 명 라디오 방송 | 消息 xiāoxi 명 정보, 소식 | 顾客 gùkè 명 고객, 손님 | 钥匙 yàoshi 명 열쇠

2

A 高速公路都修了上千公里了，变化真是太大了
B 没想到，才短短几年时间
C 我记得原来全省的汽车数量非常少

A 고속도로는 이미 천여 킬로미터(km)를 건설했고, 변화가 정말 너무 크다
B 생각조차 못 했다. 겨우 몇 년의 짧은 시간에
C 내 기억으로는 원래 전체 성의 자동차 수량이 아주 적었다

 C에서 '原来(원래의)'라는 표현으로 예전 상황을 언급한 뒤, B에서 '짧은 시간'에 A에서 '천여 킬로미터(km)를 건설했다'로 흐름이 이어지고 있다. 따라서 정답은 C B A이다.

 高速公路 gāosù gōnglù 명 고속 도로 | 修 xiū 동 ① 고치다, 수리하다 ② 건설하다 | 公里 gōnglǐ 양 킬로미터(km) | 变化 biànhuà 동 변화하다, 바뀌다 명 변화 | 记得 jìde 동 기억하고 있다 | 原来 yuánlái 형 원래의 부 원래, 알고 보니 | 省 shěng 명 성 | 汽车 qìchē 명 자동차 | 数量 shùliàng 명 수량

3

A	把以下这些数字	A	아래의 숫자들을
B	请根据试题的要求	B	시험문제의 요구에 근거하여
C	按从小到大的顺序排列好	C	작은 것에서 큰 것의 순서에 따라 잘 배열해주세요

 B의 '请'은 상대에게 어떤 동작을 부탁할 때 문장 앞에 쓰는 표현이고, 문장 전체의 서술어는 C의 '排列好'이므로 전체적으로 '배열해주세요'라는 의미이다. 따라서 정답은 **B A C**이다.

 数字 shùzì 명 숫자 | 根据 gēnjù 전 ~에 근거하여 | 按 àn 전 ~에 따라 | 顺序 shùnxù 명 순서 | 排列 páiliè 동 배열하다

4

A	今年小吃店的生意不错	A	올해는 간이 식당의 장사가 잘돼서
B	差不多是去年的两倍	B	거의 작년의 두 배이다
C	收入增加了8万	C	수입이 8만 위안 증가했다

 A에서 '生意不错(장사가 잘된다)'라는 말을 시작으로, B에서 '작년의 두 배'이고 C에서 정확한 숫자 '8만'을 제시하는 흐름으로 이어지고 있다. 따라서 정답은 **A B C**이다.

 小吃 xiǎochī 명 간단한 음식, 간식, 스낵 | 生意 shēngyi 명 장사, 영업 | 差不多 chàbuduō 형 비슷하다 부 거의, 대체로 | 倍 bèi 양 배, 곱절 | 收入 shōurù 명 수입 | 增加 zēngjiā 동 증가하다, 더하다, 늘리다

5

A	河两边有许多树	A	강 양쪽에 많은 나무가 있다
B	一到春天，叶子全部都绿了，非常漂亮	B	봄이 되자마자 잎이 전부 푸르러져서, 정말 예쁘다
C	我们小区旁边有条河	C	우리 단지 옆에는 강이 있다

 C에서 '有条河(강이 있다)'라는 말을 시작으로, A에서 '강 양쪽'의 '나무'를 언급한 뒤 B에서 나무에 대한 자세한 묘사를 하는 흐름으로 이어지고 있다. 따라서 정답은 **C A B**이다.

 许多 xǔduō 형 대단히 많은 | 树 shù 명 나무 | 叶子 yèzi 명 잎 | 小区 xiǎoqū 명 주택 단지

독해 제3부분

Chapter 01 동일한 표현 찾기

기초 체크 ✚ 본책 212쪽 　　　　　　　　　　　　　　　　　　　　　　　　　　　　　　문제 풀이

66

对于超出自己能力或者并不值得去做的事情, 我们应该勇敢地<u>学会放弃</u>, 否则我们可能会浪费很多时间和力气。

자신의 능력을 벗어나거나 혹은 결코 할 가치가 없는 일에 대해, 우리는 마땅히 용감하게 포기하는 것을 배워야 한다. 그렇지 않으면 우리는 아마도 많은 시간과 힘을 낭비하게 될 것이다.

★ <u>当一件事情并不值得我们去做时</u>, 我们应该:

A 提高水平　　B 花钱请别人做
C 认真做好　　D 学会放弃

★ 하나의 일이 우리가 할 가치가 없을 때, 우리는 마땅히:

A 수준을 향상시키다
B 돈을 써서 다른 사람이 하도록 부탁한다
C 열심히 해낸다　　D 포기하는 것을 배운다

 문제에 '当一件事情并不值得我们去做时'라는 구체적인 힌트가 제시되고 있다. 따라서 지문에서 이와 같거나 유사한 표현을 찾아본다. 지문에 유사한 표현이 있고, 그 뒤에 '学会放弃'라는 표현이 있으므로 정답은 D이다.

 超出 chāochū 동 초과하다, 넘다, 벗어나다 | 值得 zhídé 동 ~할 만한 가치가 있다 | 勇敢 yǒnggǎn 형 용감하다 | 放弃 fàngqì 동 포기하다 | 否则 fǒuzé 접 만약 그렇지 않으면 | 浪费 làngfèi 동 낭비하다 | 力气 lìqi 명 힘, 기력 | 提高 tígāo 동 향상시키다, 높이다 | 水平 shuǐpíng 명 수준

80-81

世界上有许多语言会用表示味道的词语来表示<u>感觉</u>。比如在汉语中, 一个人笑起来好看, 我们会说 "她笑得很甜"; 回忆起过去比较困难的生活, 会说 "以前太苦了"; <u>羡慕别人的时候</u>, 心里会觉得 "酸酸的"。

세상에는 많은 언어가 맛을 나타내는 어휘로 느낌을 표현한다. 예를 들면 중국어에서 한 사람이 웃는 것이 보기 좋으면 우리는 '그녀는 달콤하게 웃네'라고 말하고, 과거 비교적 어려웠던 생활을 추억할 때는 '이전에는 너무 썼어'라고 말하며, 다른 사람을 부러워할 때는 마음이 '시큼시큼하다'라고 말한다.

★ 在很多语言中, <u>味道可以用来表示</u>什么?

A 气候　　B 景色　　C 感觉　　D 友谊

★ 많은 언어 중에, 맛을 사용해서 무엇을 표현하나?

A 기후　　B 경치　　C 느낌　　D 우정

★ 在什么情况下, 人们心里会 "<u>酸酸的</u>"?

A 羡慕别人时　　B 心情激动时
C 表示祝贺时　　D 被人拒绝时

★ 어떤 상황에서, 사람들의 마음이 '시큼시큼'한가?

A 다른 사람을 부러워할 때　　B 마음이 흥분될 때
C 축하를 표현할 때　　D 사람에게 거절당했을 때

❶ 문제에 '味道可以用来表示'라는 구체적인 힌트가 제시되고 있다. 따라서 지문에서 이와 같거나 유사한 표현을 찾아본다. 지문에 유사한 표현이 있고, 그 뒤에 '感觉'라는 표현이 있으므로 정답은 C이다.

❷ 문제에 '酸酸的'라는 구체적인 힌트가 제시되고 있다. 따라서 지문에서 이와 같거나 유사한 표현을 찾아본다. 지문에 같은 표현이 있고, 그 앞에 '羡慕别人的时候'라는 표현이 있으므로 정답은 A이다.

世界 shìjiè 명 세계, 세상 | 许多 xǔduō 형 대단히 많은 | 语言 yǔyán 명 언어 | 表示 biǎoshì 동 나타내다, 표시하다 | 味道 wèidao 명 ① 맛 ② 기분, 느낌 | 词语 cíyǔ 명 어휘, 단어와 어구 | 感觉 gǎnjué 동 여기다, 생각하다 명 감각, 느낌 | 比如 bǐrú 접 예를 들어 | 甜 tián 형 달다 | 回忆 huíyì 동 회상하다, 추억하다 명 회상, 추억 | 困难 kùnnan 명 어려움 형 어렵다, 곤란하다 | 苦 kǔ 형 ① (맛이) 쓰다 ② 힘들다, 고생스럽다 | 羡慕 xiànmù 동 부러워하다 | 酸 suān 형 ① (맛·냄새 등이) 시다, 시큼하다 ② (과로하거나 병에 걸려서) 몸이 시큰하다 | 气候 qìhòu 명 기후 | 景色 jǐngsè 명 경치, 풍경 | 友谊 yǒuyì 명 우정 | 情况 qíngkuàng 명 상황 | 激动 jīdòng 동 흥분하다, 감격하다 | 祝贺 zhùhè 동 축하하다 | 拒绝 jùjué 동 거절하다

실전 테스트 ➕ 본책 221~222쪽   문제 풀이

1

这个咖啡的广告10多年了<u>一直没变</u>，广告词我都记住了。咖啡的味道也像广告里说的一样，喝过一次就永远难忘。

이 커피의 광고는 십여 년이 넘었지만 <u>줄곧 변하지 않아서</u>, 광고 멘트를 나는 다 기억한다. 커피의 맛 또한 광고에서 말한 것처럼, 한 번 마시면 영원히 잊기 어렵다.

★ <u>那个咖啡的广告</u>:
  A 音乐好听　　B 一直没变
  C 换了演员　　D 很有趣

★ <u>그 커피의 광고는</u>:
  A 음악이 듣기 좋다　　B 줄곧 변하지 않았다
  C 연기자를 바꿨다　　D 재미있다

문제에 '那个咖啡的广告'라는 구체적인 힌트가 제시되고 있다. 따라서 지문에서 이와 같거나 유사한 표현을 찾아본다. 지문에 같은 표현이 있고, 그 뒤에 '一直没变'이라는 표현이 있으므로 정답은 B이다.

广告 guǎnggào 명 광고 | 味道 wèidao 명 ① 맛 ② 기분, 느낌 | 永远 yǒngyuǎn 부 영원히 | 难忘 nánwàng 형 잊기 어렵다 | 换 huàn 동 바꾸다, 교환하다 | 演员 yǎnyuán 명 연기자 | 有趣 yǒuqù 형 재미있다

2

很多人都习惯起床后去公园跑步或者散步，可<u>早上空气并不新鲜</u>，不适合锻炼。一天中最适合锻炼的时间其实是下午五六点钟。

많은 사람은 기상 후 공원에 가서 달리거나 혹은 산책하는 것에 습관이 되었다. 그러나 <u>아침 공기는 결코 신선하지 않아서</u> 단련하기 적합하지 않다. 하루 중 단련하기 가장 적합한 시간은 사실 오후 5~6시이다.

★ <u>早上</u>为什么<u>不适合锻炼</u>?
  A 路上不安全　　B 时间来不及
  C 温度低　　　　D 空气不新鲜

★ <u>아침은</u> 왜 <u>단련하기 적합하지 않은가</u>?
  A 길이 안전하지 않아서　　B 시간이 부족해서
  C 온도가 낮아서　　　　　D 공기가 신선하지 않아서

| 풀이 | 문제에 '早上……不适合锻炼'이라는 구체적인 힌트가 제시되고 있다. 따라서 지문에서 이와 같거나 유사한 표현을 찾아본다. 지문에 같은 표현이 문장 앞뒤로 있고, 그 사이에 '空气并不新鲜'이라는 표현이 있으므로 정답은 D이다. |

| 단어 | 习惯 xíguàn 통 습관이 되다, 익숙해지다 명 습관 | 跑步 pǎobù 통 달리기 하다 | 散步 sànbù 통 산책하다 명 산책 | 空气 kōngqì 명 공기 | 新鲜 xīnxiān 형 신선하다 | 适合 shìhé 통 적합하다, 알맞다, 어울리다 | 锻炼 duànliàn 통 단련하다 | 其实 qíshí 부 사실은 | 安全 ānquán 명 안전 형 안전하다 | 来不及 láibují 시간이 없다, 늦다 | 温度 wēndù 명 온도 |

3

叶子是很多植物不可缺少的重要部分。我们可以通过叶子来了解植物的健康情况，比如有的植物叶子突然变黄，那说明它们很可能是缺水了。

잎은 많은 식물에 없어서는 안 되는 중요 부분이다. 우리는 잎을 통해 식물의 건강상태를 알 수 있다. 예를 들어 어떤 식물의 잎이 갑자기 노랗게 변한다면, 그것은 잎이 아마도 물이 부족하다는 것을 설명한다.

★ 如果缺水，植物可能会怎么样？

A 叶子掉光　　B 叶子变黄
C 没有香味儿　D 快速死掉

★ 만약 물이 부족하면, 식물은 어떻게 될 가능성이 높은가?

A 잎이 다 떨어진다　　B 잎이 노랗게 변한다
C 향기가 없다　　D 빠르게 죽어 버린다

| 풀이 | 문제에 '缺水'라는 구체적인 힌트가 제시되고 있다. 따라서 지문에서 이와 같거나 유사한 표현을 찾아본다. 지문에 같은 표현이 있고, 그 앞에 '叶子突然变黄'이라는 표현이 있으므로 정답은 B이다. |

| 단어 | 叶子 yèzi 명 잎 | 植物 zhíwù 명 식물 | 不可缺少 bùkě quēshǎo 없어서는 안 된다 | 重要 zhòngyào 형 중요하다 | 部分 bùfen 명 부분, 일부 | 通过 tōngguò 통 통과하다, 통과되다 전 ~을(를) 통해 | 了解 liǎojiě 통 자세하게 알다, 이해하다 | 情况 qíngkuàng 명 상황 | 比如 bǐrú 접 예를 들어 | 突然 tūrán 형 갑작스럽다 부 갑자기 | 说明 shuōmíng 통 설명하다 명 설명 | 掉 diào 통 떨어지다, 떨어뜨리다 | 香味儿 xiāngwèir 명 향기 | 快速 kuàisù 형 쾌속의, 속도가 빠른 |

4

告诉大家一个好消息，公司决定年底给所有人多发一个月的奖金。公司今年取得了很棒的成绩，这是大家共同努力的结果。

여러분께 좋은 소식 하나 알려드릴게요. 회사는 연말에 모든 사람에게 한 달 치 보너스를 더 지급하기로 결정했습니다. 회사가 올해 대단한 성과를 거두었고, 이것은 모두가 함께 노력한 결과입니다.

★ "好消息"指的是：

A 发奖金　　B 加工资
C 放假　　　D 聚餐

★ '좋은 소식'이 가리키는 것은:

A 보너스를 준다　　B 월급을 추가하다
C 방학을 하다　　　D 회식을 하다

| 풀이 | 문제에 '好消息'라는 구체적인 힌트가 제시되고 있다. 따라서 지문에서 이와 같거나 유사한 표현을 찾아본다. 지문에 같은 표현이 있고, 그 뒤에 '多发一个月的奖金'이라는 표현이 있으므로 정답은 A이다. |

| 단어 | 消息 xiāoxi 명 정보, 소식 | 决定 juédìng 통 결정하다 명 결정 | 年底 niándǐ 명 연말 | 所有 suǒyǒu 형 모든, 전부의 | 奖金 jiǎngjīn 명 상여금, 보너스 | 取得 qǔdé 통 얻다, 취득하다 | 棒 bàng 형 좋다, 대단하다, (수준이) 높다 | 成绩 chéngjì 명 성적, 성과 | 共同 gòngtóng 형 공통의 부 함께, 다 같이 | 结果 jiéguǒ 명 결과 | 指 zhǐ 통 가리키다, 지적하다 | 工资 gōngzī 명 월급 | 放假 fàngjià 통 방학하다 | 聚餐 jùcān 통 회식하다 |

5

为感谢新老顾客，从今天起，只要是在我们店内购物满200元的顾客，就可获得一次抽奖机会。

새로운 손님과 단골에게 감사드리기 위해, 오늘부터 만약 저희 가게에서 200위안을 채워 구입하는 고객이라면, 한 번의 추첨 기회를 얻을 수 있습니다.

★ 怎样才能获得抽奖的机会?
A 6点前到商店　　B 用现金购物
C 回答问题　　　 D 购物满两百元

★ 어떻게 해야 추첨의 기회를 얻을 수 있는가?
A 6시 전에 상점에 도착한다　B 현금으로 구입한다
C 문제에 대답한다　　　　　D 쇼핑으로 200위안을 채운다

 문제에 '获得抽奖的机会'라는 구체적인 힌트가 제시되고 있다. 따라서 지문에서 이와 같거나 유사한 표현을 찾아본다. 지문에 같은 표현이 있고, 그 앞에 '购物满200元'이라는 표현이 있으므로 정답은 D이다.

 感谢 gǎnxiè 동 감사하다 | 顾客 gùkè 명 고객, 손님 | 购物 gòuwù 동 물건을 구입하다 | 获得 huòdé 동 얻다, 획득하다 | 抽奖 chōujiǎng 동 추첨하다 | 机会 jīhuì 명 기회 | 现金 xiànjīn 명 현금

6

在冬季到来时，随着气温的降低，植物体内会发生一些变化，来适应环境的改变。

겨울에 접어들며 기온이 내려감에 따라, 식물 체내에 약간의 변화가 생겨, 환경의 변화에 적응한다.

★ 冬季，植物体内发生变化是为了:
A 吸引动物　　B 获取阳光
C 适应环境　　D 加快长高

★ 겨울에 식물 체내에 변화가 생기는 것은 무엇을 위함인가:
A 동물을 끌어당기다　B 햇빛을 얻다
C 환경에 적응하다　　D 성장을 빠르게 하다

 문제에 '植物体内发生变化'라는 구체적인 힌트가 제시되고 있다. 따라서 지문에서 이와 같거나 유사한 표현을 찾아본다. 지문에 같은 표현이 있고, 그 뒤에 '适应环境'이라는 표현이 있으므로 정답은 C이다.

 冬季 dōngjì 명 겨울 | 随着 suízhe 전 ~에 따라 | 气温 qìwēn 명 기온 | 降低 jiàngdī 동 내리다, 내려가다 | 植物 zhíwù 명 식물 | 发生 fāshēng 동 발생하다 | 变化 biànhuà 동 변화하다, 바뀌다 명 변화 | 适应 shìyìng 동 적응하다 | 环境 huánjìng 명 환경 | 改变 gǎibiàn 동 바꾸다, 변하다 | 吸引 xīyǐn 동 끌어당기다, 매료시키다 | 获取 huòqǔ 동 얻다, 획득하다 | 阳光 yángguāng 명 햇빛 | 加快 jiākuài 동 빠르게 하다

7-8

有的人以为鸟很笨，实际上，鸟不仅不笨，相反还**很聪明**。比如，有的鸟会把吃的东西放在一个其他鸟不知道的地方，而且还会把东西**换地方放**。更有趣的是，如果放吃的时有别的鸟在，它会等别的鸟不注意时很快放好，或是做些假动作来骗它们。

어떤 사람들은 새가 멍청하다고 여기지만, 사실 새는 멍청하지 않을 뿐 아니라, 반대로 **똑똑하다**. 예를 들어, 어떤 새는 먹을 것을 다른 새는 모르는 장소에 둘 수 있고, 게다가 먹을 것을 **장소를 바꿔 둘 수 있다**. 더 재미있는 것은, 만약 먹을 것을 둘 때 다른 새가 있으면, 새는 다른 새가 주의하지 않을 때까지 기다렸다 빠르게 잘 두거나, 혹은 거짓 동작을 해서 그것들을 속이기도 한다.

★ 说话人认为鸟怎么样?

A 很聪明　　B 没耐心
C 很可怜　　D 很安静

★ 화자는 새가 어떻다고 생각하는가?

A 똑똑하다　　B 인내심이 없다
C 불쌍하다　　D 조용하다

★ 鸟放吃的时, 会怎么做?

A 放在最高处　　B 跟别的鸟一起放
C 换地方放　　　D 丢掉不新鲜的

★ 새는 먹을 것을 둘 때, 어떻게 하는가?

A 가장 높은 곳에 둔다　　B 다른 새와 함께 둔다
C 장소를 바꿔 둔다　　　 D 신선하지 않은 것을 버려 버린다

 ❶ 지문 전체가 화자의 견해 및 설명으로 이루어진 내용이므로, 문제에 제시된 '说话人认为'는 크게 힌트가 되지 않는다. 이런 경우 보기를 먼저 읽고 일치하는 내용이 나올 때까지 지문을 읽어야 한다. 지문에서 '很聪明'이라는 표현이 있으므로 정답은 A이다.

❷ 문제에 '鸟放吃的时'라는 구체적인 힌트가 제시되고 있다. 따라서 지문에서 이와 같거나 유사한 표현을 찾아본다. 지문에 유사한 표현이 있고, 그 뒤에 '换地方放'이라는 표현이 있으므로 정답은 C이다.

 以为 yǐwéi 동 ~라고 (잘못) 여기다 | 鸟 niǎo 명 새 | 笨 bèn 형 멍청하다, 어리석다 | 实际 shíjì 명 실제 형 실제에 부합되다 | 相反 xiāngfǎn 동 상반되다, 반대되다 접 반대로 | 聪明 cōngming 형 똑똑하다, 총명하다 | 比如 bǐrú 접 예를 들어 | 地方 dìfang 명 장소, 곳, 부분 | 换 huàn 동 바꾸다, 교환하다 | 有趣 yǒuqù 형 재미있다 | 注意 zhùyì 동 주의하다 | 假 jiǎ 형 거짓의, 가짜의 | 骗 piàn 동 속이다 | 耐心 nàixīn 명 인내심 형 인내심이 강하다 | 可怜 kělián 동 동정하다 형 불쌍하다 | 安静 ānjìng 형 ① 조용하다 ② 안정하다 | 高处 gāochù 명 높은 곳 | 丢掉 diūdiào 동 잃어버리다, 내다 버리다, 던져 버리다 | 新鲜 xīnxiān 형 신선하다

9-10

当我们做错了事，<u>感到后悔的时候</u>，往往会说"要是早知道会这样，我就不这么做了"。但"千金难买早知道"，没有人能提前知道事情会怎样发展、会有什么样的结果。这时，我们该做的是<u>积累经验</u>，这样当下次再遇到同样的事时，我们就知道应该怎么做了，也就不会再后悔了。

★ "<u>要是早知道会这样，我就不这么做了</u>"，说明人们：

　A 感到后悔　　　B 心情愉快
　C 过得辛苦　　　D 受到同情

★ <u>这段话告诉我们应该</u>：

　A 重视过程　　　B 养成好习惯
　C 敢于认错　　　D 积累经验

우리는 일을 잘못해서 <u>후회를 느낄 때</u>, 종종 '이렇게 될 줄 진작 알았다면 내가 이렇게 하지 않았을 텐데'라고 말한다. 그러나 '천금으로도 일찍 아는 것을 살 수는 없다'라는 말이 있듯, 일이 어떻게 발전하고 어떤 결과가 있을지 앞당겨 알 수 있는 사람은 없다. 이때, 우리가 마땅히 해야 하는 것은 <u>경험을 쌓는 것</u>이다. 이렇게 하면 다음에 다시 같은 일을 만났을 때, 우리는 어떻게 해야 할지 알 수 있고 다시는 후회하지도 않을 것이다.

★ <u>'이렇게 될 줄 진작 알았다면 내가 이렇게 하지 않았을 텐데'</u>는 사람들이 어떻다는 것을 설명하는가:

　A 후회를 느낀다　　　B 기분이 유쾌하다
　C 힘들게 지내다　　　D 동정을 받다

★ <u>이 말은 우리에게 어떻게 해야 하는지 알려주는가</u>:

　A 과정을 중시하다　　　B 좋은 습관을 기르다
　C 잘못을 용감하게 인정하다　　　D 경험을 쌓다

❶ 문제에 '要是早知道会这样，我就不这么做了'라는 구체적인 힌트가 제시되고 있다. 따라서 지문에서 이와 같거나 유사한 표현을 찾아본다. 지문에 같은 표현이 있고, 그 앞에 '感到后悔的时候'라는 표현이 있으므로 정답은 A이다.

❷ 지문의 주제를 묻는 질문으로, 문제에 제시된 표현은 크게 힌트가 되지 않는다. 이런 경우 보기를 먼저 읽고 일치하는 내용이 나올 때까지 지문을 읽어야 한다. 지문에서 '积累经验'이라는 표현이 있으므로 정답은 D이다.

后悔 hòuhuǐ 동 후회하다 | 往往 wǎngwǎng 부 종종, 자주 | 要是 yàoshi 접 만약 ~라면 | 提前 tíqián 동 앞당기다 | 发展 fāzhǎn 동 발전하다 명 발전 | 结果 jiéguǒ 명 결과 | 积累 jīlěi 동 쌓다, 쌓이다 | 经验 jīngyàn 명 경험, 경력 | 遇到 yùdào 동 만나다 | 说明 shuōmíng 동 설명하다 명 설명 | 心情 xīnqíng 명 심정, 마음, 기분 | 愉快 yúkuài 형 유쾌하다, 즐겁다 | 辛苦 xīnkǔ 형 고생스럽다, 고되다 | 同情 tóngqíng 동 동정하다 | 重视 zhòngshì 동 중시하다, 중요시하다 | 过程 guòchéng 명 과정 | 养成 yǎngchéng 동 기르다 | 习惯 xíguàn 동 습관이 되다, 익숙해지다 명 습관 | 敢于 gǎnyú 동 대담하게 ~하다, 용감하게 ~하다 | 认错 rèncuò 동 잘못을 인정하다

Chapter 02 유사한 표현 찾기

기초 체크 ＋본책 223쪽   문제 풀이

66

听王师傅说，这条街上以前只有他这一家理发店，大家都愿意来他这儿理发，但是最近几年又新开了两家，竞争压力大了，<u>生意也没以前好了</u>。

★ <u>王师傅的理发店</u>：

　A 服务提高了　　B 开在街道入口
　C <u>生意变差了</u>　D 镜子很少

왕 아저씨의 말을 들으니, 이 거리는 이전에 오직 그의 이발소 밖에 없어서 모두 그의 가게로 와서 이발하길 원했는데, 그러나 최근 몇 년 두 집이 새로 열어서 경쟁 스트레스가 커졌고, <u>장사도 예전처럼 잘 안 된다고 한다</u>.

★ 왕 아저씨의 이발소는:

　A 서비스가 향상되었다　B 거리 입구에 열었다
　C 장사가 나빠졌다　　　D 거울이 작다

 지문 전체가 '王师傅'의 이발소에 관한 내용으로, 문제에 제시된 '王师傅的理发店'은 크게 힌트가 되지 않는다. 이런 경우 보기를 먼저 읽고 일치하는 내용이 나올 때까지 지문을 읽어야 한다. 지문에서 '生意也没以前好了'라는 표현이 제시됨으로 반의어를 이용해 유사한 뜻을 나타내는 C가 정답이다.

 听说 tīngshuō 동 듣자 하니 ~라고 한다 | 师傅 shīfu 명 그 일에 숙달한 사람, 숙련공 | 以前 yǐqián 명 이전 | 理发 lǐfà 동 이발하다 | 最近 zuìjìn 명 최근, 요즘 | 竞争 jìngzhēng 동 경쟁하다 명 경쟁 | 压力 yālì 명 ① 스트레스 ② 압력 | 生意 shēngyi 명 장사, 영업 | 服务 fúwù 명 서비스 | 提高 tígāo 동 향상시키다, 높이다 | 街道 jiēdào 명 거리, 도로 | 入口 rùkǒu 명 입구 | 差 chà 동 부족하다, 모자라다 형 나쁘다, 좋지 않다 | 镜子 jìngzi 명 거울

80-81

有些人稍不顺利就想换工作，他们总觉得下一份工作会更好。实际上下一份工作并不一定会让他们满意。他们不仅需要花时间去<u>适应新工作</u>，还要重新认识新同事。在这个过程中他们很可能又会因为一些别的原因想换工作。所以，根据自己的条件和兴趣选择工作，然后<u>把工作坚持做到最好才是正确的做法</u>。

★ <u>换了新工作后</u>，需要：

　A 接受所有安排　　B 重新适应
　C 请新同事吃饭　　D 经常加班

★ <u>当我们选择了适合自己的工作后</u>，应该：

　A 丢掉兴趣　　　　B 减少工作量
　C 总结经验　　　　D 坚持做好

어떤 사람들은 조금 순조롭지 않으면 직업을 바꾸고 싶어 한다. 그들은 항상 다음 직업은 더 좋을 것이라 여긴다. 사실 다음 직업은 결코 반드시 그들로 하여금 만족하게 하지는 않는다. 그들은 시간을 들여 <u>새로운 업무에 적응해야</u> 할 뿐 아니라, 또한 다시 새 동료들을 알아가야 한다. 이 과정에서 그들은 아마도 다른 원인들 때문에 직업을 바꾸고 싶어 하게 될 것이다. 그래서 자신의 조건과 흥미에 근거하여 직업을 선택하고, 그런 후에 <u>일을 꾸준히 가장 좋을 때까지 하는 것이야말로</u> 정확한 방법이다.

★ 새로운 직업으로 바꾸면, 무엇이 필요한가:

　A 모든 배치를 받아들인다　B 새로 적응한다
　C 새로운 동료에게 밥을 산다　D 자주 야근한다

★ <u>우리는 스스로 적합한 직업을 선택한 후</u>, 마땅히 무엇을 해야 하는가:

　A 흥미를 버린다　　B 업무량을 감소시킨다
　C 경험을 총정리하다　D 끝까지 잘 마무리한다

독해 제3부분 **117**

❶ 문제에 '换了新工作后'라는 구체적인 힌트가 제시되고 있지만, 지문에서는 '下一份工作'라는 말로 표현되고 있다. 그 뒤에 '适应新工作'라는 표현이 제시됨으로 유사한 표현의 B가 정답이다.

❷ 문제에 '当我们选择了适合自己的工作后'라는 구체적인 힌트가 제시되고 있지만, 지문에서는 '根据自己的条件和兴趣选择工作'라는 말로 표현되고 있다. 그 뒤에 '把工作坚持做到最好才是正确的做法'라는 표현이 제시됨으로 유사한 표현의 D가 정답이다.

 顺利 shùnlì 형 순조롭다 | 换 huàn 동 바꾸다, 교환하다 | 实际上 shíjì shang 부 사실상 | 并 bìng 부 결코, 전혀(부정을 강조) 접 또, 게다가 | 满意 mǎnyì 형 만족하다 | 适应 shìyìng 동 적응하다 | 重新 chóngxīn 부 ① 다시, 재차 ② 새로이 | 过程 guòchéng 명 과정 | 原因 yuányīn 명 원인, 이유 | 条件 tiáojiàn 명 조건 | 兴趣 xìngqù 명 흥미 | 选择 xuǎnzé 동 선택하다 명 선택 | 然后 ránhòu 접 그런 다음 | 坚持 jiānchí 동 단호히 지키다, 꾸준하게 지속하다 | 正确 zhèngquè 형 정확하다, 올바르다 | 做法 zuòfǎ 명 (일을 처리하는) 방법 | 接受 jiēshòu 동 받아들이다, 수락하다 | 安排 ānpái 동 배치하다, 안배하다, 준비하다 | 加班 jiābān 동 야근하다, 초과 근무를 하다 | 丢掉 diūdiào 동 잃어버리다, 내다 버리다, 던져 버리다 | 减少 jiǎnshǎo 동 감소하다, 줄다, 줄이다 | 总结 zǒngjié 동 총정리하다, 총결산하다 명 총정리, 총결산 | 经验 jīngyàn 명 경험, 경력

실전 테스트 ＋본책 227~228쪽　　　　　　　　문제 풀이

1

马师傅是我们学校的老司机，开了近35年的校车。他在工作上从不马虎，无论刮风还是下雨，每天都按时接送学生。

마 기사님은 우리 학교에서 오래된 기사님으로, 35년 가까이 학교 차를 운전하셨다. 그는 업무상에서 여태껏 대충한 적이 없어서 바람이 불든 비가 내리든 관계없이 매일 제때 학생들을 맞이하고 보내주신다.

★ 马师傅：
A 工作认真　　B 30岁左右
C 偶尔会迟到　D 常迷路

★ 마 기사님은：
A 일을 열심히 한다　　B 30살 정도 된다
C 가끔 지각하신다　　D 자주 길을 잃는다

 지문 전체가 '马师傅'에 관한 내용이므로, 문제에 제시된 '马师傅'는 크게 힌트가 되지 않는다. 이런 경우 보기를 먼저 읽고 일치하는 내용이 나올 때까지 지문을 읽어야 한다. 지문에서 '他在工作上从不马虎'라는 표현이 제시됨으로 반의어를 이용해 유사한 뜻을 나타내는 A가 정답이다.

 师傅 shīfu 명 그 일에 숙달한 사람, 숙련공 | 司机 sījī 명 기사 | 马虎 mǎhu 형 적당히 하다, 대강하다 | 无论 wúlùn 접 ~에 관계없이 | 刮风 guāfēng 동 바람이 불다 | 按时 ànshí 부 제때에 | 接送 jiēsòng 동 맞이하고 보내다 | 左右 zuǒyòu 명 가량, 안팎, 내외 | 偶尔 ǒu'ěr 부 가끔, 이따금 | 迟到 chídào 동 지각하다 | 迷路 mílù 동 길을 잃다

2

人在不自信的时候往往容易紧张，这时我们可以试着笑笑，回忆高兴的事情，或者鼓励自己，让自己变得积极起来，这样紧张的感觉慢慢就没了。

★ 感到紧张时，我们可以：
A 大声说话　　　B 大哭一场
C 想开心的事情　D 轻轻咳嗽

사람은 자신감이 없을 때 쉽게 긴장하는데, 이때 우리는 시험 삼아 좀 웃어보거나, 기쁜 일을 추억해보거나, 혹은 자신을 격려해서, 스스로 하여금 긍정적으로 변하게 하면, 이렇게 긴장하는 느낌은 천천히 없어질 것이다.

★ 긴장을 느낄 때, 우리는 무엇을 할 수 있는가:
A 큰 소리로 말한다　　　B 한바탕 크게 운다
C 즐거운 일을 생각한다　D 가볍게 기침한다

 문제에 '感到紧张时'라는 구체적인 힌트가 제시되고 있다. 따라서 지문에서 이와 같거나 유사한 표현을 찾아본다. 지문에 유사한 표현이 있고, 그 뒤에 '回忆高兴的事情'이라는 표현이 제시됨으로 유사한 표현의 C가 정답이다.

 自信 zìxìn 몡 자신감 톙 자신만만하다 | 往往 wǎngwǎng 뷔 종종, 자주 | 紧张 jǐnzhāng 톙 ① 긴장하다 ② 빠듯하다, 부족하다 | 试 shì 통 시험 삼아 해보다 | 回忆 huíyì 통 회상하다, 추억하다 몡 회상, 추억 | 鼓励 gǔlì 통 격려하다 | 积极 jījí 톙 적극적이다, 긍정적이다 | 哭 kū 통 울다 | 开心 kāixīn 톙 기쁘다, 즐겁다 | 咳嗽 késou 통 기침하다

3

米先生，我们对你很满意，不过由于你没有工作经验，你需要先通过两个月的试用期，然后我们再考虑你接下来的工作安排。

★ 关于米先生，可以知道什么？
A 已正式入职　　B 面试失败
C 缺少经验　　　D 希望加工资

미 선생님, 저희는 당신에게 만족해요. 그러나 당신이 업무 경험이 없기 때문에, 우선 2개월의 수습 기간을 통과해야 합니다. 그런 후에 저희는 다시 당신의 이어지는 업무 배치를 고려해 보겠습니다.

★ 미 선생에 관해, 무엇을 알 수 있는가?
A 이미 정식적으로 입사했다　B 면접에 실패했다
C 경험이 부족하다　　　　　　D 월급이 오르길 바란다

 지문 전체가 '米先生'에 관한 내용이므로, 문제에 제시된 '米先生'은 크게 힌트가 되지 않는다. 이런 경우 보기를 먼저 읽고 일치하는 내용이 나올 때까지 지문을 읽어야 한다. 지문에서 '没有工作经验'이라는 표현이 제시됨으로 유사한 뜻을 나타내는 C가 정답이다.

 满意 mǎnyì 통 ~에 만족하다 톙 만족하다 | 不过 búguò 젭 그러나 | 由于 yóuyú 젭 ~때문에 | 经验 jīngyàn 몡 경험, 경력 | 需要 xūyào 통 필요하다 몡 필요, 수요 | 通过 tōngguò 통 통과하다, 통과되다 젼 ~을(를) 통해 | 试用 shìyòng 통 시험 삼아 쓰다 | 然后 ránhòu 젭 그런 다음 | 考虑 kǎolǜ 통 고려하다, 생각하다 | 安排 ānpái 통 배치하다, 안배하다, 준비하다 | 正式 zhèngshì 톙 정식의, 공식의 | 入职 rùzhí 통 입사하다 | 面试 miànshì 통 면접시험을 보다 몡 면접시험 | 失败 shībài 통 실패하다 몡 실패 | 缺少 quēshǎo 통 부족하다, 모자라다 | 工资 gōngzī 몡 월급

4

明天的活动对公司来说十分重要，大家一定要<u>按规定的时间到场</u>，然后把自己负责的工作做好。

★ <u>他提醒大家明天</u>：
   A 介绍活动情况   B <u>准时到</u>
   C 别忘记报名   D 打印材料

내일 행사는 회사에 매우 중요합니다. <u>모두 반드시 규정된 시간에 따라 장소에 도착해 주시고</u>, 그런 다음 자신이 책임질 업무를 잘 처리해 주세요.

★ <u>그는 모두에게 내일 무엇을 하는 것을 일깨우는가</u>:
   A 행사 상황을 소개하다   B <u>정시에 도착하다</u>
   C 등록하는 것을 잊지 마라   D 자료를 프린트하다

 지문 전체가 모두에게 일깨워주는 내용이므로, 문제에 제시된 표현은 크게 힌트가 되지 않는다. 이런 경우 보기를 먼저 읽고 일치하는 내용이 나올 때까지 지문을 읽어야 한다. 지문에서 '按规定的时间到场'이라는 표현이 제시됨으로 유사한 뜻을 나타내는 B가 정답이다.

 活动 huódòng 통 (몸을) 움직이다 명 활동, 행사, 이벤트 | 十分 shífēn 부 매우, 아주 | 重要 zhòngyào 형 중요하다 | 按 àn 전 ~에 따라 | 规定 guīdìng 통 규정하다 명 규정 | 然后 ránhòu 접 그런 다음 | 负责 fùzé 통 책임지다 | 提醒 tíxǐng 통 일깨우다, 깨우치다, 상기시키다 | 情况 qíngkuàng 명 상황 | 准时 zhǔnshí 형 시간을 잘 지키다 부 정시에, 제때에 | 忘记 wàngjì 통 잊(어버리)다 | 报名 bàomíng 통 신청하다, 등록하다 | 打印 dǎyìn 통 프린트하다, 인쇄하다 | 材料 cáiliào 명 ① 재료 ② 자료

5

比起篮球、足球，羽毛球更受人们欢迎。一是因为<u>它对场地要求不高</u>，只要有空地，就可以进行；二是因为它运动量较小，适合不同年龄层的人。

★ <u>羽毛球受欢迎的原因</u>是什么？
   A 不受天气影响   B 不用练习
   C 动作好看   D <u>场地要求低</u>

농구와 축구에 비교해, 배드민턴은 사람들의 환영을 더욱 받는다. 첫째, <u>그것은 장소에 대한 요구가 높지 않기</u> 때문에, 오직 빈 장소만 있으면 진행할 수 있다. 둘째, 그것은 운동량이 비교적 적기 때문에, 서로 다른 연령층의 사람들에게 적합하다.

★ <u>배드민턴이 환영을 받는 원인</u>은 무엇인가?
   A 날씨의 영향을 받지 않는다   B 연습할 필요가 없다
   C 동작이 보기 좋다   D <u>장소에 대한 요구가 낮다</u>

 지문 전체가 배드민턴이 환영받는 원인을 설명하는 내용이므로, 문제에 제시된 표현은 크게 힌트가 되지 않는다. 이런 경우 보기를 먼저 읽고 일치하는 내용이 나올 때까지 지문을 읽어야 한다. 지문에서 '它对场地要求不高'라는 표현이 제시됨으로 반의어를 이용해 같은 뜻을 나타내는 D가 정답이다.

 比起 bǐqǐ ~와(과) 비교하다 | 篮球 lánqiú 명 농구 | 足球 zúqiú 명 축구 | 羽毛球 yǔmáoqiú 명 배드민턴 | 欢迎 huānyíng 통 환영하다 명 환영 | 场地 chǎngdì 명 장소, 공연장, 운동장 | 空地 kòngdì 명 공터, 빈 땅 | 进行 jìnxíng 통 진행하다 | 适合 shìhé 통 적합하다, 알맞다, 어울리다 | 年龄层 niánlíngcéng 연령층 | 影响 yǐngxiǎng 통 영향을 주다 명 영향 | 练习 liànxí 통 연습하다 명 연습 | 动作 dòngzuò 통 동작하다, 움직이다 명 동작, 행동

6

我家离机场很近，平时坐飞机非常方便。不过，每天飞机起飞、降落时的声音很大，我有时刚睡着就会被弄醒。

★ 根据这段话，可以知道说话人：

A 住机场附近　　B 每天早睡早起
C 常常加班　　　D 想租房

우리 집은 공항에서 가깝다. 평소에 비행기 타기 아주 편하다. 그러나 매일 비행기가 이륙하고 착륙할 때 소리가 너무 커서 나는 어떤 때는 막 잠이 들자마자 바로 깨기도 한다.

★ 이 말에 근거하여, 화자에 대해 알 수 있는 것은:

A 공항 부근에 산다　　B 매일 일찍 자고 일찍 일어난다
C 자주 야근한다　　　 D 집을 세내고 싶다

 문제에 정확히 제시된 힌트가 없으므로 보기를 먼저 읽고 일치하는 내용이 나올 때까지 지문을 읽어야 한다. 지문에서 '我家离机场很近'이라는 표현이 제시됨으로 유사한 뜻을 나타내는 A가 정답이다.

 机场 jīchǎng 명 공항 | 平时 píngshí 명 평소, 평상시 | 方便 fāngbiàn 형 편리하다 | 不过 búguò 접 그러나 | 起飞 qǐfēi 동 이륙하다 | 降落 jiàngluò 동 착륙하다 | 声音 shēngyīn 명 목소리, 소리 | 刚 gāng 부 방금, 막 | 醒 xǐng 동 깨다 | 附近 fùjìn 명 부근, 근처 | 加班 jiābān 동 야근하다, 초과 근무를 하다 | 租 zū 동 ① 세를 주다 ② 세내다

7-8

小王嘴有点儿笨，说话经常容易让人生气。一天，他来到朋友开的水果店，本来想关心一下朋友的生意，可他看到店里一个客人也没有，于是就对朋友说："没想到你这儿生意这么差啊，这样下去早晚要关门的。"

★ 小王：

A 很少做总结　　B 不诚实
C 经常误会别人　　D 不会说话

★ 小王觉得朋友的水果店：

A 离市区太远　　B 生意不好
C 服务员少　　　D 能赚很多钱

샤오왕은 말주변이 없어서, 말할 때 자주 사람으로 하여금 화를 나게 한다. 하루는 그가 친구가 연 과일가게에 와서, 원래는 친구의 장사에 관심을 가져주려 했으나, 그러나 그는 가게에 손님이 한 명도 없는 것을 보고, 그래서 친구에게 말했다. "여기 장사가 이렇게나 안 될 줄은 생각지도 못했어. 이러면 언젠가 문을 닫게 될 거야."

★ 샤오왕은:

A 최종 평가를 거의 안 한다　　B 성실하지 않다
C 자주 다른 사람을 오해한다　　D 말을 잘할 줄 모른다

★ 샤오왕은 친구의 과일가게가 어떻다고 생각하는가:

A 시내 지역에서 너무 멀다　　B 장사가 안된다
C 종업원이 적다　　　　　　　D 많은 돈을 벌 수 있다

❶ 문제에 정확히 제시된 힌트가 없으므로 보기를 먼저 읽고 일치하는 내용이 나올 때까지 지문을 읽어야 한다. 지문에서 '小王嘴有点儿笨'이라는 표현이 제시됨으로 유사한 뜻을 나타내는 D가 정답이다

❷ 문제에 '朋友开的水果店'이라는 구체적인 힌트가 제시되고 있다. 따라서 지문에서 이와 같거나 유사한 표현을 찾아본다. 지문에 유사한 표현이 있고, 그 뒤에 '生意这么差'라는 표현이 제시됨으로 반의어를 이용한 뜻을 나타내는 B가 정답이다.

 嘴笨 zuǐbèn 형 말주변이 없다 | 本来 běnlái 형 본래의 부 본래 | 关心 guānxīn 동 관심을 갖다 | 生意 shēngyi 명 장사, 영업 | 客人 kèrén 명 손님, 고객 | 于是 yúshì 접 그래서 | 没想到 méi xiǎngdào 생각지도 못하다 | 总结 zǒngjié 동 총정리하다, 총결산하다 명 총정리, 총결산 | 诚实 chéngshí 형 진실하다, 성실하다 | 误会 wùhuì 동 오해하다 명 오해 | 市区 shìqū 명 시내 지역 | 赚 zhuàn 동 (돈을) 벌다

9-10

"有的人在怀疑中拒绝，有的人在怀疑中了解。"这句话讲的是两种人遇到问题时的不同态度。第一种人在遇到自己怀疑的人或者事情时，一般都懒得去弄清楚，他们会直接拒绝；而第二种人一般会花时间去深入地了解问题、解决问题，因此他们的知识和金钱会不停地增长。

'어떤 사람들은 의심 중에 거절하고, 어떤 사람들은 의심 중에 이해한다.' 이 말이 이야기하는 것은 두 종류의 사람이 문제를 맞닥뜨렸을 때의 다른 태도이다. 첫 번째 사람은 자신이 의심하는 사람 혹은 일을 만났을 때, 일반적으로 분명하게 확인하는 것을 귀찮아하고, 그들은 바로 거절할 것이다. 두 번째 사람은 일반적으로 시간을 써서 깊게 문제를 이해하고 문제를 해결한다. 따라서 그들의 지식과 금전은 끊임없이 증가할 것이다.

★ 根据这段话，第一种人：
  A 很羡慕别人   B 不愿弄清问题
  C 总是怀疑自己   D 对社会很失望

★ 이 말에 근거하여, 첫 번째 사람은:
  A 다른 사람을 부러워한다
  B 문제를 분명히 하길 원치 않는다
  C 항상 자신을 의심한다
  D 사회에 매우 실망한다

★ 遇到怀疑的事情时，第二种人会怎么做？
  A 请人调查   B 上网找答案
  C 找朋友商量   D 了解并解决它

★ 의심스러운 일을 만났을 때, 두 번째 사람은 어떻게 하는가?
  A 사람에게 조사를 부탁한다
  B 인터넷을 하여 답을 찾는다
  C 친구를 찾아 상의한다
  D 그것을 이해하고 해결한다

❶ 문제에 '第一种人'이라는 구체적인 힌트가 제시되고 있다. 따라서 지문에서 이와 같거나 유사한 표현을 찾아본다. 지문에 같은 표현이 있고, 그 뒤에 '懒得去弄清楚'라는 표현이 제시됨으로 유사한 뜻을 나타내는 B가 정답이다.

❷ 문제에 '第二种人'이라는 구체적인 힌트가 제시되고 있다. 따라서 지문에서 이와 같거나 유사한 표현을 찾아본다. 지문에 같은 표현이 있고, 그 뒤에 '了解问题、解决问题'라는 표현이 제시됨으로 유사한 표현의 D가 정답이다.

怀疑 huáiyí 동 의심하다 | 拒绝 jùjué 동 거절하다 | 了解 liǎojiě 동 자세하게 알다, 이해하다 | 遇到 yùdào 동 만나다 | 态度 tàidu 명 태도 | 或者 huòzhě 접 혹은, 아니면 | 一般 yìbān 형 보통이다, 일반적이다 | 懒得 lǎnde 동 ~하기 귀찮아하다 | 直接 zhíjiē 형 직접적인 | 深入 shēnrù 동 깊이 들어가다 형 깊다 | 解决 jiějué 동 해결하다 | 因此 yīncǐ 접 이 때문에, 따라서 | 知识 zhīshi 명 지식 | 金钱 jīnqián 명 금전, 돈 | 停 tíng 동 멈추다, 정지하다 | 增长 zēngzhǎng 동 늘어나다, 증가하다 | 羡慕 xiànmù 동 부러워하다 | 社会 shèhuì 명 사회 | 失望 shīwàng 동 실망하다, 낙담하다 | 调查 diàochá 동 조사하다 명 조사 | 答案 dá'àn 명 답안 | 商量 shāngliang 동 상의하다

Chapter 03 유추를 통해 찾기

기초 체크 ➕ 본책 229쪽

문제 풀이

66

来看花灯表演的观众已经超出原计划的人数，而且还在继续增加。出于安全方面的考虑，活动负责人只好提前结束入场。

★ 关于花灯表演，可以知道什么?
A 会推迟结束
B 禁止照相
C 必须排队观看
D 表演很成功

꽃등 공연을 보러 온 관중이 이미 원래 계획한 사람 수를 초과했고, 게다가 여전히 계속해서 증가하고 있다. 안전 방면의 고려에서 비롯하여, 이벤트 책임자는 어쩔 수 없이 입장을 앞당겨 끝냈다.

★ 꽃등 공연에 관하여, 무엇을 알 수 있는가?
A 마감을 연장할 것이다
B 사진 찍는 것을 금지한다
C 반드시 줄을 서서 관람해야 한다
D 공연이 성공적이다

지문 전체가 '花灯表演'에 관한 내용이므로, 문제에 제시된 표현은 크게 힌트가 되지 않는다. 이런 경우 보기를 먼저 읽고 일치하거나 유사한 내용이 나올 때까지 지문을 읽어야 한다. 지문의 '已经超出原计划的人数'라는 말에서 공연이 성공적이었음을 유추할 수 있으므로 정답은 D이다.

灯 dēng 몡 등 | 表演 biǎoyǎn 동 공연하다 몡 공연, 연기 | 观众 guānzhòng 몡 관중, 시청자 | 超出 chāochū 동 초과하다, 넘다, 벗어나다 | 计划 jìhuà 동 계획하다 몡 계획 | 而且 érqiě 접 게다가 | 继续 jìxù 동 계속하다 몡 계속 | 增加 zēngjiā 동 증가하다, 더하다, 늘리다 | 出于 chūyú 동 비롯되다, 나오다, 출발하다 | 安全 ānquán 몡 안전 형 안전하다 | 方面 fāngmiàn 몡 방면 | 考虑 kǎolǜ 동 고려하다, 생각하다 | 负责 fùzé 동 책임지다 | 提前 tíqián 동 앞당기다 | 入场 rùchǎng 동 입장하다 | 推迟 tuīchí 동 미루다, 연기하다 | 禁止 jìnzhǐ 동 금지하다 | 照相 zhàoxiàng 동 사진을 찍다 | 必须 bìxū 부 반드시 | 排队 páiduì 동 줄을 서다 | 观看 guānkàn 동 보다, 참관하다, 관람하다

80-81

当经理让小马来负责这次活动时，很多人都抱着怀疑的态度，不相信他能做好，因为他一次也没做过。不过，当看到小马做的那份计划书时，大家都大吃了一惊，对小马有了新的认识。

★ 关于小马，可以知道:
A 没完成任务   B 缺少经验
C 脾气好   D 经常加班

★ 大家觉得小马的计划书怎么样?
A 写得很棒   B 长短正合适
C 没有重点   D 不合格

사장님이 샤오마로 하여금 이번 행사를 책임지도록 했을 때, 많은 사람이 의심하는 태도를 갖고, 그가 잘 해낼 수 있을 거라 믿지 않았는데, 왜냐하면 그는 한 번도 해본 적이 없기 때문이다. 그러나 샤오마가 만든 그 계획서를 봤을 때, 모두 깜짝 놀랐고, 샤오마에 대해 새로운 인식이 생겼다.

★ 샤오마에 관해, 알 수 있는 것은:
A 임무를 완성하지 못했다   B 경험이 부족하다
C 성격이 좋다   D 자주 야근한다

★ 모두들 샤오마의 계획서가 어떻다고 생각하는가?
A 잘 썼다   B 길이가 딱 적합하다
C 중점이 없다   D 불합격이다

❶ 이 지문은 전체가 '小马'에 관한 내용이므로, 문제에 제시된 표현은 크게 힌트가 되지 않는다. 이런 경우 보기를 먼저 읽고 일치하거나 유사한 내용이 나올 때까지 지문을 읽어야 한다. 지문의 '他一次也没做过'라는 말에서 경험이 없음을 유추할 수 있으므로 정답은 B이다.

❷ 문제에 '小马的计划书'라는 구체적인 힌트가 제시되고 있다. 따라서 지문에서 이와 같거나 유사한 표현을 찾아본다. 지문에 유사한 표현이 있고, 그 뒤에 '大家都大吃了一惊, 对小马有了新的认识'라는 말에서 계획서를 잘 썼음을 유추할 수 있으므로 정답은 A이다.

经理 jīnglǐ 명 사장 | 负责 fùzé 통 책임지다 | 活动 huódòng 통 (몸을) 움직이다 명 활동, 행사, 이벤트 | 抱 bào 통 ① 안다, 포옹하다 ② (생각이나 의견을) 마음에 품다 | 怀疑 huáiyí 통 의심하다 | 态度 tàidu 명 태도 | 不过 búguò 접 그러나 | 计划 jìhuà 통 계획하다 명 계획 | 吃惊 chījīng 통 놀라다 | 完成 wánchéng 통 완성하다, 끝내다 | 任务 rènwu 명 임무 | 缺少 quēshǎo 통 부족하다, 모자라다 | 经验 jīngyàn 명 경험, 경력 | 脾气 píqi 명 성격, 성질 | 加班 jiābān 통 야근하다, 초과 근무를 하다 | 棒 bàng 형 좋다, 대단하다, (수준이) 높다 | 合适 héshì 형 적합하다, 알맞다 | 重点 zhòngdiǎn 명 중점 | 合格 hégé 형 표준에 맞다, 합격이다

실전 테스트

1

人应该像一棵树那样, 能接受阳光, 也不害怕风雨, 无论在什么环境下都能长高、长大。不能因为受到表扬就骄傲, 受到批评就没了自信。

사람은 마땅히 한 그루의 나무같이, 햇빛을 받아들이고, 바람과 비를 두려워하지 않고, 어떤 환경에 처해 있든 높게 자라고 크게 자랄 수 있어야 한다. 칭찬을 받았다고 거만해지거나, 비판을 받았다고 자신감이 없어져서는 안 된다.

★ 人应该怎么样?
A 不怕太阳   B 从来不紧张
C 不受环境影响   D 对人友好

★ 사람은 마땅히 어떻게 해야 하는가?
A 태양을 두려워하지 않는다   B 여태껏 긴장하지 않는다
C 환경의 영향을 받지 않는다   D 사람에게 우호적이다

지문 전체가 사람이 마땅히 해야 할 것에 관한 내용이므로, 문제에 제시된 표현은 크게 힌트가 되지 않는다. 이런 경우 보기를 먼저 읽고 일치하거나 유사한 내용이 나올 때까지 지문을 읽어야 한다. 지문의 '无论在什么环境下都能长高、长大'라는 말에서 환경의 영향을 받지 않아야 함을 유추할 수 있으므로 정답은 C이다.

棵 kē 양 그루, 포기[식물을 세는 단위] | 树 shù 명 나무 | 接受 jiēshòu 통 받아들이다 수락하다 | 阳光 yángguāng 명 햇빛 | 害怕 hàipà 통 두려워하다, 무서워하다 | 无论 wúlùn 접 ~에 관계없이 | 环境 huánjìng 명 환경 | 表扬 biǎoyáng 통 칭찬하다 | 骄傲 jiāo'ào 형 자랑(거리), 긍지 형 ① 오만하다, 거만하다 ② 자랑스럽다 | 批评 pīpíng 통 비판하다, 꾸짖다 명 비판 | 自信 zìxìn 명 자신감 형 자신만만하다 | 从来 cónglái 부 여태껏, 지금까지 | 紧张 jǐnzhāng 형 ① 긴장하다 ② 빠듯하다, 부족하다 | 友好 yǒuhǎo 형 우호적이다

2

小伙子，学京剧可是很辛苦的。<u>首先</u>你要愿意下功夫，打好基础；<u>其次</u>要用心去理解故事；<u>最后</u>，要一直坚持下去。

★ 这段话<u>主要讲的是</u>：
A 怎样学好京剧　　B 学汉语的过程
C 京剧很重要　　　D 怎么讲故事

젊은이, 경극을 배우는 것은 정말 고생스러운 것입니다. <u>첫 번째는</u> 당신이 공을 들여 기초를 잘 다지기를 원해야 하고, <u>두 번째는</u> 마음을 기울여 이야기를 이해해야 하며, <u>마지막으로</u> 계속 유지해 가야 합니다.

★ 이 말은 <u>주로 무엇을 이야기하는가</u>:
A 어떻게 하면 경극을 잘 배울 수 있는가
B 중국어를 배우는 과정
C 경극은 중요하다　　D 어떻게 이야기를 하는가

 지문의 주제를 묻는 문제이므로 전체 내용과 흐름을 파악하고 정답을 찾아야 한다. '首先……其次……最后……'로 이어지며 경극을 잘 배울 수 있는 방법들을 나열하고 있으므로 정답은 A이다.

 小伙子 xiǎohuǒzi 명 젊은이 | 京剧 jīngjù 고유 경극 | 辛苦 xīnkǔ 형 고생스럽다, 고되다 | 首先 shǒuxiān 부 우선, 먼저 대 첫 번째 | 下功夫 xià gōngfu 공을 들이다 | 基础 jīchǔ 명 기초 | 其次 qícì 대 그다음, 두 번째 | 理解 lǐjiě 동 이해하다 명 이해 | 故事 gùshi 명 이야기 | 一直 yìzhí 부 계속, 줄곧 | 坚持 jiānchí 동 단호히 지키다, 꾸준하게 지속하다 | 过程 guòchéng 명 과정 | 重要 zhòngyào 형 중요하다

3

和付现金相比，刷信用卡有许多优点。首先，购物时无需带很多现金，非常安全；其次，刷卡也<u>减少了找零钱的麻烦</u>。

★ 这段话告诉我们，<u>使用信用卡</u>：
A 不够安全　　B 能节约钱
C 很普通　　　D 更方便

현금을 지불하는 것과 비교해서, 신용카드를 긁는 것은 많은 장점을 가지고 있다. 첫 번째로 물건을 살 때 많은 현금을 휴대할 필요가 없어서 매우 안전하다. 두 번째로 카드를 긁으면 <u>잔돈을 거슬러 주는 귀찮은 일도 줄어든다</u>.

★ 이 말은 우리에게 <u>신용카드를 사용하는 것이 어떻다는 것을</u> 알려주는가:
A 충분히 안전하지 않다　　B 돈을 절약할 수 있다
C 평범하다　　　　　　　　D 더 편리하다

 지문 전체가 신용카드 사용에 관한 내용이므로, 문제에 제시된 표현은 크게 힌트가 되지 않는다. 이런 경우 보기를 먼저 읽고 일치하거나 유사한 내용이 나올 때까지 지문을 읽어야 한다. 지문의 '减少了找零钱的麻烦'이라는 말에서 신용카드의 편리함을 유추할 수 있으므로 정답은 D이다.

 付 fù 동 지불하다 | 现金 xiànjīn 명 현금 | 相比 xiāngbǐ 동 비교하다 | 信用卡 xìnyòngkǎ 명 신용카드 | 许多 xǔduō 형 대단히 많은 | 优点 yōudiǎn 명 장점 | 购物 gòuwù 동 물건을 구입하다 | 安全 ānquán 명 안전 형 안전하다 | 减少 jiǎnshǎo 동 감소하다, 줄다, 줄이다 | 零钱 língqián 명 ① 잔돈 ② 용돈 | 麻烦 máfan 동 폐를 끼치다, 귀찮게 하다 명 말썽, 골칫거리 형 귀찮다, 번거롭다 | 使用 shǐyòng 동 사용하다 | 够 gòu 동 (일정한 정도·기준·수준에) 이르다, 도달하다 형 충분하다 | 节约 jiéyuē 동 절약하다, 검소하다 | 普通 pǔtōng 형 보통이다, 평범하다 | 方便 fāngbiàn 형 편리하다

4

写字楼的出口和地铁站的入口是连着的，你坐电梯到一层，按照指示牌指的方向走。走出写字楼大门，就能看到地铁口了。

★ 说话人最可能<u>在做什么</u>？

A 约会　　　　B 找卫生间
C 买地铁票　　D 指路

오피스텔의 출구와 지하철의 입구가 이어져 있어서, 당신은 엘리베이터를 타고 일 층으로 가서 표지판의 방향에 따라가면 된다. 오피스텔 정문을 나오면 바로 지하철 입구가 보일 것이다.

★ 화자는 <u>무엇을</u> <u>하고 있을</u> 가능성이 제일 높은가?

A 약속을 하다　　B 화장실을 찾다
C 지하철 표를 사다　D <u>길을 가리키다</u>

 문제에서 화자의 하고 있는 동작을 묻고 있지만, 지문에는 정확히 표현된 부분이 없다. 따라서 전체 내용을 파악하고 정답을 찾아야 한다. 전체적으로 계속해서 이동 방법과 방향을 설명하는 내용으로 보아 D가 정답임을 유추할 수 있다.

 写字楼 xiězìlóu 명 오피스 빌딩, 오피스텔 | 出口 chūkǒu 명 출구 | 地铁站 dìtiězhàn 지하철역 | 入口 rùkǒu 명 입구 | 连 lián 동 잇다, 연결되다 | 电梯 diàntī 명 엘리베이터 | 层 céng 명 층 양 층[중첩되거나 쌓여 있는 것을 세는 단위] | 按照 ànzhào 전 ~에 따라 | 指示牌 zhǐshìpái 표지판 | 大门 dàmén 명 대문, 정문 | 约会 yuēhuì 동 만날 약속을 하다 명 데이트, 약속 | 卫生间 wèishēngjiān 명 화장실

5

请你先简单介绍一下自己，<u>说一说你的专业情况和工作经历</u>。另外，如果你来我们公司工作，<u>有什么工作计划</u>？

★ 说话人最可能<u>在做什么</u>？

A 招人　　　B 做调查
C 谈生意　　D 请假

먼저 간단하게 자신을 소개해 주시고, <u>당신의 전공상황과 업무 경험을 말해 주세요</u>. 이 밖에, 만약 당신이 우리 회사에 와서 일을 한다면, <u>어떤 업무 계획이 있나요</u>?

★ 화자는 <u>무엇을</u> <u>하고 있을</u> 가능성이 가장 높은가?

A <u>사람을 모집하다</u>　B 조사를 하다
C 장사를 하다　　　D 휴가를 신청하다

 문제에서 화자의 하고 있는 동작을 묻고 있지만, 지문에는 정확히 표현된 부분이 없다. 따라서 전체 내용을 파악하고 정답을 찾아야 한다. 전체적으로 상대방의 업무 경험과 앞으로의 업무 계획을 묻는 것으로 보아 A가 정답임을 유추할 수 있다.

 专业 zhuānyè 명 전공 형 전문의 | 情况 qíngkuàng 명 상황 | 经历 jīnglì 동 겪다, 경험하다 명 경험, 경력 | 另外 lìngwài 접 이외에, 이 밖에 | 计划 jìhuà 동 계획하다 명 계획 | 招 zhāo 동 모집하다 | 调查 diàochá 동 조사하다 명 조사 | 生意 shēngyi 명 장사, 영업 | 请假 qǐngjià 동 휴가를 신청하다

6

服务员，我们这桌有两个小朋友，麻烦帮我们搬两把儿童椅，再拿两个勺子，谢谢。

★ 说话人最可能在哪儿?

A 厨房
B 葡萄园
C 餐厅
D 高速公路上

종업원, 저희 테이블에 두 명의 어린이가 있으니, 죄송하지만 아동 의자 두 개를 좀 가져다주시고, 숟가락 두 개도 더 가져다주세요. 감사합니다.

★ 화자는 어디에 있을 가능성이 가장 높은가?

A 주방   B 포도밭   C 식당   D 고속도로 위

 문제에서 화자가 하고 있는 동작을 묻고 있지만, 지문에는 정확히 표현된 부분이 없다. 따라서 전체 내용을 파악하고 정답을 찾아야 한다. 지문 처음에 상대를 '服务员'이라고 부르고, 숟가락을 달라고 한 것으로 보아 C가 정답임을 유추할 수 있다.

 麻烦 máfan 동 폐를 끼치다, 귀찮게 하다 명 말썽, 골칫거리 형 귀찮다, 번거롭다 | 搬 bān 동 옮기다, 이사하다 | 儿童 értóng 명 아동, 어린이 | 勺子 sháozi 명 숟가락 | 厨房 chúfáng 명 주방 | 葡萄 pútao 명 포도 | 餐厅 cāntīng 명 식당 | 高速公路 gāosù gōnglù 명 고속도로

7–8

人与人交流起来有时候会很复杂，这往往是因为一些人"口不对心"。比如有的人嘴上说"我很好，不用担心我"，然而他们心里却很想获得你的支持和鼓励。如果你不了解这一情况，没有及时关心他们，他们也许会感到失望和难过。

★ "口不对心"的意思最可能是:

A 内心有不满
B 说的和想的不同
C 太粗心
D 说话不流利

★ 关于例子中提到的人，下列正确的是:

A 不爱聊天儿
B 从来不开玩笑
C 希望得到关心
D 很诚实

사람과 사람이 교류를 하면 때로는 복잡할 수도 있는데, 이것은 종종 일부 사람들이 '말하는 것과 속마음이 다르기' 때문이다. 예를 들어 어떤 사람은 입으로는 "나는 괜찮아, 나를 걱정할 필요 없어."라고 말하지만, 그러나 그들의 마음속은 당신의 지지와 격려를 얻고 싶어 한다. 만약 당신이 이 상황을 이해하지 못해 제때 그들에게 관심을 갖지 않는다면, 그들은 아마도 실망하거나 괴로워할 것이다.

★ '말하는 것과 속마음이 다르다'의 의미는 아마도:

A 속마음에 불만이 있다
B 말하는 것과 생각하는 것이 다르다
C 너무 부주의하다
D 말하는 것이 유창하지 않다

★ 예제 중에 나온 사람에 관해, 아래 중 정확한 것은:

A 이야기하는 것을 좋아하지 않는다
B 여태껏 농담을 하지 않는다
C 관심을 얻길 바란다
D 성실하다

 ❶ 문제에 '口不对心'이라는 구체적인 힌트가 제시되고 있고 지문에 같은 표현이 있지만, 그 의미를 파악하기 위해서는 뒤의 내용을 전체적으로 파악해야 한다. 뒤에 입으로 하는 말과 마음이 다른 사람의 예시가 있으므로 정답이 B임을 유추할 수 있다.

❷ 지문에서 '比如' 뒤의 내용이 모두 예시이므로 정답을 찾기 위해 내용을 전체적으로 파악해야 한다. '没有及时关心他们, 他们也许会感到失望和难过'라는 말에서 그들이 관심을 필요로 한다는 것을 유추할 수 있으므로 정답은 C이다.

交流 jiāoliú 동 교류하다 명 교류 | 复杂 fùzá 형 복잡하다 | 往往 wǎngwǎng 부 종종, 자주 | 比如 bǐrú 접 예를 들어 | 嘴 zuǐ 명 입 | 担心 dānxīn 동 걱정하다 | 然而 rán'ér 접 그러나, 하지만 | 却 què 부 ~하지만, 그러나 | 获得 huòdé 동 얻다, 획득하다 | 支持 zhīchí 동 지지하다 명 지지 | 鼓励 gǔlì 동 격려하다 | 情况 qíngkuàng 명 상황 | 及时 jíshí 형 시기적절하다, 때가 맞다 부 즉시 | 关心 guānxīn 동 관심을 갖다 | 也许 yěxǔ 부 아마도 | 失望 shīwàng 동 실망하다, 낙담하다 | 难过 nánguò 형 괴롭다, 슬프다 | 内心 nèixīn 명 마음속, 내심 | 粗心 cūxīn 형 세심하지 못하다, 부주의하다 | 流利 liúlì 형 유창하다 | 正确 zhèngquè 형 정확하다 | 从来 cónglái 부 여태껏, 지금까지 | 开玩笑 kāi wánxiào 농담하다 | 诚实 chéngshí 형 진실하다, 성실하다

9-10

很多人认为，海底是非常安静的。因为即使是最大的海风，也只能影响到水下几十米的地方。那么，<u>海底难道真的一点儿声音也没有吗</u>？其实并不是这样的，海底的动物也经常"说话"，它们在吃东西、游走、遇到危险等情况下都会发出不同的声音。<u>只不过这些声音，我们无法直接听到</u>。

많은 사람이 바다 밑은 아주 조용할 것이라고 생각한다. 왜냐하면 설령 가장 큰 해풍일지라도 물 아래 몇십 미터의 장소까지만 영향을 줄 수 있기 때문이다. 그럼 <u>바다 밑은 정말 조금의 소리도 없는 것일까</u>? 사실 결코 이렇지 않다. 바다 밑의 동물들도 자주 '말을 하고', 그것들은 먹고, 돌아다니고, 위험을 만나는 등 상황에서 서로 다른 소리를 내게 된다. <u>단지 이 소리들을 우리는 직접 들을 수 없을 뿐이다</u>.

★ 这段话最可能<u>出自以下哪种杂志</u>？
A 历史研究　　B 海洋科学
C 民族艺术　　D 经济

★ 이 말은 <u>아래 어느 종류의 잡지에서 나왔을</u> 가능성이 가장 큰가?
A 역사 연구　　B 해양 과학
C 민족 예술　　D 경제

★ 根据这段话，<u>可以知道什么</u>？
A 海底有声音　　B 海上很危险
C 海底污染严重　　D 动物声音小

★ 이 말에 근거하여, <u>무엇을 알 수 있나</u>?
A 바다 밑에는 소리가 있다　　B 해상은 위험하다
C 바다 밑은 오염이 심각하다　　D 동물의 소리는 작다

❶ 지문의 출처를 묻는 문제이므로 전체 내용과 흐름을 파악하고 정답을 찾아야 한다. 지문의 '海底难道真的一点儿声音也没有吗'라는 말에서 바다와 관련된 내용임을 유추할 수 있으므로 정답은 B이다.

❷ 문제에 정확히 제시된 힌트가 없으므로 보기를 먼저 읽고 일치하는 내용이 나올 때까지 지문을 읽어야 한다. '只不过这些声音, 我们无法直接听到'라는 말에서 우리가 듣지 못할 뿐 소리가 존재함을 유추할 수 있으므로 정답은 A이다.

认为 rènwéi 동 ~라고 여기다, 생각하다 | 海底 hǎidǐ 명 바다 밑 | 安静 ānjìng 형 ① 조용하다 ② 안정하다 | 即使 jíshǐ 접 설령(설사) ~하더라도(할지라도) | 海风 hǎifēng 명 해풍 | 影响 yǐngxiǎng 동 영향을 주다 명 영향 | 米 mǐ 양 미터(m) | 地方 dìfang 명 장소, 곳, 부분 | 难道 nándào 부 설마 ~란 말인가, 설마 ~는 아니겠지요 | 声音 shēngyīn 명 목소리, 소리 | 其实 qíshí 부 사실은 | 游走 yóuzǒu 동 이리저리 돌아다니다 | 危险 wēixiǎn 명 위험 형 위험하다 | 情况 qíngkuàng 명 상황 | 只不过 zhǐbúguò 부 다만 ~에 불과하다, 단지 ~일 뿐이다 | 直接 zhíjiē 형 직접적인 | 出自 chūzì 동 ~로부터 나오다 | 杂志 zázhì 명 잡지 | 历史 lìshǐ 명 역사 | 研究 yánjiū 동 연구하다 명 연구 | 科学 kēxué 명 과학 형 과학적이다 | 民族 mínzú 명 민족 | 艺术 yìshù 명 예술 형 예술적이다 | 经济 jīngjì 명 경제 | 污染 wūrǎn 동 오염시키다, 오염되다 명 오염 | 严重 yánzhòng 형 심각하다

쓰기 제1부분

Chapter 01 기본 어순

기초 체크 ✚ 본책 240쪽　　　　　　　　　　　　　문제 풀이

86

| 这包饼干有点儿咸。 | 이 봉지의 비스킷은 조금 짜다. |

 먼저 서술어는 확실하게 형용사 '咸'이고, 이와 호응할 수 있는 주어는 '饼干'밖에 없다. 그런 다음 나머지 수식 성분들을 적절한 자리에 놓으면 된다.

 包 bāo 양 봉지[꾸러미 등을 세는 단위] | 饼干 bǐnggān 명 비스킷, 과자 | 咸 xián 형 짜다

87

| 他给我留下了很深的印象。 | 그는 나에게 매우 깊은 인상을 남겼다. |

 먼저 서술어는 확실하게 동사 '留下'이다. 수식 성분인 전치사구 '给我'와 '很深的'를 괄호 표시하고 나면 남게 되는 '他'와 '印象'이 각각 주어와 목적어에 들어가야 한다. 그런 다음 나머지 수식 성분들을 적절한 자리에 놓으면 된다.

 留下 liúxià 동 남기다 | 印象 yìnxiàng 명 인상

실전 테스트 ✚ 본책 248쪽　　　　　　　　　　　　문제 풀이

1

| 他弹钢琴的样子特别帅。 | 그가 피아노를 치는 모습은 매우 멋있다. |

 먼저 서술어는 확실하게 형용사 '帅'이고, 이와 호응할 수 있는 주어는 '他'와 '样子'가 있다. 하지만 '样子' 앞에 '的'가 이미 붙어 있으므로 다른 관형어의 수식을 받는 '样子'가 주어여야 한다. 그런 다음 나머지 수식 성분들을 적절한 자리에 놓으면 된다.

 弹钢琴 tán gāngqín 피아노를 치다 | 样子 yàngzi 명 모양, 모습 | 帅 shuài 형 잘생기다, 멋지다

2

下个学期的课比较轻松。 | 다음 학기의 수업이 비교적 수월하다.

풀이 먼저 서술어가 될 수 있는 단어는 형용사 '轻松'과 동사 '比较' 두 가지가 보인다. 단 '比较'는 '비교적'이라는 의미의 부사로 형용사를 수식할 수도 있다. 주어는 관형어와 함께 '下个学期的课'가 확실하므로, 서술어는 의미상 '轻松'이 되어야 한다.

단어 学期 xuéqī 명 학기 | 比较 bǐjiào 동 비교하다 명 비교 부 비교적 | 轻松 qīngsōng 형 수월하다, 홀가분하다, 부담이 없다

3

她偶尔会发点儿小脾气。 | 그녀는 가끔 작은 화를 좀 낸다.

풀이 먼저 서술어가 될 수 있는 단어는 관용 표현 '发脾气'에서 동사 '发'이고, 목적어는 '脾气'이다. 주어는 화를 내는 주체인 '她'가 되고, 나머지 수식 성분들을 적절한 자리에 놓으면 된다.

단어 偶尔 ǒu'ěr 부 가끔, 이따금 | 发脾气 fā píqi 화내다, 성질부리다

4

她给警察写了一封感谢信。 | 그녀가 경찰에게 한 통의 감사편지를 썼다.

풀이 먼저 서술어는 확실하게 동사 '写'이고, 주어와 목적어는 각각 '她'와 '感谢信'이 될 것이다. 그런 다음 전치사구 '给警察'를 부사어로 동사 앞에, 편지를 세는 수량사 '一封'을 목적어 앞에 두면 된다.

단어 警察 jǐngchá 명 경찰 | 封 fēng 양 통[편지를 세는 단위] | 感谢 gǎnxiè 동 감사하다

5

妹妹的决定没有得到家人的支持。 | 여동생의 결정은 가족의 지지를 얻지 못했다.

풀이 먼저 서술어가 될 수 있는 단어는 동사 '支持'와 '得到' 두 가지가 보인다. 단 '支持'는 '지지'라는 의미의 명사도 될 수 있다. 주어는 관형어와 함께 '妹妹的决定'이 확실하므로, 서술어가 '得到', 목적어가 '支持'가 되어야 한다. 그런 다음 나머지 수식 성분들을 각각 의미에 맞는 대상에 수식하면 된다.

단어 决定 juédìng 동 결정하다 명 결정 | 得到 dédào 동 얻다 | 支持 zhīchí 동 지지하다 명 지지

6

| 他希望获得大家的原谅。 | 그는 모두의 용서를 얻기를 희망한다. |

 동사 '希望'은 뒤에 동사 목적어를 갖는다. 지금도 '동사서술어(获得) + 관형어(大家的) + 목적어(原谅)'이라는 동사구를 목적어로 갖고 있다.

 获得 huòdé 동 얻다, 획득하다 | 原谅 yuánliàng 동 양해하다, 용서하다 명 용서

7

| 我认为爱情并不是生命的全部。 | 나는 사랑이 결코 생명의 전부는 아니라고 생각한다. |

 동사 '认为'는 뒤에 형용사나 동사 목적어를 갖는다. 지금도 '주어(爱情) + 부사어(并不) + 서술어(是) + 관형어(生命的) + 목적어(全部)'라는 동사구를 목적어로 갖고 있다.

 爱情 àiqíng 명 사랑, 애정 | 并 bìng 부 결코, 전혀(부정을 강조) 접 또, 게다가 | 生命 shēngmìng 명 생명 | 全部 quánbù 명 전부 형 전부의

Chapter 02 결과보어 · 정도보어

기초 체크 +본책 249쪽 문제 풀이

86

| 一切都安排好了。 | 모든 것이 다 배치되었다. |

풀이 먼저 서술어는 확실하게 동사 '安排'이고, 그 뒤에 '동작이 완성되었거나 잘 마무리되었음'을 나타내는 결과보어 '好'를 사용하고 있다. 주어가 될 수 있는 명사는 대명사 '一切' 밖에 없다.

단어 一切 yíqiè 때 일체, 모든 | 安排 ānpái 통 배치하다, 안배하다, 준비하다

87

| 计划进行得不太顺利。 | 계획은 그다지 순조롭지 않게 진행되었다. |

풀이 먼저 서술어는 확실하게 동사 '进行'이고, 그 뒤에 '진행된 정도가 그다지 순조롭지 못하다'라는 의미의 일반형 정도보어 '不太顺利'가 '得'를 연결고리로 사용되고 있다. 주어가 될 수 있는 표현은 '计划' 밖에 없다.

단어 计划 jìhuà 통 계획하다 명 계획 | 进行 jìnxíng 통 진행하다 | 顺利 shùnlì 형 순조롭다

실전 테스트 +본책 254쪽 문제 풀이

1

| 这场雨下得真及时。 | 이 비는 정말 제때 내렸다. |

풀이 먼저 서술어는 확실하게 동사 '下'이고, 그 뒤에 '내린 정도가 정말 제때이다'라는 의미의 일반형 정도보어 '真及时'가 '得'를 연결고리로 사용되고 있다. 주어가 될 수 있는 표현은 수량사 '这场'의 수식을 받고 있는 '雨' 밖에 없다.

단어 及时 jíshí 형 시기적절하다, 때가 맞다 부 즉시

2

| 这儿的空气污染得很严重。 | 이곳의 공기는 심각하게 오염되었다. |

 먼저 서술어는 확실하게 동사 '污染'이고, 그 뒤에 '오염된 정도가 심각하다'라는 의미의 일반형 정도보어 '很严重'이 '得'를 연결고리로 사용되고 있다. 주어가 될 수 있는 표현은 관형어 '这儿的'의 수식을 받고 있는 '空气' 밖에 없다.

 空气 kōngqì 명 공기 | 污染 wūrǎn 동 오염시키다, 오염되다 명 오염 | 严重 yánzhòng 형 심각하다

3

| 为什么橡皮能擦掉铅笔写的字? | 왜 지우개는 연필로 쓴 글자를 지워버릴 수 있을까요? |

 먼저 서술어는 조동사 '能'의 수식을 받고 있는 동사 '擦'이고, 그 뒤에 '제거하거나 없애버리는 것'을 나타내는 결과보어 '掉'를 사용하고 있다. '字'와 '橡皮' 두 개의 명사 중 의미상 주어는 '橡皮', 목적어는 '字'가 되어야 한다.

 橡皮 xiàngpí 명 지우개 | 擦 cā 동 닦다, 비비다, 문지르다

4

| 工作报告写得越详细越好。 | 업무 보고서는 쓴 정도가 상세하면 할수록 좋다. |

 먼저 서술어는 확실하게 동사 '写'이고, 그 뒤에 '쓴 정도가 상세하면 할수록 좋다'라는 의미의 일반형 정도보어 '越详细越好'가 '得'를 연결고리로 사용되고 있다. 주어가 될 수 있는 표현은 '工作报告' 밖에 없다.

 报告 bàogào 동 보고하다 명 보고, 보고서, 리포트 | 详细 xiángxì 형 상세하다

5

| 这份说明书介绍得很详细。 | 이 설명서는 소개가 상세하다. |

 먼저 서술어는 확실하게 동사 '介绍'이고, 그 뒤에 '소개한 정도가 상세하다'라는 의미의 일반형 정도보어 '很详细'가 '得'를 연결고리로 사용되고 있다. 주어가 될 수 있는 표현은 수량사 '这份'의 수식을 받고 있는 '说明书' 밖에 없다.

 份 fèn 양 부[신문·잡지·문건 등을 세는 단위] | 说明 shuōmíng 동 설명하다 명 설명

6

| 这件事情发生得十分突然。 | 이 일은 매우 갑작스럽게 발생했다. |

풀이 먼저 서술어는 확실하게 동사 '发生'이고, 그 뒤에 '발생한 정도가 매우 갑작스럽다'라는 의미의 일반형 정도보어 '十分突然'이 '得'를 연결고리로 사용되고 있다. 주어가 될 수 있는 표현은 수량사 '这件'의 수식을 받고 있는 '事情' 밖에 없다.

단어 发生 fāshēng 동 발생하다 | 十分 shífēn 부 매우, 아주 | 突然 tūrán 형 갑작스럽다 부 갑자기

7

| 他们俩的误会已经解释清楚了。 | 그들 두 사람의 오해는 이미 정확하게 설명되었다. |

풀이 먼저 서술어는 확실하게 동사 '解释'이고, 그 뒤에 정확하거나 분명함을 나타내는 결과보어 '清楚'를 사용하고 있다. 주어는 뒤에 동사를 수식하는 부사 '已经'이 연결되어 있는 '误会'이다.

단어 误会 wùhuì 동 오해하다 명 오해 | 解释 jiěshì 동 설명하다, 해명하다 명 설명, 해명

Chapter 03 시량보어 · 동량보어 · 전치사구보어

기초 체크 ➕본책 255쪽 문제 풀이

86

| 我曾经做过一次调查。 | 나는 이전에 조사를 한번 한 적이 있다. |

 먼저 서술어는 확실하게 동사 '做'이고, 그 뒤에 한 번의 횟수를 나타내는 동량보어 '一次'와 목적어 '调查'를 사용하고 있다. 주어가 될 수 있는 명사는 '我' 밖에 없고, 부사 '曾经'은 동사 앞에 두면 된다.

 曾经 céngjīng 🖻 일찍이, 이전에 | 调查 diàochá 🖻 조사하다 🖻 조사

87

| 你别把这个东西放在桌子上。 | 당신은 이 물건을 탁자 위에 놓지 마세요. |

 먼저 서술어는 확실하게 동사 '放'이고, 그 뒤에 전치사구보어 '在桌子上'을 사용하고 있다. 주어가 될 수 있는 명사는 '你' 밖에 없고, 부사 '别'와 전치사구 '把这个东西'는 동사를 수식하면 된다.

 放 fàng 🖻 놓다, 두다

실전 테스트 ➕본책 260쪽 문제 풀이

1

| 他又重新检查了一遍。 | 그는 다시 한번 검사했다. |

 먼저 서술어는 확실하게 동사 '检查'이고, 그 뒤에 과정을 강조하는 동량보어 '一遍'을 사용하고 있다. 주어가 될 수 있는 명사는 '他' 밖에 없고, 부사 '又'와 '重新'을 동사 앞에 두면 된다.

 重新 chóngxīn 🖻 ① 다시, 재차 ② 새로이 | 检查 jiǎnchá 🖻 검사하다 🖻 검사 | 遍 biàn 🖻 번, 회(동작이 시작되어 끝날 때까지의 전 과정을 나타냄)

쓰기 제1부분 **135**

2

| 这个故事发生在18世纪。 | 이 이야기는 18세기에 발생했다. |

 먼저 서술어는 확실하게 동사 '发生'이고, 그 뒤에 전치사구보어 '在18世纪'를 사용하고 있다. 주어가 될 수 있는 명사는 수량사 '这个'의 수식을 받고 있는 '故事'밖에 없다.

 故事 gùshi 몡 이야기 | 发生 fāshēng 통 발생하다 | 世纪 shìjì 몡 세기

3

| 填好的申请表都放在桌子上。 | 다 기입한 신청 표는 모두 탁자 위에 놓아두세요. |

 먼저 서술어는 확실하게 동사 '放'이고, 그 뒤에 전치사구보어 '在桌子上'을 사용하고 있다. 주어가 될 수 있는 명사는 관형어 '填好的'의 수식을 받고 있는 '申请表'밖에 없다.

 填 tián 통 기입하다, 써넣다 | 申请 shēnqǐng 통 신청하다 몡 신청 | 表 biǎo 몡 표

4

| 他出生在一个美丽的小城市。 | 그는 한 아름다운 작은 도시에서 태어났다. |

 먼저 서술어는 확실하게 동사 '出生'이고, 그 뒤에 전치사구보어 '在一个美丽的小城市'를 사용하고 있다. 주어가 될 수 있는 명사는 대명사 '他'밖에 없다.

 出生 chūshēng 통 출생하다, 태어나다 | 美丽 měilì 형 아름답다 | 城市 chéngshì 몡 도시

5

| 讨论会已经进行了两个多小时。 | 토론회는 이미 2시간 넘게 진행되었다. |

 먼저 서술어는 확실하게 동사 '进行'이고, 그 뒤에 '2시간 넘게'를 나타내는 시량보어 '两个多小时'를 사용하고 있다. 주어가 될 수 있는 명사는 '讨论会' 밖에 없다.

 讨论会 tǎolùnhuì 몡 토론회, 세미나 | 进行 jìnxíng 통 진행하다

6

| 他来自一个美丽的海边城市。 | 그는 한 아름다운 해변도시에서 왔다. |

풀이 먼저 서술어는 확실하게 동사 '来'이고, 그 뒤에 전치사구보어 '自一个美丽的海边城市'를 사용하고 있다. 주어가 될 수 있는 명사는 대명사 '他'밖에 없다.

단어 美丽 měilì 형 아름답다 | 海边 hǎibiān 명 해변, 바닷가 | 城市 chéngshì 명 도시

7

| 这篇文章来自一本经济杂志。 | 이 글은 한 권의 경제 잡지에서 왔다. |

풀이 먼저 서술어는 확실하게 동사 '来'이고, 그 뒤에 전치사구보어 '自一本经济杂志'를 사용하고 있다. 주어가 될 수 있는 명사는 수량사 '这篇'의 수식을 받고 있는 '文章'밖에 없다.

단어 篇 piān 양 편[글을 세는 단위] | 文章 wénzhāng 명 글, 문장 | 经济 jīngjì 명 경제 | 杂志 zázhì 명 잡지

Chapter 04 是자문·有자문

기초 체크 (본책 261쪽) — 문제 풀이

86

| 这是哪种植物的叶子? | 이것은 어떤 식물의 잎입니까? |

 먼저 서술어인 '是'를 기준으로 주어와 목적어를 찾아내는 것이 좋다. 주어는 '这', 목적어는 관형어 '哪种植物的'의 수식을 받고 있는 '叶子'이다.

 植物 zhíwù 명 식물 | 叶子 yèzi 명 잎

87

| 客厅里有一个大镜子。 | 거실 안에는 큰 거울이 하나 있다. |

 먼저 서술어인 '有'를 기준으로 주어와 목적어를 찾아내는 것이 좋다. 주어는 존재하는 장소를 나타내는 표현 '客厅里', 목적어는 존재 대상인 '镜子'이다. 이때 '一个大'는 목적어를 수식하는 관형어이다.

단어 客厅 kètīng 명 응접실, 거실 | 镜子 jìngzi 명 거울

실전 테스트 (본책 266쪽) — 문제 풀이

1

| 这个橡皮糖是葡萄味儿的。 | 이 껌은 포도 맛의 것이다. |

 먼저 서술어인 '是'를 기준으로 주어와 목적어를 찾아내는 것이 좋다. 주어는 '橡皮糖', 목적어는 '葡萄味儿的(橡皮糖)'이다.

 橡皮糖 xiàngpítáng 명 껌, 추잉검 | 葡萄 pútao 명 포도 | 味儿 wèir 명 맛, 냄새

2

| 我对那段经历完全没印象了。 | 나는 그 경험에 대해 전혀 기억이 없다. |

 먼저 서술어인 '没'를 기준으로 주어와 목적어를 찾아내는 것이 좋다. 주어는 소유의 주체를 나타내는 '我', 목적어는 소유 대상인 '印象'이다. 이때 전치사구 '对那段经历'를 동사 앞에 두면 된다.

 经历 jīnglì 동 겪다, 경험하다 명 경험, 경력 | 完全 wánquán 형 완전하다 부 완전히, 전혀, 절대로 | 印象 yìnxiàng 명 인상

3

| 我爸爸是个经验丰富的警察。 | 우리 아빠는 경험이 풍부한 경찰이시다. |

 먼저 서술어인 '是'를 기준으로 주어와 목적어를 찾아내는 것이 좋다. 주어는 '我爸爸', 목적어는 '警察'이다. 이때 수량사 '(一)个'와 '经验丰富的'는 목적어를 수식하는 관형어이다.

 经验 jīngyàn 명 경험 | 丰富 fēngfù 동 풍부하게 하다 형 풍부하다 | 警察 jǐngchá 명 경찰

4

| 抽烟对身体没有任何好处。 | 흡연은 몸에 어떠한 좋은 점도 없다. |

 먼저 서술어인 '没有'를 기준으로 주어와 목적어를 찾아내는 것이 좋다. 주어는 소유의 주체를 나타내는 '抽烟', 목적어는 소유 대상인 '好处'이다. 이때 '任何'는 목적어를 수식하는 관형어이고, 전치사구 '对身体'는 동사서술어를 수식하는 부사어이다.

 抽烟 chōuyān 동 흡연하다, 담배를 피우다 | 任何 rènhé 대 어떠한 | 好处 hǎochu 명 좋은 점, 장점

5

| 互联网上的消息不一定都是真的。 | 인터넷상의 소식은 반드시 모두 진짜인 것은 아니다. |

 먼저 서술어인 '是'를 기준으로 주어와 목적어를 찾아내는 것이 좋다. 주어는 관형어 '互联网上的'의 수식을 받고 있는 '消息', 목적어는 '真的'로 형용사 '真'을 '的'로 명사화시킨 것이다.

 互联网 hùliánwǎng 명 인터넷 | 消息 xiāoxi 명 정보, 소식

6

| 爷爷的房子后面有一棵葡萄树。 | 할아버지 집의 뒤쪽에는 포도나무가 한그루 있다. |

풀이 먼저 서술어인 '有'를 기준으로 주어와 목적어를 찾아내는 것이 좋다. 주어는 존재하는 장소를 나타내는 표현 '房子后面', 목적어는 존재 대상인 '葡萄树'이다. 이때 '爷爷的'는 주어를, '一棵'는 목적어를 수식하는 관형어이다.

단어 房子 fángzi 명 집 | 棵 kē 양 그루, 포기[식물을 세는 단위] | 葡萄 pútao 명 포도 | 树 shù 명 나무

7

| 奶奶是个十分冷静的人。 | 할머니는 매우 냉정하신 분이다. |

풀이 먼저 서술어인 '是'를 기준으로 주어와 목적어를 찾아내는 것이 좋다. 주어는 '奶奶', 목적어는 '人'이다. 이때 수량사 '(一)个'와 '十分冷静'는 목적어를 수식하는 관형어이다.

단어 十分 shífēn 부 매우, 아주 | 冷静 lěngjìng 형 냉정하다, 침착하다

Chapter 05 把자문 · 被자문 · 比자문

기초 체크 　+ 본책 267쪽 　　　　　　　　　　　　　　　　　　　　　문제 풀이

86

| 房东把钥匙给我了。 | 집주인이 열쇠를 내게 주었다. |

풀이 먼저 서술어는 동사 '给'가 뒤에 목적어 '我'를 갖고 있다. 이때 주어는 '房东'이고, 전치사구 '把钥匙'는 부사어가 되어 동사 서술어를 수식하고 있다.

단어 房东 fángdōng 명 집주인 | 钥匙 yàoshi 명 열쇠

87

| 她的申请被拒绝了。 | 그녀의 신청은 거절당했다. |

풀이 먼저 서술어는 동사 '拒绝'이다. 이때 관형어를 포함한 주어 '她的申请'이 무엇에 의해 거절당했는지는 생략된 문장이다.

단어 申请 shēnqǐng 동 신청하다 명 신청 | 拒绝 jùjué 동 거절하다

실전 테스트 　+ 본책 274쪽 　　　　　　　　　　　　　　　　　　　　　문제 풀이

1

| 你把脱下来的衬衫挂这儿吧。 | 당신은 벗은 셔츠를 여기에 걸어주세요. |

풀이 먼저 서술어는 동사 '挂'가 뒤에 목적어 '这儿'을 갖고 있다. 이때 주어는 '你'이고, 전치사구 '脱下来的衣服'는 부사어가 되어 동사서술어를 수식하고 있다.

단어 脱 tuō 동 벗다 | 衬衫 chènshān 명 셔츠, 블라우스 | 挂 guà 동 (고리·못 등에) 걸다

2

| 镜子被我不小心打破了。 | 거울이 나의 부주의함에 의해 깨졌다. |

풀이 먼저 서술어는 동사 '打破'이다. 무엇이 무엇에 의해 깨어졌는지 생각한다면, '镜子'가 '我'에 의해 깨어졌음을 알 수 있다.

단어 镜子 jìngzi 몡 거울 | 打破 dǎpò 동 깨다

3

| 郊区的空气质量比市里好很多。 | 교외의 공기 질은 시내보다 훨씬 좋다. |

풀이 'A가 B보다 ~하다'라는 기본적인 비교문이다. 내용상 당연히 교외의 공기 질이 시내보다 좋아야 할 것이다. 이때 형용사 '好' 뒤에 많음을 나타내는 '很多'를 사용하고 있다.

단어 郊区 jiāoqū 몡 교외 지역, 변두리 | 空气 kōngqì 몡 공기 | 质量 zhìliàng 몡 질, 품질 | 市里 shìlǐ 몡 시내

4

| 你出门的时候顺便把垃圾带走。 | 네가 나가는 김에 쓰레기를 가지고 가. |

풀이 부사 '顺便'은 'A 顺便 B'의 형식으로 'A 하는 김에 B 하다'라는 뜻을 나타낸다. 의미상 나가는 김에 쓰레기를 가져가야 할 것이다. '顺便' 뒤의 부분에서 서술어는 동사 '带'가 뒤에 결과보어 '走'를 갖고 있으며, 전치사구 '把垃圾'는 부사어가 되어 동사서술어를 수식하고 있다.

단어 出门 chūmén 동 외출하다, 집을 나서다 | 顺便 shùnbiàn 부 ~하는 김에 | 垃圾 lājī 몡 쓰레기

5

| 放暑假的时间比原计划推迟了一周。 | 여름방학을 하려는 시간이 원래 계획보다 1주일 미뤄졌다. |

풀이 '时间'이 계획보다 연기되었음을 나타내는 비교문이다. 이때 수량사 '一周'를 서술어 '推迟' 뒤에 써서 보충하고 있다.

단어 暑假 shǔjià 몡 여름방학 | 计划 jìhuà 동 계획하다 몡 계획 | 推迟 tuīchí 동 미루다, 연기하다

6

教室的窗户已经被同学们擦干净了。 교실의 창문은 이미 반 친구들에 의해 깨끗하게 닦여졌다.

 먼저 서술어는 동사 '擦'이다. 무엇이 무엇에 의해 닦여졌는지 생각한다면, '窗户'가 '同学们'에 의해 닦여졌음을 알 수 있다. 또한 부사 '已经'은 '被' 앞에 두어야 한다.

 窗户 chuānghu 몡 창문 | 擦 cā 동 닦다, 비비다, 문지르다

7

请你及时将传真号码发给我。 당신은 즉시 팩스번호를 제게 보내주세요.

 먼저 서술어는 동사 '发'가 뒤에 전치사구보어 '给我'를 갖고 있다. 이때 '将'은 '把'와 같은 뜻의 전치사로, '将传真号码'는 부사어가 되어 동사서술어를 수식하고 있으며, 부사 '及时'는 '将' 앞에 두어야 한다.

 及时 jíshí 혱 시기적절하다, 때가 맞다 휜 즉시 | 传真 chuánzhēn 몡 팩스 | 号码 hàomǎ 몡 번호

Chapter 06 연동문 · 겸어문 · 강조문

기초 체크 ➕ 본책 275쪽   문제 풀이

86

| 你帮我拿一下汉语词典。 | 당신이 나를 도와 중국어 사전을 좀 가져오세요. |

 먼저 동사의 순서를 배열한다. 일단 도와주려 해야(帮) 중국어 사전을 가져올 수(拿) 있다. 정중한 표현을 나타내기 위해 문장을 '请'으로 시작한다. 연동문이나 겸어문에서 동사를 가볍게 만들기 위해 중첩하거나 '一下'를 쓰는 것은 마지막 동사만 가능하다.

 词典 cídiǎn 명 사전

87

| 母亲的回答让我很吃惊。 | 어머니의 대답은 나를 놀라게 했다. |

 '我'는 '回答让我'에서는 서술어1 '让'의 목적어, '我很吃惊'에서는 서술어2 '吃惊'의 주어를 겸하고 있는 겸어이다. 따라서 전체 문장은 겸어문이 된다.

 母亲 mǔqīn 명 어머니, 모친 | 回答 huídá 동 대답하다 명 대답 | 吃惊 chījīng 동 놀라다

실전 테스트 ➕ 본책 282쪽   문제 풀이

1

| 她听到这个消息后伤心地哭了。 | 그녀는 이 소식을 들은 후 상심하여 울었다. |

 먼저 동사의 순서를 배열한다. 일단 소식을 듣고(听到) 울게 될(哭) 것이다. 이때 부사어 '伤心地'는 의미상 '哭'를 수식하고 있다.

 消息 xiāoxi 명 정보, 소식 | 伤心 shāngxīn 동 상심하다, 슬퍼하다 | 哭 kū 동 울다

2

| 这个消息让我们很吃惊。 | 이 소식은 우리를 놀라게 했다. |

 '我们'은 '这个消息让我们'에서는 서술어1 '让'의 목적어, '我们很吃惊'에서는 서술어2 '吃惊'의 주어를 겸하고 있는 겸어이다. 따라서 전체 문장은 겸어문이 된다.

 吃惊 chījīng 동 놀라다

3

| 我也是上个星期才知道的。 | 나도 지난주에 겨우 알게 된 것이다. |

 '是'는 강조 대상인 '上个星期' 앞에, '的'는 동사 뒤에 쓰여 알게 된 시간을 강조하고 있다.

 才 cái 부 겨우, 고작

4

| 你帮我查一下这趟航班的信息。 | 당신이 나를 도와 이 항공편의 정보를 좀 찾아주세요. |

 먼저 동사의 순서를 배열한다. 일단 도와주려 해야(帮) 정보를 찾아볼 수(查) 있다. 연동문이나 겸어문에서 동사를 가볍게 만들기 위해 중첩하거나 '一下'를 쓰는 것은 마지막 동사만 가능하다.

 查 chá 동 찾다, 검색하다 | 趟 tàng 양 번, 차례[왕복하는 횟수를 세는 단위] | 航班 hángbān 명 (비행기나 배의) 항공편, 운항편 | 信息 xìnxī 명 정보

5

| 你究竟是从哪儿听来的消息? | 너는 도대체 어디에서 소식을 들은 거니? |

 '是'는 강조 대상인 '从哪儿' 앞에, '的'는 동사 뒤에 쓰여 소식을 들은 장소를 강조하고 있다. 이때 '的'는 목적어인 '消息' 앞이나 뒤에 모두 사용 가능하다.

 究竟 jiūjìng 부 도대체 | 消息 xiāoxi 명 정보, 소식

6

| 祝贺你们顺利完成了任务。 | 당신들이 순조롭게 임무를 완수한 것을 축하합니다. |

풀이 '你们'은 '祝贺你们'에서는 서술어1 '祝贺'의 목적어, '你们顺利完成了任务'에서는 서술어2 '完成'의 주어를 겸하고 있는 겸어이다. 따라서 전체 문장은 겸어문이 된다.

단어 祝贺 zhùhè 동 축하하다 명 축하 | 顺利 shùnlì 형 순조롭다 | 完成 wánchéng 동 완성하다, 끝내다 | 任务 rènwu 명 임무

7

| 麻烦你再去厨房拿一双筷子。 | 번거롭겠지만 당신이 다시 주방에 가서 젓가락을 한 벌 가져오세요. |

풀이 '麻烦你'는 문장 앞에서 예의 바른 표현을 나타낸다. '你'는 '你再去厨房拿一双筷子'에서 서술어1 '去'와 서술어2 '拿'의 주어이다.

단어 麻烦 máfan 동 귀찮게 하다, 번거롭게 하다, 폐를 끼치다 명 귀찮음, 번거로움 형 귀찮다, 번거롭다 | 厨房 chúfáng 명 주방 | 筷子 kuàizi 명 젓가락

쓰기 제2부분

Chapter 01 명사로 작문하기

기초 체크 ➕ 본책 288쪽 | 문제 풀이

96

他用毛巾擦汗。 | 그는 수건으로 땀을 닦는다.

풀이 '汗'이라는 명사 제시어가 주어졌으므로 문장에서 주어나 목적어, 혹은 다른 명사를 수식하는 관형어 역할을 할 수 있다. 사진을 보면 남자가 땀을 닦고 있으므로, '擦'와 같은 동사 뒤에 목적어로 사용하면 좋은 문장을 만들 수 있다.

단어 毛巾 máojīn 명 수건, 타월 | 擦 cā 동 닦다, 비비다, 문지르다 | 汗 hàn 명 땀

실전 테스트 ➕ 본책 294쪽 | 문제 풀이

1

这个盒子又小又轻。 | 이 상자는 작고 가볍다.

풀이 '盒子'라는 명사 제시어가 주어졌으므로 문장에서 주어나 목적어, 혹은 다른 명사를 수식하는 관형어 역할을 할 수 있다. 사진에 따로 제시된 서술어가 없으므로 자유롭게 그에 맞는 형용사를 사용하면 된다. 특히 형용사 두 개를 연결할 때 '又 A 又 B(A 하기도 하고 B 하기도 하다)'와 같은 구문을 사용하면 좋은 문장을 만들 수 있다.

단어 盒子 hézi 명 (작은) 상자 | 轻 qīng 형 가볍다

2

她跑的速度很快。 | 그녀는 뛰는 속도가 빠르다.

풀이 '速度'라는 명사 제시어가 주어졌으므로 문장에서 주어나 목적어, 혹은 다른 명사를 수식하는 관형어 역할을 할 수 있다. 사진을 보면 육상 선수가 뛰고 있으므로, '快'와 같은 형용사 앞에 주어로 사용하면 좋은 문장을 만들 수 있다.

단어 跑 pǎo 동 뛰다, 달리다 | 速度 sùdù 명 속도

3

| 她在取款机上输入密码。 | 그녀는 현금 인출기에서 비밀번호를 입력하고 있다. |

풀이 '密码'라는 명사 제시어가 주어졌으므로 문장에서 주어나 목적어, 혹은 다른 명사를 수식하는 관형어 역할을 할 수 있다. 사진을 보면 인출기에 비밀번호를 입력하고 있으므로, '输入'과 같은 동사 뒤에 목적어로 사용하면 좋은 문장을 만들 수 있다.

단어 取款机 qǔkuǎnjī 현금 인출기, ATM기 | 输入 shūrù 동 입력하다 | 密码 mìmǎ 명 비밀번호

4

| 我对这位售货员的服务很满意。 | 나는 이 판매원의 서비스에 만족한다. |

풀이 '售货员'이라는 명사 제시어가 주어졌으므로 문장에서 주어나 목적어, 혹은 다른 명사를 수식하는 관형어 역할을 할 수 있다. 사진을 보면 점원이 친절하게 미소 짓고 있으므로 '热情(친절하다)'와 같은 형용사 앞에 주어로 사용하거나, 위의 문장처럼 '服务'라는 명사를 수식하는 관형어로 사용하면 좋은 문장을 만들 수 있다.

단어 售货员 shòuhuòyuán 명 판매원, 점원 | 服务 fúwù 명 서비스 | 满意 mǎnyì 동 ~에 만족하다 형 만족하다

5

| 我爷爷每天去公园练功夫。 | 우리 할아버지는 매일 공원에 가서 무술을 연마하신다. |

풀이 '功夫'라는 명사 제시어가 주어졌으므로 문장에서 주어나 목적어, 혹은 다른 명사를 수식하는 관형어 역할을 할 수 있다. 사진을 보면 남자가 무술을 연마하고 있으므로, '练'과 같은 동사 뒤에 목적어로 사용하면 좋은 문장을 만들 수 있다.

단어 练 liàn 동 연습하다 명 연습 | 功夫 gōngfu 명 ① 무술 ② 시간

Chapter 02 동사로 작문하기

기초 체크   + 본책 295쪽   문제 풀이

96

这个孩子在脱袜子。 | 이 아이는 양말을 벗고 있다.

 '脱'라는 동사 제시어가 주어졌으므로, 사진을 통해 목적어는 '袜子'로 정할 수 있다. 이때 '~하는 중이다'는 의미의 부사 '在'까지 사용하면 더 좋은 문장을 만들 수 있다.

 脱 tuō 동 벗다 | 袜子 wàzi 명 양말

실전 테스트   + 본책 303쪽   문제 풀이

1

我每次给你打电话都占线。 | 내가 매번 너에게 전화를 걸면 통화 중이야.

 '占线'은 '동사+목적어' 구조로 이루어져 있는 이합동사이므로, 뒤에 다시 목적어를 사용할 수 없다. 그 대신 앞에 '打电话'를 사용한 배경을 제시해주면 더 좋은 문장을 만들 수 있다.

 占线 zhànxiàn 동 통화 중이다

2

我把衣服都挂在那儿了。 | 나는 옷을 모두 저기에 걸었다.

 '挂'라는 동사 제시어가 주어졌으므로, 사진을 통해 목적어는 '衣服'로 정할 수 있다. 이때 '把자문'을 써서 옷을 앞에 두고 '挂' 뒤에는 장소를 제시한다면 더 좋은 문장을 만들 수 있다.

 挂 guà 동 (고리·못 등에) 걸다

3

| 你要乘坐哪班飞机? | 너는 어느 편명 비행기에 타려고 하니? |

풀이 '乘坐'라는 동사 제시어가 주어졌으므로, 사진을 통해 목적어는 '飞机'로 정할 수 있다.

단어 乘坐 chéngzuò 동 (자동차·배·비행기 등을) 타다 | 班 bān 양 편명 [교통 기관의 운행표 또는 노선]

4

| 我们讨论了一个小时。 | 우리는 한 시간 동안 토론했다. |

풀이 '讨论'이라는 동사 제시어가 주어졌으므로, 뒤에 목적어로 '问题'와 같은 명사를 사용하거나, 위의 문장처럼 시량보어를 사용해서 토론한 시간을 보충해주면 더 좋은 문장을 만들 수 있다.

단어 讨论 tǎolùn 동 토론하다 명 토론

5

| 我把信寄出去了。 | 나는 편지를 부쳤다. |

풀이 '寄'라는 동사 제시어가 주어졌으므로, 사진을 통해 목적어는 '信'으로 정할 수 있다. 이때 '把자문'을 써서 편지를 앞에 두고 '寄' 뒤에는 방향보어를 사용하여 '부쳐 보냈다'라는 느낌을 보충해준다면 더 좋은 문장을 만들 수 있다.

단어 信 xìn 명 편지 | 寄 jì 동 (우편으로) 부치다

Chapter 03 형용사로 작문하기

기초 체크 　+ 본책 304쪽　　　　문제 풀이

96

| 这块蛋糕又甜又好看。 | 이 케이크는 달고 예쁘다. |

풀이 '甜'이라는 형용사 제시어가 주어졌으므로, 사진을 통해 주어는 '蛋糕'로 정할 수 있다. 여기에 '又 A 又 B(A 하기도 하고 B 하기도 하다)'와 같은 구문을 사용하면 더 좋은 문장을 만들 수 있다.

단어 蛋糕 dàngāo 명 케이크 | 甜 tián 형 달다 | 好看 hǎokàn 형 보기 좋다, 예쁘다

실전 테스트 　+ 본책 310쪽　　　　문제 풀이

1

| 这本书虽然很厚，但是很有意思。 | 이 책은 비록 두껍지만, 재미있다. |

풀이 '厚'라는 형용사 제시어가 주어졌으므로, 사진을 통해 주어는 '书'로 정할 수 있다. 문장이 너무 간단한 경우, 위의 문장과 같이 관련사 '虽然……, 但是……' 등을 이용해서 내용을 보충해주면 더 좋은 문장을 만들 수 있다.

단어 虽然 suīrán 접 비록 ~하지만 | 厚 hòu 형 두껍다

2

| 一个人在家里，他很无聊。 | 혼자 집에 있으니, 그는 무료하다. |

풀이 '无聊'라는 형용사 제시어가 주어졌으므로, 사진을 통해 주어는 '他'로 정할 수 있다. 문장이 너무 간단한 경우, 위의 문장과 같이 앞에 배경을 제시해주면 더 좋은 문장을 만들 수 있다.

단어 无聊 wúliáo 형 무료하다, 심심하다

3

| 这朵花太香了。 | 이 꽃은 너무 향기롭다. |

풀이 '香'이라는 형용사 제시어가 주어졌으므로, 사진을 통해 주어는 '花'로 정할 수 있다. 문장이 너무 간단한 경우 '他送的这朵花'처럼 수식 성분을 보충해주면 더 좋은 문장을 만들 수 있다.

단어 朵 duǒ 양 송이[꽃을 세는 단위] | 香 xiāng 형 향기롭다

4

| 大学毕业了，大家都很激动。 | 대학을 졸업하니, 모두들 몹시 감격했다. |

풀이 '激动'이라는 형용사 제시어가 주어졌으므로, 사진을 통해 주어는 사람들로 정할 수 있다. 문장이 너무 간단한 경우, 위의 문장과 같이 앞에 배경을 제시해주면 더 좋은 문장을 만들 수 있다. 또 다른 경우로는 '激动' 뒤에 정도보어를 써서 '激动得跳起来'와 같이 조금 더 묘사하는 표현도 가능하다.

단어 毕业 bìyè 동 졸업하다 | 激动 jīdòng 동 흥분하다, 감격하다

5

| 因为她妈妈生病了，所以她很难过。 | 그녀의 어머니가 병이 나셨기 때문에, 그래서 그녀는 슬프다. |

풀이 '难过'라는 형용사 제시어가 주어졌으므로, 사진을 통해 주어는 '她'로 정할 수 있다. 문장이 너무 간단한 경우, 위의 문장과 같이 앞에 배경을 제시해주면 더 좋은 문장을 만들 수 있다. 이때 '因为……所以……'와 같은 관련사를 사용해주면 더 좋은 문장을 만들 수 있다.

단어 难过 nánguò 형 괴롭다, 슬프다

Chapter 04 양사로 작문하기

기초 체크 +본책 311쪽   문제 풀이

96

这本书一共有200页。 | 이 책은 전부 200페이지가 있다.

풀이 '页'라는 페이지를 세는 양사가 제시되었고 사진에 책이 있으므로, 책이 몇 페이지인지 표현하면 된다.

단어 一共 yígòng 🔒 모두, 전부 | 页 yè 🔒 쪽, 페이지[페이지를 세는 단위]

실전 테스트 +본책 315쪽   문제 풀이

1

这座楼又高又大。 | 이 동의 건물은 높고 크다.

풀이 '座'라는 건물을 세는 양사가 제시되었고 사진에 빌딩이 있으므로, '一座楼' 혹은 '这座楼'의 표현을 사용할 수 있다. 서술어에 '又 A 又 B A 하기도 하고 B 하기도 하다'라는 구문을 사용하여 건물을 자세하게 묘사한다면 더 좋은 문장을 만들 수 있다.

단어 座 zuò 🔒 좌석, 자리 🔒 좌, 동, 채[건축물·산·교량 등 부피가 크거나 고정된 물체를 세는 단위] | 楼 lóu 🔒 ① 다층 건물 ② 층

2

我把这几份材料都看完了。 | 나는 이 몇 부의 자료를 모두 다 봤다.

풀이 '份'이라는 문서를 세는 양사가 제시되었고 사진에 문서 혹은 자료들이 있으므로, '几份材料'의 표현을 사용할 수 있다. 단 책(书)은 양사 '本'을 사용하므로 주의해야 한다.

단어 份 fèn 🔒 부[신문·잡지·문건 등을 세는 단위] | 材料 cáiliào 🔒 ① 재료 ② 자료

3

| 这篇小说实在是太有意思了。 | 이 한 편의 소설은 정말 너무 재미있다. |

 '篇'이라는 글을 세는 양사가 제시되었고 사진에 책이 있으므로, '这篇小说'의 표현을 사용할 수 있다. 단 책(书)은 양사 '本'을 사용하므로 주의해야 한다.

 篇 piān 양 편[글을 세는 단위] | 小说 xiǎoshuō 명 소설

4

| 他在这场比赛中踢进了一个好球。 | 그는 이번 경기에서 멋진 골을 하나 넣었다. |

 '场'이라는 양사가 제시되었고 사진에 축구 선수가 있으므로, '一场比赛' 혹은 '这场比赛'의 표현을 사용할 수 있다.

 场 chǎng 양 회, 번, 차례(문예·오락·체육 활동 등에 쓰임) | 比赛 bǐsài 명 시합, 경기 | 踢 tī 동 (발로) 차다

5

| 她把这本书看了两遍。 | 그녀는 이 책을 두 번 봤다. |

 '遍'이라는 동작을 세는 양사가 제시되었고 사진에서 책을 보고 있으므로, 몇 번 책을 봤는지 나타내주면 된다.

 遍 biàn 양 번, 회(동작이 시작되어 끝날 때까지의 전 과정을 나타냄)

新HSK 4급
실전 모의고사

해설서

정답 및 해설

- 듣기 ········· 158
- 독해 ········· 179
- 쓰기 ········· 197

듣기 제1부분

> 문제 풀이

1

公司晚上九点半关门，现在已经九点一刻了，回去一趟肯定来不及。我们还是明天早上早点儿过去吧。	회사가 저녁 아홉 시 반에 문을 닫고, 지금은 이미 9시 15분이라서, 돌아갔다 오기에는 틀림없이 늦을 거야. 우리 그냥 내일 아침에 일찍 가자.
★ 他觉得现在回公司会来不及。(✓)	★ 그는 지금 회사에 돌아가면 늦을 것이라고 생각한다. (✓)

풀이 문제의 서술어가 지문의 내용과 일치하는지 판단하는 문제이다. 지문의 '来不及'는 문제의 서술어인 '来不及'와 완전히 일치한다. 따라서 정답은 ✓이다.

단어 刻 kè 양 15분 | 趟 tàng 양 번, 차례 [왕복하는 횟수를 세는 단위] | 肯定 kěndìng 동 긍정적이다 부 틀림없이, 확실히 | 来不及 láibují 시간이 없다. 늦다

2

这儿的环境问题要是一开始就重视起来，是不难解决的。可过了这么久都没人管，现在又出现了很多新问题，想要快速解决已经不可能了。	이곳의 환경 문제가 만약 처음부터 중시되었다면, 해결하기 어렵지 않았을 것이다. 그러나 이렇게 오래도록 관리하는 사람이 없으니, 현재 또 많은 새로운 문제가 나타났고, 빠르게 해결하고 싶어도 이미 불가능해졌다.
★ 那儿的环境问题没有及时解决。(✓)	★ 그곳의 환경문제는 제때 해결하지 못했다. (✓)

풀이 문제가 지문 전체의 내용과 부합하는지 유추하여 판단하는 문제이다. 지문의 '要是一开始就重视起来，是不难解决的'와 '过了这么久都没人管'과 같은 표현으로 볼 때 정답은 ✓이다.

단어 环境 huánjìng 명 환경 | 要是 yàoshi 접 만약 ~라면 | 重视 zhòngshì 동 중시하다, 중요시하다 | 解决 jiějué 동 해결하다 | 久 jiǔ 형 오래다, 시간이 길다 | 管 guǎn 동 관여하다, 관리하다 | 出现 chūxiàn 동 나타나다, 출현하다 | 快速 kuàisù 형 쾌속의, 속도가 빠른 | 及时 jíshí 형 시기적절하다, 때가 맞다 부 즉시

3

您好，请您先在这张表格上填写您的名字和联系电话，然后就可以到左边排队取小礼物了。	안녕하세요. 우선 이 표에 당신의 성함과 연락처를 기입해주세요. 그런 다음 왼쪽에 가셔서 줄을 서시면 작은 선물을 받으실 수 있습니다.
★ 表格上需要填写地址。(✗)	★ 표에 주소를 기입해야 한다. (✗)

풀이 문제의 목적어가 지문의 내용과 일치하는지 판단하는 문제이다. 지문의 '填写您的名字和联系电话'는 문제의 서술성 목적어 '填写地址'와 전혀 다른 표현이다. 따라서 정답은 ✗이다.

단어 表格 biǎogé 명 표, 서식, 양식 | 填 tián 동 써넣다, 기입하다 | 联系 liánxì 동 연락하다, 연결하다 명 연락 | 然后 ránhòu 접 그런 다음 | 排队 páiduì 동 줄을 서다 | 取 qǔ 동 가지다, 취하다, 찾다 | 地址 dìzhǐ 명 주소

4

陈老师，不好意思。我刚才在听音乐会手机一直静音，没有及时接听您的电话。您找我有事吗？
★ 陈老师刚才给他打过电话。　　　（　√　）

천 선생님, 죄송합니다. 제가 방금 음악회를 관람하느라 휴대전화가 줄곧 무음이어서, 제때 당신의 전화를 받지 못했습니다. 제게 볼일이 있으신가요?
★ 천 선생님은 방금 그에게 전화한 적이 있다. （　√　）

풀이 문제가 지문 전체의 내용과 부합하는지 유추하여 판단하는 문제이다. 지문의 '没有及时接听您的电话'라는 표현으로 볼 때 정답은 √이다.

단어 不好意思 bù hǎo yìsi 죄송합니다, 실례합니다 | 刚才 gāngcái 몡 방금, 막 | 一直 yìzhí 뷔 계속, 줄곧 | 静音 jìngyīn 음소거, 무음 | 及时 jíshí 혱 시기적절하다, 때가 맞다 뷔 즉시

5

五班在夏季运动会上取得了非常好的成绩，其中跑步、游泳等几个比赛都获得了第一名。
★ 五班在运动会上的成绩不错。　　　（　√　）

5반은 하계 운동회에서 아주 좋은 성적을 얻었다. 그중 달리기, 수영 등 몇 개의 시합에서 일등을 했다.
★ 5반은 운동회에서의 성적이 좋다. （　√　）

풀이 문제의 서술어가 지문의 내용과 일치하는지 판단하는 문제이다. 지문의 '非常好的成绩'는 문제의 서술어인 '不错'와 의미상 일치한다. 따라서 정답은 √이다.

단어 班 bān 몡 반 | 夏季 xiàjì 몡 여름, 하계 | 取得 qǔdé 동 얻다, 취득하다 | 获得 huòdé 동 얻다, 획득하다 | 不错 búcuò 혱 괜찮다, 좋다

6

为什么说失败是成功之母？因为我们可以从失败中发现自己的缺点，总结出很多经验，有了这些经验的积累，才有可能获得成功。
★ 失败是成功之母。　　　（　√　）

왜 실패는 성공의 어머니라고 할까요? 왜냐하면 우리는 실패로부터 자신의 단점을 발견하고, 많은 경험을 정리해 낼 수 있기 때문이다. 이러한 경험들이 쌓여야, 비로소 성공을 거둘 수 있다.
★ 실패는 성공의 어머니이다. （　√　）

풀이 문제 전체가 지문의 내용과 일치하는지 판단하는 문제이다. 지문의 '失败是成功之母'는 문제에 제시된 문장과 일치한다. 따라서 정답은 √이다.

단어 失败 shībài 동 실패하다 몡 실패 | 成功 chénggōng 동 성공하다 몡 성공 혱 성공적이다 | 发现 fāxiàn 동 발견하다 몡 발견 | 缺点 quēdiǎn 몡 단점, 결점 | 总结 zǒngjié 동 총정리하다, 총결산하다 몡 총정리, 총결산 | 经验 jīngyàn 몡 경험, 경력 | 积累 jīlěi 동 쌓다, 쌓이다

7

儿子在这次数学考试中<u>获得了第一名</u>。为了表示祝贺，我准备晚上做他最爱吃的酸菜鱼。

★ 儿子的数学成绩<u>非常差</u>。　　　　(✗)

아들이 이번 수학 시험에서 <u>일등을 했다</u>. 축하하기 위해서, 나는 저녁에 그가 가장 좋아하는 쏸차이위를 해주려고 한다.

★ 아들의 수학 성적은 <u>매우 나쁘다</u>.　　　　(✗)

풀이 문제의 서술어가 지문의 내용과 일치하는지 판단하는 문제이다. 지문의 '获得了第一名'은 문제의 서술어인 '非常差'와 상반되는 뜻을 나타낸다. 따라서 정답은 X이다.

단어 数学 shùxué 명 수학 | 获得 huòdé 동 얻다, 획득하다 | 表示 biǎoshì 동 나타내다, 표시하다 | 祝贺 zhùhè 동 축하하다 | 酸菜鱼 suāncàiyú 고유 쏸차이위(중국 쓰촨 지역에서 가정식으로 많이 먹는 탕) | 差 chà 동 부족하다, 모자라다 형 나쁘다, 좋지 않다

8

我家附近有个大商场，那儿经常打折，我的眼镜就是上周末在那儿买的。原价八百多元，我买的时候花了不到两百。

★ 眼镜是打折时买的。　　　　(✓)

우리 집 부근에 큰 쇼핑센터가 하나 있다. 그곳은 자주 할인을 해서, 내 안경은 바로 지난 주말에 그곳에서 산 것이다. 원래 가격은 800위안이 넘는데, 내가 살 때는 200위안도 쓰지 않았다.

★ 안경은 할인할 때 산 것이다.　　　　(✓)

풀이 문제가 지문 전체의 내용과 부합하는지 유추하여 판단하는 문제이다. 지문의 '经常打折……原价八百多元, 我买的时候花了不到两百'와 같은 표현으로 볼 때 정답은 ✓이다.

단어 附近 fùjìn 명 부근, 근처 | 商场 shāngchǎng 명 백화점, 쇼핑센터 | 打折 dǎzhé 동 할인하다, 세일하다 | 眼镜 yǎnjìng 명 안경 | 周末 zhōumò 명 주말

9

去往上海的旅客请注意。<u>您乘坐的CA827次航班马上就要起飞了</u>。请您拿好登机牌，在3号登机口准备登机。

★ 飞机<u>就要起飞了</u>。　　　　(✓)

상하이 쪽으로 가시는 여행객은 주의해 주세요. <u>탑승하실 CA827 항공편이 바로 이륙합니다</u>. 탑승권을 가지고 3번 탑승구로 오셔서 탑승을 준비해 주세요.

★ 비행기는 <u>곧</u> 이륙<u>한다</u>.　　　　(✓)

풀이 문제 전체가 지문의 내용과 일치하는지 판단하는 문제이다. 지문의 '您乘坐的CA827次航班马上就要起飞了'는 문제에 제시된 문장과 거의 일치한다. 따라서 정답은 ✓이다.

단어 旅客 lǚkè 명 여행객 | 注意 zhùyì 동 주의하다 | 乘坐 chéngzuò 동 (자동차·배·비행기 등을) 타다 | 航班 hángbān 명 (비행기나 배의) 항공편, 운항편 | 起飞 qǐfēi 동 이륙하다 | 登机牌 dēngjīpái 탑승권 | 登机口 dēngjīkǒu 탑승구 | 登机 dēngjī 동 (비행기에) 탑승하다

10

在北京旅行的这几天，我看到了美丽的景色，遇到了热情的人，还吃到了各种各样的小吃。我实在不愿意离开，我想永远留在这儿。

★ 他想离开北京。　　　　　　　（ × ）

베이징에 여행하는 요 며칠, 나는 아름다운 경치를 봤고, 친절한 사람들을 만났으며, 각양각색의 간식을 먹었다. 나는 정말 떠나기를 원하지 않고, 영원히 여기에 남고 싶다.

★ 그는 베이징을 떠나고 싶어 한다.　　　（ × ）

 문제의 부사어가 지문의 내용과 일치하는지 판단하는 문제이다. 지문의 '不愿意'는 문제에 제시된 조동사 부사어 '想'과 의미상 상반된다. 따라서 정답은 X이다.

 旅行 lǚxíng 동 여행하다 명 여행 | 美丽 měilì 형 아름답다 | 景色 jǐngsè 명 경치, 풍경 | 遇到 yùdào 동 만나다 | 热情 rèqíng 명 열정 형 열정적이다, 친절하다 | 各种各样 gè zhǒng gè yàng 여러 종류, 각양각색 | 小吃 xiǎochī 명 간단한 음식, 간식, 스낵 | 实在 shízài 부 확실히, 정말 | 离开 líkāi 동 떠나다 | 永远 yǒngyuǎn 부 영원히 | 留 liú 동 남다, 남기다

듣기 제2부분

문제 풀이

11

男: 同学聚会的地点又改了。
女: 对。有人说原来的地方离市区太远，下了班来不及赶过去。
问: 他们在谈什么？
A 聚会地点　　B 学校规定
C 寒假作业　　D 出行方式

남: 동창 모임 장소가 또 바뀌었어.
여: 맞아. 어떤 애가 말하길 원래 장소는 시내 지역에서 너무 멀어서, 퇴근하고 서둘러 가도 늦대.
질문: 그들은 무엇을 이야기하고 있는가?
A 모임 장소　　B 학교 규정
C 겨울방학 숙제　　D 외출 방식

 보기로는 문제 유형을 정확하게 알 수 없고, 질문의 '谈什么'를 통해 화제형임을 알 수 있다. 지문에서 남자의 '同学聚会的地点又改了'라는 말을 통해 정답은 A이다.

 聚会 jùhuì 통 모이다 명 모임 | 地点 dìdiǎn 명 장소, 지점 | 改 gǎi 통 고치다, 바꾸다 | 原来 yuánlái 형 원래의 부 ① 원래 ② 알고 보니 | 地方 dìfang 명 장소, 곳, 부분 | 市区 shìqū 명 시내 지역 | 来不及 láibují 시간이 없다. 늦다 | 赶 gǎn 통 ① 서두르다 ② 쫓아내다 | 规定 guīdìng 통 규정하다 명 규정 | 寒假 hánjià 명 겨울방학 | 出行 chūxíng 통 외출하다, 외지로 가다 | 方式 fāngshì 명 방식, 방법

12

女: 李阿姨的两个儿子长得实在太像了。
男: 是啊。我有时候也会叫错名字。
问: 女的觉得李阿姨的两个儿子怎么样？
A 爱好太少　　B 长得像
C 性格活泼　　D 很节约

여: 리 아주머니의 두 아들은 생김새가 정말 너무 닮았어.
남: 맞아. 나는 때로 이름을 잘못 부르기도 해.
질문: 여자는 이 아주머니의 두 아들이 어떻다고 생각하는가?
A 취미가 너무 적다　　B 생김새가 닮았다
C 성격이 활발하다　　D 검소하다

 형용사로 이루어진 보기를 통해 평가형 질문을 예상할 수 있다. 지문에서 여자의 '长得实在太像了'라는 말을 통해 정답이 B임을 알 수 있다.

 阿姨 āyí 명 이모, 아주머니 | 实在 shízài 형 확실하다 부 확실히, 정말 | 像 xiàng 통 ~와(과) 같다, 비슷하다, 닮다 | 性格 xìnggé 명 성격 | 活泼 huópō 형 활발하다 | 节约 jiéyuē 통 절약하다 형 검소하다

13

男: 你好。我前天收到了你们公司的面试通知，今天过来应聘。
女: 好的。请先填一下这张表格。
问: 男的接下来最可能会做什么？
A 打印材料　　　　B 填表
C 放弃面试　　　　D 打电话

남: 안녕하세요. 제가 그저께 귀사의 회사에서 면접 통지서를 받아서 오늘 응시하러 왔습니다.
여: 네. 우선 이 표를 기입해주세요.
질문: 남자는 이어서 무엇을 하게 될 가능성이 가장 큰가?
A 자료를 프린트하다　　B 표를 기입하다
C 면접을 포기하다　　　D 전화를 걸다

 동사로 이루어진 보기를 통해 동작을 묻는 질문을 예상할 수 있다. 지문에서 여자의 '请先填一下这张表格'라는 말을 통해 정답이 B임을 알 수 있다.

 面试 miànshì 동 면접시험을 보다 명 면접시험 | 通知 tōngzhī 동 통지하다, 알리다 명 통지 | 应聘 yìngpìn 동 지원하다 | 填 tián 동 써넣다, 기입하다 | 表格 biǎogé 명 표, 서식, 양식 | 打印 dǎyìn 동 프린트하다, 인쇄하다 | 材料 cáiliào 명 ① 재료 ② 자료 | 放弃 fàngqì 동 포기하다

14

女: 快来看呀！一个晚上，我家前面那棵树上的叶子就掉光了。
男: 昨晚的风刮得确实挺大的。冬天就要到了。
问: 根据对话，可以知道什么？
A 昨晚下雪了　　　　B 夏天快来了
C 天阴了　　　　　　D 现在是秋季

여: 어서 와서 봐! 하룻밤 사이에 우리 집 앞 저 나무의 잎이 하나도 남지 않고 다 떨어졌어.
남: 어제저녁에 바람이 확실히 아주 많이 불었어. 겨울이 곧 오겠다.
질문: 대화에 근거하여, 무엇을 알 수 있나?
A 어제저녁 눈이 내렸다　　B 여름이 곧 온다
C 날이 흐려졌다　　　　　　D 현재 가을이다

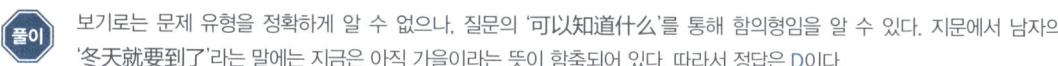 보기로는 문제 유형을 정확하게 알 수 없으나, 질문의 '可以知道什么'를 통해 함의형임을 알 수 있다. 지문에서 남자의 '冬天就要到了'라는 말에는 지금은 아직 가을이라는 뜻이 함축되어 있다. 따라서 정답은 D이다.

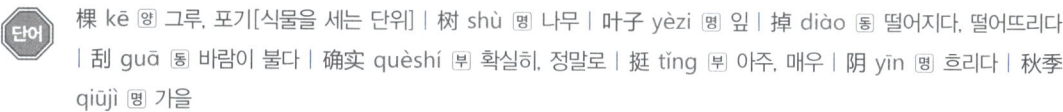 棵 kē 양 그루, 포기[식물을 세는 단위] | 树 shù 명 나무 | 叶子 yèzi 명 잎 | 掉 diào 동 떨어지다, 떨어뜨리다 | 刮 guā 동 바람이 불다 | 确实 quèshí 부 확실히, 정말로 | 挺 tǐng 부 아주, 매우 | 阴 yīn 명 흐리다 | 秋季 qiūjì 명 가을

15

男: 您好，您的相机已经过了保修期，不能免费修理了。
女: 没关系。我付费修吧。

问: 女的要修什么?
A 相机　　　　B 眼镜
C 冰箱　　　　D 洗衣机

남: 안녕하세요. 당신의 카메라는 이미 무상 수리 기간이 지나서, 무료로 수리할 수가 없습니다.
여: 괜찮아요. 제가 수리비를 낼게요.

질문: 여자는 무엇을 수리하려고 하는가?
A 카메라　B 안경　C 냉장고　D 세탁기

모두 사물을 나타내는 단어들로 나열된 보기를 통해 열거형 문제임을 예상할 수 있다. 지문에서 남자의 '您的相机已经过了保修期'라는 말을 통해 정답이 A임을 알 수 있다.

相机 xiàngjī 몡 카메라 | 保修期 bǎoxiūqī 보증 수리 기간, 무상 수리 기간 | 免费 miǎnfèi 통 무료로 하다 | 修理 xiūlǐ 통 수리하다, 고치다 | 付费 fùfèi 통 비용을 지불하다 | 眼镜 yǎnjìng 몡 안경 | 冰箱 bīngxiāng 몡 냉장고 | 洗衣机 xǐyījī 몡 세탁기

16

女: 这些材料我帮你寄过去，你不用专门再来一趟了。
男: 真的太感谢啦，那麻烦你寄到我家吧。

问: 男的为什么感谢女的?
A 帮他付款了　　　B 陪他去医院
C 允许他请假　　　D 帮他寄材料

여: 이 자료들은 제가 당신을 도와 우편으로 부칠 테니, 당신은 일부러 다시 안 오셔도 됩니다.
남: 정말 너무 감사합니다. 그러면 번거로우시지만 저희 집으로 부쳐주세요.

질문: 남자는 왜 여자에게 감사한가?
A 그를 도와 돈을 지불했다
B 그를 데리고 병원에 간다
C 그가 휴가 신청하는 것을 허락했다
D 그를 도와 자료를 부쳐준다

보기로는 문제 유형을 정확하게 알 수 없으나, 질문의 '为什么'를 통해 원인형임을 알 수 있다. 지문에서 여자의 '这些材料我帮你寄过去'라는 말을 통해 정답이 D이다.

材料 cáiliào 몡 ① 재료 ② 자료 | 寄 jì 통 (우편으로) 부치다 | 专门 zhuānmén 혱 전문적이다 튀 전문적으로, 특별히, 일부러 | 趟 tàng 양 차례, 번[왕복하는 횟수를 세는 단위] | 感谢 gǎnxiè 통 감사하다 | 麻烦 máfan 통 폐를 끼치다, 귀찮게 하다 몡 말썽, 골칫거리 혱 귀찮다, 번거롭다 | 付款 fùkuǎn 통 돈을 지불하다 | 陪 péi 통 모시다, 동반하다 | 允许 yǔnxǔ 통 허가하다, 허락하다 | 请假 qǐngjià 통 휴가를 신청하다

17

男: 我给你买了糖和饼干，都是你爱吃的。
女: 可是，我正在减肥呢。你下次还是给我带水果好了。

问: 根据对话，下列哪个正确?
A 男的买了包　　B 女的在减肥
C 男的爱吃辣　　D 女的非常瘦

남: 내가 너에게 줄 사탕과 과자를 사 왔는데, 모두 네가 좋아하는 거야.
여: 그런데, 나는 지금 다이어트를 하고 있어. 다음에는 나에게 과일만 가져다주면 돼.

질문: 대화에 근거하여, 다음 중 어느 것이 옳은가?
A 남자는 가방을 샀다
B 여자는 다이어트를 하고 있다
C 남자는 매운 음식 먹는 것을 좋아한다
D 여자는 아주 말랐다

 보기로는 문제 유형을 정확하게 알 수 없고, 질문의 '下列哪个正确'를 통해 판단형임을 알 수 있다. 지문에서 여자의 '我正在减肥呢'라는 말을 통해 정답은 B이다.

 糖 táng 몡 사탕, 설탕 | 饼干 bǐnggān 몡 비스킷, 과자 | 减肥 jiǎnféi 통 다이어트 하다, 살을 빼다 | 辣 là 혱 맵다 | 瘦 shòu 혱 마르다, 여위다

18

女: 房间的垃圾桶都满了，你怎么不倒掉?
男: 我本来想出去散步时顺便扔垃圾，结果后来忘了。

问: 男的忘了做什么?
A 擦盘子　B 理发　C 买叉子　D 扔垃圾

여: 방의 쓰레기통이 가득 찼는데, 너는 어째서 쏟아 버리지 않니?
남: 나는 본래 산책하러 나가는 김에 쓰레기를 버릴 생각이었는데, 결과적으로 그 후에 잊어버렸어.

질문: 남자는 무엇 하는 것을 잊었는가?
A 쟁반을 닦다　　　　B 이발하다
C 포크를 사다　　　　D 쓰레기를 버리다

 동사로 이루어진 보기를 통해 동작을 묻는 질문을 예상할 수 있다. 지문에서 남자의 '我本来想出去散步时顺便扔垃圾'라는 말을 통해 정답이 D임을 알 수 있다.

 垃圾桶 lājītǒng 몡 쓰레기통 | 倒 dào 통 붓다, 따르다, 쏟다 | 本来 běnlái 혱 본래의 팀 본래 | 散步 sànbù 통 산책하다 몡 산책 | 顺便 shùnbiàn 팀 ~하는 김에 | 扔 rēng 통 내버리다 | 垃圾 lājī 몡 쓰레기 | 结果 jiéguǒ 몡 결과 | 后来 hòulái 몡 그 후, 그다음 | 擦 cā 통 닦다, 비비다, 문지르다 | 盘子 pánzi 몡 쟁반 | 理发 lǐfà 통 이발하다 | 叉子 chāzi 몡 포크

19

男：你的签证办好了吗？怎么还没消息？
女：大使馆说我的申请材料不全，<u>少一个收入证明</u>，我还在办呢。

问：签证<u>为什么</u>没办好？

A 名字写错了　　　　B 没带现金
C 少份证明　　　　　D 护照不见了

남: 너의 비자는 발급이 끝났어? 왜 아직도 소식이 없니?
여: 대사관에서 내 신청자료가 완벽하지 않다고 해. <u>수입 증명서 하나가 부족해서</u>, 나는 아직 발급 중이야.

질문: 비자는 <u>왜</u> 발급되지 않았나?

A 이름을 잘못 썼다　　　B 현금을 휴대하지 않았다
C 증명서가 한 부가 부족하다　D 여권이 없어졌다

 보기로는 문제 유형을 정확하게 알 수 없고, 질문의 '为什么'를 통해 원인형임을 알 수 있다. 지문에서 여자의 '少一个收入证明'이라는 말을 통해 정답은 C이다.

 签证 qiānzhèng 몡 비자 | 办 bàn 동 처리하다, 발급하다 | 消息 xiāoxi 몡 소식 | 大使馆 dàshǐguǎn 몡 대사관 | 申请 shēnqǐng 동 신청하다 몡 신청 | 材料 cáiliào 몡 ① 재료 ② 자료 | 收入 shōurù 몡 수입 | 证明 zhèngmíng 동 증명하다 몡 증명(서) | 现金 xiànjīn 몡 현금 | 护照 hùzhào 몡 여권

20

女：哥，孩子这么小，你就让她自己洗袜子、毛巾啊？
男：<u>养成这样的好习惯</u>，她长大后，才能更好地照顾自己，不让我们担心。

问：男的觉得那种做法<u>怎么样</u>？

A 十分辛苦　　　　B 很有趣
C 是正确的　　　　D 非常奇怪

여: 오빠, 아이가 이렇게나 어린데 그녀에게 스스로 양말과 수건을 빨라고 해?
남: <u>이러한 좋은 습관을 길러야</u>, 그녀가 다 자란 후에 비로소 더 자신을 잘 돌볼 수 있고, 우리를 걱정시키지 않을 거야.

질문: 남자는 그 방법이 <u>어떻다고</u> 생각하는가?

A 매우 고생스럽다　　B 재미있다
C 올바른 것이다　　　D 아주 이상하다

 형용사로 이루어진 보기를 통해 평가형 질문을 예상할 수 있다. 지문에서 남자의 '养成这样的好习惯'이라는 말을 통해 정답이 C임을 알 수 있다.

 袜子 wàzi 몡 양말 | 毛巾 máojīn 몡 수건, 타월 | 养成 yǎngchéng 동 기르다 | 习惯 xíguàn 동 습관이 되다, 익숙해지다 몡 습관 | 长大 zhǎngdà 동 자라다, 성장하다 | 照顾 zhàogù 동 돌보다 | 担心 dānxīn 동 걱정하다 | 十分 shífēn 부 매우, 아주 | 辛苦 xīnkǔ 형 고생스럽다, 고되다 | 有趣 yǒuqù 형 재미있다 | 正确 zhèngquè 형 정확하다, 올바르다 | 奇怪 qíguài 형 이상하다

21

男: 您好, 我取一万块钱。
女: 对不起。这个窗口不提供现金服务, 其他窗口可以。

问: 男的想做什么?

A 付款　　　　　B 招聘
C 购物　　　　　D 取钱

남: 안녕하세요. 저는 일만 위안(콰이)을 찾으려고요.
여: 죄송합니다. 이 창구는 현금 서비스를 제공하지 않고, 다른 창구는 가능합니다.

질문: 남자는 무엇을 하고 싶은가?

A 돈을 지불하다　　　B 채용하다
C 물건을 사다　　　　D 돈을 인출하다

 동사로 이루어진 보기를 통해 동작을 묻는 질문을 예상할 수 있다. 지문에서 남자의 '我取一万块钱'이라는 말을 통해 정답이 D임을 알 수 있다.

 取 qǔ 동 가지다, 취하다, 찾다 | 窗口 chuāngkǒu 명 창구 | 提供 tígōng 동 제공하다 | 现金 xiànjīn 명 현금 | 服务 fúwù 명 서비스 | 其他 qítā 대 기타, 그 외 | 付款 fùkuǎn 동 돈을 지불하다 | 招聘 zhāopìn 동 모집하다, 채용하다 | 购物 gòuwù 동 물건을 구입하다

22

女: 刚才广播通知我们乘坐的那趟火车要到八点才能开。
男: 怎么推迟了这么长时间?

问: 他们现在最可能在哪儿?

A 校车上　　　　B 火车站
C 出租车上　　　D 超市

여: 방금 방송에서 우리가 타는 그 기차는 8시가 되어서야 출발한다고 알렸어.
남: 왜 이렇게나 긴 시간이 지연됐지?

질문: 그들은 현재 어디에 있을 가능성이 가장 큰가?

A 스쿨버스 안　　B 기차역
C 택시 안　　　　D 슈퍼마켓

 보기를 통해 장소와 관련된 질문을 예상할 수 있다. 지문에서 여자의 '我们乘坐的那趟火车'라는 말을 통해 정답이 B임을 알 수 있다.

 刚才 gāngcái 명 방금, 막 | 广播 guǎngbō 동 방송하다 명 라디오 방송 | 通知 tōngzhī 동 통지하다, 알리다 명 통지 | 乘坐 chéngzuò 동 (자동차·배·비행기 등을) 타다 | 趟 tàng 양 번, 차례[왕복하는 횟수를 세는 단위] | 推迟 tuīchí 동 미루다, 연기하다 | 校车 xiàochē 명 스쿨버스 | 超市 chāoshì 명 슈퍼마켓, 마트

23

男：我想再学一门语言，不过我担心现在学有点儿晚了。 女：不会，只要想学任何时候都不晚。 问：女的是什么意思？ A 她想一起学　　B 方法很关键 C 要有耐心　　　D 现在学不晚	남: 나는 다시 외국어 하나를 배우고 싶어. 그러나 지금 배우면 조금 늦은 것 같아 걱정이야. 여: 아니야. 배울 생각만 있다면 어느 때라도 늦지 않아. 질문: 여자는 무슨 뜻인가? A 그녀는 함께 배우고 싶다　B 방법이 매우 중요하다 C 인내심이 있어야 한다　　　D 지금 배워도 늦지 않다

풀이 보기로는 문제 유형을 정확하게 알 수 없고, 질문의 '什么意思'를 통해 함의형임을 알 수 있다. 지문에서 여자의 '只要想学任何时候都不晚'이라는 말을 통해 정답이 D임을 알 수 있다.

단어 语言 yǔyán 몡 언어 | 不过 búguò 접 그러나 | 担心 dānxīn 동 걱정하다 | 任何 rènhé 대 어떠한 | 方法 fāngfǎ 몡 방법 | 关键 guānjiàn 몡 관건, 키포인트, 열쇠 혱 매우 중요한 | 耐心 nàixīn 몡 인내심 혱 인내심이 강하다

24

女：外面有人敲门，我走不开，你去开一下。 男：应该是房东。他早上跟我说要过来换一个新电表。 问：男的认为是谁敲门？ A 爷爷　　B 房东　　C 爸爸　　D 同学	여: 밖에 누군가 노크하는데, 제가 자리를 뜰 수 없으니, 당신이 가서 열어주세요. 남: 아마 집주인일 거예요. 그가 아침에 나에게 새로운 전기 계량기로 바꾸러 온다고 말했거든요. 질문: 남자는 누가 노크한다고 여기는가? A 할아버지　B 집주인　C 아빠　D 같은 반 친구

풀이 보기를 통해 신분과 관련된 질문을 예상할 수 있다. 지문에서 남자의 '应该是房东'이라는 말을 통해 정답이 B임을 알 수 있다.

단어 敲门 qiāomén 동 노크하다 | 房东 fángdōng 몡 집주인 | 电表 diànbiǎo 몡 전기 계량기

25

男：妈，你看见我放在沙发上的盒子了吗？ 女：没有啊。我今天收拾客厅时没看见沙发上有盒子。 问：男的在找什么？ A 盒子　　B 信封　　C 词典　　D 钥匙	남: 엄마, 제가 소파 위에 둔 상자 보셨어요? 여: 아니. 오늘 내가 거실을 치울 때 소파 위에 상자가 있는 것은 못 봤어. 질문: 남자는 무엇을 찾고 있는가? A 상자　　B 편지 봉투　　C 사전　　D 열쇠

풀이 보기를 통해 모두 사물을 나타내는 단어들로 나열된 열거형 문제임을 예상할 수 있다. 지문에서 남자의 '你看见我放在沙发上的盒子了吗'라는 말을 통해 정답이 A임을 알 수 있다.

단어 沙发 shāfā 몡 소파 | 盒子 hézi 몡 (작은) 상자 | 收拾 shōushi 동 정리하다, 치우다, 꾸리다 | 客厅 kètīng 몡 응접실, 거실 | 信封 xìnfēng 몡 편지 봉투 | 词典 cídiǎn 몡 사전 | 钥匙 yàoshi 몡 열쇠

듣기 제3부분

문제 풀이

26

女：这些饺子全是你包的吗?
男：是啊。还不错吧?
女：看起来挺好! 不知道味道怎么样。
男：我去给你拿双筷子，你尝尝看。

问：男的是什么意思?
A 拿个勺子　　　B 饺子太酸了
C 喝点儿汤　　　D 让女的尝尝

여: 여기 자오쯔(교자)들은 전부 네가 빚은 거니?
남: 응. 꽤 괜찮지?
여: 보기에 아주 좋아! 맛이 어떨지는 모르겠다.
남: 내가 네게 젓가락을 가져다줄게, 맛 좀 봐봐.

질문: 남자는 무슨 뜻인가?
A 숟가락을 가져오다　　B 자오쯔(교자)가 너무 시다
C 탕을 좀 마시다　　　　D 여자로 하여금 맛을 보게 하다

보기로는 문제 유형을 정확하게 알 수 없고, 질문의 '什么意思'를 통해 함의형임을 알 수 있다. 지문에서 남자의 '我去给你拿双筷子，你尝尝看'이라는 말을 통해 정답이 D임을 알 수 있다.

饺子 jiǎozi 명 자오쯔(교자) | 全 quán 부 전부, 모두 | 包 bāo 동 (만두를) 빚다 | 看起来 kàn qǐlai 보기에 | 挺 tǐng 부 아주, 매우 | 味道 wèidao 명 ① 맛 ② 기분, 느낌 | 筷子 kuàizi 명 젓가락 | 尝 cháng 동 맛보다, 시식하다 | 勺子 sháozi 명 숟가락 | 酸 suān 형 ① (맛·냄새 등이) 시다, 시큼하다 ② (과로하거나 병에 걸려서) 몸이 시큰하다

27

男：你刚才睡觉了?
女：是啊，我看了大概二十分钟就开始睡觉了。
男：这个电影多有意思啊，你竟然能睡着?
女：其实我最不喜欢的就是这种爱情电影。

问：他们现在最可能在哪儿?
A 公园　　B 影院　　C 体育馆　　D 足球场

남: 너는 방금 잤니?
여: 응, 나는 대략 20분 보고 바로 잠자기 시작했어.
남: 이 영화가 얼마나 재미있는데, 너는 뜻밖에도 잠이 들 수가 있니?
여: 사실 내가 가장 좋아하지 않는 것이 바로 이런 멜로 영화야.

질문: 그들은 현재 어디에 있을 가능성이 가장 큰가?
A 공원　　B 영화관　　C 체육관　　D 축구장

보기를 통해 장소와 관련된 질문을 예상할 수 있다. 지문에서 남자의 '这个电影多有意思啊'라는 말을 통해 정답이 B임을 알 수 있다.

刚才 gāngcái 명 방금, 막 | 竟然 jìngrán 부 뜻밖에, 의외로, 결국 | 爱情 àiqíng 명 사랑, 애정 | 影院 yǐngyuàn 명 영화관 | 体育馆 tǐyùguǎn 체육관 | 足球场 zúqiúchǎng 축구장

28

女: 周末去逛街吧！我想换台洗衣机。
男: 你原来那台坏了?
女: 不是，那台太旧了，我想换台新的。
男: 也好，新的洗得干净。
问: 根据对话，下列哪个正确?
A 女的想换洗衣机　　B 发工资了
C 电脑很便宜　　　　D 男的很富有

여: 주말에 쇼핑하러 가자! 나는 세탁기를 바꾸고 싶어.
남: 원래 그것은 고장 났어?
여: 아니. 그것은 너무 낡아서, 나는 새것으로 바꾸고 싶어.
남: 그것도 좋지. 새것이 깨끗하게 씻기니까.
질문: 대화에 근거하여, 다음 중 어느 것이 옳은가?
A 여자는 세탁기를 바꾸고 싶다　　B 월급을 받는다
C 컴퓨터가 싸다　　　　　　　　　D 남자는 부유하다

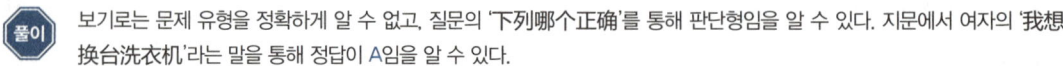 보기로는 문제 유형을 정확하게 알 수 없고, 질문의 '下列哪个正确'를 통해 판단형임을 알 수 있다. 지문에서 여자의 '我想换台洗衣机'라는 말을 통해 정답이 A임을 알 수 있다.

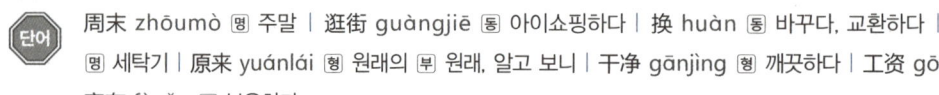 周末 zhōumò 몡 주말 | 逛街 guàngjiē 동 아이쇼핑하다 | 换 huàn 동 바꾸다, 교환하다 | 洗衣机 xǐyījī 몡 세탁기 | 原来 yuánlái 형 원래의 부 원래, 알고 보니 | 干净 gānjìng 형 깨끗하다 | 工资 gōngzī 몡 월급 | 富有 fùyǒu 형 부유하다

29

男: 小李，这些邮票你什么时候买的?
女: 不是买的，是小时候我哥哥送的。
男: 它们现在的价格可能是原来的几十倍，甚至上百倍呢。
女: 对，邮局已经不卖了。我要好好儿留着。
问: 小李的邮票是谁送的?
A 叔叔　　B 姐姐　　C 哥哥　　D 奶奶

남: 샤오리. 이 우표를 너는 언제 산 거야?
여: 산 것이 아니고, 어렸을 때 우리 오빠가 준 거야.
남: 그것들의 현재 가격은 아마 원래의 몇십 배, 심지어는 몇백 배일 거야.
여: 맞아. 우체국에서 이미 팔지 않아. 나는 잘 남겨두려고 해.
질문: 샤오리의 우표는 누가 준 것인가?
A 삼촌　　B 언니　　C 오빠　　D 할머니

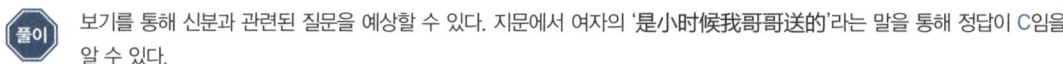 보기를 통해 신분과 관련된 질문을 예상할 수 있다. 지문에서 여자의 '是小时候我哥哥送的'라는 말을 통해 정답이 C임을 알 수 있다.

邮票 yóupiào 몡 우표 | 价格 jiàgé 몡 가격 | 倍 bèi 양 배, 곱절 | 甚至 shènzhì 부 심지어 | 邮局 yóujú 몡 우체국 | 留 liú 동 남다, 남기다

30

女: 我下午去经济学院，没看见马教授呢。
男: 他最近在做一个研究，肯定挺忙的。
女: 对。有个老师说他去外地做调研了。
男: 那应该要很长时间才回来吧。

问: 关于马教授，可以知道什么?
A 研究失败了　　　B 是数学教授
C 最近很忙　　　　D 这学期没课

여: 나는 오후에 경제대학에 가서, 마 교수님을 뵙지 못했어.
남: 교수님은 최근 연구를 하나 하고 계셔서, 틀림없이 아주 바쁘실 거야.
여: 맞아. 어떤 선생님이 말씀하시길 그는 외지에 조사 연구차 가셨대.
남: 그러면 아마 오랜 시간이 지나고서야 돌아오실 거야.

질문: 마 교수에 관해, 무엇을 알 수 있나?
A 연구가 실패했다　　　B 수학 교수이다
C 최근에 바쁘다　　　　D 이번 학기에 수업이 없다

풀이　보기로는 문제 유형을 정확하게 알 수 없고, 질문의 '可以知道什么'를 통해 함의형임을 알 수 있다. 지문에서 남자의 '他最近在做一个研究, 肯定挺忙的'라는 말을 통해 정답이 C임을 알 수 있다.

단어　经济 jīngjì 명 경제 | 学院 xuéyuàn 명 (단과) 대학 | 教授 jiàoshòu 명 교수 | 研究 yánjiū 동 연구하다 명 연구 | 肯定 kěndìng 동 긍정적으로 평가하다 부 틀림없이, 확실히 | 挺 tǐng 부 아주, 매우 | 调研 diàoyán 동 조사하다, 연구하다 | 失败 shībài 동 실패하다 명 실패 | 数学 shùxué 명 수학 | 学期 xuéqī 명 학기

31

男: 当导游真好! 不仅工作轻松，还能到处旅游，真羡慕你。
女: 恐怕只有你会这么想。我们要保证游客的安全，马虎不得。
男: 我还以为这份工作很轻松呢。
女: 没你想的那么简单。任何工作都不轻松。

问: 原来男的觉得导游工作怎么样?
A 很无聊　　B 很轻松　　C 很辛苦　　D 工资高

남: 가이드가 되면 정말 좋겠어! 일이 수월할 뿐만 아니라, 곳곳에 여행도 할 수 있잖아. 정말 네가 부러워.
여: 아마 너만 이렇게 생각할 거야. 우리는 여행객의 안전을 보장해야 해서, 소홀히 해서는 안 돼.
남: 나는 이 일이 수월한 줄 알았어.
여: 네가 생각하는 것처럼 그렇게 간단하지는 않아. 어떠한 일이든지 다 수월하지 않아.

질문: 원래 남자는 가이드 일이 어떻다고 생각했는가?
A 무료하다　　B 수월하다　　C 고생스럽다　　D 월급이 높다

풀이　형용사로 이루어진 보기를 통해 평가형 질문을 예상할 수 있다. 지문에서 남자의 '我还以为这份工作很轻松呢'라는 말을 통해 정답이 B임을 알 수 있다.

단어　导游 dǎoyóu 명 가이드 | 不仅 bùjǐn 접 ~뿐만 아니라 | 轻松 qīngsōng 형 수월하다, 홀가분하다, 부담이 없다 | 羡慕 xiànmù 동 부러워하다 | 恐怕 kǒngpà 부 아마 | 保证 bǎozhèng 동 보증하다, 확실히 책임지다 | 游客 yóukè 명 여행객, 관광객 | 安全 ānquán 명 안전 형 안전하다 | 马虎 mǎhu 형 적당히 하다, 대충하다 | 任何 rènhé 대 어떠한 | 原来 yuánlái 부 원래의 부 원래, 알고 보니 | 无聊 wúliáo 형 무료하다, 심심하다 | 辛苦 xīnkǔ 형 고생스럽다, 고되다 | 工资 gōngzī 명 월급

32

女: 附近新开的那家理发店最近理发打七折。
男: 我正好想理发，下午去看看。
女: 你最好晚几天再去，这两天人特别多。打折活动月底才结束呢。
男: 行，那过几天再说。
问: 女的建议男的怎么做?

A 过几天再去　　　B 去人少的店
C 留长头发　　　　D 多注意打扮

여: 근처에 새로 연 그 이발소가 최근에 30% 할인을 하더라.
남: 나는 마침 이발하려고 했는데, 오후에 가봐야겠네.
여: 네가 가장 바람직한 것은 며칠 늦게 가는 거야. 요 이틀 동안 사람이 아주 많거든. 할인 이벤트는 월말이 되어서야 끝나.
남: 좋아. 그럼 며칠 지나고 나서 다시 이야기하자.
질문: 여자는 남자에게 어떻게 하기를 건의했나?

A 며칠 지나고 나서 가다　　B 사람이 적은 가게에 가다
C 머리를 길게 기르다　　　　D 꾸미는 데 많이 주의하다

 동사로 이루어진 보기를 통해 동작을 묻는 질문을 예상할 수 있다. 지문에서 여자의 '你最好晚几天再去'라는 말을 통해 정답이 A임을 알 수 있다.

 附近 fùjìn 명 부근, 근처 | 理发 lǐfà 동 이발하다 | 打折 dǎzhé 동 할인하다, 세일하다 | 正好 zhènghǎo 형 딱 맞다 부 마침, 때마침 | 最好 zuìhǎo 부 가장 바람직한 것은, 제일 좋기는 | 活动 huódòng 동 (몸을) 움직이다 명 활동, 행사, 이벤트 | 月底 yuèdǐ 명 월말 | 建议 jiànyì 동 건의하다 명 건의, 제안 | 留 liú 동 남다, 남기다 | 注意 zhùyì 동 주의하다 | 打扮 dǎban 동 치장하다, 꾸미다

33

男: 广告对你的生活影响大吗?
女: 挺大的，尤其是那些有趣的广告，会给我留下很深的印象。
男: 你会购买广告中介绍的东西吗?
女: 会，我有很多东西，就是因为看了广告才买的。
问: 什么会给女的留下很深的印象?

A 流行的东西　　B 浪漫的节目
C 有趣的广告　　D 可爱的演员

남: 광고는 당신의 생활에 영향이 큰가요?
여: 아주 큽니다. 특히 그런 재미있는 광고는 저에게 깊은 인상을 남깁니다.
남: 당신은 광고에서 소개하는 물건을 사시나요?
여: 네. 제게는 많은 물건이 있는데, 바로 광고를 보고 산 거예요.
질문: 무엇이 여자에게 깊은 인상을 남기는가?

A 유행하는 물건　　B 낭만적인 프로그램
C 재미있는 광고　　D 사랑스러운 연기자

 모두 명사로 나열된 보기를 통해 열거형 문제임을 예상할 수 있다. 지문에서 여자의 '尤其是那些有趣的广告，会给我留下很深的印象'이라는 말을 통해 정답이 C임을 알 수 있다.

 广告 guǎnggào 명 광고 | 生活 shēnghuó 동 살다, 생활하다 명 생활 | 影响 yǐngxiǎng 동 영향을 주다 명 영향 | 挺 tǐng 부 아주, 매우 | 尤其 yóuqí 부 특히 | 有趣 yǒuqù 형 재미있다 | 留下 liúxià 동 남기다 | 深 shēn 형 ① 깊다 ② (색깔이) 진하다 | 印象 yìnxiàng 명 인상 | 流行 liúxíng 동 유행하다 형 유행하는 | 浪漫 làngmàn 형 낭만적이다, 로맨틱하다 | 节目 jiémù 명 프로그램 | 演员 yǎnyuán 명 연기자, 배우

34

女: 你好像很烦恼的样子，怎么了？
男: 今天又被经理批评了，心情不好。
女: 别难过了。其实你应该冷静下来，想想问题出在哪儿。
男: 是的，确实应该这样。

问: 男的为什么烦恼？
A 任务没完成   B 不想上班
C 工资变少了   D 被批评了

여: 당신은 마치 매우 고민스러운 모습인 것 같아요. 왜 그래요?
남: 오늘 또 사장님께 혼나서, 기분이 안 좋아요.
여: 괴로워하지 말아요. 사실 당신은 차분히 어디에서 문제가 생긴 건지 생각을 해봐야 해요.
남: 그래요. 확실히 이렇게 해야 하는 것 같아요.

질문: 남자는 왜 고민하는가？
A 임무를 완성하지 못했다   B 출근하기 싫다
C 월급이 줄었다   D 혼났다

 보기로는 문제 유형을 정확하게 알 수 없고, 질문의 '为什么'를 통해 원인형임을 알 수 있다. 지문에서 남자의 '今天又被经理批评了'라는 말을 통해 정답이 D임을 알 수 있다.

 像 xiàng 图 ~와(과) 같다, 비슷하다, 닮다 | 烦恼 fánnǎo 图 걱정스럽다, 고민스럽다 | 样子 yàngzi 圆 모양, 모습 | 批评 pīpíng 图 비판하다, 꾸짖다 图 비판 | 心情 xīnqíng 圆 심정, 마음, 기분 | 难过 nánguò 图 괴롭다, 슬프다 | 其实 qíshí 图 사실은 | 冷静 lěngjìng 图 냉정하다, 침착하다 | 确实 quèshí 图 확실하다 图 확실히, 정말로 | 任务 rènwu 圆 임무 | 工资 gōngzī 圆 월급

35

男: 你怎么了？脸色不太好看。
女: 没关系，我肚子有点儿不舒服。
男: 是不是饿了？我那儿有饼干，你吃吗？
女: 不用了，我不饿。谢谢。

问: 女的怎么了？
A 肚子难受   B 发烧了
C 口渴了   D 哭了

남: 당신은 왜 그래요? 안색이 별로 안 좋아요.
여: 괜찮아요, 제가 배가 조금 불편해요.
남: 배고픈 거 아니에요? 저한테 과자가 있는데, 드실래요?
여: 아니에요. 배고프지 않아요. 감사합니다.

질문: 여자는 어떻게 된 건가？
A 배가 불편하다   B 열이 난다
C 목이 마르다   D 울었다

 보기로는 문제 유형을 정확하게 알 수 없으나, 단 모두 사람의 상태를 묘사하고 있는 것은 분명하다. 질문의 '怎么了'를 통해 사건형임을 알 수 있다. 지문에서 여자의 '我肚子有点儿不舒服'라는 말을 통해 정답이 A임을 알 수 있다.

 脸色 liǎnsè 圆 안색 | 肚子 dùzi 圆 배 | 舒服 shūfu 图 (몸이나 마음이) 편안하다 | 饼干 bǐnggān 圆 비스킷, 과자 | 难受 nánshòu 图 (육체적·정신적으로) 괴롭다, 참을 수 없다, 견딜 수 없다 | 发烧 fāshāo 图 열이 나다 | 渴 kě 图 목마르다 | 哭 kū 图 울다

36-37

不少人认为在学习过程中积累知识最关键，其实整理知识同样重要。整理知识是一个重新学习的过程，可以加深对已学知识的理解，否则新学的知识很容易被忘掉。所以我们一定要养成及时整理知识的好习惯。

많은 사람은 학습하는 과정에서 지식 쌓는 것이 가장 중요한 키포인트라고 여기지만, 사실 지식을 정리하는 것도 똑같이 중요하다. 지식을 정리하는 것은 하나의 새롭게 학습하는 과정이고, 이미 학습한 지식에 대한 이해를 심화시킬 수 있는데, 만약 그렇지 않으면 새로 배운 지식은 쉽게 잊혀져 버린다. 그래서 우리는 반드시 때에 맞게 지식을 정리하는 좋은 습관을 길러야 한다.

 过程 guòchéng 명 과정 | 积累 jīlěi 동 쌓다, 쌓이다 | 知识 zhīshi 명 지식 | 关键 guānjiàn 명 관건, 키포인트, 열쇠 형 매우 중요한 | 其实 qíshí 부 사실은 | 整理 zhěnglǐ 동 정리하다 | 同样 tóngyàng 형 서로 같다, 마찬가지이다 접 마찬가지로 | 重新 chóngxīn 부 ① 다시, 재차 ② 새로이 | 理解 lǐjiě 동 이해하다 명 이해 | 否则 fǒuzé 접 만약 그렇지 않으면 | 忘掉 wàngdiào 동 잊어버리다 | 养成 yǎngchéng 동 기르다 | 及时 jíshí 형 시기적절하다, 때가 맞다 부 즉시 | 习惯 xíguàn 동 습관이 되다, 익숙해지다 명 습관

36

问: 在学习的过程中，很多人认为哪方面最重要？

A 按时复习　　B 考试成绩
C 积累知识　　D 预习

질문: 학습하는 과정에서, 많은 사람이 어느 방면이 가장 중요하다고 생각하는가?

A 제때 복습하다　　B 시험 성적
C 지식을 쌓다　　D 예습하다

 지문의 세부 내용을 묻는 질문이다. 지문의 '不少人认为在学习过程中积累知识最关键'이라는 말을 통해 정답이 C임을 알 수 있다. 지문과 보기가 일치하는 문제이다.

 按时 ànshí 부 제때에 | 复习 fùxí 동 복습하다 | 预习 yùxí 동 예습하다

37

问: 根据这段话，我们应该怎么做？

A 适应变化　　B 勇敢点儿
D 要有自信　　D 重视整理

질문: 이 단락의 말에 근거하여, 우리는 어떻게 해야 하는가?

A 변화에 적응하다　　B 조금 용감해야 한다
C 자신감이 있어야 한다　　D 정리를 중시한다

 지문 전체의 핵심적인 관점을 묻는 질문이다. 이런 경우 마지막 문장에서 화자의 관점을 알 수 있는 경우가 많다. 특히 결론을 나타내는 접속사 '所以' 뒤의 '我们一定要养成及时整理知识的好习惯'이라는 말을 통해 정답이 D임을 알 수 있다.

 适应 shìyìng 동 적응하다 | 变化 biànhuà 동 변화하다, 바뀌다 명 변화 | 勇敢 yǒnggǎn 형 용감하다 | 自信 zìxìn 명 자신감 형 자신만만하다 | 重视 zhòngshì 동 중시하다, 중요시하다

38-39

老陈刚来饭店<u>当服务员</u>时，还是个二十岁小伙子。那是他的第一份工作，他特别认真，连着好几年被选为最受顾客欢迎的服务员。后来，由于各方面都特别优秀，<u>他在二十五岁</u>那年成为了经理。

라오천이 막 식당에 와서 <u>종업원을</u> 할 때는 아직 20살의 젊은이였다. 그것이 그의 첫 번째 직업이라서 그는 아주 열심이었고, 몇 년이나 연속으로 고객에게 가장 환영받는 종업원으로 선발되었다. 그 후 모든 방면에서 아주 우수했기 때문에, <u>그는 25살</u>되던 그해 사장이 되었다.

 刚 gāng 부 방금, 막 | 小伙子 xiǎohuǒzi 명 젊은 남자 | 连着 liánzhe 동 연속하다 | 选为 xuǎnwéi ~으로 뽑다, ~으로 선택하다 | 顾客 gùkè 명 고객, 손님 | 后来 hòulái 부 그 후, 그다음 | 由于 yóuyú 접 ~때문에 | 优秀 yōuxiù 형 우수하다 | 成为 chéngwéi 동 ~이(가) 되다

38

问: 关于老陈，可以知道什么?
A 做过服务员　　B 有很多缺点
C 长得很帅　　　D 读法律专业

질문: 라오천에 관해, 무엇을 알 수 있나?
A 종업원을 한 적이 있다　　B 많은 단점이 있다
C 생김새가 잘생겼다　　　　D 법률 전공을 공부했다

 지문의 세부 내용을 묻는 질문이다. 지문의 '老陈刚来饭店当服务员时'라는 말을 통해 정답이 A임을 알 수 있다. 지문과 보기가 거의 일치하는 문제이다.

 缺点 quēdiǎn 명 단점, 결점 | 帅 shuài 형 잘생기다, 멋지다 | 法律 fǎlǜ 명 법률 | 专业 zhuānyè 명 전공 형 전문의

39

问: 老陈多大时当上了饭店的经理?
A 20岁　　B 45岁　　C 25岁　　D 37岁

질문: 라오천은 몇 살 때 식당의 사장님이 됐는가?
A 20세　　B 45세　　C 25세　　D 37세

 지문의 세부 내용을 묻는 질문이다. 지문의 '他在二十五岁那年成为了经理'라는 말을 통해 정답이 C임을 알 수 있다. 지문과 보기가 일치하는 문제이다.

40-41

微阅读是随着科技与互联网的发展而出现的一种新的阅读方式。人们在等人或者坐车时，用手机看新闻、小说，既能**节约时间**，又能了解社会上的新鲜事，学习新东西。这种阅读方式，尤其**受年轻人欢迎**。

'웨이위에두'는 과학기술과 인터넷의 발전에 따라 나타난 새로운 읽는 방식이다. 사람들이 누구를 기다리거나 차에 타고 있을 때 휴대 전화를 사용해 뉴스, 소설을 보면 **시간을 절약할** 수도 있고, 사회에 새로운 일들을 이해하고 새로운 것을 배울 수도 있다. 이러한 읽는 방식은 특히 **젊은이들의 환영을 받는다**.

随着 suízhe 〔전〕 ~에 따라 | 科技 kējì 〔명〕 과학 기술 | 互联网 hùliánwǎng 〔명〕 인터넷 | 阅读 yuèdú 〔동〕 (책·신문 등을) 읽다 | 方式 fāngshì 〔명〕 방식, 방법 | 新闻 xīnwén 〔명〕 뉴스 | 小说 xiǎoshuō 〔명〕 소설 | 既 A 又 B jì A yòu B A 할 뿐만 아니라 B 하기도 하다 | 节约 jiéyuē 〔동〕 절약하다 〔형〕 검소하다 | 社会 shèhuì 〔명〕 사회 | 尤其 yóuqí 〔부〕 특히

40

问：微阅读有什么优点？
A 内容吸引人   B 消息更准确
C 是免费的   D 节约时间

질문: '웨이위에두'는 무슨 장점이 있는가?
A 내용이 사람을 매료시킨다   B 소식이 더 정확하다
C 무료이다   D 시간을 절약한다

지문의 세부 내용을 묻는 질문이다. 지문의 '**能节约时间**'이라는 말을 통해 정답이 D임을 알 수 있다. 지문과 보기가 일치하는 문제이다.

优点 yōudiǎn 〔명〕 장점 | 内容 nèiróng 〔명〕 내용 | 吸引 xīyǐn 〔동〕 끌어당기다, 매료시키다 | 消息 xiāoxi 〔명〕 정보, 소식 | 准确 zhǔnquè 〔형〕 정확하다 | 免费 miǎnfèi 〔동〕 무료로 하다

41

问：关于微阅读，可以知道什么？
A 十分普遍   B 受年轻人欢迎
C 科学文章多   D 比较麻烦

질문: '웨이위에두'에 관해, 무엇을 알 수 있나?
A 매우 보편적이다   B 젊은 사람들의 환영을 받는다
C 과학 글이 많다   D 비교적 귀찮다

지문의 세부 내용을 묻는 질문이다. 지문의 '**受年轻人欢迎**'이라는 말을 통해 정답이 B임을 알 수 있다. 지문과 보기가 일치하는 문제이다.

十分 shífēn 〔부〕 매우, 아주 | 普遍 pǔbiàn 〔형〕 보편적이다, 일반적이다 | 科学 kēxué 〔명〕 과학 〔형〕 과학적이다 | 文章 wénzhāng 〔명〕 글, 문장 | 麻烦 máfan 〔동〕 폐를 끼치다, 귀찮게 하다 〔명〕 말썽, 골칫거리 〔형〕 귀찮다, 번거롭다

42-43

音乐和运动能使我感到轻松。工作压力大时，我会戴上耳机听听歌，让自己安静下来，什么都不去想。或者换上运动鞋跑几公里，压力好像会随着汗水跑出身体。这样当我坐在办公桌前时就又有了对工作的自信和热情。

음악과 운동은 나로 하여금 편안함을 느끼게 한다. 업무 스트레스가 클 때, 나는 이어폰을 끼고 노래를 들으며 스스로 하여금 안정되게 하고, 아무것도 생각하지 않는다. 혹은 운동화로 바꿔 신고 몇 킬로미터(km)를 달리는데, 스트레스가 마치 땀을 따라 몸에서 나가버리는 것 같다. 이렇게 하면 내가 사무실 책상 앞에 앉았을 때 다시 업무에 대한 자신감과 열정이 생긴다.

 轻松 qīngsōng 동 수월하다, 홀가분하다, 부담이 없다 | 压力 yālì 명 ① 스트레스 ② 압력 | 戴 dài 동 착용하다, 쓰다, 끼다 | 耳机 ěrjī 명 이어폰 | 安静 ānjìng 형 ① 조용하다 ② 안정되다 | 公里 gōnglǐ 양 킬로미터(km) | 好像 hǎoxiàng 부 마치 ~와(과) 같다 | 随着 suízhe 전 ~에 따라 | 汗水 hànshuǐ 명 땀 | 自信 zìxìn 명 자신감 형 자신만만하다 | 热情 rèqíng 명 열정 형 열정적이다, 친절하다

42

问: 说话人工作压力大时会怎么办?
A 散步　　　　B 去爬山
C 听音乐　　　D 抽烟

질문: 화자는 일 스트레스가 클 때 어떻게 하는가?
A 산책을 한다　　B 등산을 한다
C 음악을 듣는다　D 흡연을 한다

 지문의 세부 내용을 묻는 질문이다. 지문의 '听听歌'라는 말을 통해 정답이 C임을 알 수 있다. 지문과 보기가 거의 일치하는 문제이다.

 散步 sànbù 동 산책하다 명 산책 | 爬山 páshān 동 등산하다 | 抽烟 chōuyān 동 흡연하다, 담배를 피우다

43

问: 这段话主要谈的是什么?
A 性格的影响　　B 工作目的
C 运动减肥　　　D 减压方式

질문: 이 단락의 말이 주요하게 말하는 것은 무엇인가?
A 성격의 영향　　B 업무 목적
C 운동 다이어트　D 스트레스를 줄이는 방식

 지문 전체의 핵심적인 관점을 묻는 질문이다. 글 처음 부분의 '音乐和运动能使我感到轻松。工作压力大时'라는 말을 통해 정답이 D임을 알 수 있다.

 性格 xìnggé 명 성격 | 影响 yǐngxiǎng 동 영향을 주다 명 영향 | 目的 mùdì 명 목적 | 减肥 jiǎnféi 동 다이어트 하다, 살을 빼다 | 方式 fāngshì 명 방식, 방법

44-45

尽管城市地铁的票价提高了不少，但选择乘坐地铁的人数仍然没有减少。一方面是因为乘坐公共汽车或出租车很容易遇到堵车，另一方面是，由于现在正是夏季，天气实在太热，所以人们还是更愿意选择又快又凉快的地铁出行。

비록 도시 지하철의 표 가격은 적지 않게 올랐지만, 그러나 지하철 타는 것을 선택하는 사람 수는 여전히 감소하지 않았다. 한 방면으로는 버스 혹은 택시를 타면 쉽게 차가 막힐 수 있기 때문이고, 다른 한 방면으로는 지금이 마침 여름이라 날씨가 정말이지 너무 더워서, 사람들이 빠르기도 하고 시원하기도 한 지하철로 외출하는 것을 더 선택하기 때문이다.

  尽管 jǐnguǎn 젭 비록 ~하지만 | 城市 chéngshì 명 도시 | 票价 piàojià 명 표 가격 | 提高 tígāo 동 향상되다 | 选择 xuǎnzé 동 선택(하다) 명 선택 | 乘坐 chéngzuò 동 (자동차·배·비행기 등을) 타다 | 遇到 yùdào 동 만나다 | 堵车 dǔchē 동 차가 막히다 | 另 lìng 부 따로, 별도로 대 다른, 그 밖의 | 由于 yóuyú 접 ~하기 때문에 | 夏季 xiàjì 명 여름 | 实在 shízài 부 확실히, 정말 | 愿意 yuànyì 동 원하다 | 凉快 liángkuai 형 시원하다 | 出行 chūxíng 동 외출하다

44

问: 人们为什么不愿意乘坐公共汽车?

A 担心堵车 B 不允许带行李
C 车内很黑 D 车内太冷

질문: 사람들은 왜 버스 타는 것을 원하지 않는가?

A 차가 막히는 것이 걱정된다
B 짐을 가지고 타는 것을 허락하지 않는다
C 차 안이 어둡다
D 차 안이 너무 춥다

 지문의 세부 내용을 묻는 질문이다. 지문의 '乘坐公共汽车或出租车很容易遇到堵车'라는 말을 통해 정답이 A임을 알 수 있다. 지문과 보기가 거의 일치하는 문제이다.

 担心 dānxīn 동 걱정하다 | 允许 yǔnxǔ 동 허락하다, 허가하다 | 行李 xíngli 명 짐

45

问: 下列哪个是地铁的优点?

A 有电梯   B 票价低   C 速度快   D 座位多

질문: 다음 중 어느 것이 지하철의 장점인가?

A 엘리베이터가 있다   B 표 가격이 낮다
C 속도가 빠르다   D 좌석이 많다

 지문의 세부 내용을 묻는 질문이다. 지문의 '又快又凉快'라는 말을 통해 정답이 C임을 알 수 있다. 지문과 보기가 거의 일치하는 문제이다.

 优点 yōudiǎn 명 장점 | 电梯 diàntī 명 엘리베이터 | 低 dī 형 낮다 | 速度 sùdù 명 속도 | 座位 zuòwèi 명 좌석, 자리

독해 제1부분

> 문제 풀이

❖ 보기 단어

A 提前 tíqián 동 앞당기다
B 千万 qiānwàn 부 절대로, 반드시, 제발
C 遍 biàn 양 번, 회(동작이 시작되어 끝날 때까지의 전 과정을 나타냄)
D 坚持 jiānchí 동 단호히 지키다, 꾸준하게 지속하다
E 相反 xiāngfǎn 동 상반되다, 반대되다 접 반대로
F 提供 tígōng 동 제공하다

46

对不起，我听不懂广东话，您能用普通话再说一(C 遍)吗？

죄송합니다. 제가 광둥어를 못 알아들으니, 푸퉁화로 다시 한(C 번) 말씀해 주실 수 있을까요?

 빈칸 앞에 수사 '一'가 있으므로 빈칸에는 양사가 들어가야 한다. 동사 '说'와 맞는 양사는 시작부터 끝까지의 전 과정을 강조하는 C가 정답이다.

 广东话 guǎngdōnghuà 명 광둥어 | 普通话 pǔtōnghuà 명 푸퉁화(현대 표준 중국어)

47

比赛结束了，结果和他猜的正好(E 相反)。

시합이 끝났는데, 결과는 그가 추측한 것과 딱(E 상반된다).

 빈칸 앞에 주어 '结果'가 있는 것으로 보아 빈칸의 단어는 부사 '正好'의 수식을 받는 형용사나 동사 같은 서술어여야 한다. 의미상 E가 가장 적합하다.

 结束 jiéshù 동 끝나다, 종료하다 | 结果 jiéguǒ 명 결과 | 猜 cāi 동 추측하다, 알아맞히다 | 正好 zhènghǎo 형 딱 맞다 부 마침, 때마침

48

为顾客（F 提供）最好的服务，是这家公司能取得成功的关键。

고객을 위해 가장 좋은 서비스를 (F 제공하는) 것이, 이 회사가 성공을 하게 된 키포인트이다.

풀이 빈칸 뒤에 목적어 '服务'가 있는 것으로 보아 빈칸에 동사서술어가 들어가야 한다는 것을 알 수 있다. 의미상 F가 가장 적합하다.

단어 顾客 gùkè 명 고객, 손님 | 服务 fúwù 명 서비스 | 取得 qǔdé 동 얻다, 취득하다 | 成功 chénggōng 동 성공하다 명 성공 형 성공적이다 | 关键 guānjiàn 명 관건, 키포인트, 열쇠 형 매우 중요한

49

过几天学生就放暑假了，火车票会难买，你最好（A 提前）买好。

며칠 지나고 학생들이 곧 여름방학을 하면, 기차표를 구입하기 어려울 거예요. 당신은 (A 앞당겨서) 잘 사두는 것이 가장 좋을 거예요.

풀이 빈칸 뒤의 '买好'가 목적어 역할을 하고 있고, 목적어 속에 동사 '买'가 들어있는 서술성 목적어이다. 의미상 A가 가장 적합하다.

단어 放暑假 fàng shǔjià 여름방학을 하다 | 最好 zuìhǎo 부 가장 바람직한 것은, 제일 좋기는

50

那条河的水很深，你（B 千万）别去那儿游泳。

저 강의 물은 매우 깊다. 너는 (B 절대로) 거기에 가서 수영하지 마라.

풀이 빈칸 뒤에 '别'가 있는 것으로 보아 부정의 의미를 더 강조하는 것을 알 수 있다. 의미상 부사 B가 가장 적합하다.

단어 河 hé 명 강 | 深 shēn 형 ① 깊다 ② (색깔이) 진하다 | 游泳 yóuyǒng 동 수영하다

문제 풀이

❖ 보기 단어

A 周围 zhōuwéi 명 주위	B 无聊 wúliáo 형 무료하다, 심심하다
C 温度 wēndù 명 온도	D 误会 wùhuì 동 오해하다 명 오해
E 肯定 kěndìng 동 긍정적이다 부 틀림없이, 확실히	F 堵车 dǔchē 동 차가 막히다

51

A: 东西太多了，一个塑料袋（ E 肯定 ）放不下，再买一个吧。
B: 不用了，我这里还有个大袋子。

A: 물건이 너무 많아서, 비닐봉지 하나로는 (E 틀림없이) 들어가지 않을 거야. 하나 더 사자.
B: 필요 없어. 나한테 큰 봉지가 하나가 더 있어.

풀이 빈칸 뒤에 '放'이라는 동사서술어가 있으므로 빈칸에는 동사를 수식하는 표현이 필요하다. 의미상 E가 가장 적합하다.

단어 塑料袋 sùliàodài 비닐봉지 | 袋子 dàizi 명 주머니, 봉지, 포대

52

A: 感觉小王好像对我有意见，我跟他打过几次招呼他都像没看见一样。
B: 你们之间是不是有什么（ D 误会 ）？

A: 샤오왕이 나에게 불만이 있는 것처럼 느껴져. 내가 그에게 몇 번이나 인사해도 그는 마치 못 본 것처럼 해.
B: 너희 사이에 무슨 (D 오해)가 있는 거 아니야?

풀이 빈칸 뒤에 목적어 자리가 비어 있는 것으로 보아 빈칸에 명사 어휘가 들어가야 한다는 것을 알 수 있다. 동사서술어 '有'와 호응할 수 있는 명사는 의미상 D가 가장 적합하다.

단어 感觉 gǎnjué 동 여기다, 생각하다 명 감각, 느낌 | 好像 hǎoxiàng 부 마치 ~와(과) 같다 | 意见 yìjiàn 명 ① 의견 ② 불만 | 打招呼 dǎ zhāohu 인사하다

53

A: 周日总在家看电视，多么(B 无聊)啊，陪我去打羽毛球吧。
B: 不想去，上次打完到现在我胳膊还又酸又疼呢。

A: 일요일에 항상 집에서 텔레비전만 보면 얼마나 (B 무료하니). 나랑 배드민턴 치러 가자.
B: 가고 싶지 않아. 지난번에 치고 나서 지금까지 팔이 시리고 아파.

풀이 빈칸의 단어는 '多么+형용사+啊'의 구문으로 감탄을 나타내고 있다. 의미상 B가 가장 적합하다.

단어 陪 péi 동 모시다, 동반하다 | 羽毛球 yǔmáoqiú 명 배드민턴 | 胳膊 gēbo 명 팔 | 酸 suān 형 ① (맛·냄새 등이) 시다, 시큼하다 ② (과로하거나 병에 걸려서) 몸이 시큰하다

54

A: 你怎么这么晚才来？路上(F 堵车)了？
B: 别提了，我在地铁上睡着了，醒来的时候已经过5个站了。

A: 너는 왜 이렇게 늦게 왔어? 길에 (F 차가 막히니)?
B: 말도 마세요, 제가 지하철에서 잠들었는데, 깼을 때 이미 다섯 정거장이나 지났어요.

풀이 빈칸 앞에 주어 '路上'이 있고 뒤가 빈칸이므로 서술어 자리임을 알 수 있다. 의미상 F가 가장 적합하다.

단어 别提了 bié tí le 말도 마라 | 地铁 dìtiě 명 지하철 | 睡着 shuìzháo 동 (잠을) 자다 | 醒 xǐng 동 깨다

55

A: 你怎么一直低着头玩儿手机？
B: 周末有亲戚来看我，我想找找(A 周围)有什么好玩儿的地方。

A: 너는 어떻게 줄곧 고개를 숙이고 휴대 전화만 하니?
B: 주말에 친척이 나를 보러 올 거라서, 나는 (A 주위에) 어떤 재미있는 장소가 있는지 찾아 보고 있어.

풀이 '找找' 뒤의 문장만 봤을 때 빈칸에는 주어가 필요하고 서술어는 '有', 목적어는 '地方'임을 알 수 있다. 의미상 A가 적합하다.

단어 低头 dītóu 동 고개를 숙이다 | 周末 zhōumò 명 주말 | 亲戚 qīnqi 명 친척

독해 제2부분

문제 풀이

56

A 这样不仅浪费时间，还会降低生活的幸福感
B 有些人总是工作的时候想着玩儿
C 到了该放松的时候又担心工作

A 이렇게 하면 시간을 낭비할 뿐만 아니라, 생활의 행복감을 떨어뜨린다
B 어떤 사람들은 항상 일을 할 때 노는 것을 생각한다
C 긴장을 풀어야 할 때는 또 일을 걱정한다

 '这样'은 일단 앞의 배경이 확실해야 하므로 첫 문장이 될 수 없다. B와 C 중 주어가 확실하게 제시되어 있는 것은 B로, 첫 문장이 되어야 한다. 따라서 정답은 B C A이다.

 不仅 bùjǐn 접 ~할 뿐만 아니라 | 浪费 làngfèi 동 낭비하다 | 降低 jiàngdī 동 내리다, 내려가다 | 幸福 xìngfú 명 행복 형 행복하다 | 总是 zǒngshì 부 항상 | 放松 fàngsōng 동 (정신적) 긴장을 풀다 | 担心 dānxīn 동 걱정하다

57

A 但都能用汉语进行正常交流
B 这几个小伙子虽然国籍不同
C 玩儿猜词语的游戏应该没问题

A 그러나 모두 중국어를 사용해 정상적인 커뮤니케이션을 할 수 있다
B 이 몇 명의 젊은이들은 비록 국적은 다르지만
C 어휘를 알아맞히는 게임은 문제없을 것이다

 '虽然 A, 但 B(비록 A 하지만, 그러나 B 하다)'라는 관련사 흐름이 보인다. B에 '这几个小伙子'라는 주어가 제시됨으로 첫 문장이 되어야 한다. 따라서 정답은 B A C이다.

 进行 jìnxíng 동 진행하다 | 正常 zhèngcháng 형 정상적이다 | 交流 jiāoliú 동 교류하다 명 교류 | 小伙子 xiǎohuǒzi 명 젊은이 | 国籍 guójí 명 국적 | 猜 cāi 동 추측하다, 알아맞히다 | 词语 cíyǔ 명 어휘, 단어와 어구

58

A 理解就像是一座桥，如果没有桥
B 同样，没有相互的理解，就无法顺利交流
C 人们就无法走到对面

A 이해는 마치 다리와 같아서, 만약 다리가 없다면
B 마찬가지로, 서로의 이해가 없다면 순조롭게 교류할 수 없다
C 사람들은 바로 건너편으로 걸어갈 수가 없다

 '如果 A 就 B(만약 A 라면, 바로 B 이다)'라는 관련사 흐름이 보인다. '同样'으로 같은 상황을 끌어내려면 앞에 배경이 있어야 한다. 따라서 정답은 A C B이다.

 理解 lǐjiě 동 이해하다 명 이해 | 座 zuò 양 좌, 동, 채[건축물·산·교량 등 부피가 크거나 고정된 물체를 세는 단위] | 桥 qiáo 명 다리 | 同样 tóngyàng 형 서로 같다, 마찬가지이다 접 마찬가지로 | 相互 xiānghù 형 상호적이다 | 无法 wúfǎ 동 ~할 방법이 없다, ~할 수 없다 | 顺利 shùnlì 형 순조롭다 | 交流 jiāoliú 동 교류하다 명 교류 | 对面 duìmiàn 명 맞은편

59

A 这一点非常值得我们学习
B 就是不管取得多好的成绩，她都不会骄傲
C 我觉得李护士最大的优点

A 이 점은 우리가 매우 배울만한 가치가 있다
B 바로 얼마나 좋은 성적을 얻든 관계없이, 그녀는 거만해하지 않는다는 것이다
C 내 생각에 이 간호사님 가장 큰 장점은

 앞에 있는 것을 가리키는 '这一点'과 앞에 구체적인 설명을 이끌어내는 '就是'는 첫 문장이 될 수 없다. 따라서 구체적으로 '李护士'가 나오는 C가 첫 문장이 되어야 한다. 그런 다음 장점을 자세하게 설명하는 B가 이어지고, 마지막으로 '这一점'을 사용해서 연결해야 한다. 따라서 정답은 C B A이다.

 值得 zhídé 동 ~할 만한 가치가 있다 | 不管 bùguǎn 접 ~에 관계없이 | 取得 qǔdé 동 얻다, 취득하다 | 成绩 chéngjì 명 성적, 성과 | 骄傲 jiāo'ào 형 자랑(거리), 긍지 형 ① 오만하다, 거만하다 ② 자랑스럽다 | 护士 hùshi 명 간호사 | 优点 yōudiǎn 명 장점

60

A 因为我哭，它就哭；我笑，它也笑
B 常常有人问我生活像什么
C 我觉得它就像一面镜子

A 내가 울면 그것이 울고, 내가 웃으면 그것도 웃기 때문이다
B 자주 사람들은 나에게 생활이 무엇과 같은지 묻는다
C 나는 그것은 하나의 거울과 같다고 생각한다

 이 글에서 제시되는 '它'는 모두 '生活'를 나타냄으로 B가 첫 문장이다. 그 뒤에 비유의 표현인 C와 그에 대한 구체적 설명인 A가 이어져야 한다. 따라서 정답은 B C A이다.

 生活 shēnghuó 동 살다, 생활하다 명 생활 | 像 xiàng 동 ~와(과) 같다, 비슷하다, 닮다 | 镜子 jìngzi 명 거울

61

A 抽烟给身体带来的坏处是一点儿一点儿积累起来的
B 可时间长了就会引起各种病
C 短时间内人们不会觉得有问题

A 흡연이 몸에 가져오는 해로운 점은 조금씩 조금씩 쌓여간다는 것이다
B 그러나 시간이 오래되면 각종 병을 초래한다
C 짧은 시간 내에 사람들은 문제가 있다고 생각하지 않는다

전환을 나타내는 '可'는 첫 문장이 될 수 없다. 이 글 전체의 주제인 '抽烟'이 제시되는 A가 첫 문장이고, 좀 더 자세한 설명을 하는 C가 이어져야 한다. 따라서 정답은 A C B이다.

抽烟 chōuyān 동 흡연하다, 담배를 피우다 | 坏处 huàichu 명 나쁜 점 | 积累 jīlěi 동 쌓다, 쌓이다 | 引起 yǐnqǐ 동 불러일으키다, 야기하다

62

A 婚后能否过得幸福
B 不是由房子的大小或收入的高低决定的
C 而是要看两个人能否互相理解和支持

A 결혼 후 행복하게 살 수 있는지 없는지는
B 집의 크기나 수입의 높고 낮음으로 결정되는 것이 아니라
C 두 사람이 서로 이해하고 지지해 줄 수 있는지 없는지를 봐야 하는 것이다

 '不是 A 而是 B(A가 아니라 B이다)'라는 관련사 흐름이 보인다. B와 C 모두 주어가 없으므로 A가 첫 문장이 되어야 한다. 따라서 정답은 A B C이다.

幸福 xìngfú 명 행복 형 행복하다 | 收入 shōurù 명 수입 | 决定 juédìng 동 결정하다 명 결정 | 互相 hùxiāng 부 서로 | 理解 lǐjiě 동 이해하다 명 이해 | 支持 zhīchí 동 지지하다 명 지지

63

A 我就给你准备了几件大衣
B 听说你出差要去的那个地方常刮风
C 你收拾行李的时候记得放进箱子里

A 내가 너를 위해 몇 벌의 외투를 준비했어
B 듣자 하니 네가 출장하는 그곳은 자주 바람이 분대
C 짐을 정리할 때 여행 가방에 넣는 것을 기억해

 B에서 출장 가는 곳이 '刮风'해서, A에서 외투를 '准备'했고, 가져가는 것을 잘 '记得'하라는 흐름으로 이어지고 있다. 따라서 정답은 B A C이다.

准备 zhǔnbèi 동 준비하다, ~하려고 하다 | 大衣 dàyī 명 외투 | 听说 tīngshuō 동 듣자 하니 ~라고 한다 | 出差 chūchāi 동 출장 가다 | 地方 dìfang 명 장소, 곳, 부분 | 刮风 guāfēng 동 바람이 불다 | 收拾 shōushi 동 정리하다, 치우다, 꾸리다 | 行李 xíngli 명 짐 | 记得 jìde 동 기억하고 있다 | 箱子 xiāngzi 명 상자, 트렁크, 여행 가방

64

A 很多事情即使最后的结果让人不满意
B 就没有什么好失望或后悔的
C 但只要我们努力过了

A 많은 일은 설령 마지막 결과가 사람으로 하여금 불만족스럽게 하더라도
B 그저 아무런 실망하거나 후회할 것이 없다
C 그러나 우리가 열심히 하기만 하면

 두 개의 관련사 흐름이 보인다. '① 即使 A, 就 B(설령 A 일지라도, B 하다)[가설]' / '② 只要 A, 就 B(A 하기만 하면, B 하다) [충분조건]'. 글 전체의 주어가 제시되는 A가 첫 문장이 되어 관련사의 흐름으로 연결하면 된다. 따라서 정답은 A C B이다

 即使 jíshǐ 접 설령(설사) ~하더라도(할지라도) | 结果 jiéguǒ 명 결과 | 满意 mǎnyì 동 ~에 만족하다 형 만족하다 | 失望 shīwàng 동 실망하다, 낙담하다 | 后悔 hòuhuǐ 동 후회하다

65

A 这为大家，尤其是中老年人提供了方便
B 到超市购物的顾客可免费乘坐
C 现在很多超市都有自己的公共汽车

A 이것은 모두, 특히 중노년층 사람들에게 편의를 제공한다.
B 슈퍼마켓에 가서 물건을 구입한 고객은 무료로 탈 수 있다
C 현재 많은 슈퍼마켓은 모두 자신들의 버스를 가지고 있다

 '这'은 일단 앞의 배경이 확실해야 하므로 첫 문장이 될 수 없다. B와 C 중 슈퍼마켓에 버스가 있다는 C를 먼저 제시해야 무료로 탄다는 B가 올 수 있다. 따라서 정답은 C B A이다.

 尤其 yóuqí 부 특히 | 提供 tígōng 동 제공하다 | 方便 fāngbiàn 형 편리하다 | 超市 chāoshì 명 슈퍼마켓, 마트 | 购物 gòuwù 동 물건을 구입하다 | 顾客 gùkè 명 고객, 손님 | 免费 miǎnfèi 동 무료로 하다 | 乘坐 chéngzuò 동 (자동차·배·비행기 등을) 타다

독해 제3부분

문제 풀이

66

不得不说，这篇文章写得真好！不仅用词准确，而且把复杂的问题都解释得很清楚，<u>即使不是我们专业的人也能看懂</u>。

말을 안 할 수가 없네요. 이 글은 정말 잘 썼어요! 사용한 단어가 정확할 뿐만 아니라, 게다가 복잡한 문제를 정확하게 설명해서 <u>설령 우리 같은 전문적인 사람이 아닐지라도 알아볼 수 있겠어요</u>.

★ 关于<u>那篇文章</u>，可以知道什么?

   A 一共8页　　　　B 有部分错误
   C <u>容易理解</u>　　　D 是博士写的

★ <u>그 글</u>에 관해, 무엇을 알 수 있나?

   A 모두 8페이지다　　B 잘못된 부분이 있다
   C <u>이해하기 쉽다</u>　　　D 박사가 쓴 것이다

 문제에 정확히 제시된 힌트가 없으므로 보기를 먼저 읽고 일치하거나 유사한 내용이 나올 때까지 지문을 읽어야 한다. '即使不是我们专业的人也能看懂'이라는 말에서 일반인도 알아볼 수 있을 정도로 쉽다는 뜻을 유추할 수 있으므로 정답은 C이다.

 不得不 bùdébù 분 부득이하게, 어쩔 수 없이 | 文章 wénzhāng 명 글, 문장 | 准确 zhǔnquè 형 정확하다 | 复杂 fùzá 형 복잡하다 | 解释 jiěshì 동 설명하다, 해명하다 명 설명, 해명 | 即使 jíshǐ 접 설령(설사) ~하더라도(할지라도) | 专业 zhuānyè 명 전공 형 전문의 | 页 yè 양 쪽, 페이지 [페이지를 세는 단위] | 错误 cuòwù 명 잘못, 실수, 착오 형 잘못된, 틀린 | 博士 bóshì 명 박사

67

这条街<u>我太熟悉了</u>，它是我上学的必经之路。以前街道两旁有不少小商店，现在都变成高楼了。

이 거리는 <u>내게 너무 익숙한데</u>, 그것은 내가 학교 다닐 때 반드시 거쳐야 하는 길이어서이다. 예전에는 거리 양쪽에 적지 않은 작은 상점들이 있었는데, 지금은 모두 높은 건물로 변했다.

★ <u>那条街道</u>:

   A 环境很差　　　　B <u>他很熟悉</u>
   C 景色一般　　　　D 现在很破

★ <u>그 거리는</u>:

   A 환경이 나쁘다　　B <u>그는 익숙하다</u>
   C 경치가 평범하다　D 현재 낡았다

 문제에 '那条街道'라는 구체적인 힌트가 제시되고 있다. 따라서 지문에서 이와 같거나 유사한 표현을 찾아본다. 지문에 같은 표현이 있고, 그 뒤에 '我太熟悉了'라는 표현이 있으므로 정답은 B이다.

 熟悉 shúxī 동 잘 알다 형 익숙하다 | 街道 jiēdào 명 거리, 도로 | 景色 jǐngsè 명 경치, 풍경 | 破 pò 동 파손되다, 깨지다, 망가지다 형 낡다

실전 모의고사 독해 제3부분 **187**

68

我弟弟在机场工作，他总能及时地给我提供一些机票打折信息，我经常会把这些信息转发给其他朋友。所以我们出行时常常可以买到便宜的机票。	내 남동생은 공항에서 일한다. 그는 항상 때에 맞춰 나에게 비행기 표 할인 소식을 제공해 줘서, 나는 자주 이러한 정보들을 다른 친구들에게 전달해준다. 그래서 우리는 다른 지역으로 갈 때 종종 저렴한 비행기 표를 살 수 있다.
★ 弟弟经常给他提供哪方面的信息？ A 飞机选座　　B 机场招聘 C 航班时间　　D 机票打折	★ 남동생은 자주 그에게 어느 방면의 소식을 제공하는가？ A 비행기 좌석 선택　B 공항 구인 C 항공편 시간　　　　D 비행기 표 할인

 문제에 '弟弟经常给他提供'이라는 구체적인 힌트가 제시되고 있다. 따라서 지문에서 이와 같거나 유사한 표현을 찾아본다. 지문에 유사한 표현이 있고, 그 뒤에 '机票打折信息'라는 표현이 있으므로 정답은 D이다.

 及时 jíshí 〔형〕 시기적절하다, 때가 맞다 〔부〕 즉시 | 提供 tígōng 〔동〕 제공하다 | 打折 dǎzhé 〔동〕 할인하다, 세일하다 | 信息 xìnxī 〔명〕 정보 | 座 zuò 〔명〕 좌석, 자리 | 招聘 zhāopìn 〔동〕 모집하다, 채용하다 | 航班 hángbān 〔명〕 (비행기나 배의) 항공편, 운항편

69

今年有100多人报考艺术学院的硕士，但是它只招收10人。竞争这么大，我们要更加努力才行。	올해 100명이 넘는 사람들이 예술 단과대학의 석사에 지원했다. 하지만 그것은 오직 10명만 모집한다. 경쟁이 이렇게 세니, 우리는 더욱 노력해야만 한다.
★ 说话人为什么说要更加努力？ A 竞争大　　　B 基础不好 C 想拿奖学金　D 题很难	★ 화자는 왜 더 노력해야 한다고 말하는가？ A 경쟁이 세다　　　B 기초가 좋지 않다 C 장학금을 받고 싶다　D 문제가 어렵다

 문제에 '要更加努力'라는 구체적인 힌트가 제시되고 있다. 따라서 지문에서 이와 같거나 유사한 표현을 찾아본다. 지문에 같은 표현이 있고, 그 앞에 '竞争这么大'라는 표현이 있으므로 정답은 A이다.

 报考 bàokǎo 〔동〕 시험에 응시하다, 지원하다 | 艺术 yìshù 〔명〕 예술 〔형〕 예술적이다 | 学院 xuéyuàn 〔명〕 단과 대학 | 硕士 shuòshì 〔명〕 석사 | 招收 zhāoshōu 〔동〕 모집하다, 받아들이다 | 竞争 jìngzhēng 〔동〕 경쟁하다 〔명〕 경쟁 | 基础 jīchǔ 〔명〕 기초 | 奖学金 jiǎngxuéjīn 〔명〕 장학금

70

妹妹特别自信，在任何事情面前都不会害怕，我们都觉得她很勇敢。不过，她永远认为自己是对的，从不接受别人的意见，这一点有时候让我们很烦恼。

여동생은 매우 자신감이 있고, 어떠한 일 앞에서도 두려워하지 않아서, 우리는 모두 그녀가 용감하다고 생각한다. 그러나 그녀는 늘 자신이 옳다고 생각해서, 여태껏 다른 사람의 의견을 받아들이지 않았다. 이점은 때로는 우리로 하여금 걱정스럽게 한다.

★ 妹妹:
 A 爱开玩笑　　B 没有失败过
 C 没有耐心　　D 不听他人意见

★ 여동생은:
 A 농담하는 것을 좋아한다　B 실패한 적이 없다
 C 인내심이 없다　D 타인의 의견을 듣지 않는다

 지문 전체가 '妹妹'에 관한 내용이므로, 문제에 제시된 표현은 크게 힌트가 되지 않는다. 이런 경우 보기를 먼저 읽고 일치하는 내용이 나올 때까지 지문을 읽어야 한다. 지문에서 '从不接受别人的意见'이라는 표현이 제시됨으로 유사한 뜻을 나타내는 D가 정답이다.

 自信 zìxìn 명 자신감 형 자신만만하다 | 任何 rènhé 대 어떠한 | 勇敢 yǒnggǎn 형 용감하다 | 不过 búguò 접 그러나 | 永远 yǒngyuǎn 부 영원히 | 接受 jiēshòu 동 받아들이다. 수락하다 | 意见 yìjiàn 명 ① 의견 ② 불만 | 烦恼 fánnǎo 형 걱정스럽다. 고민스럽다 | 开玩笑 kāi wánxiào 농담하다 | 失败 shībài 동 실패하다 명 실패 | 耐心 nàixīn 명 인내심 형 인내심이 강하다 | 他人 tārén 명 타인. 다른 사람

71

邻居林奶奶是个很节约的人，同时也是个让人非常尊重的人。她从参加工作起，就把自己的大部分工资都用来帮助那些生活上有困难的人。

이웃인 린 할머니는 매우 절약하는 사람이며, 동시에 사람들로 하여금 아주 존중하게 하는 사람이기도 하다. 그녀는 취직하고부터, 자신 대부분의 월급을 모두 생활이 어려운 사람들을 돕는 데 사용해 왔다.

★ 关于林奶奶，可以知道什么?
 A 与邻居关系不好　B 值得尊重
 C 很可怜　　D 常常乱花钱

★ 린 할머니에 관해. 무엇을 알 수 있나?
 A 이웃과의 관계가 좋지 않다　B 존중할 만한 가치가 있다
 C 불쌍하다　D 종종 함부로 돈을 쓴다

 지문 전체가 '林奶奶'에 관한 내용이므로, 문제에 제시된 표현은 크게 힌트가 되지 않는다. 이런 경우 보기를 먼저 읽고 일치하는 내용이 나올 때까지 지문을 읽어야 한다. 지문에서 '让人非常尊重的人'이라는 표현이 제시됨으로 유사한 뜻을 나타내는 B가 정답이다.

 邻居 línjū 명 이웃 | 节约 jiéyuē 동 절약하다 형 검소하다 | 尊重 zūnzhòng 동 존중하다 명 존중 | 工资 gōngzī 명 월급 | 帮助 bāngzhù 동 돕다 명 도움 | 困难 kùnnan 명 어려움 형 어렵다. 곤란하다 | 值得 zhídé 동 ~할 만한 가치가 있다 | 可怜 kělián 동 동정하다 형 불쌍하다 | 乱 luàn 형 어지럽다. 무질서하다 부 마구. 함부로. 제멋대로

72

带有故事的广告往往能给人留下很深的印象，因此很多公司的广告都是一个小故事，目的就是<u>增加广告的吸引力</u>，让更多的人来购买他们的东西或服务。

이야기가 있는 광고는 종종 사람들에게 깊은 인상을 남기는데, 이 때문에 많은 회사의 광고는 모두 작은 이야기가 있다. 목적은 바로 광고의 흡인력을 증가시켜, 더 많은 사람으로 하여금 그들의 물건 혹은 서비스(용역)를 사게 하기 위한 것이다.

★ <u>带有故事的广告</u>往往：
  A 很吸引人   B 更专业
  C 不被重视   D 时间更长

★ <u>이야기가 있는 광고는</u> 종종：
  A 사람을 사로잡는다   B 더 전문적이다
  C 중시 받지 못한다   D 시간이 더 길다

 문제에 '带有故事的广告'라는 구체적인 힌트가 제시되고 있다. 따라서 지문에서 이와 같거나 유사한 표현을 찾아본다. 지문의 첫 부분에 같은 표현이 있고, 그 뒤를 읽다 보면 '增加广告的吸引力'라는 표현이 제시됨으로 유사한 표현의 A가 정답이다.

 广告 guǎnggào 명 광고 | 深 shēn 형 ① 깊다 ② (색깔이) 진하다 | 印象 yìnxiàng 명 인상 | 因此 yīncǐ 접 이 때문에, 따라서 | 故事 gùshi 명 이야기 | 增加 zēngjiā 동 증가하다, 더하다, 늘리다 | 吸引 xīyǐn 동 끌어당기다, 매료시키다 | 购买 gòumǎi 동 구입하다, 구매하다 | 重视 zhòngshì 동 중시하다, 중요시하다

73

盒子这么大，我还以为会很重，结果我一下子就抱起来了，特别轻。打开一看才发现<u>里面是空的</u>。

상자가 이렇게나 커서 나는 무거운 줄 알았는데, 결과적으로 내가 한번에 안아 올렸고, 아주 가벼웠어. 열어 보고 나서야 <u>안이 비어 있다</u>는 것을 발견했어.

★ <u>那个盒子</u>：
  A 被弄破了   B 里面没东西
  C 没人抬得动   D 是塑料的

★ <u>그 상자는</u>：
  A 파손되었다   B 안에 물건이 없다
  C 들어 옮길 수 있는 사람이 없다   D 플라스틱으로 된 것이다

 지문 전체가 '盒子'에 관한 내용이므로, 문제에 제시된 표현은 크게 힌트가 되지 않는다. 이런 경우 보기를 먼저 읽고 일치하는 내용이 나올 때까지 지문을 읽어야 한다. 지문에서 '里面是空的'라는 표현이 제시됨으로 유사한 뜻을 나타내는 B가 정답이다.

 盒子 hézi 명 (작은) 상자 | 重 zhòng 형 무겁다 | 结果 jiéguǒ 명 결과 | 抱 bào 동 ① 안다, 포옹하다 ② (생각이나 의견을) 마음에 품다 | 轻 qīng 형 가볍다 | 空 kōng 형 비다, 비어 있는 | 破 pò 동 파손되다, 깨지다, 망가지다 형 낡다 | 抬 tái 동 들(어올리)다 | 塑料 sùliào 명 플라스틱, 비닐

74

我认为一部好的小说能让读者完全进入到作者的故事之中，并且发现一个自己从来没有看到过的世界。

나는 한 편의 좋은 소설은 독자로 하여금 완전히 작가의 이야기 속으로 들어가게 하고, 또한 자신이 지금까지 본 적 없는 세상을 발견할 수 있게 한다고 생각한다.

★ 一部好的小说能让读者：

A 见到新世界　　B 养成好习惯
C 回忆过去　　　D 学会判断

★ 한 편의 좋은 소설은 독자로 하여금 어떻게 하나：

A 새로운 세상을 만나게 된다　B 좋은 습관을 기른다
C 과거를 회상한다　　　　　　D 판단하는 것을 배운다

  문제에 '一部好的小说能让读者'라는 구체적인 힌트가 제시되고 있다. 따라서 지문에서 이와 같거나 유사한 표현을 찾아본다. 지문의 첫 부분에 같은 표현이 있고, 그 뒤에 '发现一个自己从来没有看到过的世界'라는 표현이 제시됨으로 유사한 표현의 A가 정답이다.

  小说 xiǎoshuō 몡 소설 | 读者 dúzhě 몡 독자 | 完全 wánquán 혱 완전하다 튀 완전히, 전혀, 절대로 | 作者 zuòzhě 몡 작가, 저자 | 并且 bìngqiě 젭 게다가 | 从来 cónglái 튀 여태껏, 지금까지 | 世界 shìjiè 몡 세계 | 养成 yǎngchéng 기르다 | 回忆 huíyì 회상하다, 추억하다 몡 회상, 추억 | 过去 guòqù 튕 지나가다 몡 과거 | 判断 pànduàn 튕 판단하다 몡 판단

75

每当我不开心时，我就从书上或网上找笑话看，边看边大笑，坏心情就会随着笑声 "跑" 出来。这样不需要长时间，我的心情就变好了。

나는 기쁘지 않을 때마다, 책 혹은 인터넷으로 재미있는 이야기를 찾아본다. 보면서 크게 웃으면 나쁜 기분이 웃음소리를 따라 '달아나' 버린다. 이렇게 하면 긴 시간을 필요로 하지 않아도 나의 기분은 바로 좋아진다.

★ 他会在什么时候看笑话？

A 被表扬时　　B 被人羡慕时
C 害怕时　　　D 心情不好时

★ 그는 언제 재미있는 이야기를 보는가？

A 칭찬받았을 때　　B 사람들에게 부러움을 받을 때
C 두려울 때　　　　D 기분이 좋지 않을 때

  문제에 '看笑话'라는 구체적인 힌트가 제시되고 있다. 따라서 지문에서 이와 같거나 유사한 표현을 찾아본다. 지문에 유사한 표현이 있고, 그 앞에 '每当我不开心时'라는 표현이 제시됨으로 유사한 표현의 D가 정답이다.

  开心 kāixīn 혱 기쁘다, 즐겁다 | 笑话 xiàohua 튕 비웃다, 조롱하다 몡 우스운 이야기, 농담 | 心情 xīnqíng 몡 심정, 마음, 기분 | 表扬 biǎoyáng 튕 칭찬하다 몡 칭찬 | 羡慕 xiànmù 튕 부러워하다 | 害怕 hàipà 튕 두려워하다, 무서워하다

76

你这次感冒是长时间休息不好引起的，挺严重的。<u>这是我给你开的药</u>，你每天照着我写的要求吃。一会儿我再给你打一针。

★ 这段话最可能是<u>谁说的</u>?

A 校长　B 科学家　C <u>大夫</u>　D 司机

당신의 이번 감기는 오랜 시간 쉬지 못해서 야기된 것인데, 아주 심각해요. <u>이것은 제가 당신에게 처방해주는 약</u>이니, 당신은 매일 제가 작성한 요구에 따라 드셔야 합니다. 잠시 후에 제가 당신에게 주사를 한 대 놓아 드릴 거예요.

★ 이 말은 <u>누가 말했을</u> 가능성이 가장 높은가?

A 교장　B 과학자　C <u>의사</u>　D 기사

풀이 문제에서 화자의 직업을 묻고 있고 보기에는 각기 다른 직업이 제시되어 있지만, 지문에는 정확히 직업명이 언급된 부분이 없다. 따라서 전체 내용을 파악하고 정답을 찾아야 한다. 특히 '这是我给你开的药'라는 표현으로 보아 정답은 C이다.

단어 引起 yǐnqǐ 동 불러일으키다, 야기하다 | 挺 tǐng 부 아주, 매우 | 严重 yánzhòng 형 심각하다 | 照 zhào 전 ~대로, ~에 따라 | 打针 dǎzhēn 동 주사를 놓다, 주사를 맞다 | 校长 xiàozhǎng 명 교장 | 科学家 kēxuéjiā 명 과학자 | 大夫 dàifu 명 의사 | 司机 sījī 명 기사

77

研究证明，3到12岁是儿童学习语言的关键期。如果父母能在此时让孩子学一门外语，他们将来也许比同龄人<u>说得更流利</u>。

★ <u>孩子在12岁之前学外语</u>，有什么好处?

A <u>说得更流利</u>　B 学语法更快
C 会的词语多　D 更聪明

연구에서 3살에서 12살은 아동이 언어를 배우기에 중요한 시기라고 증명했다. 만약 부모가 이때 아이들로 하여금 외국어를 배우게 하면, 그들은 장래에 아마도 동년배보다 <u>더 유창하게 말하게 될 것이다</u>.

★ <u>아이가 12살 전에 외국어를 배우면</u>, 어떤 좋은 점이 있는가?

A <u>더 유창하게 말한다</u>　B 어법을 배우는 것이 더 빠르다
C 구사하는 어휘가 많다　D 더 똑똑하다

풀이 문제에 '孩子在12岁之前学外语'라는 구체적인 힌트가 제시되고 있다. 따라서 지문에서 이와 같거나 유사한 표현을 찾아본다. 지문에 유사한 표현이 있고, 그 뒤에 '说得更流利'라는 표현이 있으므로 정답은 A이다.

단어 研究 yánjiū 동 연구하다 명 연구 | 证明 zhèngmíng 동 증명하다 명 증명(서) | 语言 yǔyán 명 언어 | 关键 guānjiàn 명 관건, 키포인트, 열쇠 형 매우 중요한 | 将来 jiānglái 명 장래, 미래 | 也许 yěxǔ 부 어쩌면, 아마도 | 同龄 tónglíng 동 나이가 같다 | 流利 liúlì 형 유창하다 | 词语 cíyǔ 명 어휘, 단어와 어구 | 聪明 cōngming 형 똑똑하다, 총명하다

78

以前，许多大学生毕业后都想留在大城市工作，但现在有很多人选择去小城市，一是因为小城市生活压力小，二是现在不少小城市也发展得越来越好了。

이전에 많은 대학생은 졸업 후 모두 대도시에 남아 일하길 원했지만, 그러나 현재 많은 사람은 소도시에 가는 것을 선택한다. 첫째는 소도시는 생활 스트레스가 적기 때문이고, 둘째는 현재 적지 않은 소도시가 점점 더 좋게 발전하기 때문이다.

★ 很多毕业生选择回小城市的原因是：
A 工作机会更多　　B 生活压力小
C 工资更高　　　　D 学校的安排

★ 많은 졸업생이 소도시로 돌아가는 것을 선택하는 원인은：
A 일할 기회가 더 많다　　B 생활 스트레스가 적다
C 월급이 더 높다　　　　D 학교의 배정

문제에 '选择回小城市'라는 구체적인 힌트가 제시되고 있다. 따라서 지문에서 이와 같거나 유사한 표현을 찾아본다. 지문에 유사한 표현이 있고, 그 뒤에 '生活压力小'라는 표현이 있으므로 정답은 B이다.

留 liú 통 남다, 남기다 | 选择 xuǎnzé 통 선택하다 명 선택 | 压力 yālì 명 ① 스트레스 ② 압력 | 发展 fāzhǎn 통 발전하다 명 발전 | 原因 yuányīn 명 원인, 이유 | 机会 jīhuì 명 기회 | 工资 gōngzī 명 월급 | 安排 ānpái 통 배치하다, 안배하다, 준비하다

79

一个人是否真正长大，不能只看他的年龄，应该重点看他的生活态度。比如做事时是否认真努力，遇到问题时能否积极去解决。

한 사람이 진정으로 성장했는지 아닌지는 그의 나이만 봐서는 안되고, 그의 생활 태도를 중점적으로 봐야 한다. 예를 들면 일을 할 때 진지하게 노력하는지 아닌지, 문제를 맞닥뜨렸을 때 적극적으로 해결하는지 아닌지다.

★ 真正长大的人遇到问题时，往往会：
A 觉得自己可怜　　B 很害怕
C 请人帮忙　　　　D 想办法解决

★ 진정으로 성장한 사람은 문제를 맞닥뜨렸을 때, 종종 어떻게 하는가：
A 스스로가 불쌍하다고 느낀다　　B 두려워한다
C 사람에게 도움을 청한다　　　　D 방법을 생각해 해결한다

문제에 '真正长大的人遇到问题时'라는 구체적인 힌트가 제시되고 있다. 따라서 지문에서 이와 같거나 유사한 표현을 찾아본다. 지문에 유사한 표현이 두 부분으로 나누어져 있고, 그 뒤에 '能否积极去解决'라는 표현이 제시되었다. 이와 유사한 표현으로 보아 정답은 D이다.

真正 zhēnzhèng 형 진정한 부 진짜로, 참으로 | 长大 zhǎngdà 통 자라다, 성장하다 | 年龄 niánlíng 명 연령, 나이 | 重点 zhòngdiǎn 명 중점 | 态度 tàidu 명 태도 | 比如 bǐrú 접 예를 들어 | 遇到 yùdào 통 만나다 | 积极 jījí 형 적극적이다, 긍정적이다 | 解决 jiějué 통 해결하다 | 可怜 kělián 통 동정하다 형 불쌍하다 | 害怕 hàipà 통 두려워하다, 무서워하다 | 帮忙 bāngmáng 통 일을 돕다, 일을 거들어 주다 | 办法 bànfǎ 명 방법

80-81

不同年龄的儿童在语言能力发展方面有不同的特点。例如孩子在一岁左右可以听懂并会说一些简单的词语。一岁半到两岁时，他们的语言能力提高得很快，不管他们看到或听到什么，总是会问：这是什么？那是什么？到了三岁，他们记东西变得很快。父母读书给孩子听时，只要多读几遍，孩子就能完全记住。

★ 两岁的儿童有什么特点？
　A 会学大人讲话　　　B 总爱哭
　C 喜欢问问题　　　　D 容易害羞

★ 根据这段话，儿童语言能力的发展特点：
　A 随年龄变化　　　　B 速度比较慢
　C 受父母影响　　　　D 由教育决定

다른 연령대의 아동들은 언어능력 발전 방면에서 다른 특징이 있다. 예를 들면 아이가 한 살쯤에는 간단한 어휘를 듣고 이해하며 또한 말할 수 있다. 한 살 반에서 두 살 때, 그들의 언어능력은 빠르게 향상되어, 그들은 보거나 들은 것이 무엇이든 관계없이 항상 "이것은 뭐예요? 저것은 뭐예요?"라고 묻는다. 3살이 되면, 그들은 사물을 기억하는 것이 빠르게 변한다. 부모가 책을 읽어 아이에게 들려줄 때, 몇 번 더 읽어주기만 하면 아이는 완전히 기억할 수 있다.

★ 두 살의 아동은 어떤 특징이 있는가?
　A 성인이 이야기하는 것을 배울 수 있다　　B 항상 운다
　C 문제를 묻길 좋아한다　　　D 쉽게 부끄러워한다

★ 이 단락에 근거하여, 아동 언어능력의 발전 특징은?
　A 연령에 따라 변한다　　　B 속도가 비교적 느리다
　C 부모의 영향을 받는다　　D 교육으로 결정된다

❶ 문제에 '两岁的儿童'이라는 구체적인 힌트가 제시되고 있다. 따라서 지문에서 이와 같거나 유사한 표현을 찾아본다. 지문에 '一岁半到两岁时'라는 유사한 표현이 있고, 그 뒤에 '总是会问'이라는 표현이 제시됨으로 유사한 뜻을 나타내는 C가 정답이다.

❷ 문제에 '儿童语言能力的发展特点'이라는 구체적인 힌트가 제시되고 있다. 따라서 지문에서 이와 같거나 유사한 표현을 찾아본다. 첫 번째 문장에서 유사한 표현을 찾을 수 있고, 그 앞에 '不同年龄'이라는 표현이 있다. 또한 글 전체가 '一岁左右……一岁半到两岁……三岁'로 나이에 따라 그 특징을 설명하는 흐름이다. 따라서 정답은 A이다.

年龄 niánlíng 명 연령, 나이 | 语言 yǔyán 명 언어 | 发展 fāzhǎn 동 발전하다 명 발전 | 方面 fāngmiàn 명 방면 | 特点 tèdiǎn 명 특징 | 例如 lìrú 동 예를 들다 | 左右 zuǒyòu 명 가량, 안팎, 내외 | 词语 cíyǔ 명 어휘, 단어와 어구 | 不管 bùguǎn 접 ~에 관계없이 | 遍 biàn 양 번, 회(동작이 시작되어 끝날 때까지의 전 과정을 나타냄) | 完全 wánquán 형 완전하다 부 완전히, 전혀, 절대로 | 害羞 hàixiū 동 부끄러워하다 | 随 suí 전 ~에 따라 | 变化 biànhuà 동 변화하다, 바뀌다 명 변화 | 速度 tàidù 명 속도 | 影响 yǐngxiǎng 동 영향을 주다 명 영향 | 教育 jiàoyù 동 교육하다 명 교육 | 决定 juédìng 동 결정하다 명 결정

82-83

　　大多数人都记不清楚自己前一天晚上到底做了几个梦。因为**多数的梦不是连着**，而是一小段一小段的。如果你不是每做一个梦就醒一次，你往往不知道一共有几个。另外，梦中的时间也是不准确的。如果你在睡梦中被人用凉水弄醒，你醒来后会认为梦见下了几个小时的雨。科学家表示，人每晚大约会做5个梦，共需要一到两个小时。

★ 为什么**大多数人都记不清自己做了几个梦**？

　A 梦都很短　　　B 梦的数量多
　C 梦很复杂　　　D 梦不连着

★ 这段话主要讲的是**梦的**：

　A 顺序　　B 原因　　C 特点　　D 好处

대다수의 사람은 자신이 전날 밤에 도대체 몇 개의 꿈을 꾸었는지 분명하게 기억하지 못한다. **다수의 꿈이 연결되어 있지도 않고**, 한 토막 한 토막으로 되어있기 때문이다. 만약 당신이 하나의 꿈마다 한 번씩 깨지 않는다면, 당신은 종종 모두 몇 개였는지 알 수 없다. 이 외에, 꿈속의 시간 또한 정확하지 않다. 만약 당신이 꿈속에서 사람에 의해 찬물로 깨워진다면, 당신은 잠에서 깬 후에 몇 시간 동안 비가 내리는 꿈을 꿨다고 여기게 될 것이다. 과학자가 표명하길, 사람은 매일 저녁 대략 5개의 꿈을 꿀 수 있고, 전부 한 시간에서 두 시간이 걸린다고 한다.

★ 왜 **대다수의 사람은 자신이 몇 개의 꿈을 꾸었는지 분명하게 기억할 수 없는가**?

　A 꿈은 모두 짧다　　　B 꿈의 수량이 많다
　C 꿈은 복잡하다　　　D 꿈은 이어져 있지 않다

★ 이 말이 주로 이야기하는 것은 **꿈의 무엇인가** :

　A 순서　　B 원인　　C 특징　　D 좋은 점

 ❶ 문제에 '**大多数人都记不清自己做了几个梦**'이라는 구체적인 힌트가 제시되고 있다. 따라서 지문에서 이와 같거나 유사한 표현을 찾아본다. 첫 문장에 같은 표현이 있고, 그 뒤에 '**多数的梦不是连着**'라는 표현이 제시됨으로 정답은 D이다.

❷ 지문 전체의 주제를 묻는 문제이다. 따라서 전체 내용을 파악하고 정답을 찾아야 한다. 전체적으로 꿈이 연결되어 있지 않고, 시간도 정확하지 않은 등 꿈의 특징을 설명하고 있으므로 정답은 C이다.

 到底 dàodǐ [부] 도대체 | 做梦 zuòmèng [동] 꿈을 꾸다 | 连 lián [동] 잇다, 연결되다 | 醒 xǐng [동] 깨다 | 往往 wǎngwǎng [부] 종종, 자주 | 另外 lìngwài [접] 이외에, 이 밖에 | 准确 zhǔnquè [형] 정확하다 | 科学家 kēxuéjiā [명] 과학자 | 表示 biǎoshì [동] 나타내다, 표시하다 | 大约 dàyuē [부] 대략 | 数量 shùliàng [명] 수량 | 复杂 fùzá [형] 복잡하다 | 顺序 shùnxù [명] 순서 | 原因 yuányīn [명] 원인, 이유 | 好处 hǎochu [명] 좋은 점, 장점

84-85

　　做子女的总是希望父母老了以后能在家中好好休息，不要那么辛苦。其实，老人喜欢热闹，害怕一个人，他们需要别人的重视和关心。所以，要多鼓励他们参加一些社会活动，这样可以让他们觉得自己仍然是对家和社会都有用的人，也会让他们有"被需要"的感觉。

　　자녀가 되면 항상 부모가 늙어서는 집에서 잘 휴식하고, 그렇게 고생하지 않길 바란다. 사실, 노인은 떠들썩한 것을 좋아하고, 혼자 있는 것을 두려워해서, 그들은 다른 사람의 중시와 관심을 필요로 한다. 그래서 그들이 약간의 사회 활동에 참가하는 것을 많이 격려해야 한다. 이렇게 하면 그들로 하여금 자신이 여전히 집과 사회에 모두 유용한 사람이라고 느끼게 할 수 있고, 또한 그들로 하여금 '쓸모 있다는'라는 느낌이 들게 할 수 있다.

★ 老人更喜欢：
　A 吃面条　　　　B 获得重视
　C 照顾孩子　　　D 住在郊区

★ 노인이 더 좋아하는 것은:
　A 국수를 먹다　　B 중시를 얻다
　C 아이를 돌보다　D 교외에 산다

★ 这段话主要谈什么？
　A 要积累经验　　B 遇事要冷静
　C 老人需要什么　D 要有信心

★ 이 말은 주로 무엇을 이야기하는가？
　A 경험을 쌓아야 한다
　B 일을 만나면 침착해야 한다
　C 노인은 무엇을 필요로 하는가
　D 자신감이 있어야 한다

❶ 문제에 '老人更喜欢'이라는 힌트가 제시되고 있고, 지문에서는 '老人喜欢热闹'라는 표현만 있으므로 계속 그 뒤의 내용을 읽으면서 정답을 찾아야 한다. 그 뒤에 '他们需要别人的重视和关心'이라는 표현이 제시됨으로 유사한 표현의 B가 정답이다.

❷ 지문 전체의 주제를 묻는 문제이다. 따라서 전체 내용을 파악하고 정답을 찾아야 한다. 전체적으로 노인들이 필요로 하는 것과 노인에게 필요한 것을 논하고 있으므로 정답은 C이다.

总是 zǒngshì 뷔 항상 | 辛苦 xīnkǔ 혱 고생스럽다, 고되다 | 其实 qíshí 뷔 사실은 | 热闹 rènao 혱 번화하다, 떠들썩하다, 시끌벅적하다 | 害怕 hàipà 동 두려워하다, 무서워하다 | 重视 zhòngshì 동 중시하다, 중요시하다 | 鼓励 gǔlì 동 격려하다 | 社会 shèhuì 몡 사회 | 仍然 réngrán 뷔 여전히, 아직도 | 有用 yǒuyòng 혱 유용하다, 쓸모가 있다 | 需要 xūyào 동 필요하다 몡 필요, 수요 | 感觉 gǎnjué 동 여기다, 생각하다 몡 감각, 느낌 | 获得 huòdé 동 얻다, 획득하다 | 郊区 jiāoqū 몡 교외, 변두리 | 积累 jīlěi 동 쌓다, 쌓이다 | 经验 jīngyàn 몡 경험, 경력 | 冷静 lěngjìng 혱 냉정하다, 침착하다 | 信心 xìnxīn 몡 자신(감)

쓰기 제1부분

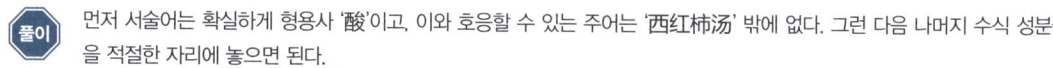

86

| 今天的西红柿汤特别酸。 | 오늘의 토마토 탕은 매우 시다. |

풀이 먼저 서술어는 확실하게 형용사 '酸'이고, 이와 호응할 수 있는 주어는 '西红柿汤' 밖에 없다. 그런 다음 나머지 수식 성분들을 적절한 자리에 놓으면 된다.

단어 西红柿 xīhóngshì 몡 토마토 | 汤 tāng 몡 국물, 탕 | 酸 suān 혱 ① (맛·냄새 등이) 시다, 시큼하다 ② (과로하거나 병에 걸려서) 몸이 시큰하다

87

| 他儿子经常受到老师的表扬。 | 그의 아들은 종종 선생님의 칭찬을 받는다. |

풀이 먼저 서술어가 될 수 있는 단어는 동사 '受到'와 '表扬' 두 가지가 보인다. 단, 주어는 무엇인가를 받는 주체인 '他儿子'가 확실하므로, 서술어가 '受到', 목적어가 '表扬'이 되어야 한다. 그런 다음 나머지 수식 성분들은 적절한 자리에 놓으면 된다.

단어 经常 jīngcháng 뷔 자주, 종종 | 受到 shòudào 동 받다 | 表扬 biǎoyáng 동 칭찬하다 몡 칭찬

88

| 学校里任何地方都不允许抽烟。 | 학교 안의 어떠한 곳도 다 담배 피우는 것을 허락하지 않는다. |

풀이 동사 '允许'는 뒤에 동사 목적어를 갖는다. 위 문장은 '동사서술어(抽)+목적어(烟)'이라는 동사구를 목적어로 갖고 있다.

단어 任何 rènhé 대 어떠한 | 允许 yǔnxǔ 동 허가하다, 허락하다 | 抽烟 chōuyān 동 흡연하다, 담배를 피우다

89

| 她咳嗽得越来越厉害。 | 그녀는 갈수록 심하게 기침한다. |

풀이 먼저 서술어는 동사 '咳嗽'이고, 그 뒤에 '기침하는 정도가 갈수록 심하다'라는 의미의 일반형 정도보어 '越来越厉害'가 '得'를 연결고리로 사용되고 있다. 주어가 될 수 있는 표현은 '她' 밖에 없다.

단어 咳嗽 késou 동 기침하다 | 厉害 lìhai 혱 ① 사납다, 무섭다 ② 대단하다, 심각하다

90

| 这次报名的人数是去年的两倍。 | 이번에 신청한 사람 수는 작년의 두 배이다. |

풀이 먼저 서술어인 '是'를 기준으로 주어와 목적어를 찾아내는 것이 좋다. 주어는 '人数', 목적어는 '两倍'이다. 이때 '这次报名的'는 주어를, '去年的'는 목적어를 수식하는 관형어이다.

단어 报名 bàomíng 동 신청하다, 등록하다 | 倍 bèi 양 배, 곱절

91

| 他的专业和这份工作没什么关系。 | 그의 전공은 이 일과 특별한 관계가 없다. |

풀이 먼저 서술어인 '没'를 기준으로 주어와 목적어를 찾아내는 것이 좋다. 주어는 소유의 주체를 나타내는 '专业', 목적어는 소유 대상인 '关系'이다. 이때 '他的'는 주어를 수식하는 관형어, 전치사구 '和这份工作'는 동사서술어를 수식하는 부사어이다. 특히 '没(有)+什么+명사'는 '특별한 ~이(가) 없다'라는 뜻으로 쓰이는 관용표현이다.

단어 专业 zhuānyè 명 전공 형 전문의 | 份 fèn 양 개[직업을 세는 단위]

92

| 我们把沙发抬到电视对面吧。 | 우리 소파를 텔레비전 맞은편으로 들어 옮기자. |

풀이 먼저 서술어는 동사 '抬'이고 뒤에 전치사구보어 '到电视对面'을 가지고 있다. 이때 주어는 '我们'이고, 전치사구 '把沙发'는 부사어가 되어 동사서술어를 수식하고 있다.

단어 沙发 shāfā 명 소파 | 抬 tái 동 들(어올리)다 | 对面 duìmiàn 명 맞은편

93

电子词典的说明书被弟弟弄丢了. | 전자사전의 설명서는 남동생에 의해 잃어버려졌다.

 먼저 동사 '弄'은 자세한 과정에 대한 설명이 어렵거나 필요성을 느끼지 못할 때 사용하는 동사로, 뒤에 결과보어를 가져 하나의 의미를 나타낸다. 예를 들어 어떤 과정을 통해 고장이 났으면 '弄坏', 어떤 과정을 통해 더러워졌으면 '弄脏'이라고 사용한다. 위 문장은 어떤 과정을 통해 잃어버렸으므로 '弄丢'로 사용하고 있다. 무엇이 무엇에 의해 잃어버려졌는지 생각한다면, '说明书'가 '弟弟'에 의해 잃어버려졌음을 알 수 있다. 이때 '电子词典的'는 주어를 수식하는 관형어이다.

 电子 diànzǐ 명 전자 | 词典 cídiǎn 명 사전 | 说明 shuōmíng 동 설명하다 명 설명 | 丢 diū 동 잃(어버리)다, 분실하다

94

我说的普通话比妹妹更流利. | 내가 말하는 푸통화(표준어)는 여동생보다 더 유창하다.

 'A가 B보다 ~하다'라는 기본적인 비교문이다. 내용상 관형어 '我说的'가 수식하는 '普通话'가 '妹妹'보다 유창해야 할 것이다. 이때 형용사 '流利' 앞에 부사 '更'을 사용하고 있다.

 普通话 pǔtōnghuà 명 푸통화(현대 표준 중국어) | 流利 liúlì 형 유창하다

95

爸爸和妈妈的感情很让人羡慕. | 아빠와 엄마의 애정은 매우 사람들을 부럽게 한다.

 '人'은 '爸爸和妈妈的感情很让人'에서는 서술어1 '让'의 목적어, '人羡慕'에서는 서술어2 '羡慕'의 주어를 겸하고 있는 겸어이다. 따라서 전체 문장은 겸어문이 된다.

 感情 gǎnqíng 명 감정, 정, 애정 | 羡慕 xiànmù 동 부러워하다

쓰기 제2부분

문제 풀이

96

| 你猜猜我是谁。 | 내가 누군지 알아 맞춰봐. |

 '猜'라는 동사 제시어가 주어졌으므로 문장에서 서술어 역할을 할 수 있다. 사진을 보면 누구인지 알아맞히라고 사용하는 것이 좋다. 이때 '한 번 ~해보다'라는 의미로 동사를 중첩해서 사용하면 더 좋다.

 猜 cāi 동 추측하다, 알아맞히다

97

| 我要向她解释误会。 | 나는 그녀에게 오해를 해명하려고 한다. |

 '解释'라는 동사 제시어가 주어졌으므로 문장에서 서술어 역할을 할 수 있다. 사진을 보면 다른 사람에게 무언가를 해명하고 있으므로 '오해'를 해명하는 것으로 사용할 수 있다.

 解释 jiěshì 동 설명하다, 해명하다 명 설명, 해명 | 误会 wùhuì 동 오해하다 명 오해

98

| 你去超市吗？顺便帮我买个牙膏。 | 슈퍼마켓 가니? 가는 김에 나를 도와 치약 하나 사다 줘. |

 '牙膏'라는 명사 제시어가 주어졌으므로 문장에서 주어나 목적어 역할을 할 수 있다. 사진을 보면 치약을 다 쓴 상태이므로, 새로 사야 하는 상황을 위주로 작문하면 된다.

 超市 chāoshì 명 슈퍼마켓, 마트 | 顺便 shùnbiàn 부 ~하는 김에 | 牙膏 yágāo 명 치약

99

| 请你们把沙发抬到客厅里。 | 당신들이 소파를 거실 안으로 들어 옮겨주세요. |

 '抬'라는 동사 제시어가 주어졌으므로 문장에서 서술어 역할을 할 수 있다. 사진을 보면 사람들이 소파를 옮기고 있으므로 전치사 '把'를 사용하여 소파를 이동시키는 장소를 제시하면 더 좋다.

 沙发 shāfā 명 소파 | 抬 tái 동 들(어올리)다 | 客厅 kètīng 명 응접실, 거실

100

| 她一边看杂志一边等朋友。 | 그녀는 잡지를 보면서 친구를 기다린다. |

 '杂志'라는 명사 제시어가 주어졌으므로 문장에서 주어나 목적어 역할을 할 수 있다. 사진을 보면 여자가 잡지를 보고 있으므로 당연히 동사 '看'을 사용해야 한다. 이때 잡지를 보면서 다른 것을 함께 하는 것으로 표현하면 더 좋다.

 一边 A 一边 B yìbiān A yìbiān B A 하면서 B 하다 | 杂志 zázhì 명 잡지

시원스쿨닷컴